Psychological Contracting

PERSONALMANAGEMENT UND ORGANISATION

Herausgegeben von Volker Stein

Band 2

Janina C. Volmer

Psychological Contracting

Rationalisierung des Entstehungsprozesses
psychologischer Arbeitsverträge –
eine darwiportunistische Analyse

PL ACADEMIC RESEARCH

Bibliografische Information der Deutschen Nationalbibliothek
Die Deutsche Nationalbibliothek verzeichnet diese Publikation
in der Deutschen Nationalbibliografie; detaillierte bibliografische
Daten sind im Internet über http://dnb.d-nb.de abrufbar.

Zugl.: Siegen, Univ., Diss., 2012

Umschlaggestaltung:
© Olaf Glöckler, Atelier Platen, Friedberg

Gedruckt auf alterungsbeständigem,
säurefreiem Papier.

D 467
ISSN 1868-940X
ISBN 978-3-631-64011-1

© Peter Lang GmbH
Internationaler Verlag der Wissenschaften
Frankfurt am Main 2013
Alle Rechte vorbehalten.

PL Academic Research ist ein Imprint der Peter Lang GmbH

www.peterlang.de

Geleitwort

Psychologische Arbeitsverträge sind ein anspruchsvolles Thema, weil sie nicht nur den kollektiv-psychologischen Wahrnehmungs-, Interpretations- und Handlungsbereich von Menschen im Arbeitskontext betreffen, sondern auch weitreichende betriebswirtschaftliche und personalwirtschaftliche Konsequenzen haben. Sie konstituieren die Basis der Zusammenarbeit von Arbeitnehmern und Arbeitgebern in Unternehmen und damit deren langfristige gemeinsame Leistungsmotivation und gegenseitige Bindung.

In der heutigen Arbeitswelt wandeln sich nicht allein die Inhalte psychologischer Arbeitsverträge: Auch die Komplexität ihrer Entstehung steigt, denkt man nur an den Mangel an qualifizierten Arbeitskräften, der die gewohnte Machtbalance zwischen Arbeitgebern und Arbeitnehmern verschiebt. In diesem Zusammenhang wäre dem Personalmanagement in Unternehmen ein Instrument hoch willkommen, das es in die Lage versetzt, die Bildung psychologischer Arbeitsverträge bewusster zu steuern und letztlich die Transaktionskosten von Nichtpassungen („Mismatches") zu vermindern.

Janina C. Volmer nimmt sich für ihre Dissertationsschrift vor, die Bildung psychologischer Arbeitsverträge theoriebasiert zu erklären und diese Erkenntnisse für den Unternehmensalltag praktisch nutzbar zu machen. Dies ist vor allem methodisch anspruchsvoll: Weil die derzeitigen Veränderungen in der Arbeitswelt, die auch als „Darwiportunismus" bezeichnet werden, in der Unternehmenspraxis bislang noch nicht ausreichend bewusst reflektiert werden, ist es kaum möglich, dass Unternehmen über die Wechselbeziehung zwischen darwiportunistischer Situation und psychologischem Arbeitsvertrag differenziert Auskunft geben. Trotz dieser nicht trivialen Ausgangssituation gelingt Janina C. Volmer substanzielle Innovation:

- Zunächst deckt sie Inkonsistenzen in der bisherigen theoretischen Behandlung der Entstehung psychologischer Arbeitsverträge auf und entwickelt ein alternatives, situatives Prozessmodell zur Bildung psychologischer Arbeitsverträge, das im Ergebnis zu den vier deskriptiven Szenarien der Darwiportunismusforschung führt. Ihr grundlagentheoretischer Beitrag besteht in einer in sich konsistenten Gesamtkonzeption aus klaren Basisdefinitionen und gut visualisiertem Gesamtmodell, wobei sie in der theoretischen Erklärung psychologischer Arbeitsverträge einen wichtigen Konvergenzschritt am Übergang zwischen Strukturlogik und Prozesslogik vollzieht.
- Dann löst Janina C. Volmer ihren Anspruch ein, den Mitgliedern des Unternehmens den darwiportunistisch differenzierten Bildungsprozess psychologischer Arbeitsverträge gedanklich ins Bewusstsein zu rücken und ihnen mit

dieser „Rationalisierung" die Chance zu eröffnen, Zufallshandeln zurückzudrängen. Dies erreicht sie durch eine methodisch sauber durchgeführte mehrstufige Delphi-Studie: Aus ihr resultiert neben realisierbaren Gestaltungsmaßnahmen auch eine reflektierende Einordnung der Aussagekraft ihrer Ergebnisse im Bereich der impliziten Grundannahmen der Handelnden.

- Schließlich konzipiert Janina C. Volmer den weiteren Verwertungszusammenhang, indem sie erstens der Praxis die Anpassung ihres organisationalen Lernens wie auch strukturelle und prozessuale Veränderungen im Rahmen der Personalbeschaffung empfiehlt, zweitens die Personalforschung auf die Notwendigkeit zur Weiterentwicklung der dynamischen Prozessperspektive im Bereich psychologischer Arbeitsverträge hinweist und drittens der universitären Lehre im Fach Personalmanagement aufzeigt, welche Defizite bei der allgemeinen Managementausbildung in Bezug auf die psychologische Rolle späterer Absolventen in der Arbeitswelt bestehen und wie diese durch gezielt gestaltete Lehrangebote behoben werden könnten.

Insgesamt weist Janina C. Volmer mit ihrer exzellenten Arbeit den Weg, wie auf Basis interdisziplinärer Erkenntnis der Mensch im Unternehmen individueller berücksichtigt und geführt werden kann. Dieser Weg ist es uneingeschränkt wert, beschritten zu werden. Allen in Theorie und Praxis, die diesen Weg mitgehen möchten, empfehle ich dieses Buch.

Siegen, im November 2012   *Univ.-Prof. Dr. Volker Stein*

VI

Danksagung

Viele wunderbare Menschen haben mich bei und während meiner Dissertation in vielfältiger Weise unterstützt. Danken möchte ich daher auf diesem Wege den Teilnehmern meiner Delphi-Studie. Sie haben den praktischen Bezug meines Dissertationsthemas ermöglicht und mit ihren Ideen aus Theorie und Praxis meine Arbeit bereichert. Meinem Doktorvater Univ.-Professor Dr. Volker Stein gilt mein besonderer Dank. Mit seiner intensiven Betreuung der Arbeit hat er mir in vielen Diskussionen wertvolle Anregungen gegeben und mich somit unterstützt, meinen Weg zu finden. Herrn Univ.-Professor Dr. Joachim Eigler danke ich für die Übernahme des Zweitgutachtens. Meiner Familie gebührt der größte Dank. Die großartige Unterstützung meiner Eltern Klaus und Birgit Baldin hat mich stets entlastet und fortwährend motiviert. Besonderen Rückhalt habe ich von meinem Mann Christian erfahren. Dafür danke ich ihm von Herzen.

Inhaltsverzeichnis

Abbildungsverzeichnis

Tabellenverzeichnis

1 Einleitung

1.1 Praxisbezogene Problemstellung

1.1.1 Komplexitätsemergenz der Arbeitsvertragsgestaltung

Das konstituierende Instrument von Arbeitsbeziehungen in Unternehmen sind formale Arbeitsverträge.[1] Diese regeln, meist in schriftlicher Form, das Arbeitsverhältnis zwischen Arbeitgebern und ihren Arbeitnehmern. Abgesehen von der Austauschbeziehung Geld gegen Leistung werden zusätzlich Nebenpflichten fixiert. Diese sind zum Beispiel das Verbot von Nebentätigkeiten, der Urlaubsanspruch und das Kündigungsrecht.[2] Bedingt durch die Unvollständigkeit dieser formalen Verträge bestehen Vertragslücken, welche nicht vertragsrechtlich geregelt sind, aber dennoch einen maßgeblichen Einfluss auf die Arbeitgeber-Arbeitnehmer-Beziehung haben.

Somit geht das Austauschverhältnis zwischen Arbeitgeber und Arbeitnehmer über die rein rechtliche Betrachtung hinaus.[3] Bezeichnet wird dies als psychologischer Arbeitsvertrag.[4] In diesem werden beispielsweise Commitment des Arbeitnehmers gegen Jobsicherheit und Weiterbildungsmöglichkeiten durch den Arbeitgeber ausgetauscht oder Leistung oder Flexibilität gegen Aufstiegschancen.[5] Basis des psychologischen Arbeitsvertrages sind die entstehenden gegenseitigen Erwartungen über die zu erbringenden Leistungen (materielle und immaterielle) und die entsprechenden Gegenleistungen (materielle und immaterielle). Psychologische Arbeitsverträge sind oftmals impliziter Natur und werden somit vielfach nicht explizit verhandelt.[6]

Allerdings unterliegen psychologische Arbeitsverträge gesellschaftsbedingtem Wandel.[7] War die Basis dieser Verträge in den 1980er und 1990er Jahren noch der Austausch von Mitarbeiterloyalität gegen Arbeitsplatzsicherheit, so kann in der heutigen Arbeitswelt nicht mehr von einer *„Stammplatzgarantie"*[8] ausgegangen werden. Durch den verstärkten Wettbewerbsdruck, welcher beispielsweise durch die Globalisierung und somit durch die Öffnung der Arbeits-

---

1   vgl. Gabler Wirtschaftslexikon (2000), 199.

2   vgl. Höland (2004), 414-420; Lindeman et al. (2009), 53-89.

3   vgl. Kobi (2008), 45.

4   vgl. Argyris (1960), 96.

5   vgl. Conway/Briner (2005), 37.

6   vgl. Kobi (2008), 45.

7   vgl. Makin et al. (1996), 7; Guest/Conway (1997), viii.

8   Scholz (2003a).

1

märkte auf das Unternehmen einwirkt, tendieren diese zur Kostenreduktion dazu, vermehrt auf befristete Arbeitverhältnisse zurückzugreifen.[9] Aber auch der demografische Wandel, die Technologisierung und vor allem die Finanzkrise der letzten Jahre beeinflussen den Arbeitsmarkt grundlegend.[10] So wuchs in Deutschland die Zahl der Beschäftigten zwischen 15 und 65 Jahren mit einem befristeten Arbeitsverhältnis[11] von 5,7 % im Jahre 1991 auf 8,9 % im Jahre 2008. Dabei ist allerdings vor allem die Gruppe jüngerer Arbeitnehmer von der Befristung der Beschäftigungsverhältnisse betroffen.[12] Diese und andere Formen der Flexibilisierung der Arbeitsbeziehung können beim Arbeitnehmer sowohl positive als auch negative Folgen haben.[13] Folglich kann die mit der Flexibilisierung einhergehende Arbeitsplatzunsicherheit zu Unzufriedenheit führen. Allerdings nutzen Mitarbeiter mit entsprechender Employability die dadurch entstehenden Möglichkeiten zur Kompensation ihrer durch den Wertewandel geänderten Bedürfnisse.[14] Bei einer sehr hohen Leistungsorientierung, Entwicklungsperspektiven, dem Spaß an der Arbeit und dem sozialen Umfeld steht nicht mehr die Arbeitsplatzsicherheit im Vordergrund.[15] Für Unternehmen bedeutet eine Flexibilisierung der Arbeitsverhältnisse allerdings nicht nur eine Kosteneinsparung, sondern die geringere Mitarbeiterbindung kann auch in Zeiten des Fachkräftemangels[16] zu enormen Kosten bei der Wiederbesetzung führen.[17]

Diese Entwicklungen im Arbeitsleben wirken nicht nur in Form einer Flexibilisierung auf die formalen Arbeitsverträge, sondern verändern ebenso die Gestaltung des psychologischen Arbeitsvertrages; so ist dieser tendenziell nicht mehr traditioneller Natur, indem Arbeitsplatzsicherheit gegen Loyalität der Mitarbeiter getauscht wird, sondern zeichnet sich in vielfacher Hinsicht durch höhere Komplexität aus.[18]

Scholz spricht in diesem Zusammenhang von einem steigenden Darwinismus (Wettbewerbsfähigkeit im Sinne eines survival of the fittest) der Unternehmen, welche bedingt durch die wirtschaftlichen Veränderungen gezwungen sind, auf Selektionsmechanismen für Nicht-Kompetenzträger zurückzugreifen, damit

---

9   vgl. Guest/Isaksson/De Witte (2010), 4.

10   vgl. für einen Überblick Schalk (2005), 285.

11   vgl. Dollinger/Merdian (2009), 277.

12   vgl. Grau (2010).

13   vgl. Guest/Isaksson/De Witte (2010), 5-6.

14   vgl. Guest/Isaksson/De Witte (2010), 15; De Witte et al. (2010), 51-52.

15   vgl. Scholz (2003a), 19-20; Schalk (2005), 284-287; Albert/Hurrelmann/Quenzel (2011).

16   vgl. von der Oelsnitz/Stein/Hahmann (2007).

17   vgl. Pressemitteilung zum Gallup Engagement Index 2010.

18   vgl. Osborn-Jones (2001), 5.

sie nicht selber aus dem Markt selektiert werden.[19] Um letztendlich nicht vom Überlebenskampf des Unternehmens vollständig bestimmt zu werden, besteht für die Mitarbeiter die einzige Chance zur Erfüllung ihrer individuellen Bedürfnisse darin, ihren Opportunismusgrad (Orientierung am eigenen Nutzen) zu maximieren. Derartig gekennzeichnete psychologische Arbeitsverträge werden von *Scholz* als „Darwiportunismus pur" bezeichnet. Individueller Opportunismus trifft auf kollektiven Darwinismus. Waren die Unternehmen früher wenig darwinistisch und die Mitarbeiter wenig opportunistisch, zeichnet sich heute mit wachsender Tendenz der psychologische Arbeitsvertragstyp „Darwiportunismus pur" in vielen Unternehmen ab.[20]

Diese steigende Komplexität in der Führungskraft-Mitarbeiter-Beziehung gilt es für Unternehmen, aktiv zu gestalten, um eine situativ optimierte psychologische Arbeitsvertragskultur zu etablieren.

1.1.2 Anwendungsdefizit

Obwohl die Parameter der sich ändernden Umweltfaktoren den Unternehmen bekannt sind und insgesamt auch die Auswirkungen dieses komplexen Wandels in Markt und Gesellschaft auf die Beziehung zwischen Führungskraft und Mitarbeiter unausweichlich sind, leugnen dennoch viele Unternehmen den Wandel des traditionierten psychologischen Arbeitsvertrages hin zu einem darwiportunistischen psychologischen Arbeitsvertrag.[21] Vielmehr verschließen einige Unternehmen die Augen vor der eigenen Entwicklung des Unternehmens.[22] Aufgrund der Tatsache, dass psychologische Arbeitsverträge oftmals unausgesprochen und vielfach auch unbewusst sind, geht die aktive Auseinandersetzung und Gestaltung dieser, auf der Beziehungsebene angesiedelten Arbeitsverträge, im Tagesgeschäft oftmals unter.

Allerdings kann nur mit einer bewussten Wahrnehmung und Ausgestaltung des Entstehungsprozesses psychologischer Arbeitsverträge die Basis erfolgreicher Zusammenarbeit geschaffen werden.[23] Die Notwendigkeit des Managements dieses Prozesses in Unternehmen erkannte bereits *Kotter* im Jahre 1973, indem er darauf hinwies, dass ein Mismatch von Erwartungen unter anderem zu

---

19   vgl. Scholz (2003a).
20   vgl. Scholz (2003a), 81-82.
21   vgl. Scholz (2004), 14.
22   vgl. Scholz (2003c), 28.
23   vgl. Kotter (1973), 91-99.

hohen Kosten und geringer Produktivität führt.[24] Doch Unternehmen akzeptieren weiterhin fehlende Mitarbeitermotivation und innerliche Kündigung ihrer Mitarbeiter,[25] anstatt sich der Ursachen anzunehmen und den Entstehungsprozess psychologischer Arbeitsverträge aktiv zu managen. Dazu gehört neben der Kenntnis des Bildungsprozesses (wird im Folgenden synonym zu Entstehungsprozess verwandt) auch dessen bewusste Ausgestaltung gemäß den tatsächlichen Arbeitgeber- und Arbeitnehmererwartungen.

Dabei ist das Management psychologischer Arbeitsverträge bereits zu Beginn der Recruitingphase relevant. Der Personalbeschaffungsprozess bis hin zum Abschluss des formalen Arbeitsvertrages ist in vielen Unternehmen strukturiert und in seinem Ablauf bekannt. Dieser beginnt bei der Ermittlung des Personalbedarfs und geht über die Personalvorauswahl bis hin zur Einstellung und der anschließenden Kontrolle des Beschaffungserfolges.[26] Vielfach übersehen wird allerdings, dass parallel zu dem Personalbeschaffungsprozess bereits der Bildungsprozess des psychologischen Arbeitsvertrages beginnt. Daher ist gerade die Recruitingphase Basis grundlegender Erwartungsbildung und entscheidend für den Erfolg der Arbeitsbeziehung. Bereits zu diesem Zeitpunkt werden sowohl auf Arbeitgeber- als auch auf Arbeitnehmerseite Erwartungen über die jeweiligen Leistungen und Gegenleistungen gebildet. Dieser Erwartungsbildungsprozess läuft auf beiden Seiten überwiegend unbewusst ab.[27] Die beiderseitig gebildeten Erwartungen werden in einem kognitiven Matching oder durch einen impliziten oder expliziten Verhandlungsprozess im positiven Fall derart aufeinander abgestimmt, dass die Erwartungen über die Leistungen der einen Partei denjenigen Erwartungen über die jeweiligen Gegenleistungen der anderen Partei entsprechen. Ist dieser Prozess erfolgversprechend, werden aus den bis dahin jeweils individuellen Erwartungen der Parteien bindende Verpflichtungen gegenüber dem anderen Vertragspartner.[28]

Werden die ausgehandelten Verpflichtungen von einer Partei allerdings nicht erfüllt, kommt es zu einer Verletzung oder zu einem Bruch des psychologischen Arbeitsvertrages.[29] Ursachen hierfür können entweder in der Fehlinterpretation der Erwartungen, in einem fehlerhaften Aushandeln der Verpflichtungen oder Nichteinhalten der eingegangenen Verpflichtungen liegen. Auch das bewusste Provozieren von Erwartungsdifferenzen in dieser Phase in Form des

---

24   vgl. Kotter (1973), 98-99.
25   vgl. Pressemitteilung zum Gallup Engagement Index 2010.
26   vgl. Scholz (2000a), 456.
27   vgl. Levinson et al. (1962), 21.
28   vgl. Herriot/Pemberton (1996).
29   vgl. Robinson/Rousseau (1994), 247.

4

Kommunizierens unrealistischer Erwartungen als Personalmarketinginstrument führt zeitversetzt (nach der Einstellung) zum Bruch des psychologischen Arbeitsvertrages. Die gebildeten Erwartungen werden in der Realität unzureichend oder gar nicht erfüllt.[30] Diese Abweichung beiderseitiger Erwartungen wird als „Mismatch" bezeichnet.[31] Die entsprechende Partei ist unzufrieden und erbringt nicht (mehr) die erwartete Leistung. Die Konsequenz ist entweder die Kündigung des Arbeitsverhältnisses durch die verletzte Partei oder die „innere Kündigung" des Arbeitnehmers.[32] Auf beiden Seiten entstehen als Folge Transaktionskosten, unter anderem in Form von Such- und Entscheidungskosten im Prozess der Arbeitgeber beziehungsweise Arbeitnehmersuche.[33]

Insgesamt ist in Unternehmen die Tendenz zu verzeichnen, dass sie sich vor den Auswirkungen der sich ändernden Arbeitswelt auf den psychologischen Arbeitsvertrag in ihrem Unternehmen verschließen,[34] anstatt diesen situationsadäquat zu gestalten. Hierfür gehört neben der Kenntnis und Umsetzungsfähigkeit des Entstehungsprozesses auch die Schaffung eines unternehmensweiten Bewusstseins für eine situationsgerechte Ausgestaltung des spezifischen psychologischen Arbeitsvertrages.

1.2 Theoriebezogene Problemstellung

1.2.1 Entwicklungsphasen der psychologischen Arbeitsvertragsforschung

Die forschungstheoretische Entwicklung des psychologischen Arbeitsvertrages lässt sich zeitlich gesehen in zwei Phasen einteilen[35]: Als erste Phase werden die frühen Forschungsarbeiten von *Argyris*, *Levinson et al.*, *Schein* und *Kotter* bezeichnet. Von der zweiten Phase wird im Zusammenhang mit der stark wachsenden Anzahl an Publikationen in der Zeit nach der als *„seminal reconceptualization"*[36] bezeichneten Veröffentlichung von *Rousseau* gesprochen.[37]

---

30   vgl. Morisson/Robinson (1997).
31   vgl. Kotter (1973), 92.
32   vgl. Kobi (2008), 49.
33   vgl. für eine detaillierte Darstellung und Strukturierung von Transaktionskosten Eigler (1996), 44-45.
34   vgl. Scholz (2003c), 28.
35   vgl. beispielsweise Roehling (1996); Conway/Briner (2005), 7-18.
36   Taylor/Tekleab (2005).

Die theoretische Basis psychologischer Arbeitsverträge geht zurück auf Konzepte der verhaltenswissenschaftlichen Entscheidungstheorie.[38] Aufbauend auf der Gleichgewichtstheorie von *Barnard*[39] lässt eine Betrachtung der Anreiz-Beitrags-Theorie von *March* und *Simon* Ähnlichkeiten zu dem Konzept des psychologischen Arbeitsvertrages zu, insbesondere die Idee, dass das Gleichgewicht zwischen Mitarbeiterleistungen und den Gegenleistungen der Unternehmen explizit und implizit im Arbeitsvertrag geregelt wird.[40] Auch soziale Austauschtheorien (Social Exchange Theory), wie beispielsweise von *Blau*, und die Gerechtigkeitstheorie von *Adams*, haben das Gleichgewicht einer Austauschbeziehung als Basis.[41] Obwohl *Menninger* den Begriff des psychologischen Arbeitsvertrages nicht explizit verwendet, leistet er einen wichtigen Beitrag zu dessen Konzeptualisierung:[42] *Menninger* ergänzt als erster Forscher Immaterielles zu materiellen Aspekten als Teil der vertraglichen Austauschbeziehung.[43]

Begrifflich prägt *Argyris* den „psychologischen Arbeitsvertrag".[44] Basis dieses von ihm als „psychological work contract"[45] bezeichneten Austauschverhältnisses ist ein passiver Führungsstil. Dieser ist gekennzeichnet durch die Wahrung der informellen Mitarbeiterkultur und -bedürfnisse durch die Vorarbeiter. Bei Vertragsentstehung durch Einwilligung der Mitarbeiter sind diese bereit, höchst produktiv zu sein und wenig zu klagen.[46] Das besondere an dieser frühen Forschungsarbeit ist, dass *Argyris* sowohl materielle (zum Beispiel Gehalt) als auch immaterielle (zum Beispiel Jobsicherheit) Faktoren zum Gegenstand der Austauschbeziehung macht.[47] Darüber hinaus ist die Definition der am Vertrag beteiligten Parteien hervorzuheben. Nach *Argyris* wird der psychologische Arbeitsvertrag zwischen einer Mitarbeitergruppe und dem Vorarbeiter gebildet.[48]

---

37   vgl. für einen detaillierten Überblick über die Entwicklung der psychologischen Arbeitsvertragsforschung, an die sich auch in dieser Ausarbeitung angelehnt wurde, beispielsweise Roehling (1996); Conway/Briner (2005), 7-18.
38   vgl. Roehling (1996), 202.
39   vgl. Barnard (1938).
40   vgl. March/Simon (1958); Conway/Briner (2005), 9.
41   vgl. Blau (1964); Adams (1965).
42   vgl. Menninger (1958).
43   vgl. Roehling (1996), 202.
44   vgl. Conway/Briner (2005), 9.
45   Argyris (1960), 96.
46   vgl. Argyris (1960), 96.
47   vgl. Taylor/Tekleab (2005), 254-255.
48   vgl. Argyris (1960), 96.

Nachfolgende Untersuchungen definieren den Vertrag allerdings einheitlich auf der Ebene des Mitarbeiters.[49]

Ein weiterer Ursprung des Konstruktes findet sich in dem Buch „*Men, Management, and Mental Health*" aus dem Jahre 1962.[50] Forschungsziel der darin von *Levinson et al.* dargestellten Befragung von 874 Mitarbeitern eines Energieversorgers ist es, die Auswirkungen der unterschiedlichen Berufserfahrungen auf die psychische Verfassung der Mitarbeiter zu untersuchen.[51] Die Auswertung der Befragungsergebnisse ergibt einen weiteren wissenschaftlich relevanten Zusammenhang: Bei den Probanden stehen die Erfahrungen im Beruf in Beziehung zu erfüllten oder nicht erfüllten Erwartungen. Besonders durch den in den Interviews deutlich werdenden verpflichtenden Charakter der Erwartungserfüllung „[…] *it was as if the company or other people were duty-bound to fulfill them* […]"[52] entsteht bei den Autoren der Bezug zu *Menningers* Konzept der Integration immaterieller Ressourcen in den Austauschprozess zwischen Arbeitgeber und Arbeitnehmer.[53] Durch Kombination der Ergebnisse entwickeln *Levinson et al.* das Konzept des „psychological contract"[54] beziehungsweise des „*unwritten contract*"[55]. Fokus dieses Vertrages ist die kontinuierliche gegenseitige Erwartungserfüllung. Ursprung der Erwartungsbildung ist das Streben beider Parteien nach Bedürfnisbefriedigung. Das fortwährend erwartungskonsistente Verhalten beider Parteien zur gegenseitigen Bedürfnisbefriedigung, also der Gesamtprozess der Erfüllung des psychologischen Vertrages, ist nach *Levinson et al.* mit dem Begriff „*reciprocation*"[56] belegt.[57]

Zwischen den bereits diskutierten Ausarbeitungen von *Argyris* und *Levinson et al.* besteht kein Verweis.[58] Dieser fehlende Bezug lässt zunächst auf eine parallele Entstehung des Begriffes schließen. Bei genauerer Betrachtung der Untersuchung von *Levinson et al.* fällt allerdings auf, dass eine frühere Forschungsarbeit von *Argyris* aus dem Jahre 1954 herangezogen wird.[59] Kritisch zu hinterfragen ist, ob das Werk aus dem Jahr 1960 bewusst ausgegrenzt oder nur

---

49 vgl. Taylor/Tekleab (2005), 254-255.
50 vgl. Levinson et al. (1962).
51 vgl. Levinson et al. (1962), x.
52 Levinson et al. (1962), 20.
53 vgl. Levinson et al. (1962), 20-21.
54 Levinson et al. (1962), 21.
55 Levinson et al. (1962), 22.
56 Levinson et al. (1962), 125.
57 vgl. Levinson (1976), 90-91.
58 vgl. Roehling (1996), 205-206.
59 vgl. Levinson et al. (1962).

übersehen worden ist. Nach *Roehling* ist dies der Beginn eines Mangels an einer einheitlichen Konzeptionalisierung der Begrifflichkeiten.[60]

Die Arbeit *Scheins* zum Konzept des psychologischen Arbeitsvertrages baut ähnlich wie die Ausarbeitungen von *Argyris* und *Levinson et al.* auf den gegenseitigen Erwartungen zwischen Mitarbeiter und Organisation auf.[61] Darüber hinaus vertritt *Schein* ebenfalls die Ansicht, dass die Erwartungen aus den Bedürfnissen der beteiligten Parteien resultieren. Unterschieden wird in diesem Forschungsansatz allerdings zwischen individueller und organisationaler Ebene.[62] Ferner setzt *Schein* sich wesentlich intensiver mit dem Konstrukt des psychologischen Arbeitsvertrages auseinander, indem er beispielsweise kulturelle Aspekte mit einbezieht und auf diese Weise die Basis für die Differenzierung in transaktionale und relationale psychologische Arbeitsverträge setzt.[63] Für ihn hat der psychologische Arbeitsvertrag maßgeblichen Einfluss auf das Verhalten der Organisationsmitglieder und ist folglich Ansatzpunkt jeder Arbeitsbeziehungsanalyse.[64] Dabei betont *Schein* die Bedeutung der dauerhaften Verhandlung und Wiederverhandlung des psychologischen Arbeitsvertrages zwischen der Organisation und dem Mitarbeiter. Dieser Dynamik des psychologischen Arbeitsvertrages kann nur gerecht werden, indem die Motive beider Seiten analysiert werden. Neben der Bedeutung einer dauerhaften Interaktionsbetrachtung im Umgang mit dem psychologischen Arbeitsvertrag gewinnt *Schein* die Erkenntnis, dass Basis positiver Verhaltenseffekte durch den psychologischen Arbeitsvertrag zum einen der Grad an „Matching" zwischen den Erwartungen hinsichtlich des Gebens und Nehmens der Mitarbeiter und denjenigen der Organisation, zum anderen die Gegenstände des Austauschverhältnisses sind. Diese können nach *Schein* sowohl materieller als auch immaterieller Natur sein. Bedingt durch die Bedürfnisänderungen der Beteiligten im Zeitablauf unterliegen sie allerdings ständigem Wandel und erfordern daher kontinuierliche Neuverhandlungen. Nur so können gemäß *Scheins* „Matching"-Hypothese durch den psychologischen Vertrag positive Verhaltenseffekte erzielt werden.[65] Dabei wird unter einem „Match" die Erwartungsübereinstimmung von Mitarbeitern und Organisation hinsichtlich der Bestandteile des Gebens und Nehmens im Austauschprozess verstanden.[66]

---

60   vgl. Roehling (1996), 205-206.
61   vgl. Schein (1965), 11.
62   vgl. Anderson/Schalk (1998), 638.
63   vgl. Conway/Briner (2005), 13.
64   vgl. Schein (1965), 64-65.
65   vgl. Schein (1980), 98-99.
66   vgl. Kotter (1973), 42.

Neben der Existenz weiterer, allerdings oftmals unveröffentlichter, Publikationen aus dieser Zeit[67] bezieht sich nachfolgende Ergebnisdarstellung auf die Studie von *Kotter*, da dies nach den Veröffentlichungen von *Argyris* und *Levinson* die erste empirische Studie ist.[68] *Kotter* testet in einer Befragung von Absolventen der MIT's Sloan School of Management die von *Schein* konzipierte „Matching"-Hypothese. Hierzu untersucht er die Phase der Integration neuer Mitarbeiter in das Unternehmen und die damit verbundenen Probleme.

Nach *Kotter* ist die ausschließliche Existenz von „Matches" zwischen den beiderseitigen Erwartungen nicht zwingende Voraussetzung für das Zustandekommen von psychologischen Arbeitsverträgen.[69] Er ergänzt das „Matching"-Konzept durch die Möglichkeit, dass ebenso „Mismatches" entstehen können. Diese resultieren aus Erwartungsdiskrepanzen zwischen den Parteien. Allerdings schließt ihre Existenz in einigen Bereichen die Entstehung eines derartigen Vertrages nicht aus.[70] Wichtig sind nach *Kotter* nur die rechtzeitige Identifikation und ein entsprechend differenzierter, bewusster und lösungsorientierter Umgang mit „Mismatches" bereits in der Integrationsphase. Die Ignoranz solcher „Mismatches" in dieser Phase führt beim Mitarbeiter im Laufe der Arbeitsbeziehung unter anderem zu Unproduktivität und Unzufriedenheit. Positive Implikationen wie beispielsweise Arbeitszufriedenheit und Produktivität, sind umso höher, je mehr „Matches" zwischen den Erwartungen beider Parteien vorliegen.[71]

Eine Erhöhung der „Matching"-Wahrscheinlichkeit von Erwartungen wird durch ein bewussteres und klareres Verständnis der eigenen und der anderen Erwartungen erzielt. Dies kann durch eine explizite Erwartungskommunikation während der Einstellungs- und Integrationsphase erreicht werden.[72] Aber auch später unterliegt der Vertrag Änderungen durch Erwartungsmodifikationen.[73] Neben einem genauen Maßnahmenkatalog, wie ein Integrationsprozess neuer Mitarbeiter im Unternehmen gemanagt werden muss, verweist *Kotter* auf die Wichtigkeit entsprechender Fähigkeiten des direkten Vorgesetzten zur Unterstützung dieses Prozesses. Darunter fallen beispielsweise die Fähigkeiten, Feedback zu geben und zu nehmen, Erwartungen artikulieren zu können und Mitarbeiter zu coachen. Denn das „Matchen" der Erwartungen in der Integrationspha-

---

67   vgl. für eine nähere Betrachtung und ausführliche Diskussion zu diesem Themengebiet Roehling (1996); Taylor/Teklaeb (2005); Conway/Briner (2005).
68   vgl. Taylor/Tekleab (2005), 257.
69   vgl. Kotter (1973).
70   vgl. Kotter (1973), 92.
71   vgl. Kotter (1973), 92-94, 98.
72   vgl. Kotter (1973) 92, 94.
73   vgl. Kotter (1973), 92.

se neuer Mitarbeiter ist Basis von Zufriedenheit, Produktivität und Kreativität der Mitarbeiter. Ineffizient sind dabei sowohl eine Übererfüllung als auch ein „Mismatch" der Erwartungen beider Seiten. Nach *Kotter* kommt es auf das realistische „Matchen" der Erwartungen an.[74]

Portwood und *Miller* entwickeln im Jahre 1976 das erste Modell des psychologischen Arbeitsvertrages.[75] Sie unterstreichen dabei die Bedeutung einer holistischen Betrachtung des Konzeptes. Dies bedingt neben der bis dahin überwiegend inhaltlichen Auseinandersetzung auch eine Untersuchung der Prozessperspektive. Dieser Fokus spiegelt sich in der verwendeten Definition des psychologischen Arbeitsvertrages als „[...] *an implicit agreement, negotiated between the employee and the employing firm (usually at the employee's time of entry), and it is a recognition of mutual obligations to be fulfilled by both parties in the course of their association"*[76] wider. Basis des von ihnen entwickelten Modells ist die Idee, dass Mitarbeiter ihre Erwartungen mit der Realität im Arbeitsleben abgleichen. Durch diesen Abgleich entsteht beim Mitarbeiter die Wahrnehmung eines spezifischen Grades an Reziprozität. Dabei postulieren die Autoren einen positiven Einfluss der Reziprozität auf spezifische Erfolgsfaktoren (Leistung, Zufriedenheit). Empirisch konnte dieser Einfluss mit Hilfe einer Langzeitstudie nachgewiesen werden. Es besteht ein positiver Zusammenhang zwischen dem Matchinggrad der Erwartungen und den untersuchten Erfolgsfaktoren.[77]

Diesen frühen Arbeiten ist das Grundverständnis des psychologischen Arbeitsvertrages als

- überwiegend implizit,
- verhaltensdeterminierend,
- dynamisch durch den zugrunde liegenden Wandel der Arbeitgeber- und Arbeitnehmer-Erwartungen und
- auf den jeweiligen Erwartungen basierend, wobei der verpflichtende Charakter von den Forschern betont wird,

gemein.[78]

Eine völlige Neudefinition des bereits Erforschten erfährt das Konzept im Jahre 1989 durch *Rousseau*. Die von einigen Autoren[79] als „bahnbrechend" be-

---

74 vgl. Kotter (1973), 92-94, 98.
75 vgl.Portwood/Miller (1976).
76 Portwood/Miller (1976), 109.
77 vgl. Portwood/Miller (1976), 109-113.
78 vgl. Freese (2007), 19.
79 vgl. Roehling (1996), 204-205; Conway/Briner (2005), 14-15.

zeichnete Ausarbeitung ebnet den Weg zu dem derzeitigen Primärverständnis psychologischer Arbeitsverträge. Diese zweite Phase unterscheidet sich hinsichtlich folgender vier Gesichtspunkte von den frühen Forschungsansätzen von *Argyris*, *Levinson et al.*, *Schein* und *Kotter*:

- Der früher einheitlich verwendete Begriff der Erwartungen als Basis psychologischer Arbeitsverträge wird durch den Glauben an auf Versprechen beruhenden Verpflichtungen ersetzt.
- Das Involvement beider Parteien als Beteiligte am psychologischen Arbeitsvertrag wird ersetzt durch eine Betrachtung auf intraindividueller Ebene.
- Die psychologische Komponente der Bedürfnisbefriedigung als Grundlage der Erwartungsbildung wird ersetzt durch die individuelle Wahrnehmung erfassbaren Verhaltens als Grundlage des Glaubens an Versprechen.
- Die Implementierung eines positiven Mechanismus zur Prozessgestaltung des psychologischen Arbeitsvertrages durch das Konzept des „Matching" wird ersetzt durch die Betrachtung von Vertragsverletzungen als Änderungsmechanismus dieser Verträge.[80]

Dieser Perspektivenwechsel im Umgang mit dem psychologischen Arbeitsvertrag eröffnet ein breites Forschungsfeld. Gründe für das steigende Erkenntnisinteresse liegen nach *Conway* und *Briner* zum einen in der Möglichkeit der Nutzung des Konzeptes für die damaligen Veränderungen in der Arbeitswelt, zum anderen in der Neuartigkeit und empirischen Überprüfbarkeit durch die veränderten Bestandteile. Nicht mehr unbewusste psychologische Bedürfnisse, sondern leichter messbare, da beobachtbare Versprechen sind Grundlage des psychologischen Arbeitsvertrages.[81]

Die Sichtweise *Rousseaus* stößt in der wissenschaftlichen Gemeinschaft nicht nur auf Zustimmung.[82] Hinterfragt wird die ausschließliche Analyse des psychologischen Arbeitsvertrages aus Mitarbeiterperspektive. Vor allem *Guest* spricht sich für eine relationale Betrachtung und somit ein Involvement der organisationalen Perspektive aus und eröffnet damit ein breites Diskussionsfeld.[83] Auch die Relevanz des durch *Rousseaus* Neudefinition ausgelösten Diskurses hinsichtlich der Bezeichnung der einzelnen Vertragskomponenten des psychologischen Arbeitsvertrages wird kritisch hinterfragt. Vielfach wird sich für eine

---

80   vgl. Argyris (1960); Levinson et al. (1962); Schein (1965); Kotter (1973); Rousseau (1989), 121-129; Conway/Briner (2005), 14-15.
81   vgl. Conway/Briner (2005), 15.
82   vgl. Guest (1998a, 1998b).
83   vgl. Guest (1998b), 674-676.

Vereinheitlichung des unterschiedlich definierten Konstruktes ausgesprochen.[84] Neben einigen kritischen Auseinandersetzungen hinsichtlich der Vertragskomponenten[85] liegen drei Forschungsfelder im Fokus wissenschaftlicher Untersuchungen:

- die Untersuchung inhaltlicher Aspekte der gegenseitigen Austauschbeziehung und deren Beeinflussung durch bestimmte Persönlichkeitsmerkmale,
- die Untersuchung der Ursachen von Vertragsverletzungen und -brüchen und deren Auswirkungen auf die Einstellung und das Verhalten der Mitarbeiter sowie
- die Untersuchung der Prozessperspektive, im Speziellen die Untersuchung des Wandels in der Arbeitswelt und die sich daraus ergebenden veränderten inhaltlichen Bestandteile des psychologischen Arbeitsvertrages.[86]

Forschungsschwerpunkt ist die Auseinandersetzung mit dem Inhalt und dessen Wandel sowie der Verletzung oder des Bruches psychologischer Arbeitsverträge. Hierzu werden eine ganze Reihe theoretischer Untersuchungen und empirischer Studien durchgeführt.[87] *Guest* fordert eine Auseinandersetzung mit dem Konzept des psychologischen Arbeitsvertrages, um der Vertragserfüllung im positiven Sinne gerecht zu werden.[88] Für *Conway* und *Briner* bietet Reziprozität hierfür eine adäquate Möglichkeit. In heutigen Ausarbeitungen werden überwiegend die Verhaltensauswirkungen durch Vertragsbruch in den Mittelpunkt der Analyse gestellt. Das Konzept der Reziprozität, der Fokus auf dem psychologischen Konstrukt der Bedürfnisbefriedigung und die von den Autoren für den damaligen Forschungsstand weit ausgereifte Idee des psychologischen Arbeitsvertrages bewirken die konzeptionelle Bedeutsamkeit *Levinsons et al.* Analyse für den psychologischen Arbeitsvertrag.[89] Besonders *Meckler et al.* sprechen sich für eine stärkere Integration der Forschungsergebnisse von *Levinson et al.* in die aktuelle Diskussion um das Konstrukt des psychologischen Arbeitsvertrages aus.[90]

---

84   vgl. Arnold (1996); Roehling (1996), 205-206.
85   vgl. Arnold (1996); Guest (1998a; 1998b); Meckler et al. (2003); Cullinane/Dundon (2006).
86   vgl. Conway/Briner (2005), 15-18; Taylor/Tekleab (2005), 258-272.
87   vgl. Tsui et al. (1997); Rousseau/Tijoriwala (1998); Rousseau (2000) beispielsweise zu empirischen Untersuchungen zum Inhalt psychologischer Arbeitsverträge; Robinson/ Morrisson (1995) und Robinson (1996) zur Verletzung oder zum Bruch psychologischer Arbeitsverträge.
88   vgl. Guest (2004b), 552.
89   vgl. Conway/Briner (2005), 11-12.
90   vgl. Meckler et al. (2003), 221-223.

Kaum Beachtung erfährt das Konzept des psychologischen Arbeitsvertrages hinsichtlich seines Entstehungs- und Erhaltungsprozesses.[91] Erste Ansätze versuchen, Prozesskomponenten und Phasen darzustellen.[92] Allein *Herriot* und *Pemberton* entwickeln allerdings *Guests* Ansicht zufolge erste Ansätze einer theoretischen Fundierung.[93]

1.2.2 Forschungsdefizit

Die Auseinandersetzung mit den Entwicklungsphasen der psychologischen Arbeitsvertragsforschung verdeutlicht die Diskurse heutiger Forscher. Vor allem zwei Aspekte werden an dem Konstrukt des psychologischen Arbeitsvertrages kritisiert:

• zum einen die fehlende Stringenz in den verwendeten Begrifflichkeiten,[94]
• zum anderen der Mangel an Präzision des Entstehungsprozesses.[95]

Die fehlende Stringenz in den verwendeten Begrifflichkeiten zeigt sich vor allem seit der Neudefinition des Konstruktes durch *Rousseau*. Folgende vier Bereiche des psychologischen Vertrages werden seither wissenschaftlich diskutiert:[96]

• Sind die jeweiligen Erwartungen, Versprechen oder wahrgenommenen Verpflichtungen Bestandteil des psychologischen Arbeitsvertrages?
• Sind diese zwingend impliziter Natur?
• Ist der psychologische Arbeitsvertrag intraindividuell oder relational? Liegen Gegenseitigkeit und Reziprozität vor?
• Wer stellt im relationalen Falle die „andere Partei" dar – die Organisation selbst oder ihre Vertreter?

Durch das Fehlen eines konzeptionell einheitlichen Rahmens werden weiterführende Auseinandersetzungen mit dem Konstrukt erschwert. Differierende Begriffe verhindern eine vergleichende Darstellung theoretischer Konzepte und empirischer Untersuchungen. Einige Forscher folgen im ersten Diskussionsbereich den Begriffsabgrenzungen *Rousseaus*: *„The term psychological contract refers to an individual's belief regarding the terms and conditions of a recipro-*

---

91   vgl. Conway/Briner (2005), 131.
92   vgl. Rousseau (1995; 2001); Herriot/Pemberton (1996; 1997).
93   vgl. Herriot/Pemberton (1995; 1996; 1997); Guest (1998a), 650.
94   vgl. Arnold (1996), Roehling (1996), 205-206.
95   vgl. Guest (1998a), 650; Herriot/Pemberton (1997), 45.
96   vgl. Rousseau (1989); Guest (1998a; 1998b); Arnold (1996); Conway/Briner (2005).

cal exchange agreement between the focal person and another party. Key issues here include the belief that a promise has been made and a consideration offered in exchange for it, binding the parties to some set of reciprocal obligations.[97] Dabei bilden durch wahrgenommene Versprechen gebildete Verpflichtungen die Basis psychologischer Arbeitsverträge.

In den jeweiligen Ausführungen der Forscher wird allerdings ein Verschwimmen der Begrifflichkeiten deutlich. Ob von Erwartungen, wahrgenommenen Verpflichtungen oder Versprechen gesprochen wird, sollte daher klar abgegrenzt und konsequent angewendet werden. Darüber hinaus sehen *Meckler et al.* in der Sichtweise, psychologische Arbeitsverträge durch Versprechen zu konstituieren, eine Abkehr von der psychologischen Grundlage des Konzeptes. Frühe Arbeiten basieren auf den menschlichen Bedürfnissen. Aus diesen werden die Erwartungen gebildet, die den psychologischen Vertrag konstituierten.[98] Dagegen resultieren psychologische Verträge in der Sichtweise *Rousseaus* nicht mehr aus den individuellen Bedürfnissen, sondern ergeben sich durch ein beobachtbares Verhalten. Der individuelle Glaube an auf Versprechen beruhende Verpflichtungen konstituiert dieser Sichtweise folgend den psychologischen Arbeitsvertrag.[99] Demnach hat eine Verschiebung der Betrachtungsebene dieser Verträge stattgefunden: von der früher eher unbewussten Steuerung durch die individuellen Bedürfnisse hin zu einem bewusst ablaufenden Entstehungsprozess durch Beobachtungen.[100]

Auch gilt es, in der Diskussion darüber, wie explizit Versprechen sein dürfen, um als Bestandteil psychologischer Arbeitsverträge aufgefasst werden zu können, eine einheitliche Sichtweise zu generieren. *Herriot* und *Pemberton* beispielsweise präferieren eine möglichst explizite Kommunikation der Verpflichtungen, nur so könnten Missverständnisse zwischen den Vertragsparteien reduziert werden.[101] Überwiegend sprechen sich die Wissenschaftler dafür aus, dass sowohl explizite als auch implizite Versprechen Bestandteil des psychologischen Arbeitsvertrages sind. Einige Autoren, beispielsweise *Meckler et al.* sind allerdings der Überzeugung, dass explizit Kommuniziertes nicht mehr Bestandteil des psychologischen Arbeitsvertrages, sondern des formalen Vertrages sei.[102]

---

97   Rousseau (1989), 123.
98   vgl. Meckler et al. (2003).
99   vgl. Rousseau (1989).
100   vgl. beispielsweise Conway/Briner (2005), 15.
101   vgl. Herriot/Pemberton (1997), 45.
102   vgl. für eine vertiefende Darstellung der unterschiedlichen Standpunkte Conway/Briner (2005), 26-27.

Es besteht aber nicht nur hinsichtlich der verwendeten Komponenten Inkonsistenz. Ein Diskurs unter den Forschern existiert auch bezüglich der in dem Vertrag involvierten Parteien. Dabei zeichnen sich zwei konträre Positionen in der Literatur ab[103]:

- Die unilaterale Betrachtung des psychologischen Arbeitsvertrages stellt eine intraindividuelle Analyse ausschließlich aus Sicht des Mitarbeiters dar. Folglich hat nur der Mitarbeiter einen psychologischen Arbeitsvertrag.
- Bei der relationalen Betrachtung des psychologischen Arbeitsvertrages wird die gegenseitige Beziehung zwischen Arbeitgeber und Arbeitnehmer analysiert. Dieser Sichtweise zufolge werden die zugrunde liegenden Interdependenzen zwischen den beiden Vertragsparteien analysiert.[104]

Die unilaterale Analyse, die durch die Rekonzeptionalisierung *Rousseaus* entstanden ist, verfolgen bis Mitte der 1990er Jahre die meisten Forscher. Durch starke Kritik *Guests* an dieser Vorgehensweise und die Rückbesinnung auf die frühen Forschungsarbeiten von *Levinson et al.* und *Schein* erfährt die relationale Betrachtungsweise des psychologischen Arbeitsvertrages in neueren Ausarbeitungen mehr Beachtung.[105] Diese nebeneinander existenten, divergierenden Positionen führen zu vielfältigen Schwierigkeiten. Vor allem die fehlende Vergleichbarkeit empirischer Ergebnisse und theoretischer Erkenntnisse blockieren eine einheitliche theoretische Fundierung des psychologischen Arbeitsvertrages. Die Aufmerksamkeit der Forscher wird in der Diskussion um die Komponenten „mutuality", „reciprocity" und der Frage nach dem spezifischen Vertreter des Unternehmens im psychologischen Arbeitsvertrag gebunden.

Beiden Sichtweisen gemein ist die subjektive Darstellung des psychologischen Arbeitsvertrages. Diese resultiert aus der fehlenden schriftlichen Fixierung und kann als Konsequenz individuell abweichende Interpretationen der Vertragsinhalte zur Folge haben. Entgegen einer relationalen Betrachtung verzichten Vertreter der unilateralen Sichtweise allerdings auf das konstituierende Element der Gegenseitigkeit eines Vertrages.[106] Gegenseitigkeit ist hier zu verstehen als Einigkeit unter den Vertragspartnern. Dies impliziert, dass beide Parteien das gleiche Verständnis von den Vertragsinhalten haben und dem Vertrag

---

103 vgl. beispielsweise Conway/Briner (2005).
104 vgl. Anderson/Schalk (1998).
105 vgl. Levionson et al. (1962); Schein (1965); Guest (1998a, 1998b); zur Integration der Unternehmensperspektive zum Beispiel Coyle-Shapiro/Kessler (1998); Guest/Conway (2002).
106 vgl. beispielsweise vgl. Conway/Briner (2005).

zustimmen.[107] Eine Übereinstimmung der Vertragsparteien (mutuality) über die Vertragskomponenten ist folglich irrelevant. Lediglich die Wahrnehmung einer Übereinstimmung aus Sicht des Mitarbeiters ist entscheidend.[108]

Guest sieht gerade in der Nichtbeachtung der Wechselbeziehung eine Missachtung vertragskonstituierender Elemente. Als Vertreter der relationalen Sichtweise spricht er sich dafür aus, der durch die Bezeichnung des psychologischen Arbeitsvertrages als „Vertrag" entstehenden Analogie gerecht zu werden.[109] Basis eines Arbeitsvertrages ist dabei unter anderem ein gegenseitiger Austauschvertrag.*[110]* Eine unilaterale Darstellung wird dem Vertragselement der Gegenseitigkeit nur bedingt gerecht. Somit setzt *Rousseau* für die Verwendung der Vertragsmetapher zwar ein Austauschverhältnis voraus, nicht aber Gegenseitigkeit der Vertragsparteien. Sie spricht von wahrgenommener Gegenseitigkeit.[111] Diese Grundposition *Rousseaus* wird allerdings zunehmend unklarer. Forschungsergebnissen folgend spricht sich *Rousseau* im Jahre 2004 für das Vorliegen tatsächlicher Übereinstimmung der Vertragsinhalte zwischen den Parteien aus.[112] Allerdings wird dieser Erkenntnisgewinn nicht mit der Grundposition abgeglichen. Eine Modifikation findet nicht statt, so dass Widersprüchlichkeiten zwischen den Aussagen entstehen. Diese führen zuzüglich bereits vorhandener divergierender Positionen zu weiterer Inkonsistenz.

Unklar an einer Position, bei der keine tatsächliche Übereinstimmung über die auszutauschenden Komponenten der Vertragsparteien vorliegt, bleibt darüber hinaus, wie ein dauerhafter effektiver und effizienter Austausch möglich ist: Allein der Glaube an eine Übereinstimmung kann zwar zu einem Vertragsabschluss, nicht aber zu einer dauerhaften Vertragsbeziehung führen. Fehlende reale Übereinstimmung der Vertragskomponenten hat ein „Mismatch" zwischen den erwarteten und den tatsächlichen Leistungen und Gegenleistungen zur Folge. Konsequenz ist die Wahrnehmung eines Vertragsbruches, ausgelöst durch unerfüllte Erwartungen.

Die Betrachtung des psychologischen Arbeitsverhältnisses als relationales Austauschverhältnis ruft wiederum eine Diskussion um die Integration der Unternehmensperspektive hervor. Die Frage, ob das Unternehmen an sich oder ein Vertreter des Unternehmens als Partei im psychologischen Arbeitsverhältnis fungiert, erfordert weiteren Forschungsbedarf. Wenn das Unternehmen Partner

---

107   vgl. Dabos/Rousseau (2004), 53.
108   vgl. Robinson/Rousseau (1994); Rousseau (1998), 666.
109   vgl. Guest (2004b), 545.
110   vgl. Küfner-Schmitt (2002), 45.
111   vgl. Rousseau (1998), 665-666.
112   vgl. Dabos/Rousseau (2004).

im psychologischen Arbeitsvertrag ist, findet eine Personifizierung des Unternehmens statt. Handlungen von Führungskräften und Managern werden von den Mitarbeitern als Aktionen des Unternehmens selbst gesehen. Die Organisation nimmt folglich menschliche Identität an. Letzteres bedeutet, dass bestimmte Personen im Unternehmen als Vertreter (Agenten) des Unternehmens als Partei im psychologischen Arbeitsvertrag fungieren.[113]

Die mangelnde Beleuchtung der Prozessperspektive resultiert *Herriot* und *Pemberton* zufolge aus der Nichtbeachtung der Wechselbeziehung zwischen Arbeitgeber und Arbeitnehmer.[114] In der wissenschaftlichen Diskussion um psychologische Arbeitsverträge stehen überwiegend die Betrachtung inhaltlicher Aspekte und die Konsequenzen eines Bruches im Vordergrund – Folge einer mehrheitlich unilateralen Analyse des psychologischen Arbeitsvertrages. Die Entstehung und Erhaltung des psychologischen Arbeitsvertrages als solches – die Prozessperspektive – ist wenig erforscht. Dabei birgt gerade der zugrunde liegende Prozess eine Möglichkeit, den psychologischen Arbeitsvertrag aktiv gestalten zu können.[115] Darüber hinaus ist kritisch zu hinterfragen, wie eine effektive Auseinandersetzung mit inhaltlichen Aspekten bei unvollständiger Information über prozessuale Gestaltungsmöglichkeiten des Vertrages möglich ist. Die Vielzahl an Untersuchungen zu den Inhalten des psychologischen Arbeitsvertrages zeigt allerdings deutlich, dass sich die Forscher eher mit dem „Was" als mit dem „Wie" der Gestaltungsmöglichkeit des psychologischen Arbeitsvertrages auseinandersetzen.[116]

Nur wenige Forscher lassen sich unter einer prozessorientierten Auseinandersetzung mit dem Konstrukt einordnen. Lediglich *Rousseau*, *Herriot* und *Pemberton* beschäftigen sich mit der Entstehung des psychologischen Arbeitsvertrages an sich, wobei *Rousseaus* Vorgehensweise auf einer unilateralen Analyse beruht.[117] Die Mehrzahl der Ausarbeitungen[118] fokussiert Änderungen der Verpflichtungen des Vertrages im Verlauf der Anstellung und im Speziellen während der Sozialisationsphase und den gesellschaftlich bedingten Wandel des zwischen Arbeitgeber und Arbeitnehmer vorherrschenden Vertragstyps psychologischer Arbeitsverträge. Dabei wird überwiegend der sich ändernde Inhalt des

---

113   vgl. Coyle-Shapiro/Kessler (2000); Conway/Briner (2005).

114   vgl. Herriot/Pemberton (1997), 45.

115   vgl. Guest (2004a), 660; Herriot/Pemberton (1996; 1997).

116   vgl. Rousseau (1990); Herriot/Manning/Kidd (1997); Guest (1998a; 1998b); Hui/Lee/
       Rousseau (2004).

117   vgl. Rousseau (1995; 2001a); Herriot (1992); Herriot/Pemberton (1997).

118   vgl. Robinson/Kraatz/Rousseau (1994); Thomas/Anderson (1998); de Vos/Buyens/
       Schalk (2003); Schalk (2005); Lester/Kickul/Bergmann (2007); Schalk/Roe (2007).

psychologischen Arbeitsvertrages und wenig der zugrunde liegende Prozess betrachtet. Ebenso lassen sich die Analysen der den Bildungsprozess beeinflussenden Faktoren[119] und der Entwicklung von Verletzungen und Brüchen[120] unter die Prozessperspektive einordnen.

Eine relationale Prozessbetrachtung der Bildung psychologischer Arbeitsverträge findet sich damit nur in den Ausarbeitungen von *Herriot* und *Pemberton*.[121] Sie sehen die Entstehung psychologischer Arbeitsverträge als sozialen Prozess an, der auf einer sozialen Wechselbeziehung zwischen den Vertragsparteien beruht.[122] Das Phasenmodell der beiden Autoren wird von *Guest* sogar als einziger Ansatzpunkt einer theoretischen Fundierung gesehen.[123] Eine detaillierte Analyse aus interaktionstheoretischer Sicht ergibt allerdings eine Reihe von Modifikationen in den Phasen des Entstehungsprozesses psychologischer Arbeitsverträge. Auch existiert ein Defizit hinsichtlich der modelltheoretischen Integration situativer organisationaler und individueller Umweltzustände im Bildungsprozess psychologischer Arbeitsverträge. Vielmehr ist es aus darwiportunistischer Sicht fraglich, ob der Bildungsprozess psychologischer Arbeitsverträge, wie *Herriot* und *Pemberton* betonen, immer gleich abläuft.[124] Die aus darwiportunistischer Sicht existenten Verhaltensdifferenzen deuten eher auf strukturell unterschiedlich ablaufende Entstehungsprozesse psychologischer Arbeitsverträge hin.

Insgesamt problematisch für die hier behandelte Thematik ist somit die erwähnte Indifferenz verwendeter Begrifflichkeiten im Basisverständnis der psychologischen Arbeitsvertragsforschung und die fehlende Spezifikation von situativ bedingten Verhaltensänderungen auf den strukturellen Verlauf des Bildungsprozesses psychologischer Arbeitsverträge.

1.3 Zielsetzung

Sowohl in der praxisbezogenen als auch in der theoriebezogenen Problemstellung dieser Arbeit wird herausgestellt, dass in Theorie und Praxis ein deutlich wahrnehmbares Defizit im Umgang mit dem Entstehungsprozess psychologischer Arbeitsverträge zu verzeichnen ist. Ziel dieser Ausarbeitung ist es daher,

---

119   vgl. Herriot (1992); Herriot/Pemberton (1995; 1996); Sparrow (1998).
120   vgl. Morrison/Robinson (1997).
121   vgl. Herriot (1992); Herriot/Pemberton (1997).
122   vgl. Herriot/Pemberton (1997), 45.
123   vgl. Guest (1998a), 650.
124   vgl. Herriot/Pemberton (1997), 45.

einen Bildungsprozess psychologischer Arbeitsverträge zu entwickeln, der sowohl die Interaktionsbeziehung des psychologischen Arbeitsvertrages ausreichend berücksichtig als auch situativ differenziert einsetzbar ist, um dem Wandel in der Arbeitswelt als aktueller Herausforderung begegnen zu können. Diesen theoretisch entwickelten, darwiportunistisch differenzierten Entstehungsprozess psychologischer Arbeitsverträge gilt es darüber hinaus für den Einsatz in Unternehmen nutzbar zu machen, um ebenso dem Problem der unzureichenden Bewusstheit des Bildungsprozesses psychologischer Arbeitsverträge im Unternehmen zu begegnen.

Für die Erreichung dieses Gesamtziels – der Rationalisierung des darwiportunistisch differenzierten Entstehungsprozesses psychologischer Arbeitsverträge in Unternehmen – lassen sich aufgrund der analysierten theoretischen und praktischen Defizite drei zu erreichende Teilziele ableiten:

- Das erste Teilziel ist die **Schaffung eines einheitlichen Basisverständnisses psychologischer Arbeitsverträge.** Bedingt durch die Vielzahl nebeneinander existierender Definitionen der Komponenten psychologischer Arbeitsverträge gilt es, die Ansichten der Forscher hinsichtlich,
  - der Bestandteile Erwartungen, Versprechen oder Verpflichtungen,
  - des Ein- oder Ausschlusses expliziter Versprechen,
  - der vorliegenden tatsächlichen oder wahrgenommenen Übereinstimmung der Inhalte,
  - des zugrunde liegenden Austauschverhältnisses und
  - der unilateralen oder relationalen Sichtweise
  kritisch gegenüberzustellen und im Sinne der weiteren Vorgehensweise dieser Arbeit ein einheitliches Begriffsverständnis zu generieren.
- Das zweite Teilziel ist die **darwiportunistische Analyse des Bildungsprozesses psychologischer Arbeitsverträge.** Hierzu werden bereits entwickelte Bildungsprozesse psychologischer Arbeitsverträge aus interaktionstheoretischer, verhandlungstheoretischer und prozesstheoretischer Sicht analysiert und entsprechend modifiziert. Die jeweilig identifizierten Prozessphasen werden hinsichtlich ihrer darwiportunistischen Differenziertheit untersucht und zu einem Gesamtmodell des darwiportunistisch differenzierten Bildungsprozesses psychologischer Arbeitsverträge zusammengefügt. Dieser darwiportunistisch differenzierte Bildungsprozess bietet für Unternehmen das Wissen im Umgang mit der aktiven Gestaltung der situativ differenzierten Bildung psychologischer Arbeitsverträge.
- Das dritte Teilziel ist die **Identifikation von Maßnahmen zur Rationalisierung des Bildungsprozesses psychologischer Arbeitsverträge in Unternehmen.** Um Unternehmen hinsichtlich der Bildung psychologischer Ar-

beitsverträge handlungsfähig zu machen, müssen Maßnahmen identifiziert werden, die ein Bewusstsein für die Relevanz entsprechend kompetenter Umsetzung des darwiportunistisch differenzierten Bildungsprozesses psychologischer Arbeitsverträge schaffen.

Durch Realisation der drei Teilziele und entsprechende Verknüpfung der Ergebnisse wird das Gesamtziel der Ausarbeitung, die Rationalisierung des darwiportunistisch differenzierten Bildungsprozesses psychologischer Arbeitsverträge in Unternehmen, erreicht.

1.4 Wissenschaftstheoretische Einordnung

Betriebswirtschaftlich orientierte Untersuchungen sind in wissenschaftstheoretischer Hinsicht überwiegend an dem Kritischen Rationalismus ausgerichtet.[125] Dieser hauptsächlich durch *Popper* und *Albert* geprägte Begriff erwuchs aus der Ablehnung der Verifikation von Theorien.[126] Demnach können durch Beobachtungen eines Falles Rückschlüsse auf vergangene und zukünftig eintretende Fälle induktiv geschlossen werden.[127] *Popper* hingegen spricht sich aufgrund des Induktionsproblems dafür aus, dass Theorien niemals endgültig verifiziert werden können.[128] Empirisch-induktive Methoden werden daher von *Popper* ausgeschlossen.[129] Der wissenschaftliche Erkenntnisfortschritt erschließt sich im Kritischen Rationalismus ausschließlich über das Falsifikationsprinzip.[130] Das bedeutet, dass Theorien an der Wirklichkeit überprüft und im Falle der Standhaftigkeit als vorläufig bestätigt gelten. Für Aussagen von Theorien gilt daher, dass sie derart formuliert werden müssen, dass sie an der Realität scheitern können.[131]

Auch diese Untersuchung ist wissenschaftstheoretisch am Kritischen Rationalismus orientiert. Die Aufstellung eines Modells zum Entstehungsprozess psychologischer Arbeitsverträge erfolgt anhand der Analyse interaktions- und verhandlungstheoretischer Theorie und der logischen Ableitung struktureller Prozessmodifikationen aus darwiportunistischer Sicht. Da in der psychologischen Arbeitsvertragsforschung ein ganzheitlicher Theorieansatz zur Erklärung

---

125 vgl. Fülbier (2004), 268; Steinmann/Scherer (2000), 1056; Kornmeier (2007), 38.
126 vgl. Albert (1975); Popper (2002), 19-38.
127 vgl. Hempel (1974), 7-31; Brinkmann (1997), 87-89; Seipel/Rieker (2003), 35-41; Chalmers (2007), 35-49.
128 vgl. Popper (2002), 19-25.
129 vgl. Chalmers (2007), 35-59.
130 vgl. Popper (1994).
131 vgl. Seipel/Rieker (2003), 37.

des Bildungsprozesses dieser Verträge fehlt,[132] ist es somit für die Modellbildung unabdingbar, auf verschiedene Theorien und theoretische Ansätze anderer Disziplinen der Realwissenschaften zurückzugreifen.

Die anschließende Identifikation von Maßnahmen zur Rationalisierung dieses Bildungsprozesses psychologischer Arbeitsverträge in Unternehmen dient der Gewinnung erkenntnistheoretischer Implikationen für die Gestaltung der Handlungsfähigkeit von Unternehmen im Umgang mit der Bildung psychologischer Arbeitsverträge. Aufgrund der bisher mangelnden Existenz theoretisch fundierter Erkenntnisse wird in dieser Ausarbeitung auf die Methodik der Delphi-Studie zurückgegriffen. Zur möglichst optimalen Ideengeneration und anschließenden mehrstufigen Konsensbildung werden in die Expertenbefragung sowohl qualitative als auch quantitative Elemente integriert. Aufgrund des gewählten Designs und des Ansatzes der Delphi-Studie fällt diese nicht unter den Bereich der Zukunftsforschung, welcher weder verifizier- noch falsifizierbar ist.[133] Insgesamt wird durch die Wahl der Delphi-Studie als Methodik in dieser Ausarbeitung das Ziel verfolgt, eine Theorie zur Anwendung des in dieser Ausarbeitung theoretisch entwickelten Modells in der Unternehmenspraxis abzuleiten.

Insgesamt ist die Konsequenz dieser interdisziplinären Untersuchung, dass auch in wissenschaftstheoretischer Hinsicht eine pluralistische Verknüpfung verschiedener Denkrichtungen stattfinden muss.[134] Allein der Begriff „psychologischer Arbeitsvertrag" birgt Interdisziplinarität. Psychologische Konzepte wie Bedürfnisse, Motive und das Konstrukt des Schemas finden in der Literatur in diesem Zusammenhang Beachtung.[135] Die Klassifizierung des psychologischen Arbeitsvertrages als Schema lässt auf eine konstruktivistische Sichtweise schließen. Vertreter dieser Methodologie sehen die Wirklichkeit als subjektabhängig konstruiert. Das Gehirn konstruiert die Realität.[136] Auch dem Heranziehen verhaltenswissenschaftlicher Theorien der Sozialwissenschaften liegt eher eine hermeneutische Methodologie[137] zugrunde. Zwar dienen betriebswirtschaftliche Beurteilungskriterien, wie beispielsweise die Leistungs- oder Motivationssteigerung, als Maßstab erfolgreichen Aushandelns psychologischer Arbeitsverträge, zur Klärung des Aushandlungsprozesses wird allerdings auf sozialwissen-

---

132   vgl. Guest (1998a; 2004a; 2004b).
133   vgl. Steinmüller (1997), 18.
134   vgl. Morschett (2002), 8.
135   vgl. Rousseau (1989); Meckler et al. (2003).
136   vgl. Kornmeier (2007), 32-35.
137   vgl. Seipel/Rieker (2003), 50-52.

schaftliche Theorien zurückgegriffen: die (sozialpsychologische)[138] Theorie des symbolischen Interaktionismus[139], die Theorie des sozialen Austausches und die Verhandlungstheorien. *Turner* spricht in diesem Zusammenhang von Micro-Soziologie, die sich im Gegensatz zur Macro-Soziologie nicht auf die Analyse von Gruppen, sondern sozialer Interaktionen bezieht.[140] Der symbolische Interaktionismus ist dabei dem interpretativen Paradigma zuzuordnen. Eingeschlossen werden unter diesem Begriff alle Konzepte, die Interaktionen als einen interpretativen Prozess ansehen. Handlungen anderer Personen werden interpretiert und das eigene Handeln daraufhin ausgerichtet. Das interpretative Paradigma grenzt sich von dem normativen Paradigma ab, welches von einer objektiv gegebenen Gesellschaftsstruktur ausgeht.[141]

Insgesamt bedingt das Heranziehen soziologischer Theorien zur Steigerung der Erklärungsfähigkeit des Entstehungsprozesses psychologischer Arbeitsverträge allerdings nicht den Ausschluss psychologischer Sichtweisen. Da soziologische Theorien herangezogen werden, die auf dem methodologischen Individualismus basieren, bei dem soziale Vorgänge durch das Handeln der einzelnen beteiligten Akteure erklärt werden[142], bleibt das Individuum als Betrachtungsobjekt beider Disziplinen gleich. Folglich werden sowohl soziologische als auch psychologische Theorien im Sinne eines pluralistischen Ansatzes hinsichtlich ihres Erklärungsgehaltes untersucht und entsprechend eingesetzt.

Durch den Einbezug soziologischer Ansätze werden Theorien nicht nur erklärt, sondern das Verstehen rückt ebenfalls in den Betrachtungsmittelpunkt.[143] Einzuordnen ist diese Komponente des Verstehens nach *Rook, Frey* und *Irle* in der hermeneutischen Richtung unter den wissenschaftstheoretischen Positionen. Vereinfachend ordnen die Forscher die vier wissenschaftstheoretischen Positionen hinsichtlich des Einteilungskriteriums ein, „[…] *ob Wissenschaften beschreiben (Positivismus), erklären (Kritischer Rationalismus), verstehen (Hermeneutische Richtungen) oder verändern (Kritische Theorie)* […].“[144]

Die Hermeneutik beschäftigt sich mit dem Aushandeln sozialer Strukturen.[145] Menschen nehmen in jedem Kontakt mit anderen Menschen relevante Merkmale wahr und versuchen, deren Bedeutung auf der Grundlage bereits er-

---

138 vgl. Rosenberg/Turner (1990), ix-xiii.
139 vgl. Kim (1999), 158.
140 vgl. Turner (1988), 14.
141 vgl. Fischer/Wiswede (2002), 423.
142 vgl. Coleman (1991), 6-13; Esser (1996), 543-547; Miebach (2010), 32-33.
143 vgl. Seipel/Rieker (2003), 50-66.
144 Rook/Frey/Irle (1993), 14.
145 vgl. Seipel/Rieker (2003), 50.

fahrener Situationen zu erfassen. Interpretiert wird dabei nicht nur das Wahrge-nommene, sondern auch der Kommunikationspartner, seine Gesten, Mimik und sein Auftreten. Auf diese Weise erhalten Dinge für die jeweiligen Personen Be-deutung. In die eigene Handlung fließen sowohl die eigenen Ziele und Erwar-tungen als auch Vermutungen über die des Gegenübers mit ein. Je bekannter die Handlungssituation, desto unbewusster verläuft der Interpretations- und Aus-handlungsprozess.[146] Gerade dieser Interaktionsbezug ist Basis psychologischer Arbeitsverträge und bedingt bei der Auseinandersetzung mit dem Bildungspro-zess psychologischer Arbeitsverträge folglich eine besondere Beachtung.

Hermeneutisch gesehen handelt es sich in diesem Prozess um bewusst han-delnde Menschen. Handlungen müssen in der Sichtweise der Hermeneutik ver-stehbar gemacht werden. Dies vollzieht sich nach *Abel* in drei Schritten: Interna-lisierung des Stimulus, Internalisierung der Reaktion und Verbindung beider Elemente unter Berücksichtigung einer Verhaltensmaxime.[147] Die deduktiv-nomologische Erklärung wird dieser Sichtweise folgend abgelehnt. Stattdessen wird die Position des Methodendualismus vertreten.[148] Allerdings muss beachtet werden, dass durch das dem psychologischen Arbeitsvertrag zugrunde liegende menschliche Handeln in Abhängigkeit von seiner Interpretation anderer Hand-lungen die Problematik der doppelten Hermeneutik sozialwissenschaftlicher Theorien entsteht. Befragungsergebnisse basieren folglich immer auf der Inter-pretation von bereits durch die Akteure interpretierten Dingen.[149]

1.5 Aufbau der Untersuchung

Die Erreichung des Gesamtziels der Rationalisierung des darwiportunistisch dif-ferenzierten Entstehungsprozesses psychologischer Arbeitsverträge wird in den sechs Kapiteln dieser Dissertation schrittweise verwirklicht (Abbildung 1). Die thematische Hinführung wird in Kapitel 1 realisiert. Dieses Einleitungskapitel gliedert sich in fünf Bereiche und umfasst neben diesem Kapitel und der prakti-schen und theoretischen Problemstellung und Zielsetzung der Dissertation auch eine wissenschaftstheoretische Einordnung. In dieser wird die Dissertation auf Meta-Ebene in einen Gesamtkontext eingebunden.

---

146   vgl. Seipel/Rieker (2003), 50-66.
147   vgl. Abel (1948).
148   vgl. Seipel/Rieker (2003), 51.
149   vgl. Seipel/Rieker (2003), 50-66.

Mit der praktischen und theoretischen Problemstellung wird bereits zu Beginn aufgezeigt, dass die defizitäre Ausgestaltung des Bildungsprozesses psychologischer Arbeitsverträge nicht nur von theoretischer Relevanz ist.

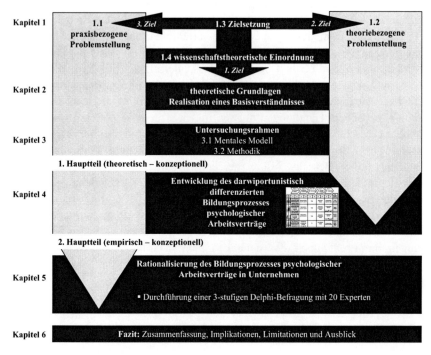

Abbildung 1: Aufbau der Dissertation

Das Gesamtziel gliedert sich folglich in drei Teilbereiche. Für die Realisation des 1. Ziels – der Herleitung eines einheitlichen Basisverständnisses psychologischer Arbeitsverträge – werden in Kapitel 2, den theoretischen Grundlagen, die unterschiedlichen Positionen im Forschungsbereich der psychologischen Arbeitsvertragsforschung analysiert. Abschließend wird eine genaue Positionierung des in dieser Dissertation vertretenen Verständnisses von psychologischen Arbeitsverträgen vorgenommen und die Implikationen der drei Forschungsbereiche psychologischer Arbeitsverträge Inhalt, Bruch und Prozess dargestellt. Darüber hinaus wird in Kapitel 2 neben den theoretischen Grundlagen psychologischer Arbeitsverträge durch die Darstellung und Analyse von Interaktionstheorien und dem Darwiportunismus-Konzept ebenso die theoretische Basis für die Entwicklung des darwiportunistisch differenzierten Entstehungsprozesses psychologischer Arbeitsverträge gelegt.

24

In Kapitel 3, dem Untersuchungsrahmen der Dissertation, wird das mentale Modell des darwiportunistisch differenzierten Bildungsprozesses psychologischer Arbeitsverträge entwickelt. Das vorab anhand von elf theoretisch abgeleiteten Kriterien identifizierte Defizit in der Modellierung des Bildungsprozesses psychologischer Arbeitsverträge wird insbesondere durch die Herstellung eines geeigneten situativen Rahmens anhand des Darwiportunismus-Konzeptes, behoben. Insgesamt ergeben sich aufgrund der vier unterschiedlichen psychologischen Arbeitsvertragstypen vier strukturell differierende Entstehungsprozesse psychologischer Arbeitsverträge. Abschließend wird in diesem Kapitel die methodische Vorgehensweise dieser Ausarbeitung aufgezeigt.

Der nachfolgende Hauptteil gliedert sich in einen theoretisch-konzeptionellen Hauptteil (Kapitel 4) und einen empirisch-konzeptionellen Hauptteil (Kapitel 5). In Kapitel 4 werden die vorab bereits entwickelten Phasen des Bildungsprozesses psychologischer Arbeitsverträge hinsichtlich ihrer darwiportunistischen Differenziertheit analysiert. Mit dieser strukturell unterschiedlichen Ausgestaltung der vier Bildungsprozesses psychologischer Arbeitsverträge im Detail wird das 2. Ziel dieser Ausarbeitung erreicht. Die Entwicklung des darwiportunistisch differenzierten Bildungsprozesses psychologischer Arbeitsverträge wird ebenso den praktischen Herausforderungen der Unternehmen gerecht. Die dynamischen Veränderungen der Arbeitswelt mit ihren Auswirkungen auf die Beziehung zwischen Führungskraft und Mitarbeiter, also auch auf den psychologischen Arbeitsvertrag, spiegeln sich entsprechend in dem darwiportunistisch differenzierten Entstehungsprozess psychologischer Arbeitsverträge wider. Die Entwicklung eines Konzeptes zur Schaffung von Bewusstheit im Unternehmen und zur Erhöhung der Handlungsfähigkeit bei den Führungskräften, entspricht dem 3. Ziel dieser Dissertation. Aufgrund der Tatsache, dass einige Unternehmen sich dem Wandel im Arbeitsleben verschließen[150] und darüber hinaus psychologische Arbeitsverträge vielfach unbewusst sind, ergibt sich an dieser Stelle ein eindeutiger Handlungsbedarf. Somit wird in Kapitel 5 dieser Dissertation mit der Durchführung einer Delphi-Studie anhand von Expertenmeinungen analysiert, welche Maßnahmen zur Rationalisierung des darwiportunistisch differenzierten Bildungsprozesses psychologischer Arbeitsverträge besonders relevant sind. Die Delphi-Studie besteht dabei aus drei Phasen. In der 1. Runde findet eine qualitative Befragung statt, deren Ergebnisse in einen quantitativen Fragebogen der 2. Runde transformiert werden. Die ausgewerteten Ergebnisse dieser Runde werden wiederum mit dem Fragebogen der 3. Runde an die Experten zurückgeschickt. Insgesamt wird somit neben der Generierung von

---

150   vgl. Scholz (2004), 14; Scholz (2003c), 28.

Ideen auch deren Qualifizierung erreicht. Neben der Darstellung der Ergebnisse der einzelnen Runden findet in diesem Kapitel auch eine Diskussion der Ergebnisse statt.

Die Dissertation schließt mit einen Fazit in Kapitel 6. Hier werden zu Beginn die wichtigsten Ergebnisse der Ausarbeitung zusammengefasst. Danach werden wichtige Implikationen für die Theorie und die Praxis abgeleitet und die Limitationen aufgezeigt. Abschließend werden mit dem Ausblick zukünftige Entwicklungspotenziale dieser Thematik aufgezeigt.

2 Theoretische Grundlagen

2.1 Psychologische Arbeitsverträge als Gestaltungsobjekt

2.1.1 Definition

Bezüglich der Definition des psychologischen Arbeitsvertrages existiert unter den Forschern keine Einheitlichkeit.[151] Diese Inkonsistenz zeichnet sich bereits früh ab: Das Konzept des psychologischen Arbeitsvertrages wird scheinbar parallel sowohl in den Arbeiten von *Argyris* als auch von *Levinson et al.* verwendet.[152] Zumindest beziehen sich *Levinson et al.* nicht auf die zwei Jahre zuvor getätigten Aussagen bezüglich des psychologischen Arbeitsvertrages von *Argyris*.[153] Verschärft wird die Inkonsistenz der Basisannahmen durch die Rekonzeptionalisierung des Konstruktes[154] durch *Rousseau*[155]. Resultat sind zwei parallel existierende Verständnisse, welche auch heute noch das Konzept des psychologischen Arbeitsvertrages kennzeichnen (Abbildung 2).[156]

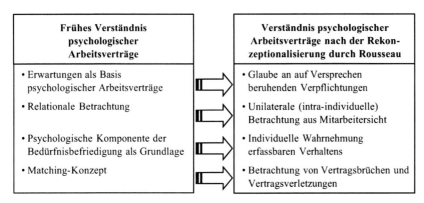

Abbildung 2: Vertragsverständnis vor und nach der Rekonzeptionalisierung durch Rousseau (in Anlehnung an Conway/Briner 2005, 14-15)

---

151   vgl. beispielsweise Conway/Briner (2005).
152   vgl. Roehling (1996), 205-206.
153   vgl. Argyris (1960); Levinson et al. (1962); Roehling (1996), 205-206.
154   vgl. Conway/Briner (2005), 14-15.
155   vgl. Rousseau (1989).
156   vgl. Freese (2007), 21.

Die Inkonsistenz der Begriffsverwendungen zwischen den Forschern wird durch zwei Punkte zusätzlich erhöht: Zum einen positionieren sich viele Wissenschaftler hinsichtlich der verwendeten Begrifflichkeiten nicht ausreichend. Zum anderen verschwimmen die verwendeten Begriffe im Laufe der Untersuchung oder zwischen unterschiedlichen Publikationen. Vor allem Letzteres wirkt ohne eine Stellungnahme bezüglich der Neupositionierung unglaubwürdig. Eine klare Abgrenzung der verwendeten Begrifflichkeiten ermöglicht zudem eine bessere Einordnung der Forschungsergebnisse. Insgesamt existiert eine Vielzahl differierender Definitionen (Tabelle 1).

Tabelle 1: Übersicht über die Definitionen des psychologischen Arbeitsvertrages ausgewählter Forscher

Forscher	Bezug zu anderem Forscher	Definition	Komponenten
Argyris (1960)	kein Verweis	„Psychological Work Contract". „Since the foremen realize the employees in this system will tend to produce optimally under passive leadership, and since the employee agree, a relationship may be hypothesized to evolve between the employees and the foremen which might be called the "psychological work contract". […]" (96)	• groups
Levinson et al. (1962)	kein Verweis	„The psychological contract is a series of mutual expectations of which the parties to the relationship may not themselves be even dimly aware but which nonetheless govern their relationship to each other. Given this framework, it became evident to us that reciprocation could be understood as the way in which the contract is affirmed, altered, or denied in day-to-day work experience within the organization. […]" (21)	• mutuality • expectations • reciprocation • relational • parties aren't dimly aware of the expectations
Schein (1965)	Argyris (1960)	„The notion of the psychological contract implies that the individual has a variety of expectations of the organization and that the organization has a variety of expectations of him. These expectations not only cover how much work is to be performed for how much pay, but also involve the whole pattern of rights, privileges, and obligations between worker and organization." (11) „It is my central hypothesis that whether a person is working effectively, whether he generates commitment, loyalty, and enthusiasm for the	• expectations • relational • obligations • power

		organizations and its goals, and whether he obtains satisfaction from his work, depend to a large measure on two conditions: 1. the degree to which his own expectations of what the organization will provide him and what he owes the organization matches what the organization's expectations are of what it will give and get; 2. assuming there is agreement on expectations, what actually is to be exchanged – money in exchange for time at work; social-need satisfaction and security in exchange for work and loyalty;[…]" (64-65)	
Kotter (1973)	kein Verweis	„As it was defined for this research, the psychological contract is an implicit contract between an individual and his organization which specifies what each expect to give and recieve from each other in their relationship." (92)	• implicit • relational • expectations • reciprocity • match/mismatches • agent of the organisation
Dunahee/ Wangler (1974)	kein Verweis	[…] „a psychological agreement between two parties, that bind every employee and the employer together." (519)	• relational
Portwood/ Miller (1976)	kein Verweis	„The psychological contract is defined as an implicit agreement, negotiated between the employee and the employing firm (usually at the employee's time of entry), and it is a recognition of mutual obligations to be fulfilled by both parties in the course of their association." (109)	• mutuality • obligations • reciprocity
Schein (1965)	kein Verweis	„The notion of a psychological contract implies that there is an unwritten set of expectations operating at all times between every member of an organization and the various managers and others in the organization." (22)	• unwritten • expectations • relational
Rousseau (1989)	kein Verweis	„The term psychological contract refers to an individual's belief regarding the terms and conditions of a reciprocal exchange agreement between the focal person and another party. Key issues here include the belief that a promise has been made and a consideration offered in exchange for it, binding the parties to some set of reciprocal obligations." (123)	• individual level • belief • reciprocity • promise • obligations

Herriot (1992)	Argyris (1960)	„Psychological contracting between individual and organization is the process which holds the whole organizational enterprise together. It is the invisible glue which binds individuals to the organization over time. It incorporates the parties' beliefs, values, expectations and aspirations." (7)	• implicit • continual re-negotiation • relational (12)
Robinson/ Kraatz/ Rousseau (1994)	Levinson et al. (1962), Rousseau (1989)	[...] „psychological contracts consist of sets of individuals beliefs or perceptions regarding reciprocal obligations." (138)	• (mutual) obligations = beliefs held by an employee or employer, that each is bound by promise...to the other party (138) • perceptual/individual nature (138)
Rousseau/ Greller (1994)	Rousseau (1989), Rousseau/ McLean Parks (1993)	„A psychological contract is an individual's system of belief, shaped by the organization, regarding terms of an exchange agreement between him/herself and the organization."	• individual level • belief • reciprocity • expectations (386)
Rousseau (1995)	kein Verweis	„The psychological contract is individual beliefs, shaped by the organization, regarding terms of an exchange agreement between individuals and their organization." (9)	• individual level • belief • shaped by the organization • reciprocity
Roehling (1996)	kein Verweis	„At a general level, the term "psychological contract" (PC) is used to refer to a set of beliefs regarding what employees are to give and ad receive with respect to their employer. " (202)	• individual level • beliefs
Herriot/ Pemberton (1997)	Argyris (1960), Schein (1978)	„the perceptions of both parties to the employment relationship, organisation and individual, of the obligations implied in the relationship. Psychological contracting is the social process whereby these perceptions are arrived at." (45)	• perception • relational • obligations • Matching • contracting = process • agent of the organization • wants/offers

Thomas/ Anderson (1998)	keine explizite Definition. Verweisen auf Levinson et al. (1962) und Rousseau (1995)	In dem Artikel werden unterschiedliche Definitionen aufgezeigt. Herauszulesen ist, dass die Definition von Rousseau 1995 verwendet wird. Die Autoren schreiben: „[…] as dependent on promises, reliance, acceptance, and a perception of mutuality". Hinsichtlich der Verwendung der Begrifflichkeiten Erwartungen oder Verpflichtungen vertreten die Autoren die Ansicht, dass eine Unterscheidung nicht zwingend notwendig ist.	• perception of mutuality • promise • expectations/ obligations
Anderson/ Schalk (1998)	Rousseau (1995)	„Most employees[…] develop of positive and enduring psychological bond with their organization, based on pattern of expectations about what the organization should offer them, and what it is obligated to provide them with (Rousseau 1995). […] In the relationship between employer and employee, mutual obligations are the central issue. These mutual obligations are partly put on record in the written formal contract of employment, but are for the most part implicit, covertly held and only infrequently discussed." (637)	• mutual obligations • expectations • implicit
McLean Parks/ Kidder/ Gallagher (1998)	Rousseau (1989; 1990), Rousseau/ McLean Parks (1993), Robinson (1996)	„Thus in this paper, we define the psychological contract between an employer and employee in terms of the idiosyncratic set of reciprocal expectations held by employees concerning their obligations (i.e., what they will do for the employer) and their entitlements (i.e., what they expect to receive in return)." (698)	• reciprocal • expectations • individual level
Rousseau (1998)	Argyris (1960), Levinson et al. (1962), Rousseau (1989), Rousseau (1995)	„By definition, a psychological contract is the perception of an exchange agreement between oneself and another party (Argyris (1962), Levinson (1962), Rousseau (1989), Rousseau (1995)).The perception of mutuality, not necessary mutuality in fact is the heart of the psychological contract." (665-666)	• perception of mutuality • construct, not metaphor (666-667) • individual level (668) • belief in reciprocal obligations (668) • belief in mutuality (668) • relatively durable mental model (669)

Sparrow (1998)	Rousseau (1990) und letzter Teil kein Verweis	"the psychological contract is defined as the set of expectations held by the individual employee that specifies what the individual and the organization expect to give and receive in the working relationship (Rousseau 1990). Contracts are open-ended agreements concerned with the social and emotional aspects of exchange between employer and employee. They present a set of unwritten reciprocal expectations."	• expectations • individual • open-ended • unwritten • reciprocal
Rousseau (2001)	Rousseau (1995) und letzter Teil kein Verweis	„psychological contract comprises subjective beliefs regarding an exchange agreement between an individual and, in organizations typically, the employing firm and its agents (Rousseau 1995). A contract is promised-based and, over time, takes the form of a mental model or schema, which, like most other schemas, is relatively stable and durable. A major feature of psychological contracts is the individual's belief that an agreement is mutual, that is, a common understanding exists that binds the parties involved to a particular course of action."	• individual • reciprocal • promises • mental model • stabil/beständig • individual's belief in mutuality
Guest/ Conway (2002), Guest (2004b)	Herriot/ Pemberton (1997)	„the perception of both parties to the employment relationship – organization and individual – of the reciprocal promises and obligations implied in that relationship. [...]" (22, 545)	• perception • relational • reciprocal • promises and obligations
Meckler/ Drake/ Levinson (2003)	kein Verweis	„The psychological contract is an agreement between management and an employee that the employee will be placed in situations where his or her needs for affection, aggression, dependency and achievement of ego deals can be adequately met. As long as these goals remain reasonably attainable, the employee is naturally motivated to work to fulfil these needs. In exchange for the opportunity to fulfil these psychological needs, the employee puts forth effort toward productive work that benefits the firm. [...]" (217-218)	• grounded in the theory of psychological needs (218)
Purvis/ Cropley (2003)	kein Verweis	Keine explizite Definition. Diskutiert die Faktoren: mutuality, reciprocity und relationale versus intraindividuelle Sichtweise.	• reciprocation (tatsächlich) • employee and employer view
Rousseau (2003)	kein Verweis	Psychologischer Arbeitsvertrag als Mentales Modell (Schema) (233)	-

de Vos/ Buyens/ Schalk (2003)	Rousseau (1989)	[...] „beliefs individuals hold regarding the terms and conditions of the exchange agreement between themselves and their organization. [...]" (537)	• individual belief • inducements/ contributions (538) • reciprocity
Dabos/ Rousseau (2004)	Rousseau (1995; 2001)	„...refers to the system of beliefs that an individual and his or her employer hold regarding the terms of their exchange agreement.[...]" (53)	• beliefs • actual mutuality • reciprocity
Schalk (2005)	keine explizite Definition	Bezieht sich eher auf die Arbeitsbeziehung im Allgemeinen, aber auch Auswirkungen auf den psychologischen Arbeitsvertrag.	• expectations/ contributions (306) • mutual obligations (288)
Freese (2007)	Rousseau (1990)	„A psychological contract is an employee's perception regarding mutual obligations in the context of his relationship with the organization, which shape this relationship and govern the employee's behaviour." (13)	• perception • employee view • perceived mutuality • obligations • unilateral
Schalk/Roe (2007)	kein Verweis	[...] „a psychological contract is a perception of mutual reciprocal obligation [...]." (168)	• perception of mutuality • reciprocity • obligations

Aus dieser Menge an Definitionen resultieren divergierende Sichtweisen hinsichtlich der unterschiedlichen Vertragskomponenten. Diese in der rechten Spalte der Tabelle 1 gelisteten Komponenten, wie beispielsweise Erwartungen, Reziprozität und Verpflichtungen, geben bereits einen ersten Einblick über die noch zu diskutierenden Unterschiede zwischen den Sichtweisen der Forscher. Ersichtlich wird, dass der psychologische Arbeitsvertrag von einigen Autoren als „mentales Modell" beziehungsweise „Schema" gesehen wird.[157] Der Begriff des Schemas lässt sich wie folgt definieren: *„[...] Begriff für komplexe kognitive Strukturen", [...] „S. dienen damit der Ordnung und Kategorisierung von Wirklichkeit, die es dem Individuum ermöglichen, Ereignisse zu antizipieren und Komplexität zu reduzieren"*[158].

---

157 vgl. beispielsweise Rousseau (2001a); de Vos et al. (2003); Schalk/Roe (2007).
158 Wiswede (2004), 473-474

Rousseau verortet Schemata allein auf der individuellen Ebene des Mitarbeiters.[159] Psychologische Arbeitsverträge sind folglich ausschließlich individuelle mentale Modelle. Abwegig ist allerdings auch bei einer relationalen Sichtweise nicht, dass ein Schema über den psychologischen Arbeitsvertrag bei beiden Parteien kognitiv vorliegt. Dieses Muster ermöglicht ressourcensparendes Verhalten, indem es in bekannten Situationen nicht andauernd neu hinterfragt wird.[160] Die Speicherung gültiger Verhaltensweisen und der situationsadäquate Abruf dieser Verhaltensmuster ermöglichen es, die Vielzahl inhaltlicher Bestandteile im psychologischen Arbeitsvertrag nicht jedes Mal neu auszuhandeln, so dass viele Aspekte dieser Verträge impliziter Natur sind und lediglich durch Veränderungen den Parteien bewusst werden.[161] In Anlehnung an diese Position wird auch in dieser Ausarbeitung die Ansicht vertreten, dass für psychologische Arbeitsverträge bei beiden Vertragsparteien kognitive Modelle, sogenannte Schemata, über den psychologischen Arbeitsvertrag angelegt sind.

Des Weiteren unterteilt *Rousseau* in diesem Zusammenhang Schemata in allgemeingültige und spezifische Bestandteile.[162] Allgemeingültige Bestandteile sind *Rousseau* und *Tijoriwala* zufolge solche, die für eine bestimmte Personengruppe dieselbe Bedeutung haben, also innerhalb eines Unternehmens oder einer sozialen Kultur geteilt werden. Spezifische Bestandteile beruhen stattdessen auf individuellen Erfahrungen.[163] Als Beispiel für allgemeingültige und spezifische Bestandteile des psychologischen Arbeitsvertrages kann eine fiktive Aussage von einem Recruiter der Firma XY beim Einstellungsgespräch darüber sein, dass es im Unternehmen allgemein üblich sei, Überstunden zu machen. Wie viele Überstunden nun genau von dem Mitarbeiter gefordert werden, wird sich erst im Laufe der Beschäftigung herausstellen. Die allgemeingültige Aussage zu Beginn der Einstellung wird somit im Laufe der Zeit spezifiziert. Unter den spezifischen Aspekten werden somit alle individuellen Verpflichtungen verstanden. *Rousseau* und *Greller* unterteilen diese Kommunikationskanäle nach der Art der Interaktion. Manager, Recruiter, Kollegen und Mentoren werden in die Kategorie „durch Interaktion" gruppiert. Der Kategorie „durch Beobachtung" werden Manager, Kollegen und Top-Management zugeordnet. Unter den „strukturellen Signalen" werden die Entlohnung, Leistungsbeurteilung, Personalentwicklung,

---

159 vgl. für eine ausführliche Darlegung und Diskussion der intraindividuellen versus relationalen Sichtweise Kapitel 2.1.1.3 Übereinstimmung und Reziprozität im psychologischen Arbeitsvertrag.

160 vgl. Wiswede (2004), 473-475.

161 vgl. Schalk/Roe (2007).

162 vgl. Rousseau (2001a), 513-514.

163 vgl. Rousseau/Tijoriwala (1998), 681; Rousseau (2001a), 513-514.

Karrierewege, Personalhandbücher und Sachzuwendungen eingeordnet.[164] Auch *Guest* differenziert hinsichtlich der Art des abgeschlossenen psychologischen Arbeitsvertrages, allerdings differiert seine Sichtweise von der von *Rousseau*. So werden nach *Guest* finanzielle Aspekte psychologischer Arbeitsverträge überwiegend mit Human Ressource Managern bei der Einstellung des neuen Mitarbeiters geschlossen; hingegen beziehungsspezifische Aspekte eher mit den direkten Vorgesetzten während des Arbeitsalltages.[165]

Der Unterteilung des psychologischen Arbeitsvertrages in allgemeingültige und spezifische Aspekte folgend wird die Frage nach den Kommunikationsmedien des Unternehmens aufgeworfen, durch die diese Aspekte an die Mitarbeiter kommuniziert werden. Der Mitarbeiter als Partei des psychologischen Arbeitsvertrages kommuniziert seine Erwartungen hinsichtlich der Leistungen und Gegenleistungen der Vertragsparteien ausschließlich durch sich selbst. Das Unternehmen allerdings weist eine Vielzahl an möglichen Kommunikationsmedien auf.[166]

Tabelle 2 zeigt die verschiedenen Kommunikationsmedien unterteilt nach organisationalen Prozessen und Strukturen und dem sozialen innerbetrieblichen Umfeld, die Aspekte des psychologischen Arbeitsvertrages an den Mitarbeiter herantragen können. Unterschieden wird dabei in dieser Ausarbeitung, ob durch diese Medien eher die allgemeingültigen oder die spezifischen Bestandteile des psychologischen Arbeitsvertrages beeinflusst werden. Insgesamt sind dieser Differenzierung in allgemeingültige und spezifische Bestandteile psychologischer Arbeitsverträge folgend, in dieser Ausarbeitung vor allem die direkte Führungskraft und die Unternehmenskultur ausschlaggebend für die Beeinflussung der spezifischen Aspekte des psychologischen Arbeitsvertrages. Durch die anderen aufgezeigten Kommunikationsmedien werden vor allem die allgemeingültigen Bestandteile des psychologischen Arbeitsvertrages beeinflusst.

---

164 vgl. Rousseau/Greller (1994), 389; Rousseau (1995), 60-84.
165 vgl. Guest (2004b), 548.
166 vgl. Rousseau (1995), 60-85.

Tabelle 2: Kommunikationsmedien, durch die Aspekte des psychologischen Arbeitsvertrages an den Mitarbeiter herangetragen werden (in Anlehnung an Rousseau 1995, 60-85; Blancero/Marron/Keller 1997, 1-6)

Kommunikationsmedium		beeinflusst:	
		allgemeingültige	spezifische
		Bestandteile des psychologischen Arbeitsvertrages	
organisationale Prozesse und Strukturen	Unternehmensstrategie	✘	
	Leitbild	✘	
	Führungsgrundsätze, Arbeitsanweisungen, Betriebsvereinbarungen	✘	
	Personalstrategie	✘	
	Leistungsbeurteilung, Entlohnungssysteme	✘	
	Leistungsbeurteilung	✘	
	Personalentwicklung	✘	
	Hierarchie, interne Karrierewege	✘	
	Unternehmenskultur (Artefakte)	✘	✘
soziales innerbetriebliches Umfeld	HR-Manager (Recruiter)	✘	
	höhere Führungsebenen	✘	
	Arbeitskollegen	✘	
	Unternehmenskultur (Werte, Grundannahmen)	✘	✘
	direkte Führungskraft	✘	✘

Neben den bereits dargestellten Punkten gilt es nachfolgend für die Komponenten psychologischer Arbeitsverträge die kontroversen Gesichtspunkte einzelner Forscher kritisch zu diskutieren:

• Sind wahrgenommene Versprechen, Verpflichtungen oder Erwartungen konstituierende Elemente psychologischer Arbeitsverträge?

• Besteht der psychologische Arbeitsvertrag nur aus impliziten Versprechen oder Verpflichtungen oder können diese auch explizit sein?

• Sind Gegenseitigkeit (mutuality), verstanden als das Vorliegen des gleichen Verständnisses beider Parteien über die Vertragskomponenten, und das Vorliegen eines Austauschverhältnisses (reciprocity) Voraussetzung für einen psychologischen Arbeitsvertrag? Ist der psychologische Arbeitsvertrag folglich ein intraindividuelles Konstrukt oder liegt als Konsequenz aus Gegenseitigkeit und Reziprozität eine relationale Betrachtung der Beziehungsebene zugrunde?

- Wer repräsentiert im relationalen Falle die Organisation als Vertragspartei?[167]

Gerade diese fehlende Stringenz hinsichtlich der Auslegung grundlegender Komponenten des psychologischen Arbeitsvertrages führt in darauf aufbauenden Bereichen zu mangelnder Fundierung. Daher wird in dieser Ausarbeitung nach eingehender Auseinandersetzung mit den jeweiligen Sichtweisen der Forscher die hier vertretende Sichtweise dargelegt.

2.1.1.1 Erwartungen, Versprechen, Verpflichtungen

Der frühen Arbeiten zugrunde liegende Begriff der „Erwartungen" als Basis psychologischer Arbeitsverträge wird in neueren Forschungsarbeiten kritisch diskutiert.[168] Bereits *Levinson et al.* und *Schein* verweisen in ihren Ausarbeitungen auf den unabdingbar verpflichtenden Charakter von Erwartungen als Grundlage psychologischer Arbeitsverträge.[169] Gegensätzlich hierzu vertritt *Rousseau* die Ansicht, dass Erwartungen nicht vertragskonstituierend sind. Ihr zufolge bilden Verpflichtungen basierend auf Versprechen psychologische Arbeitsverträge.[170] Diese Abgrenzung zu frühen Ansichten begründen *Rousseau* und *McLean Parks* dadurch, dass alle Versprechen zwar Erwartungen beinhalten, jedoch nicht alle Erwartungen auch ein Versprechen. Demnach sind nicht alle Erwartungen vertraglich. Erwartungen und Verpflichtungen sind lediglich Bestandteil psychologischer Arbeitsverträge, wenn sie auf Versprechen einer Vertragspartei beruhen.[171] Empirisch belegt haben dies *Morrison* und *Robinson*. Ihre Untersuchung von Verpflichtungen und Versprechen zeigt, dass nur Verpflichtungen, die auf Versprechen beruhen, Bestandteil des psychologischen Arbeitsvertrages sind.[172]

Rousseaus Sichtweise folgend sind Erwartungen viel breiter angelegt als das Konzept des psychologischen Arbeitsvertrages.[173] Außerdem wird von *Rousseau* angenommen, dass unerfüllte Verpflichtungen mehr Schaden anrichten als uner-

---

167 vgl. Conway/Briner (2005).
168 vgl. beispielsweise Arnold (1996), 513-514; Taylor/Tekleab (2005), 260-261; Conway/Briner (2005), 23-26, 114-116; Cullinane/Dundon (2006), 115-116.
169 vgl. Levinson et al. (1962); Schein (1965).
170 vgl. Rousseau (1990), 398; Rousseau (1998), 668.
171 vgl. Rousseau/McLean Parks (1993), 8-10.
172 vgl. Morrison/Robinson (1997), 228.
173 vgl. Freese (2007), 23.

füllte Erwartungen.[174] Münden letztere lediglich in einer Enttäuschung des Mitarbeiters, so führen unerfüllte Verpflichtungen zu Ärger und einem Hinterfragen des psychologischen Arbeitsvertrages.[175] Zwar folgen viele Forscher dieser Modifikation *Rousseaus* und definieren den psychologischen Vertrag als den Glauben an auf Versprechen basierenden Verpflichtungen,[176] dennoch fehlt es auch hier an einem einheitlichen Begriffsverständnis. Dabei variieren die verwendeten Begrifflichkeiten nicht nur zwischen den Forschern. *Rousseau* spricht sich beispielsweise im Jahre 1998 für die Verwendung von Versprechen aus, in ihrer Zusammenarbeit mit *Greller* benutzen die beiden Autoren 1994 allerdings Erwartungen als Vertragsgrundlage.[177]

Conway und *Briner* sehen grundsätzlich ähnlich wie *Rousseau* den Begriff der Erwartungen weiter gefasst als den Begriff der Versprechen. Auch sind den beiden Autoren zufolge Versprechen eher psychologisch begründet als die eher generellen Erwartungen, da ein Versprechen Zeitpunkt, Begründung und Umfang der Aktivität spezifiziert.[178] Für *Meckler* ist gerade diese Fundierung in der Theorie der psychologischen Bedürfnisse ausschlaggebend. Allerdings zeichnet sich hier gemäß den Autoren in der aktuellen wissenschaftlichen Diskussion ein Mangel ab, da vielfach das psychologische an diesen Arbeitsverträgen unbeachtet bleibt.[179]

Allerdings werden auch Erwartungen dieser psychologischen Fundierung gerecht. Bereits *Schein* und später auch *Portwood* und *Miller* verdeutlichen in ihrem Modell zum psychologischen Arbeitsvertrag, dass Erwartungen zum Teil in den individuellen Bedürfnissen begründet liegen.[180] *Suazo et al.* sehen die Erwartung der Erfüllung individueller Bedürfnisse als Grundlage der Bildung psychologischer Arbeitsverträge.[181] Aufbauend auf dieser Annahme sehen *Purvis* und *Cropley* die Relevanz von Erwartungen eher in der Phase der Vertragsbildung. Verpflichtungen definieren sie eher als Ergebnis des Vertrages.[182]

Der Begriff der Erwartung ist Bestandteil vieler wissenschaftliche Disziplinen und Gegenstand vielfältiger Forschungsrichtungen. Bedingt durch diese Vielfalt variiert auch das Begriffsverständnis von Erwartungen stark. Nach

---

174   vgl. Rousseau (1998), 668.
175   vgl. Makin et al. (1996), 5.
176   vgl. Conway/Briner (2005), 23; Taylor/Tekleab (2005), 260.
177   vgl. Rousseau (1989), 123; Rousseau/Greller (1994), 386.
178   vgl. Conway/Briner (2005), 23-25.
179   vgl. Meckler et al. (2003).
180   vgl. Schein (1965), 44; (1980), 72; Portwood/Miller (1976), 110.
181   vgl. Suazo et al. (2009), 157.
182   vgl. Purvis/Cropley (2003), 217-218.

Miller fungieren in der Rollen-, System- und Organisationstheorie Erwartungen als Struktur zur Koordination sozialer Interaktion.[183] Erwartungen werden aber auch als interne Modelle verstanden. Diese bilden Erlebtes als kognitives Modell ab, welches der Reduktion von Komplexität und der Antizipation zukünftiger Handlungen dient.[184] Dies ist vor allem in verhaltenswissenschaftlichen Disziplinen wie der Psychologie, den Wirtschaftswissenschaften und der Entscheidungstheorie der Fall.[185] Untersucht wird vor allem der Einfluss von Erwartungen auf die Motivation, das Entscheidungsverhalten und somit auf das Leistungs-, Handlungs- und Lernverhalten der Akteure.[186] In makroökonomischen Ansätzen wird dagegen zwischen statischen, extrapolativen, adaptiven und rationalen Erwartungen unterschieden.[187]

Allerdings erschwert nicht nur diese interdisziplinäre Betrachtung die Etablierung eines einheitlichen Verständnisses des Erwartungskonstruktes, sondern auch die Vielzahl verwendeter Dimensionen und Facetten des Erwartungsbegriffes.[188] Nach *Richter* können Erwartungen in folgende zwei Verständnis-Kategorien zusammengefasst werden: „*Zum einen werden Erwartungen als Antizipation, Vorhersage, Prognose, Wahrscheinlichkeitsabschätzung o.ä. konkretisiert. Zum anderen wird unter Erwartungen eine Norm, ein Wunsch, ein Anspruchsniveau o.ä. verstanden*"[189]. Ersteres Verständnis ist dabei primär in den verschiedenen Wert-Erwartungs-Theorien und der Lerntheorie zu finden; Letzteres unter anderem in den interpersonalen Erwartungstheorien.[190] Bei genauer Betrachtung dieser Theorien,[191] beispielsweise der Erwartungstheorie von *Vroom*[192], wird ersichtlich, dass Erwartungen in diesen Theorien vermehrt exogen vorgegeben sind und nicht innerhalb des Modells entstehen.[193] *Maddux* hingegen unterscheidet beispielsweise zwischen „*behavior-outcome expectancy*", „*stimulus-outcome expectancy*" und „*self-efficacy expectancy*",[194] während *Hirt et al.* zwischen „*stimulus expectancies*" und „*response expectancies*"[195] diffe-

---

183   vgl. Miller (2003), 15-39.
184   vgl. Miller (2003), 292.
185   vgl. Miller (2003), 43-57.
186   vgl. Wiswede (2004), 148-149.
187   vgl. Richter (2005), 24-26.
188   vgl. Goldman (1999), 50.
189   Richter (2005), 32.
190   vgl. Richter (2005), 32.
191   vgl. beispielsweise Sheridan/Richards/Slocum (1973); Reinharth/Wahba (1975).
192   vgl. Vroom (1964).
193   vgl. Miller (2003), 165.
194   vgl. Maddux (1999), 22-28.
195   vgl. Kirsch (1985), 1189-1202.

renzieren[196]. *Roese* und *Sherman* zeigen dagegen die fünf Determinanten „*like-lihood*", „*confidence*", „*abstractness*", „*accessibility*" und „*explicitness*" von Erwartungen auf.[197]

Goldman stellt in seinem Verständnis von Erwartungen den klaren Verhaltens- und Zukunftsbezug dieser heraus und unterscheidet ebenfalls zwischen zwei Erwartungsarten: „*The term expectancy refers to dynamic information templates stored in the nervous system that are processed to produce behavioral output. These templates are called "expectancies" because they prepare the organism for future circumstances similar to circumstances already encountered. They are dynamic in that they are not static "photographs" but instead unfold as they are activated. In general, they are of two sorts: those that are compared with incoming sensory input to organize and interpret this input and those that structure output.*"[198] Auch *Roese* und *Sherman* stellen diesen Zukunftsbezug von Erwartungen besonders heraus: „ *"Expectancy" is a generic term referring to beliefs about the future.*"[199] Erwartungen sind somit kognitive Vorstellungen zukünftiger Ereignisse, die niemals vorher stattgefunden haben. Diese Antizipationen finden auf Basis von Informationen vergangener Ereignisse statt und machen das Individuum erst handlungs-, entscheidungs-, und leistungsfähig.[200]

Diesen Zukunftsbezug von Erwartungen vertritt auch *Wiswede* und entspricht in seiner Unterteilung von Erwartungen dem Begriffsverständnis von *Richter*,[201] welcher ebenso zwischen antizipativen und normativen Erwartungen unterscheidet. Antizipative Erwartungen stellen „[...] *subjektive Wahrscheinlichkeiten im Hinblick auf das Auftreten von Ereignissen*"[202] dar. Diese Annahmen über die Zukunft sind Resultat der Unsicherheit zukünftiger Zustände.[203] Erwartungen fungieren somit als Zukunftsvorstellung in der Gegenwart, in der Akteure Entscheidungen treffen müssen. Erst die Bildung von Erwartungen ermöglicht die Handlungsfähigkeit der Akteure.[204] Insgesamt konstituieren antizipative Erwartungen die gegenwärtige Situationsvorstellung und ihren Zukunftsbezug.[205] Demgegenüber sind normative Erwartungen soziale Normen der Ge-

---

196   vgl. Hirt et al. (1999), 93-94.
197   vgl. Roese/Sherman (2007), 93-98.
198   Goldman (1999), 43.
199   Roese/Sherman (2007), 91.
200   vgl. Roese/Sherman (2007), 91-94.
201   vgl. Richter (2005), 32.
202   Wiswede (2004), 149.
203   vgl. Gabler Wirtschaftslexikon (2000), 969.
204   vgl. Lehneis (1971), 11; Olson/Roese/Zanna (1996), 211-238; Miller (2003), 2.
205   vgl. Merk (1961), 439.

sellschaft, die es zu erfüllen gilt.[206] Unterscheidbar sind normative Erwartungen somit von antizipativen Erwartungen durch den fehlenden Zukunftsbezug und die externe Bildung. Allein *Miller* bietet eine Definition von Erwartungen ökonomischer Akteure, die als Synergie seiner interdisziplinären Untersuchung holistischen Charakter aufweist. Für ihn entsprechen Erwartungen ökonomischer Akteure „ […] *konkretisierten internen Modellen, die modale Reaktion auf spezifische unsicherheitsbehaftete Objekte ausdrücken*"[207].

Trotz dieser allgemeinen Relevanz von Erwartungen für menschliches Verhalten existieren im Bereich der psychologischen Arbeitsvertragsforschung wenige empirische Studien zur Messung der Bedeutung für den psychologischen Arbeitsvertrag. Untersuchungen von *Robinson*[208] als auch von *Turnley* und *Feldmann* ergeben,[209] dass auf Versprechen beruhende Verpflichtungen eher als Erwartungen Vertragliches messen. Allerdings kritisieren *Taylor* und *Tekleab* die Itemstruktur zur Messung beider Variablen: In beiden Studien ist die Anzahl der Items, die Verpflichtungen der Parteien messen, und auch deren Spezifität größer als die für die Messung von Erwartungen.[210] Die den beiden Autoren einzig bekannte Studie zur Messung von Erwartungen mit einer adäquaten Anzahl an Items ist die Studie von *Kotter*[211]. Allerdings beinhaltet diese Studie nicht die Messung von Verpflichtungen. Eine Gegenüberstellung und Bewertung größerer Relevanz einer der beiden Begriffe, Erwartungen oder Verpflichtungen, anhand empirischer Ergebnisse bleibt aufgrund mangelnder Fundierung daher aus.[212] Zukünftigen Forschungsbedarf hinsichtlich der jeweiligen Wirkung der Komponenten sieht auch *Arnold*.[213]

Die Konsequenz der mangelnden empirischen Erkenntnisgewinnung und des dadurch weiterhin differierenden Gebrauchs der unterschiedlichen Begrifflichkeiten ist gemäß *Roehling*, dass die Autoren jeweils verschiedene Aspekte des psychologischen Arbeitsvertrages untersuchen.[214] Eine Vergleichbarkeit der Ergebnisse ist daher nicht gegeben. Allerdings erachtet *Roehling* die Diskussion um die Unterscheidung der Komponenten Erwartungen und Verpflichtungen für irrelevant.[215]

---

206   vgl. Wiswede (2004), 149.
207   Miller (2003), 292.
208   vgl. Robinson (1996).
209   vgl. Turnley/Feldmann (2000).
210   vgl. Taylor/Tekleab (2005), 260-261.
211   vgl. Kotter (1973).
212   vgl. Taylor/Tekleab (2005), 260-261.
213   vgl. Arnold (1996), 515.
214   vgl. Roehling (1997).
215   vgl. Roehling (1996), 13.

Für eine theoretisch fundierte Auseinandersetzung mit den jeweiligen Standpunkten können die von *Conway* und *Briner* aufbereiteten Definitionen der Begrifflichkeiten Versprechen, Verpflichtungen und Erwartungen herangezogen werden (Tabelle 3).[216] Die letzte Spalte der Tabelle zeigt die wesentlichen Unterscheidungskriterien der Begrifflichkeiten auf, welche aus den jeweiligen Definitionen abgeleitet sind. Hervorzuheben ist dabei besonders die Verortung der Begrifflichkeiten Versprechen und Verpflichtungen auf der relationalen Ebene und des Begriffes der Erwartungen auf der individuellen Ebene.

Tabelle 3: *Definition von Versprechen, Verpflichtungen und Erwartungen im deutschen und angloamerikanischen Sprachraum (eigene, erweiterte Darstellung in Anlehnung an Conway/Briner 2005, 115)*

Komponente des psychologischen Arbeitsvertrages	Definitionen	Bedeutung/Unterscheidung der Begrifflichkeiten
Versprechen	"a commitment to do (or not do) something" (Rousseau and McLean Parks 1993)	• setzt aktives Handeln/ aktive Kommunikation mindestens einer Partei voraus
	"an assurance that one will or will not undertake a certain action, behaviour" (Concise Oxford Dictionary 1996)	• mindestens eine Partei bindet sich
	„Die Ankündigung einer Belohnung, manchmal an Bedingungen geknüpft. Das V. lässt eine Erwartung entstehen; die Nichteinhaltung führt zur Frustration. Im Gegensatz zur Drohung (im Hinblick auf Bestrafungen) drängt ein V. zur Erfüllung. Falsche V. führen zu einem Bruch des Vertrauens sowie der Glaubwürdigkeit." (Wiswede 2004, 592)	• Involvement zweier Parteien; eine, die das Versprechen abgibt, und eine, an die das Versprechen abgegeben wird (Sender und Empfänger)
Verpflichtung	"a feeling of inner compulsion, from whatever source, to act in a certain way towards another, or towards the community; in a narrower sense a feeling arising from benefits received, prompting to service in return; less definite than duty, and not involving, as in the later, the ability to act in accordance with it" (Drever, Dictionary of Psychology, 1958)	• setzt eigene Bindung voraus oder • setzt erfahrene Unterstützung durch andere Partei voraus • Involvement zweier Parteien; eine, die sich verpflichtet fühlt, und eine, der die Verpflichtungen entgegengebracht wird
	"the constraining power of law, percept, duty, contract, etc." (Concise Oxford Dictionary 1996)	

---

216   vgl. Conway/Briner (2005), 115.

	"(I) Verinnerlichte soziale Norm (Pflichtgefühl) gegenüber einzelnen Pn einer Gruppe, Organisation oder einer Sache. (II) I.S: der Norm Reziprozität bedeutet ein empfangenes Geschenk oder eine Hilfeleistung eine Art V. gegenüber dem Gebenden." (Wiswede 2004, 591-592)	(Sender und Empfänger) • es entsteht ein Kreislauf, die Erfüllung einer Verpflichtung lässt eine neue Verpflichtung entstehen (Reziprozitätsnorm)
Erwartung	"the attitude of waiting attentively for something usually to a certain extent defined, however vaguely" (Drever Dictionary of Psychology 1958) "expectations take many forms from beliefs in the probability of future events to normative beliefs" (Rousseau and McLean Parks 1993) "the act or an instance of expecting of looking forward: the probability of an event" (Concise Oxford Dictionary 1996) "E. sind subjektive Wahrscheinlichkeiten im Hinblick auf das Auftreten von Ereignissen. [...] Diese E. haben gemeinsam, dass sie sich auf künftige Ereignisse beziehen; sie sind demnach antizipative E. von mehr oder weniger ausgedehntem Zeitbezug." „Im Gegensatz zu antizipativen E. werden normative Erwartungen von außen an Personen herangetragen. Es handelt sich hierbei um Soll-E., d.h. P sollte bestimmten sozialen Normen Rechnung tragen. Die E. sind damit das kognitive Äquivalent sozialer Normen." (Wiswede 2004, 148-153)	• entstehen aus den Bedürfnissen einer Partei • entstehen aus den gesammelten Informationen einer Partei • entstehen aus den Erfahrungen einer Partei • involviert ist allerdings nur eine Person. Erwartungen existieren losgelöst von einem Empfänger • Reduktion der Unsicherheit zukünftig eintretender Ereignisse durch Erwartungsbildung • Erwartungen, die andere an einen haben (normative Erwartungen)

Conway und *Briner* sehen in der Relationalität einen von vier Punkten, die diese Komponenten erfüllen müssen, um Basis des psychologischen Vertrages zu sein.[217] Hierzu gehört ihrer Meinung nach,

- dass die Komponente beide Vertragsparteien einbezieht,
- dass ein Austauschverhältnis zwischen beiden Parteien beschrieben wird,
- dass die Komponente die Stärke für die Handlungsmotivation beinhaltet und
- dass die Komponente eine wahrgenommene gegenseitige Übereinstimmung impliziert.[218]

---

217 vgl. Conway/Briner (2005), 115.

Keiner der drei Begriffe erfüllt ihrer Analyse zufolge alle vier Kriterien:

- Die Vorgabe der Bilateralität wird nur von Versprechen und Verpflichtungen erfüllt.
- Die Vorgabe, dass ein Austauschverhältnis zugrunde liegen muss, umfasst von den drei Begrifflichkeiten nur die Verpflichtung.
- Die Vorgabe, dass möglichst hohe Handlungsmotivation durch die Begriffe impliziert werden muss, ist bei Versprechen und Verpflichtungen wesentlich höher als bei Erwartungen.
- Die Vorgabe, dass wahrgenommene gegenseitige Übereinstimmung durch die Begriffe ausgedrückt werden muss, ist bei Versprechen eher hoch, bei Erwartungen eher niedrig und bei Verpflichtungen abhängig von der gewählten Definition.[219]

Conway und *Briner* sprechen sich daher für einen situativen Einsatz der Begriffe Versprechen, Verpflichtungen und Erwartungen aus.[220]

Dieser Auffassung folgend und in Anlehnung an *Purvis* und *Cropley*[221] wird in der vorliegenden Ausarbeitung folgende Systematik verwendet:

- **Erwartungen als Voraussetzung.** Menschen bilden aufgrund der mit Unsicherheit behafteten Zukunft Erwartungen. Diese resultieren sowohl aus individuellen Bedürfnissen als auch aus Erfahrungen und gesammelten Informationen[222] und erst dessen Bildung ermöglicht es den Akteuren zu handeln.[223] Diese Bedürfnisse gilt es, in der Arbeitsbeziehung zu erfüllen. Sie manifestieren sich in Erwartungen hinsichtlich der eigenen Leistungen und Gegenleistungen sowie der Erwartungen über die Leistungen und Gegenleistungen des Arbeitgebers.[224] Allerdings werden anfängliche Erwartungen hinsichtlich des Arbeitsverhältnisses bereits vor der Begegnung mit dem Arbeitgeber gebildet. Diese werden zwar im Vorstellungsgespräch entsprechend angepasst. Insgesamt beginnt die Erwartungsbildung somit vor dem Abschluss des formalen Arbeitsvertrages. Bezogen auf den Entstehungsprozess psychologischer Arbeitsverträge stellen Erwartungen, in der hier vertretenen Sichtweise, die Ausgangsbasis für die Entstehung psychologischer Arbeitsverträge dar. Darauf aufbauend und folglich aus der Motivation der Individuen, die

---

218   vgl. Conway/Briner (2005), 115-116.
219   vgl. Conway/Briner (2005), 115-116.
220   vgl. Conway/Briner (2005), 115-116.
221   vgl. Purvis/Cropley (2003).
222   vgl. Wiswede (2004), 148-149.
223   vgl. Lehneis (1971), 11; Olson/Roese/Zanna (1996), 211-238; Miller (2003), 2.
224   vgl. Schein (1965; 1980).

diesen Erwartungen zugrunde liegenden Bedürfnisse zu befriedigen, geben die Parteien Versprechen.

- **Versprechen als Bindungsangebote.** Während des Bildungsprozesses des psychologischen Arbeitsvertrages geben beide Parteien entweder in konkreten Verhandlungen oder im Arbeitsalltag Versprechen ab, bestimmte Leistungen zu vollbringen. Diese Versprechen können sowohl verbal als auch non-verbal vermittelt werden. Non-verbale Versprechen werden durch wiederholte identische Handlungen getätigt. Aus den vorab individuellen Erwartungen werden somit bilaterale Versprechen. Involviert sind zwei Parteien, ein Sender und ein Empfänger. Durch die Abgabe von Versprechen entstehen zwei Bindungselemente: Zum einen verpflichtet sich die Person, die das Versprechen getätigt hat, auch die versprochene Leistung zu erbringen, zum anderen entsteht dadurch die Erwartung, dass sich die andere Partei an die Norm der Reziprozität gebunden und sich zu einer Gegenleistung verpflichtet fühlt. Dies resultiert in Verpflichtungen.
- **Verpflichtung als Vertragselement.** Durch die Abgabe beiderseitiger Versprechen und die somit gegenseitig eingegangenen Verpflichtungen entsteht der psychologische Arbeitsvertrag. Die Verpflichtungen gilt es, für den Erhalt des psychologischen Arbeitsvertrages dauerhaft zu erfüllen.

Die Verwendung der einzelnen Komponenten in Abhängigkeit von der jeweiligen Phase der Vertragsentstehung wird dem Fokus dieser Arbeit, der Betrachtung der Prozessperspektive, gerecht. Letztlich sind es die jeweiligen Verpflichtungen, die jede Partei erfüllen muss, um einen psychologischen Arbeitsvertrag nicht zu verletzen.

2.1.1.2 Explizite und implizite Bestandteile

Psychologische Arbeitsverträge sind im Gegensatz zu formalen Arbeitsverträgen nicht schriftlich festgehalten. Sie sind grundsätzlich impliziter Natur. Folglich sind Bestandteile dieser Verträge oftmals unausgesprochen und den Parteien sogar nicht einmal bewusst.[225] *Roese* und *Sherman* nehmen an, dass Erwartungen lediglich in besonderen Situationen oder bei direkter Abfrage den Individuen bewusst sind.[226] Dies ist bei der Vertragsentstehung und bei Veränderungen (Verletzung oder Bruch des psychologischen Arbeitsvertrages) der Fall. *Freese* vertritt die Meinung, dass psychologische Arbeitsverträge zu Beginn eher offen diskutiert werden. Erst im Zeitablauf – mit zunehmenden Inhalten – werden die-

---

225   vgl. Levinson et al. (1962).
226   vgl. Roese/Sherman (2007), 97; Schalk/Roe (2007), 171.

se immer impliziter.[227] So wie *Freese* vertreten auch viele andere Forscher die Meinung, dass psychologische Arbeitsverträge sowohl implizite als auch explizite Versprechen beinhalten. *Roese* und *Sherman* verstehen unter expliziten Erwartungen diejenigen, die bewusst und somit auch offen kommunizierbar sind. Implizite Erwartungen statt dessen beziehen sich auf den Bereich des Unbewussten. Folglich ist die Existenz derartiger Erwartungen oftmals nicht einmal bekannt.[228] Implizite Versprechen entstehen beispielsweise durch Interpretationen von Handlungen, das Ziehen von Rückschlüssen und die Beobachtung von Erfahrungen Anderer.[229] Dabei wird ausschließlich auf non-verbales Verhalten zurückgegriffen, welches genau wie explizite Versprechen als Form der Kommunikation angesehen wird.[230] Die Diskussion darüber, wie explizit Versprechen sein dürfen, um noch Bestandteil psychologischer Arbeitsverträge zu sein, weist eine weite Spannbreite auf: von der Ansicht, dass jeder Vertrag psychologischer Natur ist, da auch explizite Versprechen offen für Interpretationen sind, bis hin zu der Meinung, dass Versprechen ausschließlich implizit sein müssen, um Bestandteil des psychologischen Arbeitsvertrages sein zu dürfen.[231] *Herriot* und *Pemberton* sprechen sich sogar für eine bewusst explizite Diskussion über Inhalte des psychologischen Arbeitsvertrages zwischen den Vertragsparteien aus.[232]

Für eine differenzierte Auseinandersetzung mit dieser Thematik werden an dieser Stelle wiederum die möglichen Kommunikationsmedien des Unternehmens herangezogen und hinsichtlich ihrer Beeinflussung expliziter und impliziter Versprechen untersucht. Dabei wird auf die bereits in diesem Kapitel verwendete Systematik der Wirkung der Kommunikation durch bestimmte Medien auf allgemeingültige und spezifische Bestandteile psychologischer Arbeitsverträge zurückgegriffen. Diese Beeinflussung wird ergänzt hinsichtlich der Möglichkeit, explizite oder implizite Versprechen zu vermitteln. Zusätzlich werden deren Auswirkungen auf den psychologischen Arbeitsvertrag dargestellt. Tabelle 4 zeigt, über welches Kommunikationsmedium mittels expliziter oder impliziter Versprechen allgemeingültige oder spezifische Aspekte des psychologischen Arbeitsvertrages kommuniziert werden. Der Arbeitnehmer kommuniziert dabei sowohl implizit als auch explizit seine Erwartungen und Versprechen.

---

227   vgl. Freese (2007), 24.
228   vgl. Roese/Sherman (2007), 97.
229   vgl. Robinson/Rousseau (1994), 246.
230   vgl. Gordon et al. (2006), 73-119.
231   vgl. Conway/Briner (2005), 26.
232   vgl. Herriot/Pemberton (1996; 1997); Herriot (1992).

Tabelle 4: Wirkung der Kommunikationsform auf die Aspekte des psychologischen Arbeitsvertrages (eigene Darstellung und Ergänzung, Kommunikationskanäle angelehnt an Rousseau 1995, 60-84)

Unternehmenskanal		wirkt durch:		auf:		Beispiel	mögliche Folgerung für den psychologischen Arbeitsvertrag
		explizite Erwartungen/Versprechen	implizite Erwartungen/Versprechen	generelle Bestandteile	spezifische Bestandteile		
organisationale Prozesse und Strukturen	Unternehmensstrategie/ Vision	✗		✗		E.ON AG: „Das Unternehmensziel von E.ON – das weltweit führende Strom- und Gasunternehmen zu werden" Adidas AG: unser Ziel ist es, Marktführer in der Sportartikelbranche zu werden.	Psychologischer Arbeitsvertrag: Mitarbeiter dieser Unternehmen müssen viel leisten
	Leitbild	✗		✗		Bayer AG: Das Leitbild unterstreicht unseren Willen, als Erfinder-Unternehmen die Zukunft zu gestalten und innovativ zum Wohle der Menschen tätig zu sein.	Psychologischer Arbeitsvertrag: Mitarbeiter, die in diesem Unternehmen arbeiten wollen, müssen kreativ, vorausschauend und sozial sein
	Führungsgrundsätze, Arbeitsanweisungen, Betriebsvereinbarungen	✗		✗		EnBW AG: Respektvoller Umgang Bereitschaft zur Kritik und Selbstkritik Teamarbeit und Freiräume Information und Kommunikation Führen mit Zielen Unternehmerisches Denken und Handeln Gezielte Mitarbeiterförderung Leistungsprinzip	Psychologischer Arbeitsvertrag: Mitarbeiter im Unternehmen wissen, dass sie entsprechend dieser Grundsätze geführt werden sollten. Daraus lässt sich schließen, welche Werte das Unternehmen vertritt

	Personalstrategie	✗		✗		E.ON AG: OneHR – Die Personalstrategie von E.ON. Mit der Energie unserer Mitarbeiter unsere Zukunft gestalten (beste Mitarbeiter, richtige Führungskräfte und anspornendes Umfeld). Personalvision: HR befähigt die Mitarbeiter und Führungskräfte von E.ON, die Unternehmensvision zu realisieren.	Psychologischer Arbeitsvertrag: Mitarbeiter, die viel leisten und teamfähig sind, werden bei E.ON weitergebildet Leistung, Gemeinschaft und Personalentwicklung werden bei E.ON fokussiert
	Leistungsbeurteilung, Entlohnungssysteme	✗		✗		Variable versus fixe Vergütung der Mitarbeiter im Unternehmen.	Psychologischer Arbeitsvertrag: Mitarbeiter, die viel leisten, bekommen viel Geld Anteil der Leistungsorientierten Entlohnung lässt generell auf den Grad der Leistungsfokussierung des Unternehmens schließen
	Personalentwicklung	✗		✗		Potenziale erkennen – Entwicklung fördern. Mehr Wissen. Mehr Erfolg.	Psychologischer Arbeitsvertrag: als Mitarbeiter mit Potenzial kann man sich ständig weiterentwickeln Aus- und Weiterentwicklung bei E.ON wichtig
	Hierarchie, interne Karrierewege	✗		✗		Ausprägung der Hierarchie gibt Aufschluss über Machtverhältnisse und Karrierewege Bayer AG: Bei Bayer werden Ihnen vielfältige Perspektiven eröffnet, sofern Sie motiviert, engagiert und mit hoher Flexibilität, Mobilität und Teamfähigkeit Ihre Aufgaben meistern. Auch die Bereitschaft zur frühzeitigen Übernahme von Verantwortung und zu unternehmerischem Denken und Handeln ist bei uns gefragt.	Psychologischer Arbeitsvertrag: Bei Leistung bieten sich interne Karrierewege

(Vertikale Spaltenbeschriftung links: ...noch organisationale Prozesse und Strukturen)

soziales innerbetriebliches Umfeld							
	Unternehmenskultur (Artefakte)	✗		✗	✗	hp: Die Geschichte von der Gründung des Unternehmens in der Garage.	Psychologischer Arbeitsvertrag: Mitarbeiter im Unternehmen halten zusammen, mit viel Leistung und Teamarbeit schafft man alles
	HR-Manager (Recruiter)	✗	✗	✗		Lernende Organisation: Rekrutierung aus den eigenen Reihen. Tatsächliche Handlung: Kaufen Führungskräfte aber von außen ein	Psychologischer Arbeitsvertrag: da eine Beförderung in eine Führungsebene ausgeschlossen ist, bewirbt sich der Mitarbeiter rechtzeitig außerhalb des Unternehmens
	höhere Führungsebenen	✗	✗	✗		Beispiel HR-Manager im Vorstellungsgespräch: Unser Unternehmen ist einem harten Wettbewerbsdruck ausgesetzt. Wir setzten den Einsatz unserer Mitarbeiter zur Realisation unserer Ziele voraus. Viele unserer Mitarbeiter haben im Unternehmen Karriere gemacht. (*Rousseau* 1995, 33-35)	Psychologischer Arbeitsvertrag: Mitarbeiter in diesem Unternehmen müssen viel leisten und Überstunden machen. Wenn ich die Ziele erreiche, dann werde ich auch befördert (*Rousseau* 1995, 33-35)
	Arbeitskollegen	✗	✗	✗		Bei uns im Unternehmen werden Versprechungen gemacht, die nie eingehalten werden. Beispiel XY hat auch immer seine Ziele erreicht und ist immer noch in der Sachbearbeitung tätig.	Derartige Geschichten von Arbeitskollegen können entweder gerade motivierend oder demotivieren Psychologischer Arbeitsvertrag: Positiver Fall – jetzt zeigt der Mitarbeiter erst recht, dass Leistung zur Beförderung führt. Negativer Fall – der Mitarbeiter denkt, dass er sich gar nicht mehr anstrengen muss.

49

Unternehmenskultur (Werte, Grundannahmen)					Werte der Bayer AG : Wille zum Erfolg, Engagierter Einsatz für unsere Aktionäre, Geschäftspartner, Mitarbeiter und die Gesellschaft Integrität, Offenheit und Ehrlichkeit	Psychologischer Arbeitsvertrag: wenn Mitarbeiter dieses Unternehmens die geforderten Werte einhalten, dann setzt sich das Unternehmen auch für diese ein
	✗	✗	✗	✗		
direkte Führungskraft	✗	✗	(✗)	✗	Führungskraft lebt Verhalten vor und macht wenn nötig Überstunden	Psychologischer Arbeitsvertrag: Mitarbeiter interpretiert die Handlung der Führungskraft: Überstunden sind normal in diesem Unternehmen und folgert, dass auch er Überstunden machen sollte

Ersichtlich wird, dass die Unternehmenskanäle, durch die ausschließlich explizite Erwartungen oder Versprechen kommunizieren werden, vor allem generelle Aspekte des psychologischen Arbeitsvertrages beeinflussen. Die Nutzung dieser Kanäle ermöglicht es dem Unternehmen, seine Erwartungen an die Mitarbeiter expliziter werden zu lassen, aber auch, seine Versprechen zu kommunizieren.[233] Allerdings unterliegen auch diese explizit formulierten Erwartungen und Versprechen zwei Interpretationsspielräumen: Zum einen birgt die Codierung der Erwartungen des Unternehmens in explizite Aussagen die Gefahr der Fehldarstellung. Zum anderen lässt die Dekodierung beim Empfänger einen Interpretationsspielraum offen. Nicht jeder Mitarbeiter wird daher dieselben Folgerungen für seinen psychologischen Arbeitsvertrag mit dem Unternehmen schließen.[234] Auf der anderen Seite interpretiert der Unternehmensvertreter als andere Partei des psychologischen Arbeitsvertrages ebenfalls die Aussagen und Handlungen des Mitarbeiters.[235] Ein psychologischer Arbeitsvertrag unterliegt daher immer den Auslegungen der Beteiligten, wobei die jeweils interpretierte Bedeutung des psychologischen Arbeitsvertrages oftmals unausgesprochen ist. Unabhängig davon, ob die gewählte Kommunikationsform explizit oder implizit ist, zieht jeder Beteiligte kognitive Rückschlüsse für den psychologischen Arbeitsvertrag. Die Folge ist ein impliziter Vertrag. Dieser Interpretationsspiel-

---

233   vgl. Rousseau/Wade-Benzoni (1994), 465.
234   vgl. Rousseau/Wade-Benzoni (1994), 466.
235   vgl. Gordon et al. (2006), 73-119.

raum ist es auch, der beiderseitige Missverständnisse hervorruft und in einem Bruch des psychologischen Arbeitsvertrages münden kann.[236]

Die Kommunikation expliziter Versprechen oder Erwartungen bedeutet aber nicht konsequenterweise den Ausschluss der entsprechend kommunizierten Aspekte aus dem psychologischen Arbeitsvertrag.[237] In dieser Ausarbeitung wird die Ansicht vertreten, dass lediglich schriftlich fixierte Erwartungen mit dem expliziten Einverständnis beider Parteien keinen psychologischen Arbeitvertrag mehr darstellen. Eine offene Kommunikation der Erwartungen oder ein explizites Aushandeln beiderseitiger Verpflichtungen ohne schriftliche Fixierung der Ergebnisse bleibt interpretativ und somit auch weiterhin Bestandteil des psychologischen Arbeitsvertrages. Da die kognitive Interpretation von gegenseitigen Erwartungen von individuellen Interpretationsstrukturen abhängt[238] ist außerdem naheliegend, dass der Grad an Explizitheit der Vertragsinhalte psychologischer Arbeitsverträge von dem jeweiligen interaktiven Verhalten der Parteien abhängt und somit situativ variiert. Da die Verpflichtungen psychologischer Arbeitsverträge überwiegend schematisch angewendet werden, folglich überwiegend unbewusst sind, fordert eine sinnvolle Auseinandersetzung mit dieser Thematik eine Betrachtung besonderer Ereignisse: Bildung oder Veränderungen (Übererfüllung, Verletzung, Bruch) des Vertrages.

2.1.1.3 Übereinstimmung und Reziprozität

Die unter Punkt drei genannten Punkte „mutuality" (Gegenseitigkeit), reciprocity (Austauschverhältnis) und Intraindividualität versus Relationalität unterliegen gegenseitigen Interdependenzen und werden daher einer zusammenhängenden Analyse unterworfen.

Die frühen Arbeiten zum Konstrukt des psychologischen Arbeitsvertrages – insbesondere *Levinson et al.* und *Schein* – konstituieren den Vertrag als eine Interaktion auf relationaler Ebene zwischen dem Mitarbeiter und dem Arbeitgeber respektive der Organisation.[239] Bestandteil des psychologischen Arbeitsvertrages ist somit die Beziehung zwischen den beiden Parteien. Im Gegensatz hierzu definiert *Rousseau* in ihrer Rekonzeptionalisierung den psychologischen Arbeitsvertrag als intraindividuelles Konstrukt, welches im Auge des Betrachters liegt[240]: *„The term psychological contract refers to an individual's beliefs regar-*

---

236   vgl. Morrison/Robinson (1997), 232.
237   vgl. Freese (2007), 24.
238   vgl. Miller (2003).
239   vgl. Levinson et al. (1962); Schein (1965), 65.
240   vgl. Rousseau (1995), 8-9.

ding the terms and conditions of a reciprocal exchange agreement between that focal person and another party. Key issues here include the belief that a promise has been made and a consideration offered in exchange for it, binding the parties to some set of reciprocal obligations." [241]

Aus dieser Definition und folgender Festlegung: „*The individual contract holder is an individual employee who gives and receives a promise [...]"*[242] ergeben sich drei Konsequenzen für den psychologischen Arbeitsvertrag:

- Der psychologische Arbeitsvertrag basiert auf Wahrnehmungen. Folglich unterliegt er subjektiver Interpretierbarkeit.
- Der psychologische Arbeitsvertrag ist individuell. Er existiert nur in den Köpfen der Mitarbeiter (keine Übereinstimmung/mutuality).
- Der psychologische Arbeitsvertrag basiert dennoch auf einem Austauschverhältnis (reciprocity).[243]

Die Verankerung des psychologischen Arbeitsvertrages auf der kognitiven Ebene des Individuums als individuelle Wahrnehmung hat eine subjektive Interpretation der Vertragsinhalte zur Folge (Punkt 1). Dieser Subjektivität psychologischer Verträge stimmen viele Forscher zu. Sie stimmen darin überein, dass die Vertragsinhalte individuell auslegbar sind.[244] Die fehlende schriftliche Fixierung als konstituierendes Element bestätigt deren Subjektivität.[245] Auch *de Vos et al.* vertreten die Ansicht, dass nicht Realität an sich, sondern die Wahrnehmung von Realem den psychologischen Arbeitsvertrag begründet.[246]

Ein Diskurs besteht allerdings hinsichtlich *Rousseaus* Darstellung, dass lediglich eine Partei, nämlich der Mitarbeiter, einen psychologischen Arbeitsvertrag aufweist.[247] Das Unternehmen stellt in dieser Auslegung nur die Rahmenbedingungen zur Verfügung.[248] Folglich bedingt diese Sichtweise keine Zustimmung der anderen Vertragspartei.[249] Diese muss nicht einmal Kenntnis dar-

---

241 Rousseau (1989), 123.
242 Rousseau (1995), 8.
243 vgl. Freese (2007), 21-22.
244 vgl. beispielsweise Levinson et al. (1962), 21; Herriot/Pemberton (1997), 45; Coyle-Shapiro/Kessler (2000), 905; Guest/Conway (2002); Guest (2004b), 545; Schalk/Roe (2007), 168.
245 vgl. Guest (2004b), 545.
246 vgl. de Vos et al. (2003), 539.
247 vgl. beispielsweise Rousseau (1989), 123-125; Herriot/Pemberton (1997), 45; Guest (1998a), 650; Conway/Briner (2005), 32-35.
248 vgl. Rousseau (1995), 8-10.
249 vgl. Roehling (1996), 204-205.

über haben, dass sie Teil eines Vertrages ist.[250] Der Auslegung des psychologischen Arbeitsvertrages ausschließlich aus der Sicht des Mitarbeiters wird *Coyle-Shapiro* und *Kessler* zufolge bis in die späten 1990er Jahre überwiegend gefolgt.[251] Ausgeklammert wird dadurch gerade die den frühen Forschungen zugrunde liegende Wechselbeziehung.[252] Gegenseitigkeit (mutuality), verstanden als der Grad, in dem beide Parteien hinsichtlich ihrer Interpretation der Vertragsinhalte übereinstimmen,[253] liegt bei *Rousseau* entsprechend nicht vor. Gemäß ihrer Definition ist eine tatsächliche Übereinstimmung der beiden Parteien nicht verpflichtend für die Bildung des psychologischen Arbeitsvertrages: „*Two parties to a relationship, such as employee and employer, may each hold different beliefs regarding the existence and terms of a psychological contract. [...] Mutuality is not a requisite condition.*"[254] Die Wahrnehmung des Mitarbeiters, dass Versprechen gegeben und Verpflichtungen eingegangen wurden, reicht aus.[255]

Arnold unterscheidet hingegen zwischen einer starken und einer schwachen Version von Gegenseitigkeit.[256] Dabei setzt erstere sowohl die tatsächliche Übereinstimmung der Kenntnis als auch der inhaltlichen Übereinstimmung voraussetzt. Letztere bezieht sich auf die Wahrnehmung von Übereinstimmung beider Parteien.[257] *Arnold* sieht im Gegensatz zu *Rousseau* bei beiden Versionen das Involvement beider Parteien vor.

Obige Definition *Rousseaus* lässt eine Änderung ihrer Sichtweise von einer rein individuellen hin zu einer relationalen Betrachtung des psychologischen Arbeitsvertrages vermuten. In späteren Definitionen allerdings spricht sie sich wiederum ganz eindeutig für eine Betrachtung des psychologischen Arbeitsvertrages aus Sicht des Mitarbeiters aus.[258] Diese fehlende Stringenz in der definitorischen Ausrichtung *Rousseaus* und die damit verbundene Widersprüchlichkeit erschwert eine differenzierte Auseinandersetzung mit den grundlegenden Komponenten des psychologischen Arbeitsvertrages und führt zu den hier skizzierten Widersprüchlichkeiten zwischen den Forschern. *Herriot* und *Pemberton* sehen

---

250 vgl. Arnold (1996), 512.
251 vgl. Coyle-Shaprio/Kessler (1998), A1 und die dort aufgeführten Beispiele: Robinson/
     Rousseau (1994); Shore/Tetrick (1994); Morrison/Robinson (1997).
252 vgl. Schein (1965), 65; Purvis/Cropley (2003), 215; Herriot/Pemberton (1996; 1997),
     45.
253 vgl. Dabos/Rousseau (2004), 53, 55.
254 Rousseau (1990), 391.
255 vgl. Rousseau (1995), 8-10.
256 vgl. Arnold (1996):
257 vgl. Arnold (1996), 512.
258 vgl. Rousseau (1995), 8.

zusätzlich gerade in dieser statischen Betrachtung der individuellen Wahrnehmung der Vertragskomponenten die Ursache für die mangelnde Auseinandersetzung mit der Prozessperspektive psychologischer Arbeitsverträge. Eine Betrachtung der zugrunde liegenden Wechselbeziehung findet kaum statt. Die Analyse des Prozesses setzt die Betrachtung der dynamischen Interaktion beider Vertragsparteien voraus.[259] *Arnolds* Unterteilung zufolge liegt diesen Ansätzen ein Verständnis schwacher Gegenseitigkeit (mutuality) zugrunde. Denn der Definition von *Herriot* und *Pemberton* folgend sehen auch *Guest* und *Conway* den psychologischen Arbeitsvertrag als individuell auslegbar an.[260]

Fraglich bleibt *Arnolds* Ausschluss tatsächlicher Übereinstimmung bei vorliegender individueller Interpretierbarkeit der Vertragskomponenten. Ist denn nicht gerade dies die Herausforderung einer positiven Gestaltung des psychologischer Arbeitsvertrages: trotz individueller Interpretierbarkeit der Vertragskomponenten dennoch tatsächliche Übereinstimmung zwischen den Vertragspartien zu erreichen? Diese lässt sich allerdings nur durch Vorliegen starker Übereinstimmung (mutuality) der Vertragsinhalte beider Parteien realisieren, denn nur sie hält dem Abgleich mit der Realität stand. Zur Bildung eines psychologischen Vertrages reicht zwar eine Übereinstimmungswahrnehmung beider Parteien aus, für andauernde Kontinuität müssen allerdings die ausgetauschten Versprechen und Verpflichtungen auch den tatsächlichen Handlungen entsprechen. *Arnolds* Definition zufolge muss also starke Gegenseitigkeit (mutuality) vorliegen.[261] Denn Folge einer Differenz zwischen Wahrnehmung und Realität kann ein Vertragsbruch sein.[262] Wahrgenommen werden nichterfüllte Vertragsverpflichtungen, die im Extremfall zu einem Ausstieg aus dem geschlossenen psychologischen Arbeitsvertrag führen. Wenn allerdings bereits die Bildung des psychologischen Arbeitsvertrages wie bei *Rousseau* lediglich in der Wahrnehmung des Mitarbeiters verankert ist, können ablaufende Prozesse wie beispielsweise eine Aushandlung von Vertragskomponenten gar nicht erst stattfinden. Die Wahrscheinlichkeit, dass die reale Handlung einer Person dann genau dem von der anderen Person Interpretierten entspricht, ist ohne jeglichen Abstimmungsprozess unwahrscheinlich.

Selbst *Rousseau*, die ursprünglich Verträge mit gegenseitigen Verpflichtungen auf der Beziehungsebene als implizite Verträge bezeichnet, räumt in einer ihrer späteren Arbeiten psychologischen Arbeitsverträgen einen gewissen Grad

---

259   vgl. Herriot/Pemberton (1997), 45.
260   vgl. Herriot/Pemberton (1997), 45; Guest/Conway (2002), 22.
261   vgl. Arnold (1996), 512.
262   vgl. Tekleab/Taylor (2003), 586.

an tatsächlicher Übereinstimmung (actual mutuality) als Basis ein.[263] Damit widerspricht sie ihrer Aussage von 1998: *„The perception of mutuality, not necessarily mutuality in fact is the heart of the psychological contract."*[264] Durch das Vorliegen tatsächlicher Übereinstimmung können *Rousseaus* neuen Erkenntnissen zufolge allerdings ein Abgleich des Verhaltens mit den aktuellen Verpflichtungen beider Parteien geschehen und die interdependenten Ziele erreicht werden.[265] Durch diese Aussage räumt *Rousseau* faktisch ein, dass entgegen ihrer bisherigen Annahme doch beide Parteien vertragskonstituierend sind. Bereits in der Zusammenarbeit mit *Robinson* im Jahr 1994 wird oben diskutierte Widersprüchlichkeit zu *Rousseaus* früheren Definitionen des psychologischen Arbeitsvertrages deutlich: *„Each party believes that both parties have made promises and that both parties have accepted the same contract terms. However, this does not necessarily mean that both parties share a common understanding of all contract terms. Each party only believes that they share the same interpretation of the contract."*[266]

Arnolds Auffassung von Übereinstimmung zufolge liegt hier zwar lediglich schwache Gegenseitigkeit vor,[267] dennoch steht diese Aussage im Widerspruch zu frühen Arbeiten, in denen nur die individuelle Wahrnehmung des Mitarbeiters ausschlaggebend ist. Die spätere Erkenntnis aus der Zusammenarbeit *Rousseaus* mit *Dabos*, dass sogar ein gewisser Grad an tatsächlicher Übereinstimmung zwischen den Vertragsparteien vorliegen muss, verstärkt oben diskutierte Unstimmigkeit in *Rousseaus* Aussagen zusätzlich. Erschwerend hinzu kommt, dass in diesem Zusammenhang nicht thematisiert wird, ob durch diese neu gewonnenen Erkenntnisse von einer Differenzierung zwischen impliziten und psychologischen Arbeitsverträgen abgesehen wird. Auch bleibt unklar, ob *Rousseau* ihre Definition des psychologischen Arbeitsvertrages als im Mitarbeiter verankertes Konstrukt revidiert.

Trotz der Tatsache, dass tatsächliche Übereinstimmung zwischen den Vertragsparteien hinsichtlich der auszutauschenden Komponenten vorliegen muss, und der daraus resultierenden Erkenntnis, dass beide Parteien involviert sind, bleibt aufgrund der fehlenden schriftlichen Fixierung des psychologischen Arbeitsvertrages Raum für Interpretationen detaillierter inhaltlicher Aspekte. Sowohl *Herriot* und *Pemberton* als auch *Guest* und *Guest* und *Conway* sehen den

---

263 vgl. Dabos/Rousseau (2004), 54.
264 Rousseau (1998), 666.
265 vgl. Dabos/Rousseau (2004), 54.
266 Robinson/Rousseau (1994), 391.
267 vgl. Arnold (1996), 512.

Vertrag als Wahrnehmung, verorten diesen aber auf der relationalen Ebene.[268] Ebenso integrieren seit den späten 1990er Jahren immer mehr Wissenschaftler die Perspektive des Unternehmens in die Forschungen zum psychologischen Arbeitsvertrag.[269] Gerecht werden die Autoren damit gemäß *Guest* sowohl der Metapher des Vertrages als auch des dem psychologischen Arbeitsvertrag zugrunde liegenden Austauschverhältnisses zwischen den Parteien. Der Begriff der Metapher wird von *Guest* für die Konzeptionalisierung des psychologischen Arbeitsvertrages als „Vertrag" benutzt.[270] *Rousseau* dagegen widerspricht der Verwendung dieses Ausdruckes. Sie sieht den psychologischen Arbeitsvertrag als Konstrukt.[271]

Unklar bleibt, warum etwas nicht unmittelbar Beobachtbares, wie der psychologische Arbeitsvertrag, nicht zugleich auch eine Metapher darstellen kann. Die Analogie zu dem formalen Arbeitsvertrag ist naheliegend. Das Besondere an dieser Vertragsanalogie ist, dass das Involvement zweier Parteien vorausgesetzt wird: *„Der Arbeitsvertrag ist ein privatrechtlicher, gegenseitiger, schuldrechtlicher Austauschvertrag, durch den sich der Arbeitnehmer zur Leistung von Arbeit im Dienst des Arbeitgebers und der Arbeitgeber zur Zahlung einer Vergütung verpflichtet."[272]* Da *Rousseau* den psychologischen Arbeitsvertrag (ursprünglich) ausschließlich aus Sicht des Mitarbeiters definiert, widerspricht sie den Basisannahmen der Vertragstheorie, wenn sie eine Analogie zwischen dem psychologischen Arbeitsvertrag und dem formalen Arbeitsvertrag herstellt.[273] Für *Guest* ist daher fraglich, ob die von *Rousseau* vertretene Sichtweise des psychologischen Arbeitsvertrages sich überhaupt von dem Konzept des Commitments unterscheidet.[274] *Freese* sieht in *Rousseaus* Sichtweise keine Überschneidungsproblematik mit dem Konzept des Commitments. Dieses ist ihrer Meinung nach eindeutig als ein Ergebnis des psychologischen Arbeitsvertrages anzusehen.[275]

Trotz intraindivideller Sichtweise liegt *Rousseaus* Definition dennoch Reziprozität zugrunde.[276] Neben der Gegenseitigkeit (mutuality) und der dadurch

---

268   vgl. Herriot/Pemberton (1996; 1997); Guest (1998a; 1998b); Guest/Conway (2002).
269   vgl. Lewis-McClear/Taylor (1997); Coyle-Shapiro/Kessler (1998); Shore/Barksdale (1998); Coyle-Shapiro/Kessler (2000); Lester et al. (2002); Guest/Conway (2002); Coyle-Shapiro/Kessler (2002); Tekleab/Taylor (2003).
270   vgl. Guest (1998a), 650.
271   vgl. Rousseau (1998), 666-667.
272   Küfner-Schmitt (2002), 45.
273   vgl. Guest (1998a), 652.
274   vgl. Guest (1998b), 675.
275   vgl. Freese (2007), 25.
276   vgl. Rousseau (1989), 123-125.

bedingten relationalen Ebene psychologischer Arbeitsverträge ist das zugrunde liegende Austauschverhältnis (reciprocity) ein weiterer wesentlicher Bestandteil. Dieses ist gemäß der Social Exchange Theorie von *Blau* Basis aller sozialen Beziehungen.[277] Der zugrunde liegende Mechanismus ist gemäß *Gouldners* Reziprozitätsnorm eine durch den Erhalt von Leistungen entstehende Verpflichtung zur Gegenleistung.[278] Bezüglich der Reziprozität als Basis psychologischer Arbeitsverträge besteht unter den Forschern im Wesentlichen Konsens. *Robinson et al.* beispielsweise beweisen das Vorliegen von reziprokem Verhalten der Mitarbeiter. Diese passen den Grad ihrer Verpflichtungen gegenüber dem Arbeitgeber an dessen Umgang mit ihnen an.[279] Darüber hinaus zeigt eine empirische Studie von *Coyle-Shapiro* und *Kessler* sogar die Bi-Direktionalität der Reziprozitätsnorm. Demnach operiert Reziprozität in beide Richtungen zwischen den Austauschpartnern.[280] Auch *Rousseau* sieht diese wechselseitigen Verpflichtungen eines Austauschvertrages als Basis psychologischer Arbeitsverträge.[281] Dieser definitorische Bezug *Rousseaus* lässt *Guest* zufolge den Schluss auf eine relationale Betrachtung *Rousseaus* zu.[282] Diese sieht allerdings ein Austauschverhältnis (reciprocity) vor, ohne dass Gegenseitigkeit (mutuality) vorliegen muss.[283]

Im Folgenden wird der psychologische Arbeitsvertrag als Vertrag auf der relationalen Ebene definiert. Die interaktive Beziehung beider Parteien steht im Mittelpunkt. Weder der Mitarbeiter noch die Organisation kann unabhängig voneinander einen psychologischen Arbeitsvertrag bilden.[284] Die Basis dieses Vertrages ist ein Austauschverhältnis (reciprocity) zwischen den Vertragsparteien, wobei die ausgetauschten Komponenten aufgrund fehlender schriftlicher Fixierung individueller Interpretation unterliegen. Dabei ist nicht nur die Wahrnehmung von Übereinstimmung (schwache mutuality) der Vertragskomponenten, sondern auch das Vorliegen tatsächlicher Übereinstimmung (starke mutuality) für den andauernden Erhalt des psychologischen Arbeitsvertrages ausschlaggebend.

277   vgl. Blau (1964).
278   vgl. Gouldner (1960), 171.
279   vgl. Robinson/Kraatz/Rousseau (1994).
280   vgl. Coyle-Shapiro/Kessler (2002), 83.
281   vgl. Rousseau (1989), 123-125.
282   vgl. Guest (1998b), 675.
283   vgl. Rousseau (1989), 124.
284   vgl. Freese (2007), 22.

2.1.1.4 Vertragsparteien

Zunehmend sehen die Forscher von einer rein mitarbeiterorientierten Analyse des psychologischen Arbeitsvertrages ab.[285] Die Perspektive der Organisation wird (wieder[286]) in das Konstrukt integriert.[287] Dies impliziert einen relationalen Vertrag. Konsens besteht dabei hinsichtlich des Mitarbeiters als eine Partei des Vertrages. Unklar ist allerdings die Festlegung der anderen Vertragspartei. Wird die Organisation an sich als Partei des Vertrages gesehen oder wird sie durch einen Vertreter beispielsweise die direkte Führungskraft, dargestellt?[288] Ersteres bedeutet eine Personifizierung der Organisation. Handlungen und Aussagen von Organisationsvertretern wie beispielsweise von Führungskräften, Recruiter oder die kommunizierte Personalstrategie werden als Aktionen der Organisation selbst gesehen. Dies bewirkt, dass die Organisation vermenschlicht wird und als Vertragspartner im psychologischen Arbeitsvertrag angesehen wird. Letzteres impliziert einen psychologischen Arbeitsvertrag zwischen einem Mitarbeiter und einem Repräsentanten der Organisation.[289] Dies kann beispielsweise die direkte Führungskraft, die Unternehmensleitung oder aber der Human Ressource Manager sein.[290]

Der Diskurs hinsichtlich der Wahl des Unternehmensrepräsentanten wird durch die Verwendung unterschiedlichster Vertreter in den Forschungsarbeiten deutlich[291]:

- Manager als Vertreter des Unternehmens
- HR-Manager als Vertreter des Unternehmens
- Supervisor als Vertreter des Unternehmens
- high level executives als Vertreter des Unternehmens
- immediate manager als Vertreter des Unternehmens

Diese Vielzahl an Personen, die im psychologischen Vertrag als Vertreter des Unternehmens fungieren können, eröffnet weiteren Forschungsbedarf. Es gilt

---

285   vgl. für eine vertiefende Diskussion Conway/Briner (2005), 125-130.

286   in den frühen Forschungsarbeiten von Argyris (1960); Levinson et al. (1962); Schein (1965, 1980); Kotter (1973) waren beide Parteien Bestandteil des psychologischen Arbeitsvertrages.

287   vgl. Coyle-Shapiro/Kessler (2000).

288   vgl. Conway/Briner (2005), 32-33.

289   vgl. Conway/Briner (2005), 32-33.

290   vgl. Herriot/Pemberton (1997); Guest (1998a); Coyle-Shapiro/Kessler (1998); Guest/Conway (2002); Tsui/Wang (2002).

291   vgl. Rousseau/Greller (1994), 386; Freese (2007); Herriot/Pemberton (1997); Guest (1998a); Coyle-Shapiro/Kessler (1998); Guest/Conway (2002); Tsui/Wang (2002).

festzustellen, wer im Unternehmen für den Mitarbeiter tatsächlich als Vertrags-partner im psychologischen Arbeitsvertrag agiert.[292] Dabei ist in Betracht zu ziehen, dass nicht nur ein Unternehmensvertreter dem Mitarbeiter Informationen hinsichtlich der Erwartungen über Leistungen und Gegenleistungen des Unter-nehmens vermittelt, sondern dass diese von mehreren Unternehmensvertretern kommuniziert werden. Die Folge ist ein komplexes Geflecht an psychologischen Vertragsstrukturen der Mitarbeiter mit den jeweiligen „key agents". Dabei kann jeder Mitarbeiter mit jedem key agent des Unternehmens einen separaten psy-chologischen Arbeitsvertrag haben oder einen Gesamtvertrag mit der Organisa-tion aufweisen, auf den jeweils der aktuelle key agent der spezifischen Situatio-nen einwirkt.[293] Austauschtheoretisch liegt dann der Fall des generalisierten Austausches vor, in dem der Leistungsempfänger nicht der Gegenleistende ist.[294] Problematisch erscheint dabei allerdings die Identifikation von Gleichgewichten zwischen Leistungen und Gegenleistungen.

Der Begriff des „agents" ist auf die Agenturtheorie zurückzuführen.[295] Die-ser Theorie folgend ist das Austauschverhältnis in der psychologischen Arbeits-vertragsliteratur als Vertrag zwischen einem (Auftraggeber) und einem Agenten (Auftragnehmer) definiert. Der Prinzipal (das Unternehmen) überträgt dem Agenten (jeweiliger Unternehmensvertreter) Aufgaben, die dieser im Sinne des Unternehmens realisieren soll. Aufgrund asymmetrischer Informationsverteilung und der jeweiligen Nutzenmaximierung (Opportunismus der Vertragsparteien) wird die Verhaltensmotivation des Agenten im Sinne der Ziele des Prinzipals zur Problematik. Vor allem das Setzen von spezifischen Anreizen dient der Problemlösung.[296]

Rousseau verweist in diesem Zusammenhang auf die Doppelfunktion des Managers.[297] In seiner Funktion als Unternehmensvertreter ist er Teil des psy-chologischen Arbeitsvertrages mit dem Mitarbeiter. Zusätzlich hat er als Mitar-beiter in dem Unternehmen allerdings selbst einen psychologischen Arbeitsver-trag mit einem Unternehmensvertreter.[298] Dadurch bedingte Zielkonflikte erhö-hen die Komplexität der psychologischen Arbeitsvertragsstrukturen im Unter-nehmen.

---

292 vgl. Conway/Briner (2005), 32-33.
293 vgl. Rousseau/Greller (1994), 386; Conway/Briner (2005), 125-126.
294 vgl. Molm (2010), 122.
295 vgl. beispielsweise Picot/Dietl/Franck (2008), 72-140.
296 vgl. auch für vertiefende Einblicke Eisenhardt (1989), 57-74; Ebers/Gotsch (2002), 209-224; Picot/Dietl/Franck (2008), 72-140.
297 vgl. Rousseau/Greller (1994), 390.
298 vgl. Rousseau/Greller (1994), 390; Rousseau (1995), 64.

Der Fokus empirischer Untersuchungen zur Integration der Unternehmens-perspektive in den psychologischen Arbeitsvertrag liegt dennoch überwiegend auf der Untersuchung von gesetzten Anreizen, des Erfüllungsgrades von Ver-pflichtungen seitens des Unternehmens und von Ursachen und Auswirkungen des Vertragsbruches. Neben Forschern wie *Levinson et al.*, *Schein*, *Herriot* und *Pemberton* und *Guest* und *Conway*, welche den psychologischen Arbeitsvertrag von Anfang an auf der relationalen Ebene verorten, wird die Organisationsper-spektive seit Ende der 1990er Jahre wieder vermehrt in die Forschung integriert. Dabei wird in allen Untersuchungen das Unternehmen durch einen Agenten ver-treten. Wer genau diesen Agenten im Untenehmen repräsentiert, variiert aller-dings.[299]

Trotz relationalem Vertragsverständnis weichen die Ausarbeitungen den-noch hinsichtlich der Betrachtungsperspektive, aus der der psychologische Ar-beitsvertrag zwischen Mitarbeiter und Unternehmensvertreter untersucht wird, voneinander ab. Tabelle 5 zeigt die differierenden Ansichten der Forscher.

Tabelle 5: *Studien zur Integration der Arbeitgeberperspektive*

Forscher	Betrachtungs-objekt	Betrachtungs-perspektive	Betrachtungsgegenstand
Lewis-McClear/ Taylor (1997)	relational (Arbeitgeber/ Arbeitnehmer)	Arbeitgeber-sicht (Manager als Vertreter des Unternehmens und direkter Supervisor)	Erforschung von Effekten von Unterschie-den zwischen dem Verständnis von Arbeit-geber-Verpflichtungen von Mitarbeitern und Managern in der Arbeitsbeziehung (335) Perspektive des Supervisors hinsichtlich der Erfüllung der Mitarbeiter-Verpflichtungen (335)
Tsui et al. (1997)	relational (Arbeitgeber/ Arbeitnehmer)	Arbeitgeber-sicht	Beschreibung von vier Vorgehensweisen in der Arbeitnehmer-Organisations-Beziehung, betrachtet aus der Arbeitgeber-Perspektive (auch 1091). Ergebnis einer empirischen Studie ist, dass die Reaktion der Mitarbeiter in Abhängigkeit von den vier Typen der Be-ziehung unterschiedlich ist. (1089)
Coyle-Shapiro/ Kessler (1998)	relational (Arbeitgeber/ Arbeitnehmer)	Arbeitgeber-/ Arbeitnehmer-Verpflichtungen (Manager als Vertreter des Unternehmens)	Empirische Studie zur Überprüfung des In-halts und des Standes des psychologischen Arbeitsvertrages aus zwei Perspektiven (A1)

---

299 vgl. Levinson et al. (1962); Schein (1965); Herriot/Permberton (1996; 1997); Guest (1998a); Guest/Conway (2002).

Porter et al. (1998)	relational (Arbeitgeber/ Arbeitnehmer)	Arbeitgeber/ Arbeitnehmer hinsichtlich der Anreize der Organisation (high level executives als Vertreter des Unternehmens (771))	Betrachtung der Anreize der Organisation (770) Messung gegenseitiger (mutuality) Wahrnehmung von aktuellen Anreizen durch die Organisation und Gegenüberstellung zu erwarteten oder antizipierten Anreizen (770) Untersuchung, ob Lücken zwischen den Wahrnehmungen die Arbeitszufriedenheit und Mitarbeiterleistung erklären können (770)
Shore/ Barksdale (1998)	relational (Arbeitgeber/ Arbeitnehmer)	Arbeitnehmer- sicht	"[…] Exchange Relationship types were represented by employee and employer obligations as perceived by the employee; for example, consistently high or low obligations to and from the employer." "[…] We examined the general pattern of exchange, in terms of balance and level of obligation, between employee and employer, as perceived by the employee" (732) "There are two parties in the exchange relationship – the employer and the employee. The employee perceives that each party has a set of obligations that defines the type of employment relationship that exists." (733)
Coyle-Shapiro/ Kessler (2000)	relational (Arbeitgeber/ Arbeitnehmer)	Arbeitgeber-Verpflichtungen (Manager als Vertreter des Unternehmens)	Erklärung der Wahrnehmung von Mitarbeiter und Manager hinsichtlich der Arbeitgeber-Verpflichtungen und wie gut der Arbeitgeber die Verpflichtungen gegenüber seinem Mitarbeiter erfüllt hat. Untersuchung Perceived Organizational Support (POS). (904)
Coyle-Shapiro/ Kessler (2002)	relational (Arbeitgeber/ Arbeitnehmer)	Arbeitgeber-/ Arbeitnehmer-Verpflichtungen (Manager als Vertreter des Unternehmens)	Prüfung der Reziprozität aus Arbeitnehmer- und Arbeitgeber-Sicht. Bei vorliegender Gegenseitigkeit (mutuality) Prüfung des Funktionierens der Beziehung. Speziell wird untersucht, wie stark die Mitarbeiter wahrgenommene Arbeitgeber-Verpflichtungen erwidern und diese in Abhängigkeit von dem Grad der Erfüllung der Verpflichtungen durch den Arbeitgeber regulieren. (und andersherum) (71) Bi-directionality of the norm of reciprocity wurde herausgefunden. (83)
Guest/ Conway (2002)	relational (Arbeitgeber/ Arbeitnehmer)	Arbeitgeber-sicht (Senior HR-Managers)	Eine Untersuchung von 1 306 Senior HR-Managern, die das Management des psychologischen Arbeitsvertrages und im Speziellen die Rolle der organisationalen Kommunikation untersucht (22)

Lester et al. (2002)	relational (Arbeitgeber/ Arbeitnehmer)	Arbeitgber/ Arbeitnehmer hinsichtlich der Arbeitgeber- Verpflichtungen (Organisation, Supervisor, subordinate)	Ziel der Empirischen Untersuchung ist die Erzielung eines besseren Verständnisses der Ähnlichkeiten und Unterschiede der Wahrnehmung und des Bruches des psychologischen Arbeitsvertrages von Supervisor und Untergebenen. (40) Untersuchung, ob Supervisoren oder Untergebene eher wahrnehmen, dass die Organisation ihre Verpflichtungen nicht erfüllt hat (51-52)
Aselage/ Eisenberger (2003)	relational (Arbeitgeber/ Arbeitnehmer)	Arbeitnehmer- sicht	Theoretische Integration von Perceived Organizaional Support (POS) und Psychological Contract Theory (PCT) (492)
Shore/ Coyle- Shapiro (2003)	relational (Arbeitgeber/ Arbeitnehmer)	Arbeitgeber-/ Arbeitnehmer- Verpflichtungen	Darstellung der Entwicklung in der Mitarbeiter-Organisations Beziehung
Tekleab/ Taylor (2003)	relational (Arbeitgeber/ Arbeitnehmer)	Arbeitgeber-/ Arbeitnehmer- Verpflichtungen (immediate manager as chief agent (586))	"This study assesses parties' levels of agreement in the reciprocal obligations of the psychological contract, and their consequences on parties' perceptions on contract violations." (585) "[…] Expect a relationship between agreement on employees' obligations and managers' perception of employees' violation, but not employees' perception of their violation." (589)
Wang et al. (2003)	relational (Arbeitgeber/ Arbeitnehmer)	Arbeitgeber- sicht	Betrachtung von Anreizen und Beiträgen zwischen dem AG und einer Gruppe von Mitarbeitern aus Sicht des AG (511)
Petersitzke (2009)	relational (Arbeitgeber/ Arbeitnehmer	eher Arbeitgeberperspektive	Untersuchung der drei Dimensionen eines positiven psychologischen Arbeitsvertrages

Insgesamt können folgende unterschiedlichen Betrachtungsperspektiven der Forscher lokalisiert werden:

- Relationaler Vertrag: Betrachtung der Arbeitgeber-Verpflichtungen.
- Relationaler Vertrag: Betrachtung der Arbeitnehmer-Verpflichtungen.
- Relationaler Vertrag: Betrachtung der Arbeitgeber-Arbeitnehmer-Verpflichtungen.

Einer ganzheitlichen Betrachtung unterliegen dabei nur die unter dem dritten Aufzählungspunkt gefassten Forschungsarbeiten. Allein diese werden durch die gewählte Analyseperspektive der zugrunde liegenden Bi-Direktionalität der Reziprozitätsnorm gerecht. Mit Ausnahme der Studie von *Lester et al.* ist allen Untersuchungen gemein, dass die Unternehmensperspektive durch einen Manager vertreten wird. *Lester et al.* dagegen ergänzen diese Betrachtung durch den Unternehmensvertreter zusätzlich um das Involvement der Organisation.[300]

Das steigende Forschungsinteresse bezüglich der Auseinandersetzung mit der Unternehmensperspektive im psychologischen Arbeitsvertrag führt zu einer Integration und vertiefenden Auseinandersetzung mit den Konzepten des „Perceived Organizational Support" (POS)[301] und des „Organizational Citizenship Behaviour" (OCB)[302] und „Leader-Member Exchange" (LMX)[303] im Rahmen der psychologischen Arbeitsvertragsforschung. Ersteres erklärt als Social Exchange Theorie reziprokes Verhalten der Mitarbeiter. Im Falle, dass der Mitarbeiter von der Organisation einen hohen Grad an Unterstützung erfährt, ist dieser bereit, eine Gegenleistung zu erbringen.[304] OCB stellt das freiwillige Arbeitsengagement des Mitarbeiters dar. Hierzu werden vor allem die Auswirkungen von Verletzungen des psychologischen Vertrages durch das Unternehmen untersucht.[305] Letzteres bezieht sich auf die Qualität der Beziehung mit der direkten Führungskraft.[306] POS und OCB stellen folglich die Sichtweise des Mitarbeiters ins Zentrum der Betrachtung. Sie werden somit einer relationalen Betrachtung des psychologischen Arbeitsvertrages nicht gerecht.

Aber auch die LMX-Theorie grenzt sich von der psychologischen Arbeitvertragsforschung durch die zeitliche Restriktion ab. Genau wie bei der POS und OCB werden auch hier lediglich aktuelle Geschehnisse betrachtet. Die eingegangenen Verpflichtungen und der folglich zukunftsbezogene Horizont sind lediglich im Konzept des psychologischen Arbeitsvertrages eingeschlossen. Aufgrund der eindeutigen Abgrenzung der Theorien POS, OCB und LMX von dem Konzept des psychologischen Arbeitsvertrages wird in dieser Ausarbeitung nicht näher auf diese eingegangen.[307]

---

300   vgl. Lester et al. (2002).

301   vgl. Coyle-Shapiro/Kessler (2000); Aselage/Eisenberger (2003); Gakovic/Tetrick (2003); Coyle-Shapiro/Conway (2005b).

302   vgl. Robinson/Morrison (1995); Coyle-Shapiro (2002); Coyle-Shapiro/Kessler/Purcell (2004); Felfe/Liepmann (2008), 100-102.

303   vgl. Kunze (2006); Henderson et al. (2008); Restubog et al. (2010).

304   vgl. Coyle-Shapiro/Kessler (2000); Aselage/Eisenberger (2003).

305   vgl. Robinson/Morrison (1995).

306   vgl. Freese (2007), 27.

307   vgl. für eine tiefer gehende Betrachtung der Theorien beispielsweise: Robinson/ Morrison (1995); Coyle-Shapiro/Kessler (2000); Coyle-Shapiro (2002); Aselage/ Eisenberger (2003); Chen/Tsui/ZHong (2008); Dulac et al. (2008); Restubog et al. (2008); Petersitzke (2009), 22-25.

In der weiteren Ausarbeitung wird obigen Autoren folgend das Unternehmen durch einen Agenten als Vertragspartei des psychologischen Arbeitsvertrages vertreten. In Anlehnung an *Guest* wird angenommen, dass vor allem die spezifischen Komponenten des psychologischen Arbeitsvertrages mit der direkten Führungskraft ausgehandelt werden, generalisierte Aspekte allerdings durch mehrere Medien kommuniziert werden.

2.1.1.5 Basisverständnis

Aus der vorangehenden Diskussion konnten die in Tabelle 6 in der linken Spalte dargestellten Unterscheidungskriterien der Definitionen psychologischer Arbeitsverträge identifiziert werden. Die synoptische Tabelle stellt zusammenfassend die Positionen ausgewählter Forscher bezüglich der identifizierten Vertragskomponenten dar und wird um die in dieser Ausarbeitung vertretene Position ergänzt.

Tabelle 6: *Überblick über die Verwendung unterschiedlicher Komponenten psychologischer Arbeitsverträge ausgewählter Forscher*

	Argyris (1960)	Levinson et al. (1962)	Schein (1965)	Kotter (1973)	Rousseau (1989; 1998)	Herriot/Pemberton (1997)	Guest/Conway (2002) u. a.	de Vos/Buyens/Schalk (2003)	Freese (2007)	Volmer (2012)
relational	✗	✗	✗	✗	—	✗	✗	—	—	✗
unilateral	—	—	—	—	✗	—	—	✗	✗	—
Erwartungen	Ø	✗	✗	✗	—	—	✗	Ø	—	✗
Versprechen	Ø	—	—	—	✗	—	✗	Ø	—	✗
Verpflichtungen	Ø	—	✗	—	✗	✗	✗	Ø	✗	✗
Wahrnehmung	✗	✗	✗	✗	✗	✗	✗	✗	✗	✗
Austauschverhältnis (reciprocity)	✗	✗	✗	✗	✗	✗	✗	✗	✗	✗

Wahrnehmung von Übereinstimmung (perception of mutuality)	Ø	✗	Ø	Ø	✗	Ø	–	Ø	✗	–
tatsächliche Übereinstimmung (mutuality)	Ø	Ø	Ø	Ø	–	Ø	✗	Ø	–	✗
explizite Bestandteile	Ø	Ø	Ø	–	✗	Ø	Ø	Ø	✗	✗
implizite Bestandteile	Ø	Ø	Ø	✗	✗	Ø	Ø	Ø	✗	✗
andere Partei = Unternemen	–	Ø	Ø	–	–	–	–	Ø	Ø	–
andere Partei = Unternemensvertreter (Agent)	✗	Ø	Ø	✗	–	✗	✗	Ø	Ø	✗

✗ = trifft zu; — = trifft nicht zu; Ø = keine genaue Aussage möglich

Wie bereits angesprochen, existiert keine einheitliche Verwendung des Begriffes des psychologischen Arbeitsvertrages. Wenn keine Einheitlichkeit unter den Forscher herrscht, so ist es besonders wichtig, eine genaue Positionierung bezüglich der verwendeten Begrifflichkeiten vorzunehmen: Nur so können unterschiedliche Standpunkte erkannt und voneinander abgegrenzt werden. In Einklang mit der dargestellten Positionierung hinsichtlich der Verwendung der unterschiedlichen Komponenten wird der psychologische Arbeitsvertrag in dieser Ausarbeitung folgendermaßen definiert:

Der psychologische Arbeitsvertrag ist die Wahrnehmung eines Vertrages basierend auf einem interaktiven Austauschverhältnis expliziter und impliziter, auf Erwartungen und Ver sprechen beruhender Verpflichtungen über tatsächlich übereinstimmende Leistungen und Gegenleistungen zwischen einem Unternehmensvertreter und seinem Mitarbeiter.

2.1.2 Inhalte – Typologisierung psychologischer Arbeitsverträge

Eines der drei Hauptfelder psychologischer Arbeitsvertragsforschung stellt die Auseinandersetzung mit den inhaltlichen Aspekten dieser Verträge dar.[308] Im Fokus steht dabei die dem psychologischen Arbeitsvertrag zugrunde liegende Austauschbeziehung. Implizite und explizite Versprechen und Verpflichtungen

---

308 vgl. beispielsweise Conway/Briner (2005).

werden genauer spezifiziert. Dabei gilt es *Conway* und *Briner* zufolge, zwei Aspekte zu klären:[309]

- Zum einen ist herauszufinden, was generell als Leistungen und Gegenleistungen zwischen Arbeitgeber und Arbeitnehmer versprochen wird.
- Zum anderen ist die Erkenntnis, welche Versprechen über bestimmte Leistungen bei der anderen Partei genau welche Versprechen über bestimmte Gegenleistungen hervorrufen, für die Analyse des psychologischen Arbeitsvertrages besonders wichtig.

Vor allem der erste Aspekt wird von vielen Forschern untersucht. Diese konzentrieren sich auf eine Aufzählung und empirische Untersuchung der wichtigsten Inhalte psychologischer Arbeitsverträge und eine anschließende Typologisierung dieser oder auf eine Betrachtung ausgewählter inhaltlicher Aspekte.[310] Aufgrund der Vielzahl möglicher Inhalte dient die Bildung von Dimensionen inhaltlicher Aspekte der besseren Vergleichbarkeit unterschiedlicher psychologischer Arbeitsverträge.[311]

Tabelle 7 zeigt die in den wissenschaftlichen Ausarbeitungen gewählten Klassifikationen der Inhalte psychologischer Arbeitsverträge und die Hauptvertreter der jeweiligen Sichtweisen angelehnt an die Vorgehensweise *Freeses*.[312]

---

309   vgl. Conway/Briner (2005), 32-33; 37-39.
310   vgl. Rousseau/Tijoriwala (1998), 684-685.
311   vgl. Freese/Schalk (2008), 271.
312   vgl. erweiterte Typologisierung in Anlehnung an Freese (2007), 29-34.

Tabelle 7: *Typologisierung der Inhalte psychologischer Arbeitsverträge durch die jeweiligen Hauptvertreter (erweiterte Typologisierung in Anlehnung an Freese 2007, 29-43)*

Inhaltlicher Schwerpunkt	Forscher
Reine Auflistung von Inhalten und Entwicklung von Fragebögen (Auflistung und Operationalisierung)	Levinson et al. (1962); Schein (1965); Kotter (1973); Guzzo/Noonan/Elron (1994); Robinson/Kraatz/Rousseau (1994); Robinson/Rousseau (1994); Schalk/Freese (1997); Herriot/Manning/Kidd (1997); Rousseau (1997); Thomas/Anderson (1998); Robinson/Morrison (2000); Lester/Kickul (2001); Conway/Briner (2002); Guest/Conway (2002); Tekleab/Taylor (2003); Patrick (2008)
Relationalität/ Transaktionalität (Kontinuum)	MacNeil (1985); Rousseau (1990); Rousseau/McLean Parks (1993); Guzzo/Noonan/Elron (1994); Robinson/Kraatz/Rousseau (1994); Robinson/Rousseau (1994); Rousseau/Wade-Benzoni (1994); Herriot/Menning/Kidd (1997); Guest/Conway (1998); McLean Parks/Kidder/Gallagher (1998); McLean Parks/Smith (1998); Rousseau/Tijoriwala (1998); Coyle-Shapiro/Kessler (2000); Rousseau (2000); Bunderson (2001); Van den Brande/Jannssens/Sels/Overlaet (2002); Hui/Lee/Rousseau (2004); Rousseau (2004); de Cuyper et al. (2008); Janssens/Sels/Van den Brande (2009)
Wahrnehmung von Verpflichtungen	Tsui et al. (1997); Shore/Braksdale (1998); Van den Brande et al. (2002)
Vergangenheit/ Gegenwart Items (zeitlicher Bezug)	Herriot/Pemberton (1995); Hiltrop (1996); Anderson/Schalk (1998); Cavanaugh/Noe (1999); Roehling et al. (2000); Van den Brande et al. (2002); Huiskamp/Schalk (2002)
Betrachtung des Austausches (inhaltliche Tauschbeziehungen)	Herriot/Manning/Kidd (1997); Millward/Hopkins (1998); Raja/Johns/Ntalianis (2004)

Nachfolgend werden die unterschiedlich gewählten Typologisierungen der jeweiligen Forscher dargestellt.[313] Aufgrund des Schwerpunktes dieser Ausarbeitung auf der Prozessperspektive dient die nachfolgende Darstellung inhaltlicher Aspekte des psychologischen Arbeitsvertrages der Gewinnung eines Überblicks über die Vielzahl an Veröffentlichungen in diesem Bereich. Eine Auseinandersetzung mit den Inhalten des psychologischen Arbeitsvertrages erfolgt, da sie für die Analyse des Bildungsprozesses von großer Bedeutung sind. Betrachtet werden hierbei insbesondere bekannte und wegweisende Forschungsarbeiten,

---

313 Auswahl der bekanntesten Studien, ähnlich auch zu sehen bei Conway/Briner (2005), Freese (2007).

deren Entstehung bereits einige Jahre zurückliegen kann. Allerdings können ohne Kenntnis der unterschiedlichen Vertragsarten und der spezifischen Inhalte dieser, vertragsspezifische Varianzen bei der Betrachtung des Bildungs- und Erhaltungsprozesses psychologischer Arbeitsverträge nicht berücksichtigt werden. Fehlende inhaltliche Ausgestaltung würde folglich zu einer zu generalistischen Beschreibung des Ablaufs des Prozesses psychologischer Vertragsbildung und Erhaltung führen.

Nachfolgende Analyse der Inhalte psychologischer Arbeitsverträge gliedert sich entsprechend der in Tabelle 7 aufgezeigten Systematik.

2.1.2.1 Auflistung und Operationalisierung

Psychologische Arbeitsverträge beinhalten eine hohe Anzahl unterschiedlicher Inhalte. Dennoch haben viele Froscher immer wieder versucht, die wichtigsten Inhalte dieser Verträge zu erfassen.[314] Vor allem die frühen Ausarbeitungen von *Levinson et al.*, *Schein* und *Kotter* befassen sich mit den inhaltlichen Aspekten, ohne eine Typologisierung der Inhalte auf unterschiedlichen Dimensionen vorzunehmen.[315] *Kotter* stellt beispielsweise eine Liste mit 13 Items für die Erwartungen der Mitarbeiter über die Unternehmensleistungen und eine Liste mit 17 Items über die Leistungen der Mitarbeiter auf. Unter anderem umfassen diese Listen folgende Erwartungen: persönliche Entwicklungsmöglichkeiten, Jobsicherheit, Fähigkeit, produktiv in Gruppen zu arbeiten und eigenständig verantwortungsvolle Entscheidungen treffen zu können.[316]

Viele nachfolgende Untersuchungen versuchen, die jeweiligen Hauptbestandteile psychologischer Arbeitsverträge zu erfassen. *Herriot*, *Manning* und *Kidd* beispielsweise belegen in ihrer Studie zwölf Organisationsverpflichtungen und sieben Mitarbeiterverpflichtungen. Verpflichtungen der Arbeitgeber umfassen folgende Punkte: Training, Fairness, Bedürfnisse, Befragung, Diskretion, Menschlichkeit, Anerkennung, Umfeld, Gerechtigkeit, Bezahlung, Bonus und Sicherheit. Arbeitnehmerverpflichtungen sind der Studie zufolge die Bereiche: Stunden, Arbeit, Aufrichtigkeit, Eigentum, Selbstdarstellung und Flexibilität.[317]

Lester und *Kickul* streben in ihrer Untersuchung eine hierarchische Einordnung der unterschiedlichen Verpflichtungen nach der Wichtigkeit dieser für die Befragten an.[318] Darüber hinaus entwickeln beispielsweise auch *Robinson*,

---

314   vgl. beispielsweise Conway/Briner (2005).
315   vgl. Levinson et al. (1962); Schein (1965).
316   vgl. Kotter (1973), 93.
317   vgl. Herriot/Manning/Kidd (1997).
318   vgl. Lester/Kickul (2001); für weitere Artikel gleicher Thematik Freese (2007), 37.

Kraatz und *Rousseau*[319] sowie *Freese*[320] eine Aufstellung inhaltlicher Bestandteile psychologischer Arbeitsverträge. Im Jahre 1990 entsteht *Rousseaus* erster Fragebogen zur Messung des Inhaltes psychologischer Arbeitsverträge. Für die Aufstellung der Liste inhaltlicher Aspekte werden Manager und Berufsanfänger bezüglich der wahrgenommenen Verpflichtungen befragt.[321] Wie in vielen anderen Studien sind die Ergebnisse im Hinblick auf psychologische Arbeitsverträge nicht generalisierbar. Auch die Untersuchungen von *Guzzo, Noonan* und *Elron* im Jahre 1994 und die Studie von *Thomas* und *Anderson* sind samplespezifisch. Erstere bezieht sich auf Expatriates und Letztere auf eine Befragung in der Britischen Armee.[322] Die für die Messung psychologischer Arbeitsverträge notwendige Fragebogenentwicklung wird von *Rousseau* im Jahre 2000 mit der Entstehung des Psychological Contract Inventory forciert. Dies ist ein Fragebogen zur Messung des generalisierbaren Inhalts psychologischer Arbeitsverträge. Dieses Messinstrument beinhaltet aber nicht nur Items zur Erfassung des Inhaltes, sondern dient auch als Selbstbeurteilungsinstrument zur Unterstützung der Weiterbildung.[323]

Weitere Fragebögen und Auflistungen inhaltlicher Items entwickelten: *Robinson* und *Rousseau, Robinson* und *Morisson, Kickul, Lester* und *Kickul; Conway* und *Briner, Guest* und *Conway* und *Tekleab* und *Taylor*.[324] *Patrick* kombiniert beispielsweise die Fragbögen von *Rousseau* und *Millward* und *Hopkins* und entwickelt so einen 52 Items umfassenden Psychological Contract Questionnaire (PCQ). Erfasst werden mit diesem die Einstellungen zu den Bereichen relationaler und transaktionaler Arbeitsverträge, dem Commitment und den Verpflichtungen der Mitarbeiter und des Arbeitgebers und die wahrgenommene Arbeitsbeziehung beider Seiten.[325]

---

319   vgl. Robinson/Kraatz/Rousseau (1994).
320   vgl. Freese (2007), 36-37.
321   vgl. Rousseau (1990).
322   vgl. Rousseau (1990); Guzzo/Noonan/Elron (1994); Thomas/Anderson (1998).
323   vgl. Rousseau (2000).
324   vgl. Robinson/Rousseau (1994); Robinson/Morisson (2000); Kickul (2001); Lester/ Kickul 2001; Conway/Briner (2002); Guest/Conway (2002); Tekleab/Taylor (2003); vgl. für eine vertiefende Auseinandersetzung mit dieser Thematik Conway/Briner (2005); Freese (2007), 36-37.
325   vgl. Patrick (2008), 7-24.

2.1.2.2 Relationalität und Transaktionalität

Die Einführung der Vertragsdimensionen relational und transaktional geht laut *Rousseau* auf *MacNeil* zurück.[326] Transaktionale Verträge beziehen sich auf den ökonomischen Austausch. Charakterisiert wird der Vertrag folgendermaßen: „[…] *a fair day's work for a fair day's pay* […]"[327]. Kennzeichnend für diese Verträge sind wenig Flexibilität, keine Entwicklung der Mitarbeiter, Kurzfristigkeit und ein begrenzter persönlicher Einsatz.[328] Relationale Verträge sind im Gegensatz eher langfristig angelegt. Im Mittelpunkt stehen der Aufbau und die Erhaltung der Beziehung. Ausgetauscht werden sowohl Materielles als auch Immaterielles.[329] *Rousseau* entwickelt im Jahre 1990 fünf Unterscheidungskriterien der beiden Arten, welche in Tabelle 8 dargestellt sind.

Tabelle 8: *Transaktionales/relationales Kontinuum (Rousseau 1990, 390)*

Unterscheidungskriterien	Transaktionaler Vertrag	Relationaler Vertrag
Fokus	ökonomisch, extrinsisch	ökonomisch und nicht ökonomisch, intrinsisch
Zeithorizont	begrenzt, spezifisch	offen, unbestimmt
Konstanz	statisch	dynamisch
Geltungsbereich	begrenzt	überall vorhanden
Verständlichkeit/ Greifbarkeit	öffentlich, beobachtbar	subjektiv, selbstverständlich

Relationale und transaktionale psychologische Arbeitsverträge können folglich anhand der Attribute Fokus, Zeithorizont, Konstanz, Geltungsbereich und Verständlichkeit voneinander abgegrenzt werden.

Die entsprechende empirische Herleitung der beiden Dimensionen relational und transaktional durch *Rousseau* basiert auf einer Befragung von 224 Absolventen.[330] Gegliedert werden können die Ergebnisse der Befragung in die vier Bereiche Karriereorientierung der Mitarbeiter, Wunscharbeitgeber, erwartete Beschäftigungsdauer und die Verpflichtungen des Arbeitnehmers und Arbeitgebers. Dabei wird beispielsweise herausgefunden, dass die Karriereorientierung eines Mitarbeiters negativ mit relationalen und positiv mit transaktionalen psy-

---

326 vgl. MacNeil (1985); Rousseau (1990).
327 Rousseau (1995), 91.
328 vgl. Rousseau (1990), 391; Rousseau (1995), 91.
329 vgl. Rousseau (1990), 391; Freese (2007), 30-31.
330 vgl. Rousseau (1990), 389-400.

chologischen Arbeitsverträgen korreliert. Darüber hinaus ergibt sich, dass Mitarbeiter, die sich auf relationaler Ebene verpflichtet fühlen, auch einen Langzeitarbeitsvertrag im Unternehmen antizipieren. Zusätzlich zu der Befragung der Mitarbeiter wurden Manager über die Arten von Verpflichtungen befragt, die Unternehmen als Versprechen von neuen Mitarbeitern verlangen. Daraus ergeben sich folgende Verpflichtungen des Arbeitgebers: Beförderung, hohe Bezahlung, leistungsorientierte Bezahlung, Weiterbildung, langfristige Jobsicherheit, Karrierechancen und Unterstützung bei persönlichen Problemen. Als Verpflichtungen der Arbeitnehmer haben sich im Gegensatz dazu folgende Punkte herausgestellt: Überstunden, Loyalität, Extra-Role-Verhalten, frühzeitige Bekanntgabe bei Jobwechsel, Akzeptanz von Versetzungen, keine Unterstützung von Wettbewerbern des Unternehmen, Geheimhaltung vertrauenswürdiger Informationen und eine Mindestverweildauer im Unternehmen von zwei Jahren. Insgesamt bestätigt die Befragung das theoretisch entwickelte relationale/transaktionale Kontinuum.[331] Auch nachfolgende Untersuchungen von *Robinson* und *Rousseau* und *Robinson, Kraatz* und *Rousseau* basieren auf diesem.[332]

In späteren Untersuchungen stellen Forscher allerdings fest, dass die Dimensionen relational und transaktional nicht auf einem Kontinuum liegen, sondern unabhängig voneinander sind. Eine eindeutige Bestätigung für oder gegen das Kontinuum kann allerdings nicht gefunden werden.[333] Psychologische Arbeitsverträge können folglich aus beiden Aspekten bestehen.[334] Dies wiederum finden auch *Guzzo, Noonan* und *Elron* in ihrer empirischen Untersuchung einer Befragung der Mitarbeiter hinsichtlich der Unternehmensverpflichtungen im Jahre 1994 heraus.[335] Kritisch hinterfragt wird diese Untersuchung allerdings von *Arnold*. Aufgrund des für die Formulierung der Fragen verwendeten Begriffes „sollte" hinterfragt dieser, ob damit tatsächlich dem Bestandteil des Versprechens eines psychologischen Arbeitsvertrages gerecht wird. Fraglich ist folglich, ob diese Befragung somit tatsächlich den Inhalt psychologischer Arbeitsverträge gemessen hat.[336]

Die Systematik des relationalen-transaktionalen Kontinuums entwickeln die Forscher *Rousseau* und *Wade-Benzoni* im Jahre 1994 weiter. Die Einführung der Dimensionen „Dauer" mit den Ausprägungen kurz- und langfristig und „Leis-

---

331   vgl. Rousseau (1990), 389-400.
332   vgl. Robinson/Rousseau (1994), Robinson/Kraatz/Rousseau (1994); erneut aufgearbeitet durch Hui/Lee/Rousseau (2004).
333   vgl. Conway/Briner (2005), 46-47.
334   vgl. Coyle-Shapiro/Kessler (2000); Conway/Briner (2005), 44.
335   vgl. Guzzo/Noonan/Elron (1994).
336   vgl. Arnold (1996), 514.

tungsbedingungen" mit den Ausprägungen spezifiziert und nicht spezifiziert ergibt eine 2x2-Matrix mit vier unterschiedlichen Typen psychologischer Arbeitsverträge. Transaktionale (kurzfristig, spezifisch) und relationale Verträge (langfristig, nicht spezifisch) werden um Übergangsverträge (transitional contracts; kurzfristig, nicht spezifisch) und ausgewogene Verträge (balanced contracts; langfristig, spezifisch) ergänzt.[337] Übergangsverträge sind oftmals Vorläufer transaktionaler Verträge. Initiiert werden können solche Verträge beispielsweise in der Übergangszeit strategischer Neuausrichtungen. Kennzeichnend für derartige Verträge sind hohe Unsicherheit, hoher Arbeitsplatzwechsel, Instabilität und auf beiden Seiten keine expliziten Verpflichtungen. Unter ausgewogenen Verträgen werden beziehungsorientierte, sehr spezifische, langzeitorientierte, dennoch dynamische Verträge verstanden, welche durch hohes Commitment, hohe Integration, andauernde Entwicklung und gegenseitige Unterstützung der Vertragsparteien gekennzeichnet sind.[338] Auch *de Cuyper et al.* greifen neben der transaktionalen und relationalen Dimension zusätzlich die Dimension „ausgewogen" auf. Diese Kategorie wird an der Anzahl der Mitarbeiterverpflichtungen im Vergleich zu den Arbeitgeberverpflichtungen gemessen.[339]

Die vier beschriebenen Arten psychologischer Arbeitsverträge werden des Weiteren von *Rousseau* und *Wade-Benzoni* in Anlehnung an *Miles* und *Snow* fünf verschiedenen Business-Typen von Unternehmen zugeordnet[340]: der Unternehmenstyp „Verteidiger" bildet eher relationale Verträge, mit einem Unternehmen des Typs „Prospektor" werden eher transaktionale Verträge abgeschlossen, mit dem „Analysierer" kommen transaktionale, relationale oder kombinierte Strategien zu Stande, Unternehmen mit einer „reaktiven" Strategie bilden eher ausgewogene, seltener aber auch transaktionale Verträge, und Unternehmen, welche eine Strategie der „Unsicherheit" verfolgen, bilden ausschließlich Übergangsverträge.[341]

Herriot, Manning und *Kidd* untersuchen im Jahre 1997 die Verpflichtungen von Arbeitgebern und Arbeitnehmern. Dazu befragen sie 184 Mitarbeiter und 184 Manager anhand der „critical incident"-Technik. Ableiten können die Forscher bei beiden befragten Parteien jeweils zwölf Organisationsverpflichtungen und sieben Mitarbeiterverpflichtungen. Einzig die Häufigkeiten, nicht aber die

---

337 vgl. Rousseau/Wade-Benzoni (1994), 468; Rousseau (1995), 98.
338 vgl. Rousseau/Wade-Benzoni (1994), 467-468; Rousseau (1995), 97-103; Rousseau/ Tijoriwala (1998), 689.
339 vgl. de Cuyper et al. (2008).
340 vgl. Miles/Snow (1984).
341 vgl. Rousseau/Wade-Benzoni (1994), 472-481.

Verpflichtungen an sich unterscheiden sich zwischen den befragten Arbeitnehmern und Arbeitgebern hinsichtlich der Mitarbeiter- und Unternehmensverpflichtungen. Insgesamt legen die in dieser Studie befragten Mitarbeiter mehr Wert auf grundlegende Aspekte vom Unternehmen erwarteter Verpflichtungen wie Bezahlung und Fairness. Unternehmen fokussieren als Verpflichtungen von Organisationen eher relationale Aspekte wie Menschlichkeit und Anerkennung.[342]

Anschließende Untersuchungen inhaltlicher Aspekte psychologischer Arbeitsverträge ergänzen die Unterscheidungskriterien Zeithorizont, Konstanz, Geltungsbereich und Verständlichkeit/Greifbarkeit *Rousseaus* um weitere Dimensionen. So fügen *McLean Parks* und *Smith* im Jahre 1998 dem relationalen/transaktionalen Kontinuum die Dimension Partikularismus hinzu. Dieses Unterscheidungskriterium stellt den Grad dar, mit dem Mitarbeiter wahrnehmen, dass die mit dem Unternehmen ausgetauschten Ressourcen einzigartig und nicht substituierbar sind.[343] Auch *McLean Parks, Kidder* und *Gallagher* erweitern die Unterscheidungskriterien um die Dimensionen „multiple agency" und „volition". Ersteres bezieht sich auf Aktionen von Mitarbeitern, deren Handlungen Verpflichtungen von zwei oder mehr Agenten im Unternehmen erfüllen. Letzteres impliziert den Grad, in dem Mitarbeiter glauben, dass sie die Art der Arbeitsbeziehung bestimmen können.[344] *Van den Brande et al.* erweitern die Dimensionen von *Rousseau* um „exchange symmetry" als Grad, in dem ein Mitarbeiter eine ungleiche Arbeitsbeziehung als akzeptabel wahrnimmt, und „contract level" als Grad, in dem der Mitarbeiter einen Vertrag als individuell oder kollektiv reguliert wahrnimmt.[345] Die Untersuchung von *Coyle-Shapiro* und *Kessler* im Jahre 2000 ergänzt die Dimensionen *Rousseaus* „transaktional" und „relational" um die Dimension „Ausbildungsverpflichtungen".[346]

Im Gegensatz zu den bisher dargestellten Untersuchungen verwendet *Bunderson* nicht die Bezeichnung des ursprünglichen Kontinuums, sondern variiert in den Begrifflichkeiten. Seine im Jahre 2001 durchgeführte Untersuchung der Rollen und Verpflichtungen von Unternehmen und Mitarbeitern basiert auf der Unterscheidung administrativer (Bürokratie) und professioneller (Markt) Arbeit. Administrative Aspekte der Arbeit werden dabei eher den transaktiona-

---

342   vgl. Herriot/Manning/Kidd (1997), 151-162.
343   vgl. McLean Parks/Smith (1998).
344   vgl. McLean Parks/Kidder/Gallagher (1998), 699, 704.
345   vgl. Van den Brande et al. (2002).
346   vgl. Coyle-Shapiro/Kessler (2000), 903-927.

len Verträgen und professionelle Aspekte eher relationalen psychologischen Arbeitsverträgen zugeordnet.[347]

Eine der aktuellsten Untersuchungen inhaltlicher Aspekte wurde im Jahre 2003 von *Janssens et al.* durchgeführt. Aufbauend auf bereits existierende Typologien entwickeln sie eine dreidimensionale Klassifizierung, aus der sich sechs Arten psychologischer Arbeitsverträge ergeben. Dafür verwenden sie nicht nur die zwei Dimensionen „Zeithorizont" und „Leistungsbedingungen" von *Rousseau*, sondern integrieren die Dimension „ausgewogen" von *Shore* und *Barksdale.*[348]

Zusammenfassend sind aus der Vielzahl aufgezeigter Studien drei Folgerungen erkennbar: Erstens existiert unter den Studien eine Reihe von Variationen hinsichtlich der Messungen. Zweitens kann aus den Untersuchungen geschlossen werden, dass Mitarbeiter und Unternehmen auf andere Inhalte psychologischer Arbeitsverträge besonderen Wert legen. Drittens fehlt aufgrund der unterschiedlichen Dimensionierung und Typologisierung der Studien die Vergleichbarkeit.[349]

Kritisch anzumerken ist darüber hinaus die von *Arnold* aufgezeigte Instabilität des relationalen/transaktionalen Kontinuums[350]. Training ist in der Studie von *Rousseau* beispielsweise ein inhaltlicher Aspekt transaktionaler Verträge. In der Studie von *Robinson, Kraatz* und *Rousseau* vier Jahre später ist dies allerdings Bestandteil des relationalen psychologischen Arbeitsvertrages.[351] Auch *Raja, Johns* und *Ntalianis* konnten die Studie von *Millward* und *Hopkins* und deren Messung transaktionaler und relationaler psychologischer Arbeitsverträge nicht replizieren.[352] Des Weiteren ist kritisch anzumerken, dass die oben aufgezeigten Studien den zugrunde liegenden Austausch des Inhaltes – also was für was ausgetauscht wird – höchstens peripher betrachten. Dies ist der Fall, wenn definitorisch in den Untersuchungen festgelegt wurde, dass lediglich Versprechen, die auf einem Austausch basieren, Bestandteil des psychologischen Arbeitsvertrages sein können. Die konkrete Analyse dieses Aspektes ist nicht Bestandteil dieser Untersuchungen. Als letzter Kritikpunkt dieser Ausarbeitungen merkt *Conway* an, dass die Mehrzahl der Studien explorativ entstanden ist. Lediglich die Mess-

---

347   vgl. Bunderson (2001), 719.
348   vgl. Janssens/Sels/van den Brande (2003), 1349-1376.
349   vgl. Conway/Briner (2005), 43.
350   vgl. Arnold (1996).
351   vgl. Arnold (1996), 513.
352   vgl. Millward/Hopkins (1998); Raja/Johns/Ntalianis (2004).

instrumente von *Millward* und *Hopkins, Van den Brande et al.* und der PCI von *Rousseau* sind vorab theoretisch entwickelt worden.[353]

2.1.2.3 Wahrnehmung von Verpflichtungen

Die empirische Untersuchung von *Shore* und *Barksdale* orientiert sich nicht an dem relationalen/transaktionalen Kontinuum.[354] Die Befragung von 327 Absolventen über deren Wahrnehmung von Arbeitgeber- und Arbeitnehmer-Verpflichtungen basiert auf einer Erweiterung der von *Tsui et al.* im Jahre 1997 verwendeten Dimensionen.

Tsui et al. stellen in ihrer Empirie die Wichtigkeit der Ausgewogenheit von Verpflichtungen zwischen Arbeitgeber und Arbeitnehmer aus Sicht des Mitarbeiters in den Vordergrund. Unterschieden werden die Dimensionen „ausgewogen" mit den beiden Ausprägungen „ökonomischer Austausch" und „sozialer Austausch" und die Dimension „unausgewogen" mit den Ausprägungen „überinvestiert" und „unterinvestiert". Dabei impliziert ein ausgewogener psychologischer Arbeitsvertrag, dass beide Parteien sich gleichermaßen im Austausch verpflichtet fühlen.[355] Ergänzt wird diese Klassifizierung durch den wahrgenommenen Grad an Verpflichtung. Ausgewogene Verträge können sich daher durch gegenseitig hohe oder niedrige Verpflichtung auszeichnen. Im Ergebnis führen gegenseitig hoch verpflichtende psychologische Arbeitsverträge zu den besten Ergebnissen: Perceived Organizational Support, zukünftige Karrierechancen, hohe emotionale Bindung und eine geringe Fluktuationsrate. Lediglich zwölf Prozent der Befragten fühlen eine Übererfüllung des Vertrages und nur drei Prozent nehmen die Verpflichtungen im psychologischen Vertrag als untererfüllt wahr.[356]

Die empirische Untersuchung von *Van den Brande et al.* bei 1 100 Mitarbeitern in Belgien basiert ebenfalls auf der oben beschriebenen Typologie. Ergänzt werden die beiden obigen Dimensionen allerdings noch um eine weitere Dimension. Die zusätzliche Differenzierung hinsichtlich der zukünftigen Erwartung bezüglich der Job-Sicherheit im Gegenzug für Loyalität beziehungsweise Illoyalität und personelles Investment führt zu den beiden zusätzlichen Ausprägungen „alter" und „neuer" psychologischer Arbeitsvertrag.[357]

---

353 vgl. Conway/Briner (2005), 38-47.
354 vgl. Shore/Barksdale (1998), 731-744.
355 vgl. Tsui et al. (1997), 1089-1094.
356 vgl. Shore/Barksdale (1998), 734.
357 vgl. Van den Brande et al. (2002).

2.1.2.4 Zeitlicher Bezug

Eine Vielzahl wissenschaftlicher Studien beschäftigt sich mit dem Wandel psychologischer Arbeitsverträge. Dabei können zwei Perspektiven betrachtet werden: zum einen der zugrunde liegende Veränderungsprozess, zum anderen die durch den Wandel bestimmter organisationaler, individueller oder gesellschaftlicher Determinanten bedingten Veränderungen inhaltlicher Aspekte.[358]

Forscher sprechen in diesem Zusammenhang von einem neuen psychologischen Arbeitsvertrag. Nicht mehr Langzeitorientierung und Jobsicherheit im Austausch für Loyalität, sondern beispielsweise Opportunismus und Flexibilität sind Teil dieses neuen Vertrages. Für die Mitarbeiter steht die Erhaltung ihrer Employability im Vordergrund und weniger die Jobsicherheit.[359] Aufbauend auf der Untersuchung *Hiltrops*[360] haben *Anderson* und *Schalk* im Jahre 1998 die inhaltlichen Änderungen in den beiden Dimensionen „alter" und „neuer" psychologischer Arbeitsvertrag typologisiert. Dabei strukturieren die Forscher die beiden Dimensionen hinsichtlich der Unterscheidungskriterien: Fokus, Format, Grundannahmen, Verantwortlichkeiten des Arbeitgebers und des Arbeitnehmers, vertragliche Beziehung und Karrieremanagement. Tabelle 9 zeigt die wesentlichen Unterschiede.[361]

Tabelle 9:   *Alter versus neuer psychologischer Arbeitsvertrag (übersetzt nach Anderson/ Schalk 1998, 642)*

Unterscheidungs-kriterien	Alte Form	Neue Form
Fokus	Sicherheit, Beständigkeit, Loyalität	Austausch, zukünftige Employability
Format	strukturiert, prognostizierbar, stabil	unstrukturiert, flexibel, offen für (Wieder-) Verhandlungen
Basis	Tradition, Fairness, soziale Gerechtigkeit, Sozial-ökonomische Gesellschaft	marktlich ausgerichtet, marktfähig, Fähigkeiten und Fertigkeiten, zusätzlicher Wert
Arbeitgeber-Verpflichtungen	Kontinuität, Jobsicherheit, Training, Berufsaussichten	Gleichwertige (wahrgenomme) Entlohnung für zusätzlichen Wert

---

358   vgl. Schalk (2005), 284-287 für eine nähere Betrachtung.
359   vgl. Hiltrop (1996), 39.
360   vgl. Hiltrop (1996).
361   vgl. Anderson/Schalk (1998), 642.

Arbeitnehmer-Verpflichtungen	Loyalität, Bereitschaft, zufriedenstellende Leistung, Befolgung der Autorität	Intrapreneurship, Innovation, Wandel vorantreiben, um Leistung zu steigern, exzellente Leistung
vertragliche Beziehung	formalisiert, überwiegend über Gewerkschaften	die Aushandlung liegt in der individuellen Verantwortlichkeit
Karrieremanagement	organisationale Verantwortlichkeit, unternehmensinterne Karrieren geplant und umgesetzt durch die Personalabteilung	individuelle Verantwortlichkeit, unternehmensexterne Einstellungen durch Neuausbildung und Umschulung

Roehling et al. untersuchen den Grad an Übereinstimmung über die sich wandelnden Faktoren in der Literatur. Dafür werden 51 Artikel aus unterschiedlichen Journals herangezogen. In 60 Prozent der analysierten Artikel wird von einer neuen Arbeitsbeziehung gesprochen. In den übrigen wissenschaftlichen Artikeln wird mehr als eine neue Arbeitsbeziehung propagiert.[362] Obwohl *Van den Brande et al.* in ihrer Untersuchung den „neuen" psychologischen Arbeitsvertrag empirisch nicht nachweisen können, wird dieser über die Mehrzahl der von *Roehling et al.* untersuchten Forschungen bestätigt. Nach Ergebnissen von *Van den Brande et al.* ist dieser „neue" psychologische Arbeitsvertrag lediglich auf eine ganz kleine Gruppe junger, hoch gebildeter Fachkräfte und Manager beschränkt.[363] Laut *Schalk* konnte auch die Studie von *Huiskamp* und *Schalk*[364] in 27 niederländischen Unternehmen den „neuen" psychologischen Arbeitsvertrag nur teilweise bestätigen. Zwar können Verantwortlichkeit, Kooperationsbereitschaft und zunehmend transaktionale Austauschbeziehungen nachgewiesen werden, die Bereitschaft der befragten Unternehmen, den Mitarbeiter bei dem Erhalt seiner Employability zu unterstützen, ist allerdings gering. Aus diesem Ergebnis folgern die Autoren, dass weiterhin Teile des „alten" Vertrages aktuell bleiben.[365] Auch *Lee* unterstützt die Vermutung, dass weder der alte noch der neue psychologische Arbeitsvertrag für alle Unternehmen gleich gilt.[366]

Über die bereits genannten Studien hinaus existiert eine Vielzahl weiterer Studien, die sich mit unterschiedlichen Aspekten inhaltlicher Änderungen beschäftigen.[367] *Herriot* und *Pemberton* beschreiben beispielsweise den Wandel der Karriere und gehen von einer Revolution der Natur des psychologischen Ar-

---

362 vgl. Roehling et al. (2000), 310.
363 vgl. Van den Brande et al. (2002).
364 vgl. Huiskamp/Schalk (2002)
365 vgl. Schalk (2005), 288-290.
366 vgl. Lee (2001), 3.
367 vgl. beispielsweise Kissler (1994).

beitsvertrages aus.[368] *Cavanaugh* und *Noe* konzentrieren sich eher auf bestimmte Aspekte: Sie betrachten die Beziehung zwischen den relationalen Aspekten des „neuen" psychologischen Arbeitsvertrages.[369]

2.1.2.5 Inhaltliche Tauschbeziehungen

Bei allen bisher diskutierten Untersuchungen inhaltlicher Aspekte wird die dem psychologischen Arbeitsvertrag zugrunde liegende Austauschbeziehung allenfalls rudimentär berücksichtigt. Welche Leistung genau welche Gegenleistung impliziert, wird kaum empirisch untersucht. Oftmals umgehen die Forscher die Untersuchung dieses Austausches, indem sie beispielsweise wie *Herriot*, *Manning* und *Kidd* unterstellen, dass getroffene Versprechen einem Austausch unterliegen.[370] Definitorisch werden folglich Items ausgeschlossen, die nicht Bestandteil eines Austausches sind.[371]

Einzig die Forscher *Millward* und *Hopkins*[372] und darauf aufbauend *Raja, Johns* und *Ntalianis*[373] untersuchen zumindest ansatzweise, welche Inhalte des psychologischen Arbeitsvertrages gegeneinander ausgetauscht werden. Für ihre Befragung stellen *Millward* und *Hopkins* im Jahre 1998 einen Fragebogen mit vier Subbereichen auf. 476 Fragebögen zu den Bereichen biografische Angaben, organisationales Commitment, Job Commitment und psychologischer Arbeitsvertrag kommen ausgefüllt zurück. Der Fragebogenbereich zum psychologischen Arbeitsvertrag, auch als Psychological Contract Scale (PCS) bezeichnet, beinhaltet zwanzig Fragen zu dem transaktionalen und dreizehn zu dem relationalen psychologischen Arbeitsvertrag. Dabei zielen zwei Fragen auf die Austauschbeziehung ab:

- „Ich bin motiviert, 100 % für das Unternehmen zu leisten im Austausch für zukünftige Sachzuwendungen."
- „Ich habe eine vernünftige Chance auf Beförderung, wenn ich hart arbeite".

Aufgrund dieser geringen Fragenanzahl kann dieser Fragebogen allerdings nicht generell als Analyseinstrument für die zugrunde liegende Austauschbeziehung

---

368   vgl. Herriot/Pemberton (1995).
369   vgl. Cavanaugh/Noe (1999).
370   vgl. Herriot/Manning/Kidd (1997).
371   vgl. Conway/Briner (2005), 32-33; 37-39.
372   vgl. Millward/Hopkins (1998).
373   vgl. Raja/Johns/Ntalianis (2004).

inhaltlicher Aspekte verwendet werden. Der PCS bietet aber dennoch als einziger Fragebogen zumindest einen Einstieg.[374] Auch der von *Raja, Johns* und *Ntalianis* entwickelte Fragebogen zu Persönlichkeitsmerkmalen basiert auf einer verkürzten Form des PCS. Allerdings kann die Unterscheidung in relationale und transaktionale Verträge anhand des Fragebogens in dieser Untersuchung nicht wie bei *Millward* und *Hopkins* bestätigt werden. Die Studie ergibt, dass die Persönlichkeitsmerkmale von Menschen den Typ des bevorzugten psychologischen Arbeitsvertrages vorhersagen. So bilden emotional instabile (Neurotizismus) und gerechtigkeitssensible Menschen eher transaktionale psychologische Arbeitsverträge, Menschen mit hohem Selbstwertgefühl und Pflichtbewusstsein eher relationale psychologische Arbeitsverträge.[375]

2.1.3 Verletzung und Bruch

Wegweisend in der Auseinandersetzung mit dem Konstrukt des psychologischen Arbeitsvertrages ist die Betrachtung der Verletzung und des Bruches dieser Verträge. Obwohl bereits eine Vielzahl an Veröffentlichungen im Bereich inhaltlicher Aspekte existiert, werden der Bruch und die Verletzung des psychologischen Arbeitsvertrages am häufigsten untersucht. Betrachtet wird hierbei allerdings überwiegend die Sicht des Mitarbeiters. Somit ist die Wahrnehmung des Mitarbeiters hinsichtlich gebrochener Versprechen seitens des Unternehmens Gegenstand der meisten Untersuchungen in diesem Zusammenhang.[376] Unterschieden wird dabei zwischen einem Bruch und einer Verletzung des psychologischen Arbeitsvertrages. Die Begrifflichkeiten Bruch und Verletzung wurden dabei bis zur Differenzierung durch *Morrison* und *Robinson* synonym verwendet.[377] Seitdem wird unter einem wahrgenommenen Bruch des psychologischen Arbeitsvertrages die Kognition der wahrgenommenen Differenz zwischen aktuell eingelösten und versprochenen Verpflichtungen verstanden. Eine Verletzung steht dagegen für die affektiven Reaktionen, die durch einen Bruch des psychologischen Vertrages hervorgerufen werden.[378] Die Interpretation dieser emotionalen Reaktionen differiert erheblich zwischen Personen und ist laut *McFarlane, Shore* und *Tetrick* von der Art des Bruches, von der Höhe der Abweichung und

---

374   vgl. Millward/Hopkins (1998).
375   vgl. Raja/Johns/Ntalianis (2004).
376   vgl. Conway/Briner (2005), 63-64.
377   vgl. Morrison/Robinson (1997), 230.
378   vgl. Freese (2007), 39.

von der Selbst- oder Fremdattribution abhängig.[379] Diese emotionalen Folgen werden allerdings seit der begrifflichen Trennung beider Aspekte wenig erforscht.[380] Themenbereiche, mit denen sich die Forscher in den letzten Jahren hauptsächlich auseinandergesetzt haben, beziehen sich auf die Konsequenzen und die Ursachen von Brüchen.[381]

Konsequenz dieses Analysefokus ist *Guest* zufolge ein primär negativer Umgang mit dem Konstrukt des psychologischen Arbeitsvertrages.[382] Durch die Konzentration auf Aspekte, die ein Scheitern der Beziehung zwischen Arbeitgeber und Arbeitnehmer zur Folge haben können, wird die Erforschung von Steuerungsmechanismen zur Generierung eines beiderseitigen Vorteils außer Acht gelassen. *Guest* spricht sich daher für eine positivere Auseinandersetzung mit dem Thema aus,[383] beispielsweise durch die Betrachtung des Matching-Konzeptes oder die Untersuchung von Faktoren, die eine Vertragserfüllung begünstigen. Letzteres impliziert nicht die Betrachtung einzelner Ereignisse, sondern bezieht sich auf den Erfüllungsgrad. Die Identifikation von Bruch und Erfüllung als zwei separate Konzepte finden *Robinson* und *Rousseau* in einer Studie im Jahre 1995 heraus. Somit bilden Vertragserfüllung und Vertragsbruch nicht die entgegengesetzten Enden eines Kontinuums.[384] Diese nicht lineare Beziehung unterstützt auch die Analyse von *Conway* und *Briner*.[385] *Lambert*, *Edwards* und *Cable* sehen allerdings eine Vielzahl möglicher Beziehungen zwischen gebrochenen und übererfüllten Verträgen.[386] *Conway* und *Briner* hingegen kritisieren nicht die Betrachtung des Bruches an sich, sondern lediglich die rein punktuelle Untersuchung von Ereignissen. Sie sprechen sich für eine prozessorientierte Betrachtungsweise von Brüchen psychologischer Verträge aus. Diese Prozessorientierung ergibt sich den beiden Autoren zufolge bereits zwingend aus der definitorischen Anlehnung an die Vertragsmetapher.[387]

Die Relevanz des Untersuchungsbereiches wird an Studien von *Robinson* und *Rousseau* und von *Conway* und *Briner* deutlich. Erstere finden heraus, dass während des ersten Einstellungsjahres circa 55 % der Neueinsteiger einen Ver-

---

379   vgl. Shore/Tetrick (1994).
380   vgl. Conway/Briner (2005), 64-65.
381   vgl. Freese (2007), 39.
382   vgl. Guest (2004b).
383   vgl. Guest (2004b), 552.
384   vgl. Robinson/Rousseau (1994); Conway/Briner (2002a); Lambert/Edwards/Cable (2003).
385   vgl. Conway/Briner (2002).
386   vgl. Lambert/Edwards/Cable (2003).
387   vgl. Conway/Briner (2005), 88, 132-138.

tragsbruch durch die Organisation wahrnehmen.[388] Letztere stellen sogar eine Quote von 69 % während der ersten zehn Tage fest.[389] Zurückführen lassen sich diese Varianzen auf die lediglich in der zweiten Untersuchung angewandte Methode des „daily diary". Bedingt durch das bereits in kurzen Zeitabständen Erfasste werden auch Kleinigkeiten dokumentiert.[390] Auch stellen *Lester et al.* fest, dass eher Mitarbeiter als Manager wahrnehmen, wenn Unternehmen ihre Versprechen gegenüber Mitarbeitern brechen.[391]

Die Ergebnisse der genannten Studien verdeutlichen die Relevanz der Auseinandersetzung mit dem Thema des Bruches psychologischer Arbeitsverträge. Die Unternehmenspraxis ist gekennzeichnet durch derartige Störungen der Beziehung zwischen Arbeitgeber und Arbeitnehmer. Die Identifikation von Ursachen zur Vermeidung von Brüchen und die Auswirkungen von Brüchen spielen daher eine wichtige Rolle. Dennoch liegt der Fokus dieser Analyse auf der Betrachtung des Bildungsprozesses psychologischer Arbeitsverträge. Trotz der Kenntnis um die Bedeutung und die Konsequenzen von Brüchen wird somit versucht, *Guests* Argument einer positiven Auseinandersetzung mit dem Konstrukt des psychologischen Arbeitsvertrages gerecht zu werden.[392] Trotzdem werden nachfolgend wichtige Erkenntnisse und Ergebnisse dieses Bereiches dargestellt:[393] zum einen, um einen Einblick in alle Bereiche der psychologischen Arbeitsvertragforschung zu ermöglichen, zum anderen aber vor allem, um eventuelle Steuerungsmechanismen für den Entstehungsprozess zu lokalisieren.

2.1.3.1 Ursachen des Bruches

Obwohl die Ursachenerforschung von Brüchen psychologischer Arbeitsverträge aufgrund ihrer vorbeugenden Funktion besonders relevant ist, existieren nur wenige Studien zu diesem Themengebiet. Aus diesen Studien lassen sich *Conway* und *Briner* zufolge fünf Kategorien von Gründen für die Entstehung von Brüchen identifizieren:

• inadäquate Personalmanagementpraktiken im Unternehmen,

---

388 vgl. Robinson/Rousseau (1994).
389 vgl. Conway/Briner (2002).
390 vgl. Conway/Briner (2005), 65-66.
391 vgl. Lester et al. (2002).
392 vgl. Guest (2004b) 545, 552.
393 dabei wird nicht der Anspruch erhoben, eine vollständige Darstellung aller relevanten Forscher aufzuzeigen, sondern lediglich ein Einblick in das Themengebiet gewährt. Für eine vertiefende Darstellung und weiterführende Literatur Conway/Briner (2005) und Freese (2007).

- zu wenig Unterstützung durch die Organisation beziehungsweise die direkte Führungskraft,
- Ereignisse außerhalb des Unternehmens,
- Entstehung von Ungerechtigkeit, ausgelöst durch Vergleich des eigenen psychologischen Arbeitsvertrages mit dem Unternehmen mit demjenigen eines Kollegen und
- bestimmte individuelle Faktoren.[394]

Nach *Conway* und *Briner* beschäftigen sich vor allem *Guest* und *Conway* in ihren Studien mit den im Unternehmen implementierten Personalmanagementmethoden (erste Ursache).[395] Dabei konnte sowohl aus Arbeitgeber- als auch aus Arbeitnehmersicht bestätigt werden, dass Mitarbeiter psychologische Arbeitsverträge eher als erfüllt wahrnehmen, wenn im Unternehmen HR-Tools angewendet und kommuniziert werden.[396] Mit den negativen Auswirkungen fehlender Unterstützung durch das Unternehmen und dem Einfluss der direkten Führungskraft (zweite Ursache) haben sich *Tekleab*, *Takeuchi* und *Taylor* sowie *Sutton* und *Griffin* beschäftigt.[397] Als Ereignisse außerhalb des Unternehmens, die die Wahrnehmung des Bruches psychologischer Arbeitsverträge beim Mitarbeiter begünstigen (dritte Ursache), können *Robinson* und *Morrison* zwei Gründe identifizieren. Zum einen ist dies die Erfahrungen aus vorherigen Anstellungen, da Arbeitnehmer, dessen Arbeitgeber in vorherigen Beschäftigungsverhältnissen bereits Verpflichtungen gebrochen haben, beim aktuellen Arbeitgeber eher dazu tendieren, einen Bruch des psychologischen Arbeitsvertrages wahrzunehmen. Zum anderen ist dies die Höhe des Marktwertes, da Mitarbeiter, denen sich eine breite Möglichkeit an alternativen Arbeitsmöglichkeiten auf dem freien Markt bieten, ebenfalls vermehrt Brüche von Seiten des Unternehmens wahrnehmen.[398] Die vierte Ursache entsteht ähnlich der Gerechtigkeitstheorie von *Adams* durch die Wahrnehmung von Ungerechtigkeit durch den Abgleich mit einer Vergleichsperson. *Ho* untersucht diesen unvorteilhaften Vergleich mit Anderen als Ursache für den Bruch des psychologischen Arbeitsvertrages theoretisch.[399]

Bezüglich der fünften Ursache von Brüchen, des Einflusses von Persönlichkeitsmerkmalen auf deren Wahrnehmung, ergibt sich aus der Analyse entspre-

---

394   vgl. Conway/Briner (2005), 66-69.
395   vgl. Guest (1998a; 1998b; 2004a; 2004b); Guest/Conway (1997; 2002).
396   vgl. Guest (1998a; 1998b; 2004a; 2004b); Guest/Conway (1997; 2002); Grant (1999); Greene/Ackers/Black (2001).
397   vgl. Sutton und Griffin (2004); Tekleab/Takeuchi/Taylor (2005).
398   vgl. Robinson/Morrison (2000).
399   vgl. Ho (2005).

chender Artikel folgende zusammenfassende Übersicht: Selbstbewusste Menschen und Menschen mit einer positiven emotionalen Disposition nehmen eher Brüche psychologischer Arbeitsverträge wahr. Des Weiteren nehmen eher wohlwollende Menschen verstärkt Brüche von Versprechen des Unternehmens hinsichtlich Autonomie und Kontrolle wahr. Menschen mit einem stark ausgeprägten Anspruchsdenken reagieren dem entgegen eher auf den Bruch extrinsischer Versprechen durch die Organisation.[400] Darüber hinaus erarbeiten *Morrison* und *Robinson* in ihrem Modell, dass die Wahrnehmung des Bruches davon abhängt, wie stark die Differenz ins Auge springt und wie wachsam der betroffene Mitarbeiter ist.[401] Zugleich identifizieren sie zwei unterschiedliche Formen des Bruches: zum einen die ungewollten Differenzen, wobei diese Nichtübereinstimmung nicht daraus resultiert, dass die beiden Parteien die Versprechen nicht einhalten wollen, sondern durch Interpretationsunterschiede bedingt ist, zum anderen den bewussten Bruch, wobei mindestens eine Vertragspartei das getroffene Versprechen nicht einhält. In der Analyse *Rousseaus* existiert zusätzlich zu den beiden genannten Formen die Form der Störung. Diese Differenz zwischen Versprochenem und Eingehaltenem ergibt sich durch externe Umstände, für die beide Parteien nicht verantwortlich gemacht werden können.[402]

Der Bruch des psychologischen Vertrages kann also, wie soeben dargestellt, verschiedenste Ursachen haben. Dies vorangestellt, erscheint es voraussehbar, dass auch die Konsequenzen des Bruches vielschichtiger Art sind. Eine nähere Untersuchung dieser wird nachfolgend aufgezeigt.

2.1.3.2 Konsequenzen des Bruches und der Verletzungen

Die Mehrzahl der Untersuchungen zu den Konsequenzen setzt sich mit denen von Brüchen und nicht mit denen von Verletzungen psychologischer Arbeitsverträge auseinander.[403] Ein Bruch des psychologischen Arbeitsvertrages muss nicht zwangsläufig auch eine Verletzung des psychologischen Arbeitsvertrages zur Folge haben. Auch bedeutet eine Verletzung des Vertrages nicht sogleich auch ein Ende des Vertrages. Oftmals ist dieses allerdings nicht vermeidbar.[404] Konsequenzen einer Verletzung kategorisiert *Rousseau* in vier Arten. Die erste Kategorie benennt sie als Stimme (voice). Dies impliziert, dass die Verletzung

---

400   vgl. Kickul/Lester (2001); Edwards et al. (2003); Coyle-Shapiro/Neumann (2004).
401   vgl. Morrison/Robinson (1997).
402   vgl. Rousseau (1995).
403   vgl. Conway/Briner (2005), 69.
404   vgl. Robinson/Rousseau (1994).

offen kommuniziert und somit gelöst wird. Die zweite Kategorie ist der Ausstieg aus dem psychologischen Arbeitsvertrag. Als dritte und vierte Kategorie und somit Konsequenz einer Verletzung sieht *Rousseau* die Gleichgültigkeit oder die Loyalität.[405]

Robinson, *Kraatz* und *Rousseau*, die sich ebenfalls mit den Verletzungen dieser Verträge auseinandersetzen, stellen fest, dass psychologische Arbeitsverträge nach einer Verletzung vermehrt transaktional werden.[406] Auch kommt es nach *Herriot* und *Pemberton* dann eher zu expliziten Verhandlungen.[407]

Die meisten empirischen Studien beschäftigen sich allerdings mit den Konsequenzen des Bruches psychologischer Arbeitsverträge.[408] Zusammenfassend äußern sich diese vor allem

- in einem niedrigeren Mitarbeiter-Wohlbefinden,
- in einer negativeren Einstellung gegenüber der Arbeit und der Organisation (Arbeitsunzufriedenheit),
- in einer geringeren Arbeitsleistung,
- in einem geringeren „Organizational Citizenship Behaviour",
- in einem höheren Abbruchverhalten und Verlassen des Unternehmens,
- in einem sinkenden Vertrauen und geringerer Loyalität und
- in einem geringeren Commitment gegenüber der Organisation,[409]

welches zu einem insgesamt negativeren Bild der Beziehung zwischen Arbeitgeber und Arbeitnehmer führt.[410] Mit der Frage, warum die Konsequenzen von Brüchen so gravierende Folgen haben, beschäftigen sich ebenfalls Studien, welche zu folgenden Ergebnissen kommen:

- unerfüllte Erwartungen münden in Unzufriedenheit,
- das Vertrauen in die andere Partei sinkt,
- es wird Ungerechtigkeit wahrgenommen, welche durch Reduktion eigener Verpflichtungen wieder ausgeglichen wird,
- Anreize für den Mitarbeiter werden reduziert und so auch die Motivation der Mitarbeiter und

---

405 vgl. Rousseau (1995), 134-139.
406 vgl. Robinson/Kraatz/Rousseau (1994).
407 vgl. Herriot/Pemberton (1994).
408 vgl. Conway/Briner (2005), 69.
409 vgl. Conway/Briner (2005), 69-78.
410 Für eine detaillierte Darstellung und Strukturierung der jeweiligen Autoren mitsamt den differenzierten Studienergebnissen wird der Leser auf die sehr übersichtlich präsentierten Darstellungen der Autoren Conway/Briner (2005), 73-75 und Freese (2007), 44-46 verwiesen.

- der Bruch stellt ein Hindernis für den Mitarbeiter dar, seine Ziele zu erreichen.[411]

Conways und *Briners* Auswertung über den Vergleich der Ergebnisse unterschiedlicher Studien über die jeweiligen Konsequenzen des Bruches ergibt, dass das Konzept des Bruches nicht sinnvoll für ein Verständnis des Arbeitsverhaltens ist, sondern vor allem die Arbeitseinstellung vorhersagt. Dieses Gesamtergebnis resultiert aus den Studienergebnissen, bei denen Bruch zwar für Arbeitszufriedenheit ein starker Prädiktor ist, für organisationales Commitment und die Absicht, das Unternehmen zu verlassen, allerdings lediglich ein moderater. Ein nur schwacher Bezug konnte zu „Organizational Citizenship Behaviour", zur Arbeitsleistung und zur aktuellen Wechselbereitschaft nachgewiesen werden.[412]

2.2 Prozessperspektive

2.2.1 Relevanz der Prozessperspektive

Psychologische Arbeitsverträge unterliegen Entwicklungen – sowohl im Sinne der Entstehung als auch in späteren Phasen im Sinne einer Änderung aufgrund geänderter Rahmenbedingungen.[413] Sie sind also dynamisch.[414] Daher ist es für das Verständnis und die Gestaltung der Entstehung und des Wandels psychologischer Arbeitsverträge unabdingbar, die zugrunde liegende Dynamik des Konzeptes zu betrachten. Dieser Dynamik muss durch eine entsprechende Abkehr von statischen Konzepten gerecht werden. Vertragsverletzungen und Brüche stellen immer eine punktuelle Betrachtung auslösender Situationen dar. Auch eine Analyse des Inhaltes psychologischer Arbeitsverträge ist eine rein statische Vorgehensweise. Erst die Betrachtung der Entstehung, des Wandels von Inhalten oder das Aufzeigen der Entwicklungen von Verletzungen und Brüchen psychologischer Arbeitsverträge zeigt eine zugrunde liegende Dynamik und kann als Prozess interpretiert werden.

Die hier gewählte Sichtweise, die Entstehung des psychologischen Arbeitsvertrages als Prozess zu begreifen, wird der Dynamik des Konzeptes psychologischer Arbeitsverträge somit gerecht.[415] Bereits *Schein* unterstreicht die Bedeu-

---

411 vgl. Wanous et al. (1992); Robinson/Rousseau (1994); Robinson/Kraatz/Rousseau (1994); Conway/Briner (2002); Conway/Briner (2005); Freese (2007).

412 vgl. Conway/Briner (2005), 75.

413 vgl. für eine Übersicht Tabelle 10.

414 vgl. Freese (2007), 16.

415 vgl. Herriot/Pemberton (1996; 1997); Guest (2004a; 2004b).

tung des Prozesses.[416] Vor allem die Basis des Vertrages, oftmals definiert als (sozialer) Austausch[417], ist mit dem wechselseitigen Transfer von Leistungen und Gegenleistungen bereits rein definitorisch ein Prozess.[418] Insgesamt existieren zwar Ansätze der Gestaltung des psychologischen Arbeitsvertrages aus Prozesssicht,[419] wie in der späteren Analyse ersichtlich wird, bieten allerdings gerade Modelle des Bildungsprozesses psychologischer Arbeitsverträge Anlass zur Modifikation.

Eine Präzisierung des Entstehungsprozesses psychologischer Arbeitsverträge setzt vorab die Definition des Prozessbegriffs voraus. *Schulte-Zurhausen* leitet diesen aus dem lateinischen Wort „procedere" (fortschreiten) ab.[420] Unter einem Prozess wird die *„Gesamtheit von in Wechselbeziehungen stehenden Abläufen, Vorgängen und Tätigkeiten, durch welche Werkstoffe, Energien oder Informationen transportiert oder umgeformt werden"*[421] verstanden. In Anlehnung an *Haist* und *Fromm*[422] charakterisiert *Schulte-Zurhausen* einen Prozess folgendermaßen: *„Ein Prozess wird von einem Ereignis gestartet, hat eine definierte Eingabe und eine definierte Ausgabe. Innerhalb des Prozesses erfolgt ein definierter Wertzuwachs, indem durch die Kombination von Einsatzgütern ein Produkt oder eine Dienstleistung oder ein Teil davon erstellt wird und als Prozessergebnis weitergeleitet wird."*[423] Des Weiteren hebt *Schulte-Zurhausen* folgende Merkmale von Arbeitsprozessen hervor:[424]

- ein Prozess ist aufgabenbezogen und zielorientiert,
- Inputs werden in Output transformiert,
- es gibt einen Sender, der den Input stellt und einen Empfänger, der das Ergebnis erhält,
- die Umwandlung des Inputs in den Output erfolgt in einer Sequenz von Aktivitäten, welche inhaltlichen Bezug zueinander haben,
- Prozessauslöser ist ein Ereignis,
- Menschen und Sachmittel können allein oder kombiniert eingesetzt werden,
- Regeln und Methoden müssen eingehalten werden,

416   vgl. Schein (1980), 103.
417   vgl. beispielsweise Freese (2007), 20.
418   vgl. Meckler/Drake/Levinson (2003), 223; Conway/Briner (2005), 132.
419   vgl. beispielsweise Rousseau (1995); Herriot/Pemberton (1996; 1997); Rousseau (2001).
420   vgl. Schulte-Zurhausen (2005), 51.
421   DGQ (1995), 17.
422   vgl. Haist/Fromm (1991), 93.
423   Schulte-Zurhausen (2005), 51.
424   vgl. Schulte-Zurhausen (2005), 49-54.

- Informationen zur Durchführung müssen zur Verfügung gestellt werden und
- Prozesse sind zeitlich befristet. Allerdings können Ergebnisse des einen Prozesses wiederum Auslöser für neue Prozesse sein.

Unter einem Arbeitsprozess werden dabei die aufgaben- und zielorientierten Vorgänge in einem Arbeitssystem verstanden. Dabei können mehrere Arten von Arbeitsprozessen unterschieden werden. Unabhängig davon, ob beispielsweise materielle oder informationelle Prozesse betrachtet werden, gelten uneingeschränkt alle oben beschriebenen Prozesseigenschaften.[425]

Obwohl viele dieser beschriebenen Eigenschaften von Arbeitsprozessen auch auf psychologische Arbeitsverträge zutreffen, bleibt doch die Frage, ob in diesem Fall tatsächlich Inputs in Output transformiert werden. Zwar werden Leistungen und Gegenleistungen ausgetauscht[426], allerdings eher im Sinne eines Austausches und nicht zur Erstellung eines Produktes oder einer Dienstleistung. Zudem werden durch den psychologischen Arbeitsvertrag andere Arbeitsprozesse im Unternehmen positiv beeinflusst. Der Entstehungsprozess psychologischer Arbeitsverträge selbst ist allerdings eher als sozialer Prozess klassifizierbar.[427]

Diesen sozialen Charakter der Vertragsbildung psychologischer Arbeitsverträge betonen bereits *Herriot* und *Pemberton*.[428] Allgemein konzentrieren sich soziale Prozesse auf die Entstehung, die Reproduktion und die Veränderung von Interaktionsbeziehungen[429] und sind somit „[...] *Sequenzen des Ablaufs und der Wirkung des sozialen Handelns*"[430]. Folglich steht in sozialen Prozessen die soziale Interaktion der Partner im Vordergrund. Psychologische Arbeitsverträge als sozialen Prozess zu sehen und somit die sozialen Interaktionen beider Vertragspartner zu fokussieren, ist aufgrund zweier Aspekte plausibel: Erstens impliziert der Begriff „sozial" in Anlehnung an *Blau* eine über rein ökonomischen Austausch hinausgehende Beziehung zwischen den Vertragsparteien[431], was auch für den psychologischen Arbeitsvertrag kennzeichnend ist[432]. Zweitens wird eine zugrunde liegende dynamische Wechselbeziehung der Parteien impliziert.[433] Auf dieser Interaktionsebene verortet bereits *Schein* den psychologi-

---

425 vgl. Schulte-Zurhausen (2005), 52-54.
426 vgl. beispielsweise Rousseau (1989).
427 vgl. Herriot/Pemberton (1997), 45.
428 vgl. Herriot/Pemberton (1997), 45.
429 vgl. Esser (1996), 87.
430 Esser (1996), 87.
431 vgl. Blau (1964).
432 vgl. Guest (1998a), 653.
433 vgl. Turner (1988), 13-14.

schen Arbeitsvertrag. Allein motivationale Aspekte des Arbeitnehmers zu betrachten ist unzureichend.[434]

Den psychologischen Arbeitsvertrag als sozialen Prozess zu begreifen, macht nachfolgend eine Analyse der Theorien sozialer Interaktionen, deren aktuelle Anwendung in bestehenden Prozessmodellen und deren Potenzial für die konzeptionelle Erweiterung des Bildungsprozesses psychologischer Arbeitsverträge notwendig. Hierfür wird zuerst eine kurze Einführung in die Interaktionstheorien als Grundlage sozialer Prozesse gegeben. Anschließend werden die bereits existenten Prozessmodelle psychologischer Arbeitsverträge dargestellt. Abschließende werden diese Bildungsprozessmodelle psychologischer Arbeitsverträge aus interaktionstheoretischer Sicht analysiert.

2.2.2 Interaktionstheorien als Grundlage sozialer Prozesse

Da im Mittelpunkt sozialer Prozesse die Interaktionsbeziehung zwischen den Beteiligten steht,[435] ist es notwendig das Begriffsverständnis einer sozialen Interaktion in der Literatur zu diskutieren. Unter einer sozialen Interaktion wird dabei ein durch die antizipierte Reaktion des Anderen verursachtes und abgestimmtes Handeln verstanden.[436] In diesem Sinne definiert *Turner* eine soziale Interaktion als „[…] *a situation where the behaviors of one actor are consciously reorganized by, and influence the behaviors of, another actor, and vice versa*"[437]. Insgesamt vertritt er ein sehr umfassendes Verständnis des Begriffes Verhalten und beschreibt es wie folgt: „*at its most intense level, then, social interaction is the process whereby the overt movements, covert deliberations, and basic physiology of one individual influence those of another, and vice versa*"[438]. Somit impliziert eine Interaktion, „*dass wenigstens zwei Individuen miteinander und aufeinander bezogen handeln*"[439] Diese Wechselbeziehung basiert sowohl auf verbaler als auch auf non-verbaler Kommunikation.[440] Dem Verständnis des psychologischen Arbeitsvertrages als eine soziale Interaktion[441] folgend, wird nachfolgend analysiert, welche Interaktionstheorien es gibt, welche bereits als Basis dieser Verträge dienen und welche zur Weiterentwicklung des Entste-

---

434   vgl. Schein (1980), 103.
435   vgl. Esser (1996), 87.
436   vgl. Wiswede (2004), 266.
437   Turner (1988), 13-14.
438   Turner (1988), 14.
439   Kneer (2009), 184.
440   vgl. Köck (2008), 220.
441   vgl. Guest (1998a), 660.

hungsprozesses psychologischer Arbeitsverträge einen wichtigen Beitrag leisten können.

Zu den Interaktionstheorien zählen laut *Wiswede* die Theorien des sozialen Austausches, die der sozialen Fertigkeit, der symbolische Interaktionismus und die Theorien der Verhandlung, Kooperation, Kommunikation und Rolle.[442] *Kneer* allerdings differenziert lediglich zwischen dem normativen und dem interpretativen Paradigma.[443] Dabei läuft die Interaktion in der Rollentheorie[444] anhand des Auslebens normativ vorgegebener Verhaltensmuster ab. Dem entgegen stehen Theorien, wie vor allem der symbolische Interaktionismus[445], die die soziale Interaktion als wechselseitigen Interpretationsprozess der Situation und des beiderseitigen Handelns sehen.[446] Die essenzielle Bedeutung kommunikativer Aspekte wird dabei nicht nur in der Theorie der symbolischen Interaktion deutlich, sondern zieht sich als Basis von Interaktionen[447] durch eine Reihe von Interaktionstheorien.[448] Anders setzen sich die Sozialen Austauschtheorien[449] mit dem Prinzip des ausgeglichenen Gebens und Nehmens in einer Interaktion auseinander. Darüber hinaus beschäftigen sich die Theorien der Verhandlung und Kooperation mit dem Aushandeln und Eingehen von Interaktionsbeziehungen. Dem entgegen behandeln die Interaktionstheorien der sozialen Fertigkeit weniger prozessuale Aspekte, als vielmehr die Auseinandersetzung mit bestimmten sozialen Kompetenzen, die für eine effektive und effiziente Interaktion unabdingbar sind.[450]

Dieser kurze überblicksartige Einblick in die unterschiedlichen Interaktionstheorien lässt erkennen, dass es vielfältige Ansatzpunkte gibt, den psychologischen Arbeitsvertrag und vielmehr noch dessen Bildungsprozess aus interaktionstheoretischer Sicht zu analysieren und entsprechend der jeweiligen Logik zu gestalten. Um eine Auseinandersetzung bereits existierender Bildungsprozessmodelle psychologischer Arbeitsverträge aus interaktionstheoretischer Sicht realisieren zu können, wird nachfolgend zuerst die in der Literatur unter der Prozessperspektive psychologischer Arbeitsverträge zu subsumierenden Modelle und Erkenntnisse dargestellt.

---

442   vgl. Wiswede (2004), 271-274.
443   vgl. Kneer (2009), 184-185.
444   vgl. Parsons (1991).
445   vgl. Blumer (1998).
446   vgl. Kneer (2009), 184-185.
447   vgl. Parsons (1959), 629.
448   vgl. Kneer (2009), 184-241.
449   vgl. beispielsweise Blau (1964).
450   vgl. Wiswede (2004), 271-274.

2.2.3 Prozessmodelle

Obwohl *Conway* und *Briner* schreiben, dass *„Researchers broadly agree that the psychological contract represents an unfolding, dynamic process"*[451], gibt es nur wenige Autoren, die tatsächlich den gesamten Prozess des psychologischen Arbeitsvertrages darstellen. Dies führen *Herriot* und *Pemberton* auf die von *Rousseau* vertretene unilaterale Sichtweise des psychologischen Arbeitsvertrages zurück.[452] Dennoch gibt es einige Forscher, die sich mit bestimmten prozessualen Aspekten psychologischer Arbeitsverträge auseinandersetzen. Die in Tabelle 10 gelisteten Artikel lassen sich in folgende fünf Bereiche gliedern:

- Ausarbeitungen zur Entstehung des psychologischen Arbeitsvertrages (psychological contracting),
- Ausarbeitungen zu prozessbeeinflussenden Faktoren psychologischer Arbeitsverträge,
- Ausarbeitungen zu Änderungen der Verpflichtungen im psychologischen Arbeitsvertrag während der Sozialisationsphase oder zu einem späteren Zeitpunkt,
- Ausarbeitungen zum Wandel des Vertragstyps psychologischer Arbeitsverträge,
- Ausarbeitungen zur Entwicklung von Verletzungen und Brüchen.

Dabei lassen sich die letzten drei Gliederungspunkte für die nachfolgende Analyse unter dem Oberbereich „Dynamik bestehender psychologischer Arbeitsverträge" subsumieren. Auf diese Weise entstehen drei Oberbereiche, die es in den folgenden Abschnitten zu analysieren gilt.

---

451   Conway/Briner (2005), 131.
452   vgl. Herriot/Pemberton (1997), 45.

Tabelle 10: Essenzielle Prozessartikel zum psychologischen Arbeitsvertrag

Forscher Titel Jahr	Inhalt	Einordnung	Methodik
Herriot The Career Management Challenge. Balancing Individual and Organizational Needs 1992	Psychological Contracting, organisationale Karriere verstanden als Abfolge von Wiederverhandlung des psychologischen Arbeitsvertrages während der Beschäftigungszeit (8), Kompetenzen für die inhaltliche Bewältigung der sich ändernden Anforderungen (12), Wandel der Arbeitswelt.	Wandel psychologischer Arbeitsverträge, Entstehung des psychologischen Arbeitsvertrages	Theoretisch (Beispiel: Starship Enterprise)
Guzzo/Noonan Human Resource Practices as Communications and the Psychological Contract 1994	HR-Methoden senden Signale. Dabei unterscheiden die Autoren zwischen automatischen und systematischen Interpretationsprozessen.	Prozessbeeinflussende Faktoren	Theoretisch
McLean Parks/Kidder „Till Death US DO Part..." Changing Work Relationships in the 1990s 1994	Untersuchung der sich verändernden Arbeitsbeziehungen und die Auswirkungen auf die psychologischen Arbeitsverträge. Es gibt keine Garantie mehr für lebenslange Jobsicherheit.	Wandel des Vertragstyps psychologischer Arbeitsverträge	Theoretisch
Robinson/Kraatz/ Rousseau Changing Obligations and the Psychological Contract: A Longitudional Study 1994	Änderungen in der Wahrnehmung der Verpflichtungen der Mitarbeiter in den ersten Jahren der Beschäftigung. Bestätigung der Unterteilung der Verpflichtungen in relationale und transaktionale Verpflichtungen.	Änderungen der Verpflichtungen im psychologischen Arbeitsvertrag während der Sozialisationsphase	Empirisch (224 Studenten eines MBA., 128 davon bei 2. Befragung)
Sims Human Resource Management's Role in Clarifying the New Psychological Contract 1994	Drei Wege werden aufgezeigt, die zum "Matching" von Erwartungen im psychologischen Arbeitsvertrag führen.	Prozessbeeinflussende Faktoren	Theoretisch

Rousseau Psychological Contracts in Organizations. Understanding Written and Unwritten Agreements (Chapter 2) 1995	Psychologische Arbeitsverträge sind Mentale Modelle. Erstellung eines intraindividuellen Entstehungsmodells Psychologischer Arbeitsverträge.	Entstehung des psychologischen Arbeitsvertrages	Theoretisch
Herriot/Pemberton Contracting Careers 1996	Erstellung eines Modells organisationaler Karriere als Folge von Wiederverhandlungen psychologischer Arbeitsverträge (großes Modell zum Modell von 1997).	Entstehung des psychologischen Arbeitsvertrages (psychological contracting)	Theoretisch
Sparrow Transitions in the Psychological Contract: Some evidence from the Banking Sector 1996	Wandel in den psychologischen Arbeitsverträgen bedingt ein Überdenken alter HRM-Praktiken und einen Umerziehungsprozess für Manager und Mitarbeiter.	Wandel des Vertragstyps psychologischer Arbeitsverträge	Empirisch (200 Bankmitarbeiter; weitere 45 Angestellte)
Herriot/Pemberton Facilitating New Deals 1997	Erstellung eines 4-Phasen-Modells des „contracting process".	Entstehung des psychologischen Arbeitsvertrages (psychological contracting)	Theoretisch + Fallbeispiel
Morisson/Robinson When Employees Feel Betrayed: A Model of How Psychological Contract Violation Develops 1997	Aufstellung eines Modells, in dem der Prozess der Erfahrung von Vertragsverletzung des Mitarbeiters dargestellt ist. Darüber hinaus werden Faktoren identifiziert, die diese Prozesse beeinflussen. (226)	Prozess der Vertragsverletzung	Theoretisch
Sparrow Reappraising Psychological Contracting 1998	Analyse der Entstehung des psychologischen Arbeitsvertrages im interkulturellen Kontext. Betrachtung ausgewählter europäischer Länder. Modifizierung der Entstehungsgrafik eines psychologischen Arbeitsvertrages von Rousseau (1995, 33).	Prozessbeeinflussende Faktoren	Theoretisch

Thomas/Anderson Changes in Newcomer's Psychological Contract during Organizational Socialization: A Study of Recruits Entering the British Army 1998	Untersuchung der Änderungen der wahrgenommenen Erwartungen im psychologischen Arbeitsvertrag bei Berufseinsteigern in die Britische Armee.	Änderungen der Verpflichtungen im psychologischen Arbeitsvertrag während der Sozialisationsphase	Empirisch (880 Rekruten der Britischen Armee am 1. Tag, 340 Rekruten acht Wochen im Training und Vergleich mit 1 157 „Insider"-Soldaten)
Bunderson How Work Ideologies Shape the Psychological contracts of Professional Employees: Doctors' Responses to Perceived Breach 2001	Der psychologische Arbeitsvertrag wird beeinflusst durch professionelle und administrative Arbeitseinstellungen und durch das dadurch bedingte Rollenverhalten und die Rollenverpflichtungen.	Prozessbeeinflussende Faktoren	Empirisch (in 50 Gemeinschafts-Praxen)
Rousseau Schema, Promise and Mutuality: The Building Blocks of the Psychological Contract 2001	Auseinandersetzung mit der Entstehung psychologischer Arbeitsverträge und den zugrunde liegenden 3 Konzepten: Schemen/Mentale Modelle, Versprechen und Gegenseitigkeit (mutuality).	Entstehung des psychologischen Arbeitsvertrages	Theoretisch
Guest/Conway Communicating the Psychological Contract: An Employer Perspective 2002	Untersuchung der Rolle der Kommunikation für den psychologischen Arbeitsvertrag. Ein explizit kommunizierter Vertrag führt dabei zu mehr Fairness und Vertrauen.	Prozessbeeinflussende Faktoren	Empirisch (1 306 HR-Manager)
de Vos/Buyens/Schalk Psychological Contract Development during Organizational Socialization: Adaptation to Reality and the Role of Reciprocity 2003	Erzielung eines besseren Verständnisses des Bildungsprozesses des psychologischen Arbeitsvertrages durch Betrachtung der Faktoren, die in Verbindung mit Änderungen des psychologischen Arbeitsvertrages von Berufseinsteigern während der Sozialisationsphase stehen. Bildungsprozess des psychologischen Arbeitsvertrages wird von den Forschern als Wissenskonstruktionsprozess gesehen. Untersuchung wie Änderungen der wahrgenommenen Versprechen der Berufs-	Änderungen der Verpflichtungen im psychologischen Arbeitsvertrag während der Sozialisationsphase	Empirisch (975 Berufseinsteiger von 6 nicht-öffentlichen Firmen in Belgien)

	einsteiger im Zusammenhang zu ihrer Interpretation von Erfahrungen im Unternehmen nach Eintritt stehen. Zwei Möglichkeiten: unilaterale oder reziproke Anpassung.		
Purvis/Cropley Psychological Contracting: Processes of Contract Formation During Interviews Between Nannies and their 'Employers' 2003	Beobachtung der Entstehung psychologischer Arbeitsverträge während Einstellungsgesprächen zwischen Nannies und deren Arbeitgebern. Untersuchung, ob spontane Diskussionen über gegenseitige Erwartungen eher explizit oder implizit und eher relational oder transaktional sind, und Analyse der Konsequenzen. Relationale Dinge wurden eher implizit als explizit diskutiert und transaktionale eher explizit als implizit. Für das gegenseitige Vertrauen war eher wichtig, was (transaktional/relational) besprochen wurde und nicht, ob dies implizit oder explizit passierte.	Prozessbeeinflussende Faktoren	Empirisch (3 Studien 18/23/16 Nanny-Arbeitgeber-Paare)
Scholz Spieler ohne Stammplatzgarantie. Darwiportunismus in der neuen Arbeitswelt 2003a	Die Arbeitswelt verändert sich: Nicht mehr gegenseitige Loyalität, sondern individueller Opportunismus nutzenmaximierender Mitarbeiter trifft auf den Darwinismus von Unternehmen. Es gibt keine Stammplatzgarantie mehr für Mitarbeiter im Unternehmen.	Wandel des Vertragstyps psychologischer Arbeitsverträge	Theoretisch
Guest Flexible Employment Contracts, the Psychological Contract and Employee Outcomes: An Analysis and Review of the Evidence 2004a und The Psychology of the Employment Relationship: An Analysis Based on the Psychological Contract 2004b	Entwicklung eines konzeptionellen Rahmens, welcher nicht nur den psychologischen Arbeitsvertrag berücksichtigt, sondern auch seinen Kontext. Aufstellung einer solchen Grundstruktur mit folgenden Komponenten: 1. Kontext- und Backgroundfaktoren, 2. Richtlinien und Vorgehensweisen, 3. Psychologischer Arbeitsvertrag, 4. Status des psychologischen Arbeitsvertrages, 5. Ergebnisse.	Prozessbeeinflussende Faktoren	Theoretisch

Schalk Changes in the Employment Relationship Across Time 2005	Veränderungen der Arbeitsbeziehung im Zeitablauf durch die Entwicklung der Gesellschaft, des Unternehmens, des Individuums und seiner persönlichen Situation und die Auswirkungen auf den psychologischen Arbeitsvertrag. Unilaterale oder reziproke Anpassung. Zukünftig wird es mehr individualisierte Verträge durch mehr Verhandlungen geben.	Wandel des Vertragstyps psychologischer Arbeitsverträge	Theoretisch
Lester/Kickul/Bergmann Managing Employee Perceptions of the Psychological Contract over Time: The Role of Employer Social Accounts and Contract Fulfillment 2007	Untersuchung der Frage: Unterliegt die Wahrnehmung von Vertragstypen psychologischer Arbeitsverträge durch die Mitarbeiter im Zeitablauf Änderungen oder bleibt sie gleich in Abhängigkeit von den jeweiligen Informationen, die die Mitarbeiter von dem Unternehmen bekommen?	Wandel des Vertragstyps psychologischer Arbeitsverträge	Empirisch (195 Mitarbeiter eines Hotel & Ressort Unternehmens)
Schalk/Roe Towards a Dynamic Model of the Psychological Contract 2007	Psychologische Arbeitsverträge sind mentale Modelle. Beinhalten Evaluationsmechanismus, welcher nur greift, wenn Änderungen der Vertragskomponenten außerhalb der Akzeptanzzone liegen. Dann werden Korrekturen (Änderung oder Verlassen) vorgenommen, ansonsten nicht. Aufstellung eines Change Modells und grafische Visualisierung der Korrekturmöglichkeiten.	Änderungen der Verpflichtungen im psychologischen Arbeitsvertrag	Theoretisch
Petersitzke Supervisor Psychological Contract Management 2009	Untersuchung welchen Einfluss Führungskräfte über die Gestaltung eines positiven psychologischen Arbeitsvertrags auf die Mitarbeiter haben.	Prozessbeeinflussende Faktoren	Empirisch (175 Mitarbeiter, 60 direkte Führungskräfte)
Suazo/Martinez/Sandoval Creating Psychological and Legal Contracts through Human Resource Practices: A Signaling Theory Perspective 2009	Beschreibung, wie HR-Praktiken (Recruitment, Entwicklung, Leistungsbeurteilung, Entlohnung, Arbeitnehmer-Handbücher) zur Bildung psychologischer und formaler Arbeitsverträge beitragen können. (154)	Prozessbeeinflussende Faktoren	Theoretisch

Von besonderem Interesse für diese Ausarbeitung sind die vier Artikel zur „Entstehung des psychologischen Arbeitsvertrages" (psychological contracting).[453] Vorgestellt werden nachfolgend allerdings ebenso relevante Artikel der anderen Bereiche. Gerade die Ausarbeitungen zu den „Änderungen der Verpflichtungen psychologischer Arbeitsverträge während der Sozialisationsphase" und die der Entwicklung von Verletzungen und Brüchen bergen Anhaltspunkte für eine umfassende Auseinandersetzung mit der Prozessperspektive psychologischer Arbeitsverträge.

2.2.3.1 Dynamik bestehender psychologischer Arbeitsverträge

Vor allem mit Aspekten des Wandels und der Änderung der Verpflichtungen psychologischer Arbeitsverträge haben sich die Autoren theoretisch und empirisch auseinandergesetzt. In den Ausarbeitungen zum Wandel psychologischer Arbeitsverträge wird die Veränderung inhaltlicher Aspekte des psychologischen Arbeitsvertrages untersucht. So wird vor allem etwa vom Jahr 2000 an der Wandel von einer Arbeitnehmer-Arbeitgeber-Beziehung, die beispielsweise von Loyalität und lebenslanger Jobsicherheit geprägt ist, hin zu eher kurzfristigen psychologischen Arbeitsverträgen, gekennzeichnet durch den Austausch von Geld gegen Leistung, diskutiert.[454] Zurückführen lässt sich dieser Wandel vor allem auf die Kostenreduktionspolitik der Unternehmen aufgrund der wachsenden Markradikalität, welche durch die Globalisierung, neue Technologien und die Konsequenzen der Finanzkrise sowie dem gesellschaftlichen Wertewandel der Mitarbeiter der letzten Jahre bedingt ist.[455] So wird das Streben nach Sicherheit und somit lebenslanger Arbeitsplatzgarantie in den jüngeren Generationen ersetzt durch den Wunsch nach Perspektiven und Work-life-Balance.[456] *Scholz* bietet mit dem Konzept des Darwiportunismus neben dem Aufzeigen der grundsätzlichen Existenz von vier unterschiedlichen psychologischen Arbeitsverträgen die Möglichkeit, den Wandel, den Organisation und Mitarbeiter zusammen durchlaufen, nachzuzeichnen.[457]

Zum anderen beschäftigen sich *Morrison* und *Robinson* mit dem Prozess des Wandels, indem sie sich mit der Entstehung von Vertragsverletzungen auseinandersetzen.[458] Sie entwickeln das in Abbildung 3 dargestellte Modell.

---

453 vgl. Rousseau (1995); Herriot/Pemberton (1996; 1997); Rouseau (2001a).

454 vgl. beispielsweise Herriot/Pemberton (1995); McLean Parks/Kidder (1994); Scholz (2003a); Schalk (2005).

455 vgl. Guest/Isaksson/De Witte (2010), 3-4.

456 vgl. Scholz (2003a), 19-20; Schalk (2005), 284-287.

457 vgl. Scholz (2003a), 97.

458 vgl. Morrison/Robinson (1997), 226-256.

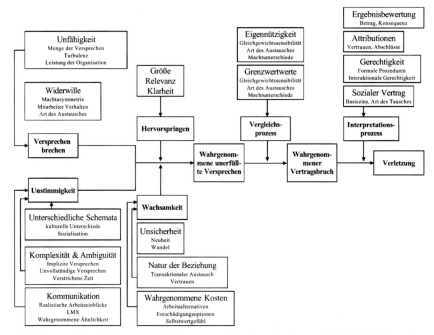

Abbildung 3: Entwicklungen von Verletzungen (Morrison/Robinson 1997, 232; Original übersetzt)

Morrison und *Robinson* visualisieren die Entwicklung von Verletzungen psychologischer Arbeitverträge als Prozess, welcher durch das bewusste Brechen von Versprechen oder durch Unstimmigkeiten über gegebene Versprechen initiiert wird. Zwar wird nachfolgend keine detaillierte Analyse des Modells erfolgen, da in dieser Ausarbeitung der Entstehungsprozess des psychologischen Arbeitsvertrages untersucht wird, allerdings können bruchdeterminierende Faktoren in diesem Modell identifiziert werden. Eine Vermeidung negativer Ausgestaltung dieser Effekte kann dann zur Vermeidung von Brüchen und Verletzungen führen.[459]

In den Untersuchungen zu den Änderungen in den Verpflichtungen psychologischer Arbeitsverträge werden vor allem Veränderungen während der Sozialisationsphase, deren Ursachen und Auswirkungen analysiert. *Morrison* kann durch ihre Studien bestätigen, dass gerade die Anfangsphase im Unternehmen

---

459 vgl. Morrison/Robinson (1997), 226-256.

durch starke Anpassungen gekennzeichnet ist und entscheidend spätere Sozialisationsphasen prägt.[460]

Sowohl die Studie von *Robinson, Kraatz* und *Rousseau* als auch die von *Thomas* und *Anderson* ergeben, dass Neueinsteiger ihre Wahrnehmung des psychologischen Arbeitsvertrages in Abhängigkeit von der erfahrenen Unternehmensrealität ändern.[461] Ursächlich dafür sind nach *Robinson, Kraatz* und *Rousseau* die Wahrnehmung des Arbeitnehmers, von abnehmenden eigenen Verpflichtungen und steigenden Arbeitgeber-Verpflichtungen.[462] Ihnen zufolge ist dies auf *Adams* zurückzuführen. Er sieht die steigenden Verpflichtungen darin begründet, dass Arbeitnehmer eine längere Unternehmenszugehörigkeit als Commitment gegenüber dem Unternehmen wahrnehmen und dieses folglich als erbrachte Leistung bewerten. Die Folge ist eine wachsende Verschuldung des Unternehmens gegenüber dem Mitarbeiter. Um wieder einen Zustand der Gerechtigkeit herzustellen, muss das Unternehmen entweder mehr Gegenleistung erbringen oder der Mitarbeiter verringert seine Leistungen.[463]

Thomas und *Anderson* sehen die Änderungen in den Verpflichtungen des psychologischen Arbeitsvertrages durch den Lerneffekt der neuen Mitarbeiter begründet. Neue Informationen führen zu einer Anpassung der Vertragskomponenten an die Realität. Ein bei der Entstehung psychologischer Arbeitsverträge geführter Verhandlungsprozess kann durch die dadurch bedingte, bessere Informationspreisgabe durch das Unternehmen den Lernprozess des Mitarbeiters unterstützen.[464]

De Vos, Buyens und *Schalk* sehen den Entstehungsprozess psychologischer Arbeitsverträge als einen Wissenskonstruktionsprozess während der Sozialisationsphase. Untersucht wird der Zusammenhang wahrgenommener Änderungen in den Verpflichtungen der Berufseinsteiger mit erlebten Erfahrungen nach Eintritt in die Organisation. Ursache dieser Dynamik in den Verpflichtungen ist die Reziprozitätsnorm. Anpassungen von wahrgenommenen Verpflichtungen einer Partei durch die Berufseinsteiger an die Interpretation der Realität erfolgen in Abhängigkeit von der Interpretation der Verpflichtungen der jeweils anderen Partei.[465]

---

460   vgl. Morrison (1993a, 173-183; 1993b, 557-589).
461   vgl. Robinson/Kraatz/Rousseau (1994, 137-152); Thomas/Anderson (1998, 763-764).
462   vgl. Robinson/Kraatz/Rousseau (1994, 147).
463   vgl. Adams (1965); Robinson/Kraatz/Rousseau (1994).
464   vgl. Thomas/Anderson (1998, 745-767).
465   vgl. de Vos/Buyens/Schalk (2003, 553-555).

Schalk und *Roe* entwickeln ein „Change Modell" des psychologischen Arbeitsvertrages. Änderungen im psychologischen Arbeitsvertrag können den Autoren zufolge durch organisationalen Wandel oder durch Änderungen im Individuum entstehen (Abbildung 4).

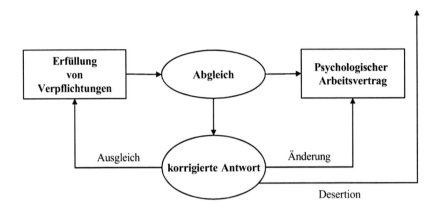

Abbildung 4: Change Modell des psychologischen Arbeitsvertrage (Schalk/Roe 2007, 59; Original übersetzt)

Die Folgen dieser kritischen Events, welche Erwartungen des psychologischen Arbeitsvertrages verletzen, sind unklar. Aufgefasst wird der psychologische Arbeitsvertrag von den Autoren als mentales Modell, welches lediglich in Ausnahmesituationen vom Individuum tatsächlich wahrgenommen wird. Ansonsten operiert dies untergründig. Arbeitnehmer monitoren (beobachten) dafür die Umgebungsänderungen im Unternehmen mit Hilfe des psychologischen Arbeitsvertrages. Angenommen wird, dass eine Bandbreite existiert, in der Änderungen noch als akzeptabel eingestuft werden. Auf diese Weise entstehen den Autoren zufolge zwei Standards: zum einen die „limits of acceptance" und zum anderen das „limit of tolerance". Erstere implizieren die Grenzen dessen, was als angemessen interpretiert wird, und Letzteres stellt die Grenze des Inakzeptablen dar. In Abhängigkeit davon, welcher Standard überschritten wird, existieren drei unterschiedliche Korrekturmöglichkeiten: Ausgleich, Änderung oder Desertion.

Im Falle eines stabilen psychologischen Arbeitsvertrages geschieht ein Ausgleich etwaiger Varianzen völlig automatisch durch einen fixen kognitiven Mechanismus. Bei sich ändernden Verpflichtungen im Zeitablauf, die zu einem Überschreiten der Akzeptanzzone führen, müssen Änderungen des psychologischen Arbeitsvertrages vorgenommen werden. Falls allerdings die Abweichungen derart stark sind, dass sie als intolerabel und nicht mehr verhandelbar wahrgenommen werden, kommt es zu einem Abbruch des Vertragsverhältnisses. Die Grenzen, die jeweils als akzeptabel wahrgenommen werden, sind im mentalen Modell des psychologischen Arbeitsvertrages verankert. [466]

Zusammenfassend ergeben die Untersuchungen zu „der Dynamik bestehender psychologischer Arbeitsverträge" folgende Erkenntnisse:

- Berufseinsteiger passen die wahrgenommene Ausgeglichenheit von den Leistungen und Gegenleitungen im psychologischen Arbeitsvertrag während der Sozialisationsphase in Abhängigkeit von der erfahrenen Unternehmensrealität an. Greifende Anpassungsmechanismen sind hier der Lerneffekt des Mitarbeiters, die Erzielung von Gerechtigkeit und die Reziprozität der Anpassung. [467]
- Verletzungen psychologischer Arbeitsverträge führen nicht zwingend zum Ausstieg aus dem psychologischen Arbeitsvertrag. Erst wenn eine bestimmte Bandbreite überschritten wird, werden Konsequenzen gezogen. [468]

Diese Erkenntnisse gilt es, für die Analyse des Bildungsprozesses psychologischer Arbeitsverträge heranzuziehen.

2.2.3.2 Prozessbeeinflussende Faktoren

Die Ausarbeitungen zu den prozessbeeinflussenden Faktoren beschäftigen sich mit der Identifikation von Kontextfaktoren, die in unterschiedlichen Prozessphasen des psychological contracting einwirken[469] oder selbst als Teil des Prozesses modelliert werden[470]. *Guest* entwickelt aufbauend auf den bereits identifizierten Kontextfaktoren und seinem entwickelten Grundmodell[471] den in Abbildung 5 dargestellten Prozess, welcher die Komponenten Kontext- und Hintergrundfaktoren, Richtlinien und Vorgehensweisen, psychologischer Arbeitsvertrag, Status des psychologischen Arbeitsvertrages und die Ergebnisse berücksichtigt.

---

466   vgl. Schalk/Roe (2007, 167-182).
467   vgl. Robinson/Kraatz/Rousseau (1994, 137-152); Thomas/Anderson (1998, 745-767);
       de Vos/Buyens/Schalk (2003, 537-559).
468   vgl. Schalk/Roe (2007, 167-182).
469   vgl. beispielsweise Sparrow (1998).
470   vgl. beispielsweise Guest (2004b, 541-555).
471   vgl. Guest (2004a, 1-19).

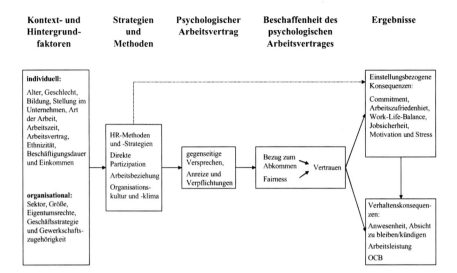

| Kontext- und Hintergrund- faktoren | Strategien und Methoden | Psychologischer Arbeitsvertrag | Beschaffenheit des psychologischen Arbeitsvertrages | Ergebnisse |

individuell:
Alter, Geschlecht, Bildung, Stellung im Unternehmen, Art der Arbeit, Arbeitszeit, Arbeitsvertrag, Ethnizität, Beschäftigungsdauer und Einkommen

organisational:
Sektor, Größe, Eigentumsrechte, Geschäftsstrategie und Gewerkschafts- zugehörigkeit

HR-Methoden und -Strategien
Direkte Partizipation
Arbeitsbeziehung
Organisations- kultur und -klima

gegenseitige Versprechen, Anreize und Verpflichtungen

Bezug zum Abkommen → Vertrauen
Fairness ↗

Einstellungsbezogene Konsequenzen:
Commitment, Arbeitszufriedenhiet, Work-Life-Balance, Jobsicherheit, Motivation und Stress

Verhaltenskonsequen- zen:
Anwesenheit, Absicht zu bleiben/kündigen
Arbeitsleistung
OCB

Abbildung 5:   Grundstruktur der Anwendung psychologischer Arbeitsverträge auf die Ar- beitsbeziehung (Guest 2004b, 550; Original übersetzt)

Die von vielen Forschern insgesamt identifizierten Faktoren, die beim psychologischen Arbeitsvertrag bedacht werden müssen, sind die Unternehmensstrategie, Eigentumsrechte, Arbeitsbeziehungspolitik,[472] Personalmanagementpraktiken[473] und sowohl nationale[474] als auch organisationale Kulturaspekte[475]. *Guest* konzipiert mit seiner Ausarbeitung ein Rahmenkonzept, welches nicht den Entstehungsprozess des psychologischen Arbeitsvertrages an sich, sondern die Wirkung und Beeinflussung relevanter Faktoren abbildet.[476]

Sparrow wählt eine ähnliche Vorgehensweise. Allerdings bezieht er seine Untersuchung auf einen internationalen Kontext, da seiner Meinung nach interkulturelle Unterschiede den Vertragsprozess psychologischer Arbeitsverträge beeinflussen. Der in Abbildung 6 dargestellte Prozess basiert auf der Idee der Bildung psychologischer Arbeitsverträge nach *Rousseau*. Ergänzt werden die von *Guest* identifizierten Einflussfaktoren. Dabei greift *Sparrow* auf die interkulturellen Konzepte der Grunddimensionen von *Hall* und der Kulturdimensio-

---

472 vgl. Tsui et al. (1995).
473 vgl. Guzzo/Noonan (1994); Rousseau/Greller (1994); Rousseau (1995); Guest/Conway (2002); Conway/Briner 2005; Suazo/Martinez/Sandoval (2009).
474 vgl. Rousseau/Schalk (2000); Thomas/Au/Ravlin (2003); Wang et al. (2003).
475 vgl. Guest/Conway (1997), 5-8; Guest (2004b).
476 vgl. Guest (2004a; 2004b).

nen *Hofstedes* zurück.[477] Neben dem Einfluss der Kultur auf den Dialog im Verhandlungsprozess untersucht *Sparrow* die stark abweichenden Grad der Kompetenzzuteilung in Unternehmen unterschiedlicher Länder.[478]

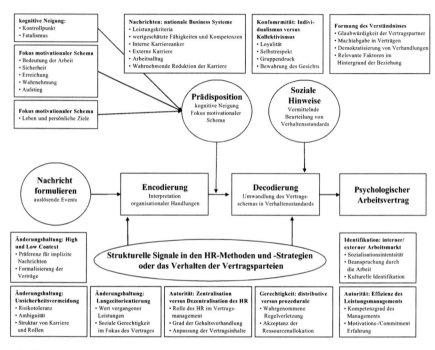

Abbildung 6: Beziehung zwischen Kultur und Entstehung psychologischer Arbeitsverträge (Sparrow 1998; Original übersetzt)

Suazo, Martinez und *Sandoval* entwickeln in ihrer Analyse des Einflusses von HR-Methoden auf die Bildung von psychologischen Arbeitsverträgen zwar kein Prozessmodell, interessant ist ihr Ansatz für die Prozessperspektive dennoch: Aufgrund der Nutzung der „Signaling"-Theorie wird die Relevanz bestimmter Signale und Kommunikationsmedien seitens des Unternehmens für den Entstehungsprozess psychologischer Arbeitsverträge hervorgehoben.[479] Auf diese Beeinflussung spezifischer Bestandteile psychologischer Arbeitsverträge durch bestimmte Kommunikationsmedien des Unternehmens wurde bereits in

---

477 vgl. Hall (1990); Hofstede (2003).
478 vgl. Sparrow (1998).
479 vgl. Suazo/Martinez/Sandoval (2009).

Kapitel 2.1.1.2 dieser Arbeit verwiesen. *Suazo, Martinez* und *Sandoval* betonen besonders die Relevanz des Recruitments bei der Vermittlung realistischer Arbeitsbedingungen. Aber auch die Bereiche Training, Leistungsbeurteilung, Entlohnungssystem und Arbeitnehmer-Handbücher vermitteln Informationen an die Mitarbeiter.[480] Diese HR-Methoden sind es auch, die *Rousseau* und *Greller* bezüglich einzelner Vertragsbestandteile analysieren.[481] *McLean Parks* und *Schmedemann* finden in einer empirischen Untersuchung heraus, dass die gewählte Form der Sprache in den Handbüchern die Bildung psychologischer Arbeitsverträge beeinflusst.[482]

Ähnlich gehen *Guzzo* und *Noonan* davon aus, dass durch HR-Methoden Signale gesendet werden, die von den Mitarbeitern dekodiert werden.[483] Unterschieden wird dabei ein heuristisch (automatisch) und ein systematisch (tief) ablaufender Verarbeitungsprozess der Kommunikation. Ersteres geschieht durch alltägliche HR-Methoden und impliziert eine eher oberflächliche Interpretation der Informationen, Letzteres wird durch spezielle Ereignisse ausgelöst und steht für eine bewusste Wissenskonstruktion.[484]

Sims kritisiert die oftmals fehlende Kommunikation über Bereiche des psychologischen Arbeitsvertrages, woraus aus Nachlässigkeit „Mismatches" resultieren. Zur Vermeidung von Unklarheit bedarf es der Betrachtung der jeweiligen Erwartungen. Die Autoren zeigen drei Wege auf, wie HR-Manager die Erwartungen der Arbeitnehmer und Arbeitgeber im psychologischen Arbeitsvertrag „matchen" können:[485]

* Realistische Arbeitsbedingungen bereits im Recruitment-Prozess kommunizieren.[486] Oft werden verschönte Darstellungen des Unternehmens an die Bewerber vermittelt, um möglichst viele potenzielle Mitarbeiter anzuziehen. Werden allerdings realistische Bedingungen des Arbeitsalltages offengelegt, so kann dies zu einer Selbstselektion, zur Bindung an die Entscheidung, zu geringeren, dafür aber realistischen Erwartungen des Mitarbeiters und zu einer besseren, da vorhersehbaren Bewältigung unerfreulicher Ereignisse führen.
* Trainingskonzepte und -methoden besser an die jeweiligen Erwartungen anpassen. Vor allem eine bessere Kommunikation der Verantwortlichen aus der

---

480   vgl. Suazo/Martinez/Sandoval (2009).
481   vgl. Rousseau/Greller (1994); Rousseau/Wade-Benzoni (1994).
482   vgl. McLean Parks/Schmedemann (1994).
483   vgl. Guzzo/Noonan (1994).
484   vgl. Eagley/Chaiken (1993).
485   vgl. Sims (1994, 373-382).
486   vgl. Weuster (2008), 69-70.

Personalabteilung mit den jeweiligen Mitarbeitern und Führungskräften ist dafür erforderlich.

- Ethische Ansprüche des Unternehmens als Basis des psychologischen Arbeitsvertrages derart ausgestalten, dass die Unternehmenskultur ethisches Verhalten der Mitarbeiter fördert und überwacht.[487]

Zwei dieser drei Wege – die Vermittlung realistischer Arbeitsbedingungen und die Relevanz der Trainingsmethoden – werden ebenso bei *Suazo, Martinez* und *Sandoval* als bedeutend eingestuft.[488]

Lucero und *Allen* identifizieren in ihrer theoretischen Analyse vor allem Benefits als Teil des Entlohnungssystems als relevanten Faktor bei der Bildung psychologischer Arbeitsverträge.[489] Darüber hinaus stellt *Bunderson* das Bewusstsein für administrative und professionelle Arbeitseinstellungen und das dadurch implizierte Rollenverhalten mitsamt der spezifischen Rollenverpflichtungen als essenzielle Faktoren für die Bildung produktiverer Arbeitsbeziehungen in den Mittelpunkt seiner Untersuchung.[490] *Guest* und *Conway* ermitteln in einer empirischen Untersuchung die explizite Kommunikation von Versprechen als ausschlaggebenden Faktor für die Bildung psychologischer Arbeitsverträge.[491] Auch *Purvis* und *Millward* beschäftigen sich in ihrer Untersuchung von Einstellungsgesprächen mit dem Aspekt der Kommunikation. Dabei finden sie heraus, dass spontane Diskussionen über Erwartungen eher explizit geführt werden. Für den Aufbau von Vertrauen in der Arbeitsbeziehung ist dabei besonders die Kommunikation an sich und nicht die gewählte Form (explizit versus implizit) ausschlaggebend.[492]

Petersitzkes theoretischer und empirischer Analyse liegt die Idee der Implementierung eines positiven psychologischen Arbeitsvertrages im Unternehmen zu Grunde.[493] Gestaltet wird dieser über die drei, an *Guest* und *Conway*, angelehnten Dimensionen: Grad des Bruches der Verpflichtungen seitens des Unternehmens, Vertrauen der Mitarbeiter in die Organisation und die Wahrnehmung einer fairen Austauschbeziehung durch die Mitarbeiter.[494] *Petersitzke* untersucht dabei unter anderem empirisch, wie Führungskräfte diese drei Aspek-

---

487   vgl. Sims (1994).
488   vgl. Suazo/Martinez/Sandoval (2009).
489   vgl. Lucero/Allen (1994).
490   vgl. Bunderson (2001).
491   vgl. Guest/Conway (2002).
492   vgl. Purvis/Cropley (2003).
493   vgl. Petersitzke (2009).
494   vgl. Guest/Conway (2002).

te ausgestalten können, um einen positiven psychologischen Arbeitsvertrag mit dem Mitarbeiter zu bilden.[495]

Insgesamt kann eine Vielzahl an unterschiedlichen Untersuchungen lokalisiert werden, die ebenso vielfältige Einflussfaktoren auf den psychologischen Arbeitsvertrag identifiziert haben. Die nachfolgenden Kontextfaktoren

- individuelle (Alter, Geschlecht, Bildung, Position im Unternehmen usw.),
- organisationale (Sektor, Größe, Eigentumsrechte usw.),
- HR-Methoden (insbesondere realistische Arbeitsbedingungen, Training, Entlohnungssystem (auch Benefits), Leistungsbeurteilung, Arbeitnehmerhandbücher),
- Organisationskultur,
- Unternehmensstrategie,
- Eigentumsrechte,
- interkulturelle Unterschiede,
- Unternehmensethik,
- Arbeitseinstellung und
- Kommunikation

werden als relevant eingestuft. Bei der Auseinandersetzung mit dem Entstehungsprozess psychologischer Arbeitsverträge müssen diese Einflussfaktoren und dessen Effekte auf den Prozess berücksichtigt werden. Zwar bieten sie keine Anhaltspunkte über den Ablauf des Prozesses an sich, können aber entscheidend das Ergebnis beeinflussen. Daher ist auch bei der späteren Entwicklung des Entstehungsprozesses psychologischer Arbeitsverträge immer von einer Beeinflussung des Prozesses durch diese Faktoren auszugehen – auch wenn eine explizite Thematisierung an späterer Stelle nicht erneut stattfindet.

Der Prozess an sich allerdings wird, außer in der Ausarbeitung von *Sparrow*, welcher auf den von *Rousseau* entwickelten Bildungsprozess psychologischer Arbeitsverträge zurückgreift, von den in diesem Kapitel aufgezeigten Forschern komplett als Black Box konzipiert. Nachfolgend werden die vier Ausarbeitungen, die sich explizit mit der Entstehung psychologischer Arbeitsverträge (psychological contracting) auseinandersetzen, betrachtet.

2.2.3.3 Entstehungsprozess

Trotz vieler Aufrufe, sich vermehrt mit dem Bildungsprozess des psychologischen Arbeitsvertrages auseinanderzusetzen[496], können lediglich zwei For-

---

495 vgl. Petersitzke (2009).
496 vgl. Rousseau (2001); de Vos/Buyens/Schalk (2003).

scher/-gruppen lokalisiert werden, die explizit den Bildungsprozess psychologischer Arbeitsverträge erforscht haben. Entstehungsprozessmodelle im Sinne eines sequenziellen Phasenablaufs werden lediglich in den Ausarbeitungen von *Rousseau*[497] und *Herriot* und *Pemberton*[498] entwickelt.[499]

Rousseau ihrerseits spricht sich eindeutig für eine umfassendere Beschäftigung mit der Bildung psychologischer Arbeitsverträge aus.[500] Sie entwickelt zwei Prozesse für eine Auseinandersetzung mit der Entstehung psychologischer Arbeitsverträge: Zum einen stellt sie ein Entstehungsprozess als Kommunikationsmodell dar, zum anderen beschreibt sie unterschiedliche Stadien in Abhängigkeit von der Dauer der Beschäftigung[501].

Das erste von *Rousseau* entwickelte Modell zeigt, wie in Abbildung 7 dargestellt, die Entstehung des psychologischen Arbeitsvertrages durch den Kommunikationsablauf. Dieser Prozess läuft allerdings intraindividuell ab. Dabei wird eine von den Unternehmensvertretern getroffene allgemeingültige Aussage von einem Mitarbeiter interpretiert. In Abhängigkeit von der eigenen Prädisposition und dem Vertrauen in das Unternehmen, dass das wahrgenommene Versprechen auch realisiert wird, bestimmt das Interpretierte das alltägliche Arbeitsverhalten des Mitarbeiters. Dieses wird zusätzlich beeinflusst durch soziale Hinweise. Diese wirken auf drei Arten im Vertragsprozess: Übertragen beispielsweise durch Geschichten von Kollegen fungieren sie als Nachrichtenübermittler für die Vertragsbildung, üben Druck zu gruppenkonformen Verhalten aus und beeinflussen, wie Mitarbeiter organisationale Handlungen interpretieren. Insgesamt schließt der Mitarbeiter dann von der Interpretation dieser allgemeinen Aussage in Abhängigkeit von der eigenen Prädisposition und den sozialen Hinweisen auf ein spezifisches Versprechen des Unternehmens (Dekodierung der Nachricht).[502]

---

497   vgl. Rousseau (1995; 2001).
498   vgl. Herriot/Pemberton (1996; 1997).
499   vgl. Guest (1998a), 650.
500   vgl. Rousseau (2001), 511.
501   vgl. Rousseau (1995), 24-26.
502   vgl. Rousseau (1995), 34-46.

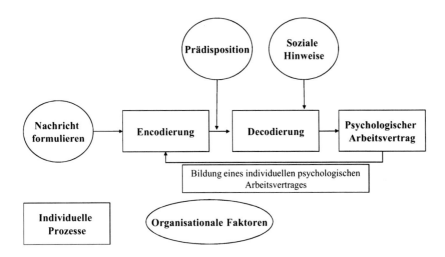

Abbildung 7: Bildung eines individuellen psychologischen Arbeitsvertrages (Rousseau 1995, 33; Original übersetzt)

In dem zweiten Prozessmodell stuft *Rousseau* vor allem die Auseinandersetzung mit dem Konstrukt des mentalen Modells, die getroffenen Versprechen und das Ausmaß an wahrgenommener Übereinstimmung zwischen den beteiligten Parteien als relevant ein. Die Bildung des psychologischen Arbeitsvertrages an sich läuft gemäß *Rousseau* in den in Abbildung 8 dargestellten Phasen ab.[503] Vor allem die Phase vor Beschäftigungsbeginn, das Recruitment, und die frühe Sozialisation prägen den psychologischen Arbeitsvertrag. Der Einfluss dieser Phasen auf die Bildung der Verträge erfolgt *Rousseau* zufolge durch die Betrachtung des psychologischen Arbeitsvertrages als Schemata, welches systematisch organisiertes Wissen darstellt.[504] Diese Abstraktion eines komplexen Zusammenhangs auf spezifische Elemente entsteht aufbauend auf vergangenen Erfahrungen und legt fest, wie zukünftig neue Informationen kognitiv verarbeitet werden.[505]

---

503   vgl. Rousseau (2001), 511-512.
504   vgl. Rousseau (2001), 512-513.
505   vgl. Stein (1992), 49.

Vor der Beschäftigung	Rekrutierung	Frühe Sozialisation	Spätere Erfahrungen	Fokus der meisten Untersuchungen zum psychologischen Arbeitsvertrag Evaluation Änderung/Verletzung
Fachliche Normen	Aktiver Versprechensaustausch	Andauernder Versprechensaustausch	Periodischer Versprechensaustausch	Abweichende Informationen führt zur Evaluation
		Aktive Informationssuche von Mitarbeitern/ Agenten	Weniger aktive Informationssuche von Mitarbeitern/ Agenten	Anreize/Kosten der Änderung der Bedeutungsänderung
Gesellschaftlicher Glaube	Evaluation der Signale von Firma und Mitarbeiter	Vielseitige Informationsquellen der Firma	Firma reduziert ihre Sozialisationsleistungen	
			Änderungen oftmals eingearbeitet in existierende psychologische Arbeitsverträge	

Abbildung 8: Phasen der Bildung psychologischer Arbeitsverträge (Rousseau 2001, 512; Original übersetzt)

Wie bereits in Kapitel 2.1.1 kurz thematisiert, stellen Schemata vereinfachte kognitive Konstrukte über bestimmte Zusammenhänge dar. Sie fungieren bei unvollständiger Information als Interpretationsmittel und geben Hinweise zum Umgang mit derartigen Situationen.[506] Psychologische Arbeitsverträge, definiert als Schemata, reflektieren die Kognitionen bezüglich der Arbeitsbeziehung. Dabei gibt es Elemente innerhalb eines Schemas, die von vielen Mitarbeitern gleicher Erwerbstätigkeit geteilt werden, und solche, die idiosynkratisch sind.[507] Ein einmal gebildetes Schema ist relativ konstant.[508] Neue Informationen werden aus Sicht dieses vordefinierten Konzeptes analysiert. Tendenziell erreichen Schemata irgendwann einen Grad der Vollständigkeit, bei dem die individuellen reellen Erfahrungen konsistent mit den Elementen des Schemas sind. Diese zunehmende Verknüpfung einzelner Elemente lässt die Komplexität des Schemas im Zeitablauf wachsen. Daraus ergibt sich, dass Berufsanfänger im Gegensatz

---

506   vgl. Rousseau (2001), 519.
507   vgl. Rousseau (2001), 513.
508   vgl. Stein (1992).

zu bereits länger Beschäftigten weniger Elemente im Schema aufweisen. Stärkere horizontale und vertikale Verflechtungen sind in Schemata von länger Beschäftigten zu verzeichnen. Diese Schemata können effektiver auf neue Umweltzustände reagieren, sind allerdings nicht so flexibel hinsichtlich Änderungen der Elemente wie die Schemata von Berufsanfängern. Notwendig für die Initiierung von Veränderungen sind in den Kognitionen ablaufende Prozesse, welche durch Verhandlung, Informationssammlung, Diskussion und Wissenskonstruktion unterstützt werden können. Informationen, die nicht eindeutig abweichen, werden in das ursprüngliche Schema eingebunden.[509]

Versprechen als weiterer wichtiger Faktor für die Entstehung psychologischer Arbeitsverträge können sowohl verbal als auch durch Handlungen signalisieren, dass eine Verpflichtung eingegangen wurde. Allerdings entsteht erst durch die Verbindung von Wörtern und Aktionen mit dem Kontext eine Bedeutung. Im Falle einer Signalisierung von Versprechen durch Handlungen werden diese auf Basis des Schemas interpretiert. Basis verbaler Signalsendung ist die Kommunikation der Akteure. Voraussetzung hierfür ist das Vorhandensein von Konversationskompetenz beider Parteien. In frühen Phasen der Vertragsbildung, so stellt *Rousseau* fest, findet eher eine explizite Kommunikation statt. In späteren Phasen mit steigendem Wissen über bestimmte Verhaltensweisen und steigendem Vertrauen steigt auch die Signalisierung von Versprechen durch Handlungen. Insgesamt fungieren Versprechen in psychologischen Arbeitsverträgen aufgrund der Zielorientierung, des Selbstbindungscharakters, des Bildes über zukünftige Handlungen, der Reduktion von Vertrauensverlusten, sozialem Druck, dem Wunsch nach positiver Reputation und bei entsprechend vorhandenen Anreizen als verhaltensdeterminierender Mechanismus.[510]

Die zweite Forschergruppe, *Herriot* und *Pemberton*, entwickeln ein Modell „organisationaler Karriere", worunter eine Sequenz von Wiederverhandlungen psychologischer Arbeitsverträge verstanden wird.[511] Bedingt durch den Wandel in der Umwelt muss ein derartiges Modell gemäß *Herriot* und *Pemberton* folgenden vier Punkten genügen, um Änderungen gerecht werden zu können:

- Das Modell muss einen Kontextbezug aufweisen. Damit sind sowohl der organisationale Kontext als auch der soziale Kontext des Individuums gemeint.
- Das Modell muss zyklisch sein. Änderungen im Kontext müssen erfasst werden können. Rein definitorisch muss das Modell dann auch prozessual sein.

---

509   vgl. Rousseau (2001), 513-514.
510   vgl. Rousseau (1995), 24-26; Rousseau (2001), 528.
511   vgl. Herriot/Pemberton (1996).

- Das Modell muss subjektiv sein. Begründet liegt dies in der Differenz der individuellen Arbeitsidentität und der individuellen Karrieregestaltung.
- Das Modell muss interaktiv sein und Verhandlungselemente berücksichtigen.

Obwohl verschiedene Modelle psychologischer Arbeitsverträge in der Literatur existieren, erfüllen diese lediglich einige dieser Punkte. Das in Abbildung 9 dargestellte Modell *Herriots* und *Pembertons* erfüllt den Autoren zufolge alle dieser Punkte. Basis des Modells ist das wahrgenommene „Match" zwischen den individuellen Bedürfnissen und denen der Organisation resultierend aus dem Austausch von Angeboten. Diese werden durch die Unternehmensumwelt und die soziale Umwelt beeinflusst. Angenommen wird in dem Modell, dass jede Partei ihr Kosten-Nutzen-Verhältnis maximiert. Ausschlaggebend für die Abgabe von Gegenangeboten der Parteien sind die wahrgenommene Gerechtigkeit und die Honorierung durch die andere Partei. In Abhängigkeit von der Vertragsart (transaktional versus relational) entstehen vielfältige Ergebnisse. Diese können ebenso in einem Exit oder einer Wiederverhandlung der Verträge münden.[512]

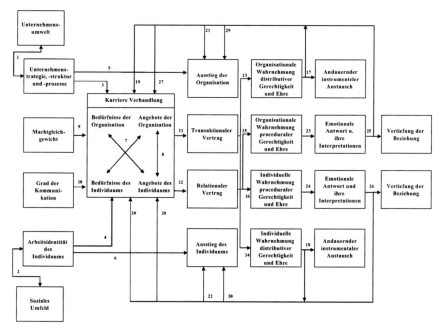

Abbildung 9: Vertragsmodell der Karriere (Herriot/Pemberton 1996, 760; Original übersetzt)

---

512   vgl. Herriot/Pemberton (1996), 757-760.

Insgesamt besteht das Modell aus 30 Beziehungen, die in der Ausarbeitung von *Herriot* und *Pemberton* detailliert beschrieben werden. Interessant für die Entstehung des psychologischen Arbeitsvertrages, welcher bereits in Punkt 11 und 12 entweder als relationaler oder als transaktionaler Vertrag gebildet ist, sind die Punkte 7, 8, 9 und 10. Die hier dargestellte Phase der Verhandlung ist durch zwei parallel ablaufende Prozesse gekennzeichnet. Der erste Prozess stellt ein kognitives Matching der Bedürfnisse der Organisation mit den Angeboten des Individuums und andersherum dar. Im zweiten Prozess werden dann die jeweiligen Angebote abgegeben und die Verhandlung ist beendet.[513]

Sowohl Macht als auch der Grad der Kommunikation zwischen den Parteien beeinflussen die Verhandlung und determinieren die Explizitheit des psychologischen Arbeitsvertrages.[514] Durch die Verhandlung wird die in Prozess eins beschriebene implizite Rollenverhandlung zu einem Austausch gegenseitiger Verpflichtungen. Die Entstehung eines Matching zwischen den Bedürfnissen und Angeboten wird auf eine im Zeitablauf steigende Übereinstimmung zurückgeführt. Zur Unterlegung des Matching-Konzeptes wird beispielsweise die Attraction, Selection und Attribution Theorie von *Schneider* herangezogen. Diese geht von einer Homogenität von Individuen in Organisationen hinsichtlich der Werte, Charakteristika und Normen aus. Danach wählen Individuen ihren Job in der Organisation, in der sie viele ihnen ähnliche Individuen erwarten, und Organisationen ihrerseits wählen ebenso aus.[515] Leider werden dabei lediglich Aussagen dazu gemacht, dass gematcht wird, aber nicht, wie dieser Matching-Prozess aussieht.[516]

Alternativ entwickeln *Herriot* und *Pemberton* ein verkürztes Modell des Vertragsschlusses psychologischer Arbeitsverträge. Dieses in Abbildung 10 visualisierte Modell besteht aus den vier Phasen Information, Verhandeln, Monitoren und Wiederverhandeln beziehungsweise Ausstieg. Es fungiert sowohl als präskriptives als auch als deskriptives Modell. Änderungen in der organisationalen oder sozialen Umwelt, welche in veränderten Bedürfnissen und Angeboten der Individuen münden, oder in der Monitorphase erkannte Ungleichgewichte führen in dem Modell zu einem Neubeginn des Prozesses (iteratives Modell).[517]

---

513   vgl. Herriot/Pemberton (1996), 761-762.
514   vgl. Herriot/Pemberton (1996), 777-778.
515   vgl. Schneider (1987), 437-453.
516   vgl. Herriot/Pemberton (1996), 775.
517   vgl. Herriot/Pemberton (1997), 45-47.

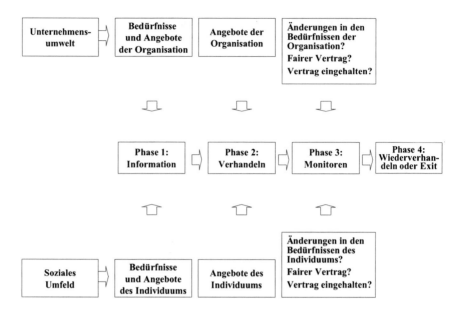

Abbildung 10: Die vier Phasen des psychological contracting (Herriot/Pemberton 1997, 46; Original übersetzt)

Herriot und *Pemberton* prägen in diesem Artikel den Begriff des „psychological contracting", worunter sie den sozialen Prozess verstehen, bei dem die Wahrnehmungen über die Verpflichtungen im Arbeitsvertrag gebildet werden. Der Prozess der Vertragsentstehung basiert auf sozialer Kommunikation zwischen den Vertragsparteien. Differieren kann dabei der Grad an Explizitheit der Kommunikation. Weniger Missverständnisse treten gerade in Prozessen auf, die durch einen hohen Grad an expliziter Kommunikation geprägt sind. Die explizite Kommunikation, welche zu klaren Austauschvereinbarungen führt, ist es auch, die laut *Herriot* und *Pemberton* Vertrauen in einer Beziehung wachsen lässt. Vorausgesetzt wird in diesem Modell, dass die Parteien sich zumindest teilweise ihrer eigenen Bedürfnisse und Angebote bewusst sind, bevor sie im Kommunikationsprozess interagieren.[518]

---

518   vgl. Herriot/Pemberton (1997), 45-55.

2.2.4 Relevanz spezifischer Interaktionstheorien für den Bildungsprozess

Die Auseinandersetzung mit Modellen der Prozessperspektive psychologischer Arbeitsverträge zeigt, dass sich zwar viele Wissenschaftler der Relevanz der Prozessperspektive bewusst sind,[519] allerdings haben sich lediglich zwei Forschergruppen[520] konkret mit dem Entstehungsprozess psychologischer Arbeitsverträge beschäftigt. Die detaillierte Analyse dieser Modelle ergibt, dass bestimmte interaktionstheoretische Komponenten bereits in den Bildungsprozessmodellen thematisiert werden. So besteht generell die Ansicht, dass der psychologische Arbeitsvertrag auf der Idee des sozialen Austausches basiert.[521] *Rousseau* allerdings geht mit ihrer unilateralen Sichtweise davon aus, dass der psychologische Arbeitsvertrag nur in den Köpfen der Arbeitnehmer existiert.[522] Als erster Ansatzpunkt sind daher die Interaktionstheorien des sozialen Austausches bezüglich des aktuellen und potenziellen Aussagegehalts für den Bildungsprozess psychologischer Arbeitsverträge zu betrachten.

Darüber hinaus werden in den Modellen von *Herriot* und *Pemberton* Verhandlungen zwischen den Arbeitgeber und Arbeitnehmer als zweite Phase des Entstehungsprozesses modelliert.[523] Zwar werden diese Verhandlung in dem Modell von *Rousseau* nicht konkret angesprochen,[524] scheinen aber dennoch zumindest für eine bilaterale Betrachtung von Relevanz zu sein. Folglich werden nachfolgend auch die Interaktionstheorien der Verhandlung bezüglich spezifischer Anhaltspunkte für die Gestaltung des Bildungsprozesses näher beleuchtet.

Allerdings erscheint, obwohl *Herriot* und *Pemberton* bezüglich des Bildungsprozesses kurz Bezug zur Rollentheorie[525] nehmen,[526] für die Analyse dieses Prozesses die interpretative Konstruktion des Interaktionsablaufes aufgrund des situativen Charakters[527] sinnvoller. So werden Aspekte des symbolischen Interaktionismus auch in kommunikativer Hinsicht nachfolgend herausgearbeitet. Der kommunikative Aspekt zwischen den Beteiligten als Basis jeglicher In-

---

519 vgl. die in Tabelle 10 gelisteten Artikel.
520 vgl. Herriot/Pemberton (1995; 1997); Rousseau (1995; 2001).
521 vgl. beispielsweise Freese (2007), 20.
522 vgl. Rousseau (1989); Herriot/Pemberton (1997), 45.
523 vgl. Herriot/Pemberton (1995; 1997), 46.
524 vgl. Rousseau (1995; 2001).
525 vgl. beispielsweise Katz/Kahn (1978).
526 vgl. Herriot/Pemberton (1997), 46.
527 vgl. Kneer (2009), 185.

teraktion,[528] spricht für eine stärkere Einbindung und theoretischen Untermauerung der Kommunikation in den Entstehungsprozess psychologischer Arbeitsverträge. So bietet das Modell von *Rousseau* als Kommunikationsmodell modelliert zwar wichtige Implikationen, allerdings erfasst das intra-individuelle Vertragsverständnis[529] kommunikative interaktionstheoretische Aspekte nicht vollständig.

Die Theorien der sozialen Fertigkeit, die sich mit den Kompetenzen von Interaktionspartnern zur Gestaltung einer erfolgreichen Interaktion befassen,[530] bringt für den Ablauf des Bildungsprozesses psychologischer Arbeitsverträge an sich, allerdings keinen Mehrwert. Zwar ist die kompetente Ausgestaltung dieses Prozesses essenziell und wird sowohl in den bereits existierenden Prozessen als auch in dieser Ausarbeitung immer wieder thematisiert, für die reine Prozessanalyse sind die Kompetenzen allerdings vielmehr implizit relevant. Daher wird auf eine explizite Diskussion möglicher Kompetenzmodelle an dieser Stelle verzichtet und der Kompetenzbezug aufgrund situativer Relevanz fortwährend in die Analyse integriert.

Die dargestellten interaktionstheoretischen Bezüge der existenten Entstehungsprozesse psychologischer Arbeitsverträge und das Potenzial des symbolischen Interaktionismus zur Erweiterung kommunikativer Aspekte führen nachfolgend zu einer detaillierten Analyse der relevanten Interaktionstheorien.

2.2.4.1 (Soziale) Austauschtheorien als Prozessstandardkonzepte

Im Bereich psychologischer Arbeitsvertragsforschung allgemein als Basis dieser Verträge angesehen,[531] werden hier die sozialen Austauschtheorien als Prozessstandardkonzept für den Bildungsprozess herangezogen. Soziale Austauschtheorien betrachten im Gegensatz zu ökonomischen Theorien des Tausches nicht nur materielle Güter wie Geld, Waren und Dienstleistung, sondern auch Güter immaterieller Art als Tauschobjekt.[532] Im Sinne dieser Theorien werden „*Interaktionen als ein interpersoneller Austausch von Belohnungen und Bestrafungen*"[533] aufgefasst. Unterschieden werden dabei inhaltsbezogene (beispielsweise die Ressourcentheorie von *Foa/Foa*, die sich mit spezifischen Inhalten von Interak-

---

528   vgl. Parsons (1959), 629.
529   vgl. Rousseau (1995).
530   vgl. Wiswede (2004), 272.
531   vgl. beispielsweise Freese (2007), 20.
532   vgl. Wiswede (2004), 43-44; Arndt (2008), 85.
533   Wiswede (2004), 271.

tionen beschäftigt[534]) und prozessbezogene Austauschtheorien.[535] *Foa* und *Foa* verstehen beispielsweise unter Interaktion ein Austausch von den Ressourcenkategorien Liebe, Status, Information, Geld, Güter und Dienste.[536] Da in dieser Ausarbeitung die Schwerpunktbetrachtung auf der Prozessperspektive liegt, werden allerdings ausschließlich die prozessbezogenen Austauschtheorien eingehender betrachtet.

Besonders hervorzuheben sind nach *Coyle-Shapiro* und *Conway* die frühen Theorien (sozialen) Austausches von *Homans, March* und *Simon, Thibaut* und *Kelley* und *Blau*.[537] Erstere bezieht sich auf die Untersuchung von Gruppeninteraktionen, wobei sowohl materielle als auch immaterielle Güter ausgetauscht werden können. Dabei unterstellt *Homans*, dass der Reziprozitätsgedanke den Austauschprozess ins Gleichgewicht bringt.[538] Falsifizierte Hypothesen und ein geringer Bezug zum Austauschprozess[539] machen die Theorie für einen weitergehenden Gebrauch zur Darstellung des Entstehungsprozesses psychologischer Arbeitsverträge allerdings unbrauchbar.

March und *Simon* entwickeln mit ihrer Anreiz-Beitrags-Theorie ein Modell, in dem ein Gleichgewicht zwischen den Anreizen des Unternehmens und den Beiträgen des Unternehmens Voraussetzung für die Einbringung der Leistung des Individuums in die Organisation ist.[540] Eingeordnet werden kann das Modell als einfaches Stimulus-Response-Modell.[541] Aufgrund der Tatsache, dass die Verfechter dieser Theorie ein einfaches Reiz-Reaktions-Modell als unzureichende Annahme für menschliches Verhalten klassifizieren, sowie einer sehr geringen Erklärungskraft für die Gestaltung eines konkreten Prozessablaufs[542] wird dieser Austauschtheorie keine weitere Bedeutung beigemessen.

Der Gedanke des Gleichgewichtes im Sinne der Gegenseitigkeit der Austauschbeziehung, in dem jeder für eine Leistung eine Gegenleistung erhält, wird in der Reziprozitätsnorm *Gouldners* aufgegriffen.[543] Dieser befasst sich mehr mit dem zugrundeliegenden Prozess und fokussiert nicht wie *March* und *Simon*

---

534   vgl. Foa/Foa (1980).
535   vgl. Lorenz (2009), 16.
536   vgl. Foa/Foa (1980).
537   vgl. Coyle-Shapiro/Conway (2005a), 7.
538   vgl. Homans (1958), 606; Homans (1978), 274-277.
539   vgl. Wiswede (2004), 44-45.
540   vgl. March/Simon (1958).
541   vgl. für einen Überblick beispielsweise Scholz (2000a), 123; Drumm (2008), 398-399.
542   vgl. Nerdinger/Blickle/Schaper (2008), 329.
543   vgl. Gouldner (1960).

das erhaltene Ergebnis.[544] *Gouldners* „norm of reciprocity"[545] geht von zwei Annahmen aus:

- Menschen sollen denjenigen helfen, die ihnen bereits geholfen haben.
- Menschen sollen diejenigen nicht verletzen, die ihnen bereits geholfen haben.[546]

Zusätzlich wird die Äquivalenzannahme erweitert. Unterschieden wird zwischen Reziprozität bezogen auf den gleichen Wert für die Austauschpartner und Reziprozität im Sinne identischen Inhaltes oder identischer Tauschumstände. Dabei hängt die Stärke der empfundenen Verpflichtung zur Gegenleistung von dem empfundenen Wert der erhaltenen Leistung ab. Zusätzlich kann eine Verstärkung durch eine bewusste Überkompensation der Verpflichtung stattfinden. Das so erzeugte Ungleichgewicht bewirkt beim Tauschpartner erneut eine Verpflichtung zur Gegenleistung. *Gouldner* sieht aber in der Reziprozitätsnorm nicht nur einen Mechanismus zur Beziehungsstabilisierung, sondern genauso einen auslösenden Mechanismus im Sinne einer Interaktionsinitiierung.[547] Neben der Reziprozitätsnorm ist auch eine gerechte, das heißt ausbalancierte Tauschbeziehung zwischen den Partnern Voraussetzung für ein dauerhaftes Fortbestehen der Beziehung.[548] Aus diesem Gesetz der ausgeglichenen Gerechtigkeit von *Homans* entwickelten sich die unterschiedlichen Ansätze der Gerechtigkeitstheorie.[549] Dieser Reziprozitätsgedanke zieht sich durch die meisten Definitionen des psychologischen Arbeitsvertrages[550] und ist daher im Entstehungsprozess dieser Verträge unbedingt zu berücksichtigen.

Die Austauschtheorie von *Thibaut* und *Kelly*[551] basiert auf der zentralen Annahme, dass eine fortdauernde Austauschbeziehung eine positive Austauschbilanz vorweisen muss. Unter Rückgriff auf spieltheoretische Matrixdarstellungen analysieren die Autoren Austauschergebnisse bezüglich ihrer Profitabilität. Dabei bietet die Theorie die Möglichkeit, Vergleichsniveaus einzubeziehen. Integriert werden somit individuelle Erfahrungen der Partner, alternative Austauschpartner und alternative immaterielle Austauschgüter. Durch die Möglich-

---

544   vgl. Nerdinger/Blickle/Schaper (2008), 329.
545   Gouldner (1960), 171.
546   übersetzt nach Gouldner (1960), 171.
547   vgl. Gouldner (1960), 171-172, 175-176.
548   vgl. Homans (1961), 232.
549   vgl. für eine detailliertere Auseinandersetzung mit diesem Themengebiet beispielsweise Walster/Berscheid/Walster (1976), 1-38.
550   vgl. die Diskussion der Komponenten des psychologischen Arbeitsvertrages in dieser Dissertation.
551   vgl. Thibaut/Kelly (1969).

keit der Aufstellung von Normen zur Erzielung von Kompromissen unter den Tauschpartnern können Einigungsprozesse initiiert werden.[552] Abgesehen von einer Reihe konzeptioneller Kritik an der Theorie[553] ist die verwendete spieltheoretische Analysemethodik für eine Prozessbetrachtung unbrauchbar. Die ausschließliche Fokussierung der Ergebnisse des Austausches, um Rückschlüsse auf die Strategiewahl der Interaktionspartner zu ziehen, stellt den zugrunde liegenden Austauschprozess zu vereinfacht dar.[554] Des Weiteren wird daher ebenso auf eine Verwendung der Theorie von *Thibaut* und *Kelley* wie auch allgemein auf eine spieltheoretisch modellierte Vorgehensweise zur Analyse des Bildungsprozesses psychologischer Arbeitsverträge verzichtet.

Die Austauschtheorie von *Blau* basiert auf der Konzeptionalisierung *Homans*. *Blau* unterscheidet allerdings ökonomischen von sozialem Austausch.[555] Trotz gleicher Basisannahmen setzt *Blau* auch im sozialen Austausch einen nutzenmaximierenden Akteur voraus.[556] Dennoch existieren maßgebliche Unterschiede zwischen beiden Formen: Sozialer Austausch basiert im Gegensatz zu ökonomischem Austausch auf unspezifizierten Verpflichtungen. Exakt zu erbringende Gegenleistungen werden nicht ausgehandelt. Sozialer Austausch beruht folglich auf dem Prinzip, einem Anderen einen Gefallen zu tun. Zwar existiert die Erwartung zur Erbringung einer Gegenleistung, genaue Absprachen diesbezüglich bestehen allerdings nicht. Verhandlungen über Leistungen und Gegenleistungen finden nicht statt. Personen treten jeweils in Vorleistung und vertrauen darauf, zu einem späteren Zeitpunkt eine entsprechende Gegenleistung zu erhalten.[557] Bei sozialem Austausch kann folglich von einem Investitionscharakter der Leistungen gesprochen werden.[558] Der Austauschprozess unterliegt einer Entwicklung, in der durch kleine reziproke Transaktionen Vertrauen aufgebaut wird, auch größeren Austausch vorzunehmen.[559] Bei ökonomischem Austausch werden die jeweiligen Verpflichtungen von Leistungen und Gegenleistungen vorab genau ausgehandelt.[560] Viele Forscher sehen die konzeptionelle Basis psychologischer Arbeitsverträge in dieser Theorie.[561] Da sie den Interakti-

552 vgl. Thibaut/Kelly (1969), 126-142; 239-255.
553 vgl. für eine vertiefende Auseinandersetzung mit der Austauschtheorie von Thibaut und Kelley Fischer/Wiswede (2002), 414-418; Wiswede (2007), 98-100.
554 vgl. Flynn (2006), 140.
555 vgl. Blau (1964), 93.
556 vgl. Arndt (2008), 97.
557 vgl. Blau (1964), 93-94.
558 vgl. Arndt (2008), 86.
559 vgl. Coyle-Shapiro/Conway (2005a), 9.
560 vgl. Blau (1964), 93-94.
561 vgl. Blau (1964); Lester/Kickul/Bergmann (2007), 194.

onstheorien zuzuordnen ist, bleibt allerdings fraglich, warum in diesem Zusammenhang vielfach von einem unilateralen Verständnis des psychologischen Arbeitsvertrages ausgegangen wird.[562] Allein das Vorliegen des Austausches von Leistungen und Gegenleistungen an sich impliziert dem Interaktionsprinzip folgend, dass das Verhalten der Interaktionspartner gegenseitig geprägt wird.[563] Aus Sicht des psychologischen Arbeitsvertrages als sozialer Prozess vernachlässigt folglich eine unilaterale Betrachtung die Wechselbeziehung zwischen den Vertragsparteien.

Ähnlich wie *Blau* zwischen sozialem und ökonomischem Austausch differenziert,[564] wird in neueren wissenschaftlichen Ausarbeitungen zwischen „reciprocal" und „negotiated" exchange unterschieden.[565] Dabei gleicht das Verständnis von reziprokem Austausch dem sozialen Austausch von *Blau*. Charakterisiert ist diese Form des Austausches durch individuelle, unverhandelte Leistungen mit Erwartungen über Gegenleistungen, welche sowohl zeitlich als auch inhaltlich unspezifiziert sind.[566] Verhandelter Austausch ist im Gegensatz dazu offen diskutiert, so dass Leistungen und Gegenleistungen oftmals parallel ablaufen. *Molm* spricht daher bei verhandeltem Austausch von bilateralem und bei reziprokem Austausch von unilateralem.[567] Diese Formen des direkten Austausches werden von *Molm* ergänzt durch den generalisierten Austausch. In dieser Form des indirekten Austausches finden zwar Gegenleistungen für eine erbrachte Leistung statt, allerdings werden diese nicht von der im Schuldverhältnis stehenden Person erbracht, sondern von einer beliebigen dritten Person.[568] Die Idee des generalisierten Austausches bietet, angewandt auf das Konzept des psychologischen Arbeitsvertrages, ein hilfreiches Konzept zur Diskussion multipler Agentenstrukturen psychologischer Arbeitsverträge.

Diese Differenzierung zwischen reziprokem und verhandeltem Austausch[569] weist darauf hin, dass die überwiegende Betrachtung reziproken Austausches in der psychologischen Arbeitsvertragsforschung[570] unzureichend ist. Daher wird nachfolgend die Verhandlungsforschung bezüglich ihrer Implikationen für den Bildungsprozess psychologischer Arbeitsverträge untersucht.

---

562 vgl. beispielsweise Rousseau als Initiatorin der unilateralen Perspektive.

563 vgl. Turner (1988), 13-14.

564 vgl. Blau (1964).

565 vgl. Molm (2003a; 2003b).

566 vgl. Molm (2010), 119-120.

567 vgl. Molm (2010), 121.

568 vgl. Molm (2010), 122.

569 vgl. Molm (2003a; 2003b; 2010).

570 vgl. die Diskussion der Komponenten des psychologischen Arbeitsvertrages in dieser Dissertation.

2.2.4.2 Verhandlungstheorien als Prozessperspektivenentwicklung

Austausch in Interaktionsbeziehungen findet nicht nur reziprok statt. Alternativ kann über die Inhalte des Austausches vorab verhandelt werden.[571] Voraussetzung ist die Kenntnis grundlegender Verhandlungstheorien.[572] Unter einer Verhandlung wird im deutschsprachigen Raum ein „[...] *Prozess, der bei Interessenkonflikten der Beteiligten auf eine Einigung abzielt* [...]"[573], verstanden. *Wiswede* zufolge wird im angloamerikanischen Sprachraum diese Definition unter dem Begriff „bargaining" gefasst. Unter „negotiation" wird dann ausschließlich verbales „bargaining" begriffen.[574] Diese Unterscheidung zwischen „negotiation" und „bargaining" ist üblich, allerdings werden die Begrifflichkeiten nicht einheitlich verwendet. Während einige Autoren beides synonym verwenden[575], wird der Begriff „bargaining" von *Morley* und *Stephenson* als „[...] *any activity whereby parties with conflicting and common interests determine the terms of their interdependence*"[576] verwendet. Insgesamt wird der Begriff „negotiation" eher verwendet, wenn einer sehr breiten Auffassung gefolgt wird – nicht nur im Sinne eines rein monetären Austausches. Verhandelt werden auch nicht monetäre Bestandteile.[577] *Lewicki, Saunders* und *Barry* verwenden den Begriff „bargaining" bei Nullsummenspielen. Integrative Verhandlungen bezeichnen sie als „negotiation".[578] *Morley* und *Stephenson* beschreiben weitere Definitionen und kommen zum Schluss, dass „*Negotiation may denote a special case of bargaining, or vice versa*".[579]

Die Vielzahl existierender Abgrenzungsversuche erschwert eine klare Trennung zwischen diesen Begrifflichkeiten. Da eine derartige Abgrenzung für die vorliegende Ausarbeitung nicht ausschlaggebend ist, wird nachfolgend sowohl für „bargaining" wie auch für „negotiation" auf den im deutschsprachigen Raum verwendeten Begriff der Verhandlung zurückgegriffen. Dabei wird der Definition *Rubins* und *Browns* gefolgt und eine Verhandlung aufgefasst als „*the process*

---

571 vgl. Molm (2010).

572 vgl. für eine einführende Darstellung in die Thematik beispielsweise Putnam/Roloff (1992); Morley (2006), 403-425; Shell (2006).

573 Wiswede (2004), 587.

574 vgl. Wiswede (2004), 587.

575 vgl. Schelling (1960); Iklé (1964); Rubin/Brown (1975), 2.

576 Morley/Stephenson (1977), 21.

577 vgl. Spoelstra/Pienaar (1999), 5.

578 vgl. Lewicki/Saunders/Barry (2006), 3.

579 Morley/Stephenson (1977), 23. Für eine weitergehende Differenzierung zwischen den beiden Begriffen: Morley/Stephenson (1977), 18-26.

whereby two or more parties attempt to settle what each shall give and take, or perform and receive, in a transaction between them "[580].

Divergierende Forschungsmeinungen zeichnen sich nicht nur bei der definitorischen Frage ab. Die Fülle unterschiedlicher Forschungsrichtungen im Bereich der Verhandlung klassifiziert *Strauss* in Anlehnung an *Zartman* in sieben Bereiche[581]:

* Bloße historische Beschreibungen ungewöhnlicher Verhandlungen.
* Kontextuelle Studien des Inhaltes von Verhandlungen.
* Strukturell: Begründungen für Ergebnisse werden in den Schemen der Beziehungen zwischen den Parteien oder deren Zielen gefunden.
* Strategisch: Im Fokus dieser Betrachtung steht die Entscheidung der Parteien.
* Entwicklung von Persönlichkeitsmustern um unterschiedliche Ergebnisse in Verhandlungen zu erklären.
* Verhaltensmerkmale als Erklärung für unterschiedliche Ergebnisse in Verhandlungen.
* Prozess: Verhandlungen werden als Zusammentreffen von Herausforderungen und Antworten gesehen, wobei die Verhandlung ein Lernprozess ist.

Fokussiert wird dabei vor allem der Bereich der Ergebnisse von Verhandlungen. Eine Auseinandersetzung mit dem Verhandlungsprozess erfordert weiteren Forschungsbedarf.[582]

Nicht alle Bereiche von Verhandlungen werden in dieser Ausarbeitung thematisiert. Spieltheoretische Modelle beispielsweise sind aufgrund ihrer hohen Ergebnis- und niedrigen Prozessorientierung nicht relevant für die Analyse des Entstehungsprozesses psychologischer Arbeitsverträge.[583] Der Fokus in der Darstellung von Verhandlungstheorien liegt hier auf grundlegenden Begrifflichkeiten und auf Modellen, die den Verhandlungsprozess und nicht das Verhandlungsergebnis in den Mittelpunkt der Betrachtung stellen. Für einen Einblick in das Basiswissen von Verhandlungen werden nachfolgend zuerst wesentliche Begrifflichkeiten vorgestellt.

Verhandlungen können distributiver (competitive) oder integrativer (cooperative) Art sein. Distributive Verhandlungen liegen bei Verteilungsproblemen einer konstanten Ressource vor. Gewinne einer Partei können nur durch den Verlust der anderen Partei realisiert werden. Ziel eines solchen Nullsummen-

---

580   Rubin/Brown (1975), 2.
581   vgl. Zartman (1976), 20-32; Strauss (1978), 8.
582   vgl. Filzmoser/Vetschera (2008), 421-422.
583   vgl. für einen Einblick in die spieltheoretische Verhandlungsanalyse beispielsweise Berninghaus/Erhart/Güth (2010); Holler/Illing (2009); Roth/Sotomayor (1990).

spiels ist die Gewinnmaximierung im Sinne einer Maximierung des Anteils. Bei integrativen Verhandlungen stattdessen können beide Parteien gewinnen. Der Gewinn des Einen bedeutet nicht den Verlust des Anderen. Realisiert werden kann dies durch die Entwicklung von beiderseitig vorteilhaften Alternativen. Basierend auf den jeweiligen Interessen können so entweder Verteilungen nutzenorientierter erbracht werden oder die zu verteilende Ressource vergrößert werden. Als Ergebnis kooperativer Verhandlungen liegt folglich eine win-win-Situation vor: Für beide Parteien resultiert aus der Verhandlung ein Gewinn. Im Gegenzug liegt bei distributiven Verhandlungen eine win-lose-Situation vor – lediglich eine Partei gewinnt.[584]

Lewicki, *Barry* und *Saunders* entwickeln eine Verhandlungsstrategiematrix (Abbildung 11), in der sich die Verhandlungsstrategie aus der Beziehungs- und Ergebnisrelevanz ableiten lässt.

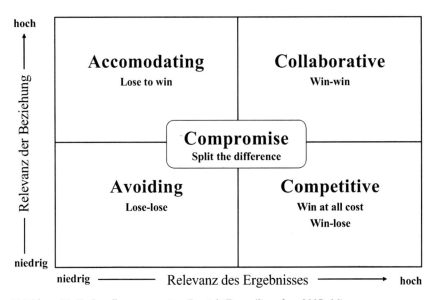

Abbildung 11: Verhandlungsstrategien (Lewicki/Barry/Saunders 2007, 16)

Eine „avoiding"-Strategie wird dann gewählt, wenn sowohl die Beziehung zum Verhandlungspartner als auch das Ergebnis einer möglichen Verhandlung unbedeutend sind. Häufig wird dabei von einer Verhandlung von vornherein abgesehen. Die Wahl einer „accomodating"-Strategie wird dann getroffen, wenn

---

584   vgl. Lewicki/Saunders/Barry (2006), 32-101.

die Beziehung zum Verhandlungspartner im Mittelpunkt steht. Für eine strategische Investition in die Beziehung werden Abstriche im Ergebnis in Kauf genommen. Die Strategien „competitive" und „collaborative" sind als distributive und integrative Strategien bereits bekannt. Ergänzt werden diese vier Strategien um die Wahl einer Kompromisslösung. Oftmals wird diese unter Zeitdruck oder im Falle des Scheiterns einer integrativen Lösung gewählt.[585]

In der Realität werden laut *Bazerman* vor allem gemischte Strategien verfolgt.[586] Zusätzlich zu der Strategiewahl legen die Verhandlungsparteien bestimmte Taktiken fest, um entsprechend strategisch agieren zu können. *Walton* und *McKersie* beispielsweise bieten eine umfassende Darstellung unterschiedlicher Taktiken in Verhandlungssituationen.[587]

Neben den Verhandlungsstrategien sind die Begriffe „BATNA", „ZOPA" und der „Resistance Point" essenziell in Verhandlungen. „BATNA" bedeutet „Best Alternative to a Negotiated Agreement". Gemeint ist diejenige unter den möglichen Alternativen, die im Falle eines Scheiterns der Verhandlung am besten ist.[588] Der „Resistance Point" repräsentiert die Übereinkunft, die jemand gerade noch bereit ist einzugehen, bevor er die beste Alternative wählt.[589] Die „Zone of potential agreement" stellt den Bereich dar, in dem die Parteien zu einer beiderseitig zufriedenstellenden Übereinkunft kommen. Dieser Bereich liegt zwischen den „Resistance Points" der Verhandlungspartner.[590] Allerdings besteht Unsicherheit über den tatsächlichen „Resistance Point" des Verhandlungspartners. Erwartungen spielen in Verhandlungen daher eine essenzielle Rolle.[591]

Neben den Basisbegriffen von Verhandlungen wurden bereits die Inhalte psychologischer Arbeitsverträge thematisiert. Diese stellen im Falle einer Verhandlung des psychologischen Arbeitsvertrages die entsprechenden Schwerpunkte dar.

Die Möglichkeit, dass Austausch nicht nur reziprok stattfindet, sondern auch Fälle verhandelten Austausches existieren,[592] eröffnet für die Betrachtung des Entstehungsprozesses psychologischer Arbeitsverträge eine weitere Perspektive. Von besonderem Interesse ist daher der Ablauf von Verhandlungen, da diese

---

585   vgl. Lewicki/Barry/Saunders (2007), 16-17.
586   vgl. Bazerman (1983).
587   vgl. Walton/McKersie (1965), 58-125, 144-183; Bacharach/Lawler (1981), 131-156; Lewicki/Robinson (1998).
588   vgl. Mnookin/Peppet/Tulumello (2000), 19; Fisher/Ury/Patton (2006), 53.
589   vgl. Lewicki/Barry/Saunders (2007), 81.
590   vgl. Lewicki/Saunders/Barry (2006), 35.
591   vgl. Rubin/Kim/Peretz (1990), 125-139.
592   vgl. Molm (2010), 119-120.

vorab die Austauschkonditionen definieren. Zwar erkennen bereits *Herriot* und *Pemberton*, dass Verhandlungen zwischen Arbeitnehmer und Arbeitgeber stattfinden,[593] verhandlungstheoretisch untermauert wird diese Phase allerdings weniger. Da Verhandlungsprozesse als Mechanismus zur Konfliktlösung dienen,[594] ist allerdings zu überprüfen, ob nicht die Verhandlungsprozesstheorien möglicherweise Implikationen für den Entstehungsprozess psychologischer Arbeitsverträge bieten. Unter einem Konflikt werden in diesem Zusammenhang alle divergierenden Interessen der Interaktionspartner verstanden.[595] So besteht die Möglichkeit die eventuell unterschiedlichen Erwartungen von Arbeitgeber und Arbeitnehmer hinsichtlich der gegenseitigen Leistungen und Gegenleistungen durch Verhandlungen anzugleichen. Allerdings zeichnen sich Verhandlungsprozesse durch ihre Ergebnisoffenheit aus. Aufgrund der gegenseitigen Abhängigkeit von den Entscheidungen ist der Verlauf von Verhandlungen somit unvorhersehbar.[596]

Nachfolgende Gegenüberstellung unterschiedlicher Ansätze zur Untersuchung des Verhandlungsprozesses basieren ausschließlich auf einer Betrachtung von dyadischen Verhandlungen[597]. Psychologische Arbeitsverträge und deren Entstehung basieren auf einer Interaktion zwischen Führungskraft und Mitarbeiter[598]. Multilaterale Verhandlungen wie im Falle von Tarifverhandlungen können daher keinen Aufschluss geben.

Lewicki, Weiss und *Lewin*[599] orientieren sich bei ihrer Klassifikation vorhandener Verhandlungsprozessmodelle an dem Paradigma *Waltons* und *McKersies*. Diese unterteilen den Verhandlungsprozess in die vier Subprozesse „distributive bargaining", „integrative bargaining", „attitudinal structuring" und „intraorganizational bargaining". In der ersten Subphase geht es um die reine Konfliktlösung. Die integrative Subphase dient der Generierung von Problemlösungen durch Aufdecken gemeinsamer Interessen.[600] Diese beiden Subprozesse wurden von vielen Forschern aufgegriffen und zu Modellen weiterentwickelt, wie die von *Lewicki, Saunders* und *Barry*[601] vorgestellten Strategien. Weniger Beachtung in der Forschung findet der Subprozess „attitudinal structuring". Hier

---

593 vgl. Herriot/Pemberton (1996), 775-778.
594 vgl. Rubin/Brown (1975), 1.
595 vgl. Rubin/Brown (1975), 1-18.
596 vgl. Arndt (2008), 21.
597 vgl. Tutzauer (1992), 67-82.
598 vgl. beispielsweise Schein (1980).
599 vgl. Lewicki/Weiss/Lewin (1992), 219-221.
600 vgl. Walton/McKersie (1965), 4-6.
601 vgl. Lewicki/Saunders/Barry (2006).

geht es um die Beeinflussung der Beziehung zwischen den Verhandlungspartnern hinsichtlich einer Einigung. „Intraorganizational bargaining" letztlich hat die Funktion, endgültig Einigung in der Interaktion zu erzielen.[602] *Lewicki, Weiss* und *Lewin* visualisieren und vereinfachen die Unterscheidung von Verhandlungsprozessen von *Walton* und *McKersie*[603]. Insgesamt ergeben sich so distributive, integrative, normative und deskriptive Modelle. Tabelle 11 stellt die Übersicht der Autoren in Anlehnung an *Walton* und *McKersie* dar.[604]

Tabelle 11: Klassifikation von Verhandlungsprozessmodellen (Lewicki/Weiss/Lewin 1992, 221; Original teilweise übersetzt)

Modelle	deskriptive Modelle	normative Modelle
distributive Modelle	Bilateral monopoly *Siegel/Fouraker (1960)*	Risk of conflict *Zeuthen (1930)*
	Three phases *Douglas (1962)*	Rational utility maximization *Nash (1950)*
	Bargaining power *Chamberlain/Kuhn (1965)*	Uncertainty and tactical manpulation *Pen (1959)*
	Learning process *Cross (1965, 1977)*	Superior set *Champlin/Bognanno (1986)*
	Demand level/concession rate *Pruitt (1981)*	
	Strategic choice *Pruitt (1981)*	
	Multilateral public sector *Lewin/Feuille/Kochan/Delaney (1988)*	
integrative Modelle	Framework/detail *Ikle (1964); Zartman/Berman (1982)*	Integrative decision-making *Filley (1975)*
	Integrative negotiation *Pruitt (1981, 1983)*	Principled negotiation *Fisher/Ury (1981)*
		Creative problem-solving *Pruit/Rubin (1986)*
andere Modelle	Developmental/cyclical *Gulliver (1979)*	Contingency bargaining *Lewicki/Litterer (1985)*
	Field theory *Spector (1977)*	

---

602 vgl. Lewicki/Weiss/Lewin (1992), 219-221.
603 vgl. Walton/McKersie (1965).
604 vgl. Lewicki/Weiss/Lewin (1992), 221.

Filzmoser und *Vetschera* wählen eine andere Kategorisierung. Sie klassifizieren Modelle, die den Verhandlungsprozess als Sequenz von Angeboten beschreiben, in Anlehnung an *Tutzauer*[605] in zwei Gruppen: zum einen die statischen Modelle, die lediglich generelle Prozesseigenschaften beschreiben, zum anderen in dynamische Modelle, die den Prozess basierend auf wechselseitigen Angeboten darstellen. Dabei unterteilen sie in frühe dynamische Modelle, spieltheoretische Überlegungen, empirische Untersuchungen zum aktuellen Verhandlungsverhalten, auf Entscheidungstheorien beruhende Modelle und in späte Modelle. Die frühen dynamischen Modelle wie den „exponential decay"-Denkansatz von *Kelley et al.*[606] oder das „action-reaction-system" von *Bartos*[607] werden später durch die Gedanken *Pruitts*[608] zur Aspirations-, Anfangsgebots- und Konzessionskonstrukten ergänzt.[609] Empirische Überprüfungen der Modelle anhand aktuellen Verhandlungsverhaltens führen lediglich *Fandel* und *Sopher* durch.[610] Neben einer Reihe spieltheoretischer und entscheidungstheoretischer (beispielsweise von *Zartman*[611]) Modelle heben die Autoren vor allem den Fokus multilateraler Verhandlungen später Modelle, wie bei *John* und *Raith*,[612] *Tajima* und *Fraser*[613] und *Ehtamo et al.*[614], hervor.[615]

Bazerman und *Lewicki* wiederum kategorisieren Verhandlungsprozessmodelle nach der Forschungsperspektive: ökonomische Modelle, beispielsweise die von *Axelrod*[616] oder *Raiffa*[617], soziologische Modelle, wie das von *Strauss*[618], sozialpsychologische, wie das von *Walton* und *McKersie*[619] oder das von *Rubin*

---

605   vgl. Tutzauer (1992).
606   vgl. Kelley/Beckman/Fischer (1967).
607   vgl. Bartos (1974).
608   vgl. Pruitt (1981).
609   vgl. Filzmoser/Vetschera (2008), 422-423.
610   vgl. Fandel (1985); Sopher (1994).
611   vgl. Zartman (1978).
612   vgl. John/Raith (2001).
613   vgl. Tajima/Fraser (2001).
614   vgl. Ehtamo/Kettunen/Hämäläinen (2001).
615   vgl. Fandel (1985); Sopher (1994).
616   vgl. Axelrod (1967).
617   vgl. Raiffa (1982).
618   vgl. Strauss (1978).
619   vgl. Walton/McKersie (1965).

und *Brown*[620], kognitive Modelle, beispielsweise das von *Bazerman*[621], und einige andere, wie das Modell von *Bacharach* und *Lawler* oder *Gulliver*[622].[623]

Morley und *Stephenson* differenzieren zwischen Modellen, die die gegenseitige Abstimmung der jeweiligen Erwartungen beinhalten[624] und solchen, welche diesen Aspekt außer Acht lassen[625].[626] Gerade das Modell von *Cross* bietet durch seinen sequenziellen Charakter und der Möglichkeit der gegenseitigen Erwartungsabstimmung durch einen Lern- und Anpassungsmechanismus zwischen den am Verhandlungsprozess Beteiligten,[627] ein prozessadäquates Verhandlungsmodell. Durch die dem Modell immanenten Mechanismen werden im Verhandlungsprozess die gegenseitigen Erwartungen angepasst.[628] Auf diese Weise schafft dieses Modell eine gute Möglichkeit zu erklären, wie es in Verhandlungen letztendlich zu Übereinkünften zwischen den Verhandlungspartnern kommt.

Das vielfach variierende Begriffsverständnis, die unterschiedlichen Strategieoptionen und die mannigfaltigen Theorieansätze allein im Bereich des Verhandlungsprozesses zeigen die interaktiven Verhaltensmöglichkeiten von Verhandlungspartnern auf. In Erweiterung zum ursprünglich reziprok stattfindenden Austausch in psychologischen Arbeitsverträgen[629] bietet für die Modellierung einer Verhandlungsphase im Entstehungsprozess psychologischer Arbeitsverträge das Modell von *Cross*[630] die Möglichkeit, entstehende Erwartungsübereinkünfte durch Verhandlungen zwischen dem Arbeitgeber und Arbeitnehmer zu realisieren.

2.2.4.3 Symbolischer Interaktionismus als kommunikative Prozessperspektivenerweiterung

Der symbolische Interaktionismus als mikrosoziologischer Ansatz dient der Erklärung von Interaktionsprozessen.[631] Ebenso ermöglicht der Fokus auf die individuelle Einbindung in die soziale Interaktion eine Klassifikation zu den sozial-

---

620   vgl. Rubin/Brown (1975).
621   vgl. Bazerman (1983).
622   vgl. Gulliver (1979); Bacharach/Lawler (1981).
623   vgl. Bazerman/Lewicki (1985), 13.
624   vgl. beispielsweise Siegel/Fouraker (1960); Cross (1965).
625   vgl. beispielsweise Kelley/Beckman/Fischer (1967).
626   vgl. Morley/Stephenson (1977), 85.
627   vgl. Cross (1978).
628   vgl. Cross (1978).
629   vgl. Rousseau (1989); Herriot/Pemberton (1996);.
630   vgl. Cross (1978).
631   vgl. Abbott (2001), 183-184; Miebach (2009), 284.

psychologischen Theorien. Abgesehen wird davon allerdings häufig, da Interaktionisten, im Gegensatz zu Sozialpsychologen, Individuen als aktiv und reflektierend begreifen und nicht als reagierend.[632] Interaktion ist im Verständnis der Theorie des symbolischen Interaktionismus somit ein interpretativer Prozess.[633] *Forte* beschreibt den Ansatzpunkt der Theorie des symbolischen Interaktionismus folgendermaßen: „*It looks at how the meanings attached to symbols emerge during social interaction and how people use these shared and conventional meanings to do things together*"[634]. Zurückzuführen ist die Idee des symbolischen Interaktionismus unter anderem auf *Cooleys* Idee des Prozesses der gegenseitigen Vorstellungskraft über die jeweils anderen Vorstellungen.[635] Allerdings gilt *Mead* als Begründer dieser Theorie.[636] Weiterentwickelt und systematisiert wird die Theorie durch *Blumer*.[637] Ihm gilt der Verdienst, dass diese Theorie in der Soziologie anerkannt ist.[638] Seine Sichtweise des symbolischen Interaktionismus basiert auf folgenden drei Thesen:

• Menschen verhalten sich gegenüber Dingen auf Basis der Bedeutung für sie.
• Die Bedeutung dieser Dinge entsteht durch die soziale Interaktion.
• Diese Bedeutung entsteht durch und wird verändert in interpretativen Prozessen.[639]

Die soziologische Sichtweise, die sich in der ersten These widerspiegelt, entspricht unter anderem der Motivations- und Einstellungsforschung psychologischer Interpretationen. Bedeutungen von Objekten entstammen entweder aus den Dingen selbst, der menschlichen Psyche oder der Kognitionsfähigkeit.[640] Verhaltensweisen und Handlungen erlangen erst durch die jeweilig beigemessene Bedeutung der beteiligten Akteure in der spezifischen Situation entsprechende Relevanz. Diese äußert sich in bedeutungsspezifischer Aktion und Reaktion der Akteure durch Beurteilung der jeweils anderen Handlung oder Verhaltensweise.[641] An dieser Stelle wird bereits die Bedeutung der wechselseitigen Hand-

---

632   vgl. Fischer/Wiswede (2002), 421-422.
633   vgl. Singer (1976), 114.
634   Forte (2009), 89.
635   vgl. Cooley (1902).
636   vgl. Mead (1959); Mead (1968); McLeod/Chaffee (1973), 472; Mead (1983); Blumer (1998), 1.
637   vgl. Blumer (1998); für einen Überblick über die (anfängliche) Entwicklung des symbolischen Interaktionismus Kuhn (1964); Hall (2003).
638   vgl. Helle (2001), 93.
639   übersetzt nach Blumer (1998), 2.
640   vgl. Blumer (1998), 2-4.
641   vgl. Münch (2007), 260-261.

lungs- und Verhaltensbeeinflussung in Interaktionsbeziehungen deutlich.[642] Diese Interdependenz ist folglich auch für psychologische Arbeitsverträge von Relevanz und muss daher in deren Bildungsprozess integriert werden.

Gemäß *Singer* basieren *Mead* zufolge daher Interaktionen nicht auf einem einfachen Stimulus-Response-Modell: Aufgrund der menschlichen Fähigkeit, Reizen durch Analyse und Selektion Bedeutung zu geben und entsprechend verzögert zu reagieren, spricht *Mead* von reflektiver Intelligenz.[643] Dieses Alleinstellungsmerkmal entwickelten Menschen in einem evolutionären Prozess. Mit dieser Ansicht folgt *Mead* den Erkenntnissen *Darwins* und sieht die Welt nicht mehr statisch, sondern als einen dynamischen Entwicklungsprozess. Diese Ansicht überträgt *Mead* auf die Gesellschaft. Allerdings begreift dieser die Evolution nicht im Sinne *Darwins* als einen passiv ablaufenden Prozess, sondern schreibt den Menschen eine aktive Rolle in der Gestaltung der Umwelt zu.[644]

In der Sicht des symbolischen Interaktionismus besteht die Welt der Menschen aus Objekten. Diese sind das Ergebnis sozialer Interaktion. Objekte entstehen durch die Bedeutung, die sie für die jeweilige Person haben. Daraus resultiert die Unterschiedlichkeit der Bedeutung von Objekten für Menschen. Um Handlungen anderer Menschen verstehen zu können, müssen die ihnen geläufigen Objekte verstanden werden.[645] Objekte, denen im Prozess der Interaktion Bedeutung beigemessen wird, unterteilt *Blumer* in drei Kategorien:

- die physikalischen Objekte wie beispielsweise ein Stuhl, Berg oder Stoß,
- die sozialen Objekte wie beispielsweise andere Akteure, die Handlungen anderer Akteure oder Institutionen und
- die abstrakten, kulturellen Objekte wie beispielsweise Gesten, Worte oder Ideen.

Durch die Sicht *Blumers*, dass Bedeutung von Objekten erst durch Interaktion entsteht, werden Bedeutungen, die eine Person einem Objekt zuspricht, durch die Reaktion der anderen Person bekräftigt oder widerlegt. Dabei wird von einer Antizipationskompetenz der Menschen aufgrund von Erfahrungen ausgegangen. Auch erfordert die Reaktion auf eine Handlung eine Interpretation der Symbolik dieser für das reagierende Individuum. Erst durch diese Gegenseitigkeit erlangt die Handlung oder Verhaltensweise ihre entsprechend spezifische Symbolik. Interaktionen werden folglich symbolisch, wenn der verwendeten Symbolik in

---

642 vgl. Turner (1988), 13-14.
643 vgl. Mead (1959); Mead (1968); Mead (1983); für eine ausführliche Diskussion vgl. Singer (1976), 110-111.
644 vgl. Mead (1959); Mead (1968); Mead (1983); Charon (2010), 32-33.
645 vgl. Blumer (1998), 11-12.

der Interaktion ein gemeinsam geteiltes Verständnis zu Grunde liegt.[646] *Schafer* betont dabei besonders, dass „[...] *symbolic interactionism considers human interaction as a formative process in which new objects, conceptions, and types of behavior are developed. Individuals in interaction develop their own behaviour patterns by constant interpretation of the actions of others.*"[647] *Mead* spricht in diesem Zusammenhang von signifikanten Symbolen.[648] Für *Münch* ist daher „*der Prozess der Symboldeutung ein permanentes gegenseitiges Einpassen von Interpretationen in fortlaufenden Verhandlungen zwischen den Akteuren.*"[649] *Blumer* betont dabei auch den intrapersonell ablaufenden Prozess der Kommunikation, in dem sich selbst Dinge aufgezeigt und interpretiert werden, die Bedeutung haben.[650]

Darüber hinaus diskutiert *Blumer* die Idee des symbolischen Interaktionismus angewandt auf die sechs Schlüsselbereiche:

- Gesellschaft und Gesellschaftsleben von Menschen,
- soziale Interaktion,
- Objekte,
- Menschen als handelnde Organismen,
- menschliche Handlungen,
- die Verbindung von Handlungen.[651]

Die Sichtweise des symbolischen Interaktionismus auf die Gesellschaft impliziert eine Abkehr von einer strukturalistischen Ansicht der Gesellschaft, in der beispielsweise die Herrschaftsstrukturen in einer Organisation vorgegeben sind. Nicht die vorgegebene Struktur bestimmt die Handlungen, sondern Handlungen entstehen durch Interaktionen der Menschen. Strukturen sind folglich immer verhandelbar, niemals durch Rollen explizit gesetzt. Soziale Interaktion, wie bereits bei den Grundthesen des symbolischen Interaktionismus kurz dargestellt, bestimmt menschliches Handeln.[652] Trotz bestimmter Rollenvorgaben wird nach *Münch* im Interaktionsprozess derjenige Interaktionspartner mit der besseren Verhandlungskompetenz seine Position durchsetzen.[653]

---

646   vgl. Reichers (1987), 280.
647   Schafer (1974), 423-424.
648   vgl. Blumer (1998), 8-9.
649   Münch (2007), 263.
650   vgl. Blumer (1998), 5.
651   vgl. Blumer (1998), 6-21.
652   vgl. Blumer (1998), 6-7.
653   vgl. Münch (2007), 263-266.

Menschen als handelnde Organismen zu sehen bezieht sich laut *Blumer* und *Münch* auf das Selbstkonzept *Meads* im symbolischen Interaktionismus – also die Vorstellung, die ein Mensch von sich selbst hat. Die Fähigkeit des Menschen zur Selbstreflexion – auch als reflektive Intelligenz bezeichnet – ermöglicht eine Bewertung und Änderung eigener Handlungen. Erst durch diese Kompetenz kann ein aktives Handeln, gekennzeichnet durch Signalisierung und Interpretation von Handlungsplänen, realisiert werden. Gebildet wird diese Fähigkeit in der Interaktion mit anderen. Individuen versetzen sich in die Rolle einer anderen Person, die mit ihnen spricht, und übernehmen deren Part in Form einer Interaktion mit sich selbst. Dies ermöglicht eine Beurteilung der eigenen Handlungen aus unterschiedlichen Perspektiven. *Blumer* und *Münch* zufolge bezeichnet *Mead* bezeichnet dies als das „signifikante Andere", welches durch Integration gleicher individueller Perspektiven zum „generalisierten Anderen" – der Position einer abstrakten Gemeinschaft – wird.[654]

Basis dieser sozialen Interaktion sind nach *Mead* signifikante Symbole. *Mead* spricht von diesen, wenn eine Geste eine dreifache Bedeutung erfüllt: ein Anzeichen darüber aussendet, was Person A vorhat, Implikationen für das Verhalten oder die Handlungen von B sendet und einen Anhaltspunkt über die folgende Handlung bietet. Darüber hinaus muss die Geste bei den Beteiligten dieselbe Reaktion auslösen. Dies bedingt eine bewusste Rollenübernahme der anderen Partei. Signifikant werden Gesten also primär dadurch, dass eine bewusste Reaktion stattfindet und nicht wie bei Tieren ein unbewusster Reiz-Reaktionsablauf.[655] *Münch* erweitert weiterhin die Idee *Meads*, indem Bedeutungen von Handlungen nicht zwingend in einer spezifischen Situation erlernt werden müssen, sondern aufgrund evolutionärer Prozesse auch aus in der Vergangenheit Erlerntem stammen können.[656] Diese signifikanten Symbole dienen der Koordination von Handlungen. Die durch bestimmte Gesten ausgelösten Vorstellungen beim Empfänger geben den Gesten einen bestimmten Sinn. Beiderseitig identisch verstandene Gesten koordinieren dann das Handeln in der Interaktion.[657]

Der Interaktionsprozess stellt somit einen Abstimmungsprozess der Symbolinterpretation beider Interaktionspartner da. Dieser findet solange statt, bis beide ihr intendiertes Ziel erreichen. Dafür werden Handlungspläne entworfen und durch Interpretation des jeweils anderen Plans abgestimmt und angepasst. Durch diesen Prozess werden die Interpretationen und Handlungen der beiden Parteien

---

654 vgl. Blumer (1998), 16-21; Münch (2007), 274-277.
655 vgl. Mead (1959); Mead (1968); Mead (1983); Blumer (1998), 9; Münch (2007), 267.
656 vgl. Münch (2007), 270.
657 vgl. Esser (2000), 245.

angeglichen und die Parteien können ihre Ziele erreichen.[658] Dieser aktive Interpretationsprozess ist charakteristisch für den symbolischen Interaktionismus.[659] Gerade diese Rollenübernahme der anderen Partei zur Deutung der signifikanten Symbole in der Interaktion[660] verdeutlicht *Schafer* in seiner Definition: „ [...] *interactionism views behavior as a function of actors fitting their lines of behavior with one another through the process of symbolic representation*"[661]

Die Grundgedanken *Meads*, auf denen *Blumers* Analyse basiert, fasst *Turner* in dem in Abbildung 12 dargestellten Interaktionsmodell zusammen.[662] Zu sehen ist, dass im Interaktionsprozess nicht nur eine Selbstreflexion aus der eigenen Perspektive sondern auch aus der Perspektive der „generalisierten Anderen" stattfindet. Dies impliziert eine Rollenübernahme des direkten Interaktionspartners.[663] Situativ können somit individuelle Handlungspläne abgeglichen werden.

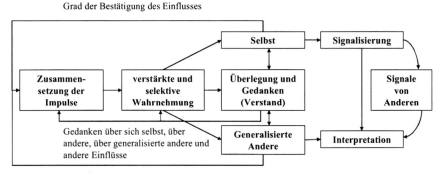

Abbildung 12: Interaktionsmodell nach Mead (Turner 1988, 76; Original übersetzt)

Insgesamt liefert die Theorie des symbolischen Interaktionismus drei wichtige Implikationen für die Gestaltung des Entstehungsprozesses psychologischer Arbeitsverträge:

---

658   vgl. Blumer (1998), 10; Münch (2007), 272.
659   vgl. Münch (2007), 274-277.
660   vgl. Fischer/Wiswede (2002), 429; Krotz (2008), 39.
661   Schafer (1974), 417.
662   vgl. Turner (1988), 76.
663   vgl. Charon (2010), 107.

- Als ersten Punkt stellt sie die wechselseitige Handlungs- und Verhaltensbeeinflussung von Akteuren in Interaktionsbeziehungen plausibel dar. Somit wird klar, dass das Verhalten von Personen nicht allein für sich interpretierbar und gestaltbar ist, sondern immer abhängig von der Reaktion des Interaktionspartners und der spezifischen Situation.[664]
- Als zweite wichtige Implikation hebt diese Theorie die Bedeutung eines einheitlichen Symbolverständnisses hervor. Dabei sind spezifische Handlungen nur durch ein derartiges gemeinsames Codesystem interpretierbar.
- Als dritten Punkt bietet der symbolische Interaktionismus mit der gegenseitigen Rollenübernahme eine Möglichkeit zur Erklärung des kognitiven Matchens beiderseitiger Erwartungen.

Für den Bildungsprozess des psychologischen Arbeitsvertrages ist folglich nicht nur die wechselseitige Handlungs-, und Verhaltensbeeinflussung von Bedeutung, sondern auch die Schaffung eines gemeinsamen Symbolverständnisses, um die jeweiligen Handlungen und Verhaltensweisen deuten zu können. Diesen Mehrwert für die Entstehung psychologischer Arbeitsverträge gilt es durch die Integration der Theorie des symbolischen Interaktionismus in die Bildungsprozessphasen zu realisieren. Vorab werden nachfolgend bereits bestehende Bildungsprozessmodelle psychologischer Arbeitsverträge hinsichtlich der Erfüllung spezifischer Anforderungskriterien analysiert.

2.3 Kritische Einordnung bestehender Bildungsprozessmodelle

Psychologische Arbeitsverträge als einen auf Interaktionen basierenden sozialen Prozess zu betrachten, erfordert eine detaillierte Untersuchung sozialer Interaktionstheorien und deren spezifischer Implikationen für die Modellierung des Entstehungsprozesses psychologischer Arbeitsverträge. Ergänzt um die Anforderungen an Bildungsprozessmodelle von *Herriot* und *Pemberton*[665] und die sich aus der Definition psychologischer Arbeitsverträge ergebenden Implikationen entstehen auf diese Weise die in Tabelle 12 dargestellten elf Anforderungskriterien an den Entstehungsprozess psychologischer Arbeitsverträge.

Aus der Theorie des symbolischen Interaktionismus[666] ergibt sich die Relevanz wechselseitiger Handlungs- und Verhaltensbeeinflussung der Akteure in

---

664   vgl. Münch (2007), 260-261.
665   vgl. Herriot/Pemberton (1996), 758-759.
666   vgl. beispielsweise Blumer (1998).

einer spezifischen Situation und dessen Abgleich durch kognitives Matchen und die Notwendigkeit eines gemeinsamen Symbolverständnisses. Aus der Analyse der (sozialen) Austauschtheorien kann neben dem reziproken Austausch auch die Möglichkeit des verhandelten Austausches identifiziert werden.[667] Dies hebt die Bedeutung von Verhandlungen der Leistungen und Gegenleistungen im Bildungsprozess psychologischer Arbeitsverträge hervor. Die Relevanz kontextbedingten Wandels resultiert nicht nur aus interaktionstheoretischen Überlegungen der Verhaltensbeeinflussung in spezifischen Situationen[668] sondern auch aus den Anforderungskriterien von *Herriot* und *Pemberton*[669]. Ein klarer Situationsbezug in personeller als auch organisationaler Hinsicht ist folglich ausschlaggebend, um Änderungen in der Umwelt zu begegnen. Auch müssen derartige Modelle für die Forscher zyklisch sein, um Änderungen im Kontext erfassen zu können.

Aus der detaillierten Diskussion definitorischer Komponenten psychologischer Arbeitsverträge ergibt sich zusätzlich zu den bereits genannten Aspekten ebenso die Relevanz der Erwartungen, Versprechungen und Verpflichtungen im psychologischen Arbeitsvertrag. Diese Komponenten müssen folglich im Entstehungsprozess eine ebenso wichtige Rolle spielen. Das Anforderungskriterium der Dynamik resultiert aus der Einnahme der Prozessperspektive als Betrachtungsobjekt. Da Prozesse rein definitorisch als Sequenz definiert sind[670], unterliegen sie zwangsläufig einer inhärenten Dynamik.

Tabelle 12: Anforderungskriterien an den Bildungsprozess psychologischer Arbeitsverträge

Anforderungskriterien	Rousseau (1995)	Rousseau (2001)	Herriot/Pemberton (1996; 1997)
Interaktion (Wechselbeziehung)	—	—	✗
Kommunikation: gemeinsames Symbolverständnis	—	—	—
kognitives Matching	✗	✗	✗
reziproker Austausch	✗	✗	✗
verhandelter Austausch	—	—	Ø

---

667   vgl. Molm (2010).
668   vgl. Münch (2007), 260-261.
669   vgl. Herriot/Pemberton (1996), 758-759.
670   vgl. Esser (1996), 87.

Verhandlung	—	—	✗
Situationsbezug (Wandel der Umwelt)	Ø	Ø	Ø
Erwartungen, Versprechen, Verpflichtungen	Ø	Ø	Ø
dynamisch	✗	✗	✗
zyklisch	✗	—	✗
Monitoring	—	✗	✗

(✗ = trifft zu; — = trifft nicht zu; Ø = keine genaue Aussage möglich)

Das letzte Anforderungskriterium ergibt sich aus der Betrachtung bereits bestehender Bildungsprozesse psychologischer Arbeitsverträge. Da die Phase des Monitorings in fast allen Prozessen als Prozessphase modelliert worden ist und somit der Stellenwert für den Bildungsprozess hervorgehoben wird, wird das Monitoring der gegenseitigen Leistungen und Gegenleistungen als essenzieller Faktor für den Bildungsprozess psychologischer Arbeitsverträge aufgenommen.

Werden diese Anforderungskriterien hinsichtlich ihrer Umsetzung in den vorab dargestellten Entstehungsprozessen psychologischer Arbeitsverträge von *Rousseau*[671] und von *Herriot* und *Pemberton*[672] analysiert, so können einige Stärken und Schwächen dieser Prozesse offengelegt werden: Aus interaktionstheoretischer Sicht ist dabei als erstes die in den Modellen von *Rousseau* fehlende Wechselbeziehung zwischen den Parteien des psychologischen Arbeitsvertrages auffällig. Resultierend aus der intraindividuellen Sichtweise *Rousseaus*[673] beruht folglich auch der visualisierte Kommunikationsprozess auf einer kognitiven Kommunikation des Arbeitnehmers mit sich selbst.[674] Somit fokussiert *Rousseau* in ihrem Entstehungsprozess des psychologischen Arbeitsvertrages zwar die interaktionsspezifische Komponente der Kommunikation als Basis, allerdings fehlt die Voraussetzung der Bilateralität von Interaktionen in diesem Bildungsprozess. Zudem bezieht sich *Rousseau* in ihren Ausführungen auf den reziproken Austausch als Grundlage psychologischer Arbeitsverträge.[675] Aus der

671   vgl. Rousseau (1995), 33; Rousseau (2001), 512.
672   vgl. Herriot/Pemberton (1996), 760; Herriot/Pemberton (1997), 46.
673   vgl. Rousseau (1989).
674   vgl. Rousseau (1995), 9, 33.
675   vgl. Rousseau (1989), 23.

Modellierung ihres Bildungsprozesses wird dies allerdings nicht deutlich (Abbildung 7 und 8).

Insgesamt wird somit die wechselseitige Handlungs- und Verhaltensbeeinflussung der Akteure nicht berücksichtigt. Darüber hinaus modelliert sie zwar verschiedene situative Einflussfaktoren individueller und organisationaler Art,[676] daraus resultierende prozessspezifische Änderungen werden allerdings nicht deutlich. Insgesamt basieren psychologische Arbeitsverträge für *Rousseau* auf Versprechen und Verpflichtungen und nicht auf Erwartungen.[677] Das kognitive Matching wiederum wird in den Modellen von Rousseau durch ihre Konzeption des psychologischen Arbeitsvertrages als kognitives Schema besonders betont. Auch wenn beide Modelle *Rousseaus* das Grundkriterium von Prozessen – die Dynamik – erfüllen, so bietet das Modell von 2001 keine Möglichkeit, Änderungen zyklisch zu begegnen.

Demgegenüber erfüllt der modellierte Entstehungsprozess psychologischer Arbeitsverträge von *Herriot* und *Pemberton*[678] aufgrund seines relationalen Charakters die interaktionstheoretische Basisanforderung einer vorliegenden Wechselbeziehung. Auch wird der Grad der Kommunikation als Einflussvariable im Modell integriert. Aufgrund der Relevanz der Kommunikation als Basis einer Interaktionsbeziehung[679] wäre es allerdings sinnvoller, die Kommunikation zwischen den am Entstehungsprozess psychologischer Arbeitsverträge Beteiligten in den Prozess selbst zu integrieren. Des Weiteren bietet das Modell keine explizite Auseinandersetzung mit der Erzielung einer einheitlich zwischen den Interaktionspartnern verwendeten Symbolik.

Positiv im Sinne einer interaktionstheoretischen Analyse ist in dem von *Herriot* und *Pemberton* entwickelten Bildungsprozess (sowohl im Vertragsmodell der Karriere, Relation 7, als auch im verkürzten Modell mit der Phase „Information") psychologischer Arbeitsverträge das kognitive Matching der gegenseitigen Erwartungen verankert. Allerdings fehlt eine explizite theoretische Untermauerung. Insgesamt basiert für *Herriot* und *Pemberton* der psychologische Arbeitsvertrag auf beiderseitig eingegangenen Verpflichtungen.[680] Der Prozessdynamik werden beide Modelle ebenso gerecht. Im Mittelpunkt des Bildungsprozesses von *Herriot* und *Pemberton* steht die Verhandlung von Leistungen und Gegenleistungen zwischen den Akteuren.[681] Somit müsten sich die Au-

---

676   vgl. Rousseau (1995), 33.
677   vgl. Rousseau/McLean Parks (1993); Rousseau (1990), 398; Rousseau (1998), 668.
678   vgl. Herriot/Pemberton (1996; 1997).
679   vgl. Gelléri/Kanning (2007), 331.
680   vgl. Herriot/Pemberton (1997), 45.
681   vgl. Herriot/Pemberton (1996), 760.

toren auch eher auf den verhandelten Austausch als auf einen reziproken Austausch beziehen. Allerdings wird der tatsächliche Austausch der Leistungen und Gegenleistungen zumindest im Modell von 1997 nicht explizit modelliert.[682]

Mit der Integration von Verhandlungen in den Entstehungsprozess psychologischer Arbeitsverträge nehmen *Herriot* und *Pemberton* die bereits von frühen Forschern wie *Schein*[683] thematisierte Aushandlung zwischen den Interaktionspartnern auf. Allerdings spricht *Schein* auch an anderer Stelle von einem „Revanchieren", also eher im Sinne eines reziproken Austausches.[684] Dies deutet darauf hin, dass es, ähnlich wie auch die Analyse der Austauschformen ergeben hat, in psychologischen Arbeitsverträgen sowohl reziproken als auch verhandelten Austausch gibt. Die Analyse situativer Einflussfaktoren als weiteres Kriterium lässt ebenso den Schluss zu, dass in bestimmten Situationen eine Partei beispielsweise überhaupt nicht über die Macht verfügt zu verhandeln. So sind beispielsweise Arbeitnehmer in einem Arbeitgebermarkt nicht in der Position über bestimmte Forderungen mit dem potenziellen Arbeitgeber zu verhandeln, denn dieser kann auf einen sehr großen Pool von Bewerbern zurückgreifen.[685] Andererseits können aber auch bestimmte personelle Dispositionen dazu führen, dass bestimmte Personen überhaupt kein Interesse haben, mit dem potenziellen Arbeitgeber zu verhandeln.[686]

Betrachtet man den Entstehungsprozess von *Herriot* und *Pemberton,* so sind zwar der organisationale wie auch der personelle Umfeldeinfluss in dem Modell abgebildet, mögliche Verhaltensdifferenzen aufgrund geänderter Umweltzustände sind aber nicht erkennbar. So betonen die Forscher auch den immer gleichen Ablauf des Bildungsprozesses psychologischer Arbeitsverträge unabhängig von möglicherweise differierenden Inhalten.[687] Allerdings sind Verhaltensänderungen der Akteure durch veränderte Umweltzustände naheliegend. Für eine derartige Situationsanalyse bietet das Darwiportunismus-Konzept von *Scholz*[688] einen geeigneten Rahmen, um die Wirkung situativer Einflüsse auf den psychologischen Arbeitsvertrag zu untersuchen.

---

682   vgl. Herriot/Pemberton (1997), 46.
683   vgl. Schein (1980), 103.
684   vgl. Schein (1980), 72.
685   vgl. Schmich (2011), 32-34.
686   vgl. Wiswede (2004), 587.
687   vgl. Herriot/Pemberton (1997), 45.
688   vgl. Scholz (2003a).

2.4 Darwiportunismus als situativer Analyserahmen

Das Konzept des Darwiportunismus von *Scholz*[689] ist eine Typologisierung sozialer Verträge anhand der beiden Dimensionen „Darwinismus" und „Opportunismus". Die Darwinismus-Dimension basiert auf den Mechanismen Variation, Selektion und Retention der Evolutionslogik *Darwins*[690]. Übertragen auf das Wirtschaftsleben stellt die von *Darwin* betrachtete Population der Tierwelt das Unternehmen dar. Der Wettkampf zwischen und innerhalb von Unternehmen basiert somit auf dem Prinzip *Spencers* „survival of the fittest"[691]. [692] Im Wettbewerb bestehen nur die Unternehmen oder Mitarbeiter, die sich am besten an die Rahmenbedingungen anpassen. Dieser Trend ist durch den steigenden Wettbewerbsdruck auf die Unternehmen, beispielsweise durch die zunehmende Globalisierung, immer stärker zu verzeichnen. Nur der Beste überlebt. Für diesen Erfolg ist das Herausbilden von Kernkompetenzen[693] unabdingbar.[694] Innerbetrieblich spiegelt sich dieser Kampf beispielsweise in den Profit-Centern oder in Form von Mobbing wider. Die Verdrängung potenziell gefährlicher Wettbewerber steht im Fokus.[695] Dafür steht die Effizienzsteigerung der Unternehmen im Vordergrund mit der Konsequenz, dass Mitarbeiter keine Jobsicherheit mehr haben. Lediglich eine exzellente Leistung der Mitarbeiter ermöglicht diesen ein Überleben im Darwinismus.[696]

Opportunismus stattdessen bezieht sich auf die individuelle Suche des Einzelnen nach Chancen. Die Maximierung des eigenen Nutzens steht im Vordergrund.[697] Opportunistische Menschen ergreifen ihre Chancen unabhängig der Konsequenzen dieser für ihre Mitmenschen. Diese negativen Auswirkungen werden zwar nicht absichtlich herbeigeführt, aber im Sinne der eigenen Nutzenmaximierung in Kauf genommen.[698] Dass Opportunismus auch in Organisationen besteht und Mitarbeiter nicht zwangsläufig primär die Unternehmensziele verfolgen, ist durch *Williamson* bewiesen.[699] Als Folge des Opportunismus verbleiben diese Mitarbeiter lediglich so lange in einem Unternehmen, wie ihnen

---

689   vgl. Scholz (1999, 2003a).
690   vgl. Darwin (1972).
691   vgl. Stanford Encyclopida of Philosophy (2002).
692   vgl. Scholz (2010), 197.
693   vgl. Prahalad/Hamel (1990).
694   vgl. Scholz (o.J.)
695   vgl. Scholz (2003a), 28-37.
696   vgl. Scholz (2010), 197.
697   vgl. Scholz (2003a), 53-66.
698   vgl. Scholz (2010), 197.
699   vgl. Williamson (1993), 97-107; Williamson (1996).

dieses die besten Möglichkeiten bietet. Bekommen sie anderswo beispielsweise einen besser bezahlten Job, wechseln sie das Unternehmen.[700] Gerade die vielzitierte „Generation Y"[701] gilt als Prototyp für Opportunisten.[702] Vergleichbar mit dem Menschenbild der Generation Y von *McGregor*[703], zeichnen sich Opportunisten durch Selbstmotivation, Ehrgeiz, Leistungsbereitschaft und Ideenreichtum aus.[704] Niedriger Opportunismus kann aus zwei Gründen vorliegen: zum einen, weil der Mitarbeiter tatsächlich loyal gegenüber dem Unternehmen ist, zum anderen, weil sich keine Alternativen ergeben.[705] Letzteres resultiert vor allem aus einer fehlenden Marktmacht des Arbeitnehmers. Diese ergibt sich durch fehlende Qualifikation und aufgrund eines Arbeitgebermarktes. Insgesamt gilt es von Seiten des Unternehmens, um nicht überrascht zu werden, den Opportunismusgrad ihrer Mitarbeiter zu antizipieren.[706]

Darwiportunismus resultiert aus der Verbindung individueller Nutzenmaximierung (Opportunismus) und dem kollektiven Aussortieren nicht Wettbewerbsfähiger (Darwinismus).[707] Unter Berücksichtigung der Möglichkeit jeweils niedriger oder hoher Ausprägung der Dimensionen ergibt sich die in Abbildung 13 dargestellte Darwiportunismus-Matrix. Mitarbeiter können folglich entweder hoch opportunistisch sein oder sich loyal gegenüber dem Unternehmen verhalten. Letzteres kann entweder aus Zwang, also dem Fehlen von Alternativen oder aus tatsächlicher Loyalität gegenüber dem Unternehmen resultieren. Auch der Darwinismus birgt zwei Ausprägungen. Unternehmen können sich entweder aufgrund des Wettbewerbsdrucks stark darwinistisch verhalten oder sie bieten ihren Mitarbeitern unabhängig von dessen Leistung Arbeitsplatzsicherheit. Aus den dargestellten Alternativen ergeben sich vier unterschiedliche psychologische Arbeitsverträge.[708]

---

700   vgl. Scholz (1999).

701   vgl. beispielsweise Tulgan/Martin (2001), Parment (2009).

702   vgl. Scholz (o.J.); Scholz (1999).

703   vgl. McGregor (1985).

704   vgl. Scholz (2001), 20-29.

705   vgl. Scholz/Stein (2002), 298-307; Scholz (2003a), 45-56.

706   vgl. Scholz (2006), 275-284.

707   vgl. Scholz (2003a), 87-89; Scholz (2008), 330.

708   vgl. Stein (2001), 41-58; Scholz (2003a).

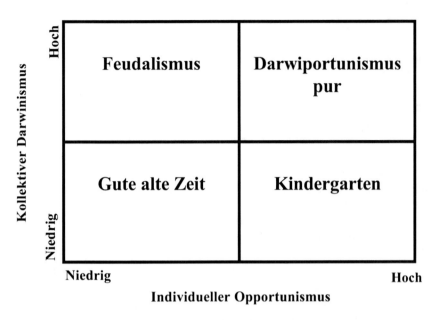

<table>
<tr><td></td><td>Feudalismus</td><td>Darwiportunismus pur</td></tr>
<tr><td></td><td>Gute alte Zeit</td><td>Kindergarten</td></tr>
</table>

Abbildung 13: Darwiportunismus-Matrix (Scholz 2003a, 89)

Der Vertragstyp „Gute alte Zeit" beschreibt die traditionelle Arbeitswelt. Ausgetauscht werden Loyalität gegen Jobsicherheit.[709] Begriffe wie Vertrauen, Verlässlichkeit, Stabilität, Sicherheit und Gerechtigkeit zeichnen diesen Quadranten aus.[710] Mannigfaltige Regelungen sichern das lebenslange Beschäftigungsverhältnis der Mitarbeiter ab. Das Angebot an Entwicklungsmöglichkeiten für die Mitarbeiter im Unternehmen ist sehr umfassend. Da die Mitarbeiter länger im Unternehmen verweilen, muss ihr Wissen auf dem aktuellsten Stand gehalten werden. So erfolgt auch die Rekrutierung in diesem Quadranten überwiegend aus den eigenen Reihen.[711] Eine effiziente Führungskultur in diesem Quadranten zeichnet sich vor allem durch die Zurückhaltung der Führungskräfte aus. Aufgrund lediglich gering opportunistischer Mitarbeiter benötigen diese wenig Kontrolle. Dies setzt allerdings eine im Hintergrund aktive Führungskraft voraus, die eine stabile Arbeitssituation schafft und so den Mitarbeitern innerhalb dieses Rahmens Freiraum zum selbstständigen Arbeiten bietet.[712] Positiv impli-

---

709 vgl. Scholz (2003a), 90.
710 vgl. Scholz (2006), 275.
711 vgl. Scholz (2008), 327.
712 vgl. Scholz (2006), 280.

ziert dies gegenseitiges Vertrauen in einem stabilen Umfeld. Ermöglicht wird dies durch den fehlenden Wettbewerbsdruck. Negativ kann ein solcher Vertrag allerdings nach *Scholz* zur Stagnation der Unternehmensentwicklung führen.[713]

Der Vertragstyp „Kindergarten" wird durch das opportunistische Verhalten der Mitarbeiter bestimmt. Dies kann zu Innovation, aber auch zu fehlender Überlebensfähigkeit des Unternehmens im Wettbewerb führen.[714] Vor allem die New Economy zeichnet sich durch hoch opportunistische Mitarbeiter aus. Führungskräfte sollten in diesem Quadranten durch eine beziehungsorientierte Führung, Kreativität und Selbstverwirklichung der Mitarbeiter stärken. Dabei steht der Spaß der Mitarbeiter an der Arbeit im Vordergrund. Administrative Arbeiten und Probleme sind möglichst von diesen Kreativen fern zu halten. Darüber hinaus sind die Führungskräfte für die möglichst einfache Gestaltung von Arbeitsprozessen im Sinne der Mitarbeiter verantwortlich.[715] Auch die Personalentwicklung in Form und Intensität wird innerhalb diesen Quadranten durch die Mitarbeiter bestimmt.[716]

Im Vertragstyp „Feudalismus" dominiert das Unternehmen und legt aufgrund des starken Wettbewerbsdrucks wenig Wert auf die Bedürfnisse der Arbeitnehmer. Die Führungskultur dieser Unternehmen zeichnet sich durch eine besonders starke Aufgabenorientierung aus. Nicht die Beziehung zu den Mitarbeitern, sondern der eigene Status steht im Vordergrund. Der Wettbewerbsdruck des Unternehmens wird intern auf die Mitarbeiter verlagert. Die Kultur zeichnet sich durch eine starke Leistungsorientierung und eine Kosteneinsparungspolitik aus. Dies spiegelt sich beispielweise in implementierten Systemen zur Kontrolle der Mitarbeiter wider. Auch die Personalentwicklung wird vollkommen durch das Unternehmen bestimmt. Dieses entscheidet über Art und Umfang dieser Aktivitäten rein im Dienste des Unternehmens. Lediglich Maßnahmen, die einen klaren Bezug zur besseren Erledigung der erteilten Aufgaben hat, werden genehmigt.[717] Die Folge dieses sozialen Vertrages kann im positiven Sinne eine Effizienzsteigerung im Unternehmen sein. Als negative Konsequenz dieser Konstellation kann ein Burn-out der Mitarbeiter aufgrund des starken Unternehmensdrucks entstehen.[718]

Im Vertragstyp „Darwinismus pur" ist beiden Parteien aufgrund offener Kommunikation bewusst, dass jeder seine eigenen Interessen maximieren möch-

---

713   vgl. Scholz (2003a), 90.
714   vgl. Scholz (2003a), 90.
715   vgl. Scholz (2006), 275-284.
716   vgl. Scholz (2003b)
717   vgl. Scholz (2003b).
718   vgl. Scholz (2003a), 90-91.

te. Zur Umsetzung wird allerdings die andere Vertragspartei benötigt.[719] Jobunsicherheit und Illoyalität werden akzeptiert, wenn Bezahlung und Leistung im Austausch stimmen. Positiver Effekt ist, dass durch innerbetrieblichen Wettbewerb das Unternehmen im Wettbewerb eher überleben kann.[720] Umsetzbar ist dies durch einen sinnvollen Umgang mit dem Darwiportunismus. Dieser sogenannte „saubere" Darwiportunismus setzt Transparenz und die Kenntnis der entsprechenden Spielregeln bei den beteiligten Parteien voraus. Für das Unternehmen bedeutet dies eine Anpassung der personalwirtschaftlichen Systeme.[721] Führungskräfte in diesem Quadranten müssen versuchen, durch eine offene Verhandlung beiderseitiger Interessen, eine Leistungsoptimierung im Sinne der Unternehmensziele zu realisieren. Diese Abstimmung zwischen den Parteien ermöglicht es, individuelle Interessen in die Ausgestaltung der Arbeitsbeziehung zu integrieren. Dieser offene Interessensaustausch vermeidet Konflikte. Mismatches zwischen den Erwartungen der Parteien aufgrund verschwiegener Bedürfnisse finden im Idealfall nicht statt.[722] Auf Seiten der Mitarbeiter spielt vor allem das Verstehen und Verinnerlichen dieser Logik eine wichtige Rolle. Sie müssen verinnerlichen, dass es keine Stammplatzgarantie für sie im Unternehmen mehr gibt und sie nur durch das Erbringen konstanter Leistung ihren Arbeitsplatz sichern können.[723] Negativ findet lediglich ein ständiger Wechsel der Mitarbeiter statt, die einen besseren Job gefunden haben.[724]

Die hier beschriebene Systematik ist aufgrund des gesamtgesellschaftlichen Bezuges auf der Ebene sozialer Verträge zu verorten. Zu unterstellen ist allerdings, dass Unternehmen, deren Kultur darwinistisch geprägt ist, ihre Führungskräfte auch entsprechend rekrutieren.[725] Folglich kann von der Ebene des sozialen Vertrages auf die Beziehung zwischen Führungskraft und Mitarbeiter – die Ebene psychologischer Arbeitsverträge – geschlossen werden. Insgesamt kann somit davon ausgegangen werden, dass die Mehrzahl psychologischer Vertragskonstellationen im Unternehmen in demselben Feld innerhalb der Matrix einordbar sind, wie der soziale Arbeitsvertrag des Unternehmens. Zur Bestätigung dieser Annahme kann auf die Attraction, Selection und Attribution Theorie von *Schneider* zurückgegriffen werden. Hiernach wählen Individuen ihren Job in der Organisation, in der sie viele ihnen ähnliche Individuen erwarten, und Organisa-

---

719   vgl. Scholz (2010), 197.
720   vgl. Scholz (2003a), 91.
721   vgl. Scholz (2008), 332.
722   vgl. Scholz (2006), 280.
723   vgl. Scholz (2008), 332.
724   vgl. Scholz (2003a), 91.
725   vgl. Scholz (2004), 5.

tionen ihrerseits wählen ebenso aus.[726] *Nerdinger* spricht in diesem Zusammenhang von der Gravitation von Individuum und Organisation.[727]

Denkbar ist allerdings auch eine „Mehr-Zellen-Strategie". Dabei variiert die Positionierung der Mitarbeitergruppen zwischen den einzelnen Zellen innerhalb des Unternehmens. Hervorgerufen ist eine derartige Situation auf der einen Seite durch unterschiedlich starken Wettbewerbsdruck auf die einzelnen Abteilungen.[728] Auf der anderen Seite beeinflussen auch die absolute und relative Marktposition der Beschäftigtengruppen eine derartig differenzierte Positionierung. Somit führen ein Arbeitnehmermarkt und hoch qualifizierte Mitarbeiter – beides Indikator vielfacher Alternativen – zum stärker opportunistischen Verhalten der betreffenden Mitarbeitergruppe.[729] Differenzierung kann es ebenfalls innerhalb eines Konzerns geben. Hierbei unterscheiden sich dann die Positionen in der Darwiportunismus-Matrix zwischen der Zentrale und den Filialen beziehungsweise den Tochterunternehmen. Erforderlich ist dann eine offene Kommunikation der gewählten Strategie, um den psychologischen Arbeitsvertrag zwischen Führungskräften und Mitarbeitern gestalten zu können.

Eine Bewertung der jeweiligen Konstellationen innerhalb der Darwiportunismus-Matrix im Sinne einer Empfehlung für einen der beschriebenen psychologischen Arbeitsverträge findet nicht statt. Dienen soll diese Grafik vor allem der Beschreibung und Erklärung unterschiedlicher Vertragsarten.[730] Allerdings reicht die reine Positionierung innerhalb der Matrix für Unternehmen allein nicht aus. Vielmehr bedingt dies auch eine Anpassung aller personalwirtschaftlichen Instrumente und Verhaltensweisen des Unternehmens an die jeweilige Logik der Matrix-Zelle.[731] Dabei kann auch der Prozess abgebildet werden, den die Unternehmen im Laufe der Jahre bedingt durch sich ändernde Rahmenbedingungen durchlaufen.[732]

Scholz identifiziert in der Gesellschaft allerdings eine starke Zunahme des Vertragstyps „Darwiportunismus pur". Unternehmen befinden sich in einem sehr starken Wettbewerbskampf, der sich in einer stark darwiportunistischen Grundhaltung dieser widerspiegelt. Sie bieten dem Mitarbeiter keine „Stammplatzgarantie" mehr. Wenn Mitarbeiter sich nicht von den Unternehmen die Regeln diktieren lassen wollen, bleibt ihnen als Reaktion folglich nur stark oppor-

---

726   vgl. Schneider (1987), 437-453.
727   vgl. Nerdinger (2011), 70.
728   vgl. Scholz (2004), 5.
729   vgl. Scholz (2001).
730   vgl. Scholz (2006), 278.
731   vgl. Scholz (2004), 5.
732   vgl. Scholz (2003a), 91-92.

tunistisches Verhalten.[733] Um dieses dauerhaft zu realisieren, ist besonders der Fokus auf die eigene Employability[734] relevant. Diese erhöht die Marktattraktivität und bietet Alternativen, um opportunistisches Verhalten überhaupt realisieren zu können.[735] Diese Tendenz von Unternehmen, vermehrt psychologische Arbeitsverträge des Typs Darwiportunismus pur zu bilden,[736] manifestiert sich auf formalvertraglicher Ebene in einer steigenden Anzahl befristeter Arbeitsverträge[737]. Mitarbeiter werden dementsprechend überwiegend speziell für bestimmte Projekte eingestellt. Diese Strategie ermöglicht es Unternehmen neben einer kalkulierbaren Kostenplanung, den Anforderungen des spezifischen Projektes entsprechend Mitarbeiter zu akquirieren.

Diese Kurzfristigkeit von formalen Arbeitsverträgen spiegelt sich allerdings ebenso auf Ebene der psychologischen Arbeitsverträge wider. Abbildung 14 zeigt die erweiterte Betrachtung der Darwiportunismus-Matrix mit den ergänzend identifizierten bipolaren Ebenen des Modells. Dabei sind die Ebenen Zeit und Explizitheit vertragsimmanent. Allerdings differenzieren beide lediglich die psychologischen Arbeitsvertragstypen Darwiportunismus pur und Gute alte Zeit, im Feudalismus und Kindergarten liegen die Ebenen nicht als Differenzierungskriterium zu Grunde. Hier bestimmt das Verhalten der jeweils dominanten Partei den psychologischen Arbeitsvertrag.

Die zeitliche Ebene besteht dabei aus den funktionalen Äquivalenten kurzfristig und langfristig. Dabei zeigt die Betrachtung dieser zeitlichen Differenzierung der psychologischen Arbeitsvertragstypen Darwiportunismus pur und Gute alte Zeit, dass ersterer, bedingt durch die Befristung des formalen Arbeitsvertrages, wesentlich kürzer angelegt ist. Vor allem die Gruppe der High-Potentials und High-Performer binden sich zur Sicherung ihrer Employability eher an Netzwerke als an Unternehmen. *Wilkens'* Verständnis des psychologischen Arbeitsvertrages Hochqualifizierter folgt dem des psychologischen Arbeitsvertrags Darwiportunismus pur. Verstanden „*als Partner auf Zeit*"[738] kennzeichnet diesen psychologischen Arbeitsvertrag ein lediglich kurzfristiges Austauschverhältnis. Wie im Darwiportunismus pur beschreibt auch *Wilkens*, dass dies keinen Einfluss auf das Leistungsvermögen oder die Bindungsintensität der Mitarbeiter hat. Hohe Leistung und zeitlich begrenztes, aber dennoch hohes Commitment stehen

---

733 vgl. Scholz (1999; 2003a); Scholz/Stein (2002); Stein (2001); zusätzliche Artikel finden sich auf http://www.darwiportunismus.de.

734 vgl. Scholz (2008), 327-336.

735 vgl. Scholz (2003a), 45-56; Scholz (2008) 328-336.

736 vgl. Scholz (2003a).

737 vgl. Dollinger/Merdian (2009), 277; Grau (2010); Guest/Isaksson/De Witte (2010), 4.

738 Wilkens (2006), 141.

hier im Austausch mit der Gewährung von Freiräumen und der Unterstützung beim Networking.[739] Eine Kurzfristigkeit wie im psychologischen Arbeitsvertrag Darwiportunismus pur geht folglich nicht zwingend mit negativen Konsequenzen einher.

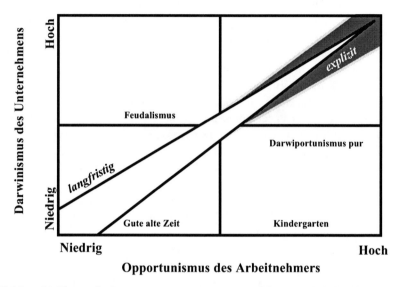

Abbildung 14: Ebenen der Darwiportunismus-Matrix (in Anlehnung an Scholz 2003a)

Als Folge dieses befristeten zeitlichen Rahmens lässt sich allerdings die Schwierigkeit des Vertrauensaufbaus zwischen den am psychologischen Arbeitsvertrag beteiligten Parteien identifizieren. Dies resultiert aus der Tatsache, dass die Entstehung von Vertrauen insbesondere auf ausreichend Zeit angewiesen ist.[740] Nach *Luhmann* entscheidet die kognitive Auslegung prägnanter Ereignisse darüber, ob eine Situation Vertrauen oder Misstrauen hervorruft. Beeinflusst wird die Art der Auslegung von Individuen durch deren bisherigen Erfahrungshorizont.[741] Im Falle des psychologischen Arbeitsvertragstyps Darwiportunismus pur lässt sich daher aufgrund des beiderseitig bekennenden nutzenmaximierenden Verhaltens vermuten, dass tendenziell beide Parteien bezüglich der Vertragserfüllung eher misstrauisch agieren. Dagegen bietet der lebenslang angelegte psychologische Arbeitsvertragstyp Gute alte Zeit aufgrund seiner Lang-

---

739   vgl. Wilkens (2006), 141-142.
740   vgl. Luhmann (2009), 23; Meier (2010), 554.
741   vgl. Luhmann (2009), 99-100.

fristigkeit einen ausreichenden gemeinsamen Erfahrungshorizont als Basis für die Vertrauenssicherung zwischen den Beteiligten[742].

Neben dieser zeitlichen Ebene ist ebenso die Ebene der Explizitheit der beiden Vertragstypen modellimmanent. Hier wird zwischen expliziten und impliziten psychologischen Arbeitsverträgen unterschieden. Aufgrund der Basis der offenen Kommunikation zwischen den beiden Vertragsparteien im psychologischen Arbeitsvertrag Darwiportunismus pur[743] zeichnet sich dieser psychologische Arbeitsvertrag eher durch eine explizite Kommunikation der jeweiligen Erwartungen hinsichtlich der Leistungen und Gegenleistungen beider Parteien aus. Allerdings impliziert dies nicht, dass in der Guten alten Zeit ein Mangel an Kommunikation herrscht. Vielmehr bedeutet die Implizitheit dieses Vertragstyps, dass die spezifischen gegenseitigen Erwartungen nicht offen diskutiert werden. Allgemeine Kommunikation zwischen Führungskraft und Mitarbeiter findet allerdings vielfach statt, da dies eine Voraussetzung für die Entstehung des starken Vertrauens[744] zwischen den Parteien in diesem Vertragstyp ist. Durch die Existenz dieser Ebene bietet die Darwiportunismus-Matrix somit eine Lösungsmöglichkeit des wissenschaftlichen Diskurses über die Frage nach der Explizitheit psychologischer Arbeitsverträge[745]. Die situativ interaktive Abhängigkeit des Explizitheitsgrades ermöglicht folglich eine Differenzierung zwischen unbewussten, unausgesprochenen und bewussten, ausgesprochenen psychologischen Arbeitsverträgen.

2.5 Darwiportunistische Schlussfolgerungen für das „psychological contracting"

Umweltänderungen lassen sich durch den spezifischen Grad an Darwinismus und Opportunismus in der Darwiportunismus-Matrix von *Scholz*[746] in den vier unterschiedlichen psychologischen Arbeitsvertragstypen abbilden. Diese vier psychologischen Arbeitsverträge zeigen die unterschiedliche Logik der Beziehung zwischen Führungskraft und Mitarbeiter in Abhängigkeit von dem kollektiven Darwinismus und dem individuellen Opportunismus auf. So basiert jeder dieser vier psychologischen Arbeitsverträge mit seiner eigenen Systematik auf unterschiedlichem Verhalten der beteiligten Personen. Als sozialer Pro-

---

742   vgl. Luhmann (2009), 23-24.
743   vgl. Scholz (2010), 197.
744   vgl. Picot/Reichwald/Wigand (2010), 123.
745   vgl. Diskussion in Kapitel 2.1.1.2 und in Conway/Briner (2005).
746   vgl. Scholz (2003a), 89.

zess,[747] in dem die Interaktionsbeziehung zwischen Führungskraft und Mitarbeiter im Mittelpunkt steht,[748] beeinflusst das Verhalten des Einen das Handeln des Anderen.[749] Diesem Wechselverhalten während der Bildung psychologischer Arbeitsverträge kommt somit eine stark prägende Funktion der Interaktionsbeziehung zu. Folglich gestaltet das unterschiedliche Verhalten der beteiligten Personen auch die Interaktionsbeziehung in anderer Art und Weise. Verhaltensdifferenzen führen somit zu anders strukturierten sozialen Prozessen. Zu sehen ist dies im Ergebnis auch an den vier unterschiedlichen psychologischen Arbeitsverträgen. Verhaltensdifferenzen aufgrund des unterschiedlichen Darwinismus- und Opportunismusgrades münden in vier unterschiedlichen psychologischen Arbeitsverträgen. Diese Verhaltensdifferenzen führen somit auch zu unterschiedlichen Strukturen im Bildungsprozess psychologischer Arbeitsverträge. Naheliegend ist daher die Zersplittung des Gesamtprozesses der Bildung psychologischer Arbeitsverträge in vier strukturell unterschiedliche Entstehungsprozesse.

Die hierzu erforderliche Analyse erfolgt in drei aufeinanderfolgenden Schritten:

- In einem ersten Schritt werden die sich aus der kritischen Analyse bestehender Bildungsprozesse psychologischer Arbeitsverträge ergebenden Änderungen analysiert und somit Modifikationen für den Gesamtprozess der Bildung abgeleitet.
- Die Phasen dieses modifizierten Entstehungsprozesses werden anschließend in einem zweiten Schritt hinsichtlich ihrer darwiportunistischen Differenziertheit untersucht.
- Die sich ergebenden strukturellen Unterschiede im Bildungsprozess psychologischer Arbeitsverträge werden abschließend in einem dritten Schritt in darwiportunistisch differenzierten Bildungsprozess psychologischer Arbeitsverträge visualisiert.

2.6 Zwischenergebnisse

Insgesamt wird an diese Ausarbeitung die Erreichung dreier Ziele geknüpft. Das erste Ziel, die Schaffung eines Basisverständnisses, wird in Kapitel 2 erreicht. Aufbauend auf einer umfassenden Diskussion divergierender Standpunkte zu

---

747   vgl. Herriot/Pemberton (1997), 45.
748   vgl. Esser (1996), 87.
749   vgl. Wiswede (2004), 266.

den jeweiligen Komponenten psychologischer Arbeitsverträge wird in dieser Ausarbeitung unter dem psychologischen Arbeitsvertrag die Wahrnehmung eines Vertrages, basierend auf einem interaktiven Austauschverhältnis expliziter und impliziter, auf Erwartungen und Versprechen beruhender, Verpflichtungen über tatsächliche übereinstimmende Leistungen und Gegenleistungen zwischen einem Unternehmensvertreter und seinem Mitarbeiter verstanden.

Theoretische Implikationen für das zweite Ziel – die darwiportunistische Analyse des Entstehungsprozesses psychologischer Arbeitsverträge – ergeben sich aus dem Verständnis des Entstehungsprozesses psychologischer Arbeitsverträge als sozialer Prozess[750]. Die somit relevanten interaktionstheoretischen und prozesstheoretischen Theorien und das Darwiportunismus-Konzept, welches den Einfluss situativer Faktoren auf den psychologischen Arbeitsvertragstyp erklärt, werden bereits in Kapitel 2 hinsichtlich ihrer Aussagerelevanz für den Entstehungsprozess psychologischer Arbeitsverträge untersucht. Aus dieser Analyse ergeben sich elf Anforderungskriterien an den Bildungsprozess psychologischer Arbeitsverträge, die alle erfüllt sein müssen. Der Abgleich dieser Anforderungen mit bereits existenten Bildungsprozessen psychologischer Arbeitsverträge, von *Herriot* und *Pemberton* sowie *Rousseau*, ergibt einen eindeutigen Bedarf zur Modifikation der Prozessphasen existierenden Entstehungsprozessmodelle.

Zur Erreichung des zweiten Ziels wird nachfolgend zuerst der modifizierte Gesamtbildungsprozess psychologischer Arbeitsverträge dargestellt und analysiert. Anschließend werden die sich ergebenden Prozessphasen hinsichtlich ihrer darwiportunistischen Differenziertheit untersucht und abschließend als darwiportunistisch differenzierter Gesamtprozess zusammengefügt.

---

750 vgl. Herriot/Pemberton (1997), 45.

3 Untersuchungsrahmen

3.1 Mentales Modell

Aufgrund der Kritik an den bestehenden Prozessmodellen zur Bildung psychologischer Arbeitsverträge wird nachfolgend ein modifizierter Entstehungsprozess entwickelt, der aufbauend auf dem Modell von *Herriot* und *Pemberton*[751] in einem ersten Schritt den Gesamtprozess der Bildung psychologischer Arbeitsverträge darstellt.

Dabei werden besonders Aspekte, die sich aus der Sichtweise des Bildungsprozesses psychologischer Arbeitsverträge als einen primär sozialen Prozess ergeben, berücksichtigt. Vor allem bedeutet dies, die Interaktionsbeziehung zwischen den Vertragsparteien in den Mittelpunkt der Bildung derartiger Verträge zu stellen. Hierzu müssen allerdings auch kommunikative Aspekte Beachtung finden. Kommunikation kann dabei als Basis der Interaktion gesehen werden. So finden hiernach keine Interaktionen zwischen Personen statt, ohne dass dabei kommuniziert wird. Anderenfalls gibt es auch Vertreter, die sehr wohl eine Interaktion ohne Kommunikation für möglich halten.[752] Wenn man allerdings *Watzlawick* folgt, der aussagt, dass man „nicht nicht kommunizieren"[753] kann, so ist eine Interaktionssituation, die nicht auch durch kommunikative Aspekte geprägt ist, unmöglich. Also auch non-verbales Verhalten bedeutet Kommunikation.[754]

Folglich reicht es während der Bildung psychologischer Arbeitsverträge nicht aus, den Grad der Kommunikation als Kontextfaktor zu modellieren. Vielmehr setzt eine zielführende Kommunikation voraus, dass bei den beteiligten Parteien ein einheitliches Verständnis der in der Kommunikation verwendeten Symbolik vorliegt.[755] Erst damit ist es möglich, dass beide Parteien die gegenseitigen Vorstellungen über die Leistungen und Gegenleistungen in der Arbeitsbeziehung abgleichen können.[756] Kommunikative Fehlinterpretationen können somit reduziert werden.[757] Der Erzielung eines einheitlichen Symbolverständnisses und der interaktiven Deutung gesendeter Signale muss folglich eine

---

751   vgl. Herriot/Pemberton (1996), 760; (1997), 46.
752   vgl. Golléri/Kanning (2007), 331.
753   Watzlawick/Beavin/Jackson (2011), 59.
754   vgl. Gordon et al. (2006), 81.
755   vgl. Parsons (1959), 629-630.
756   vgl. Wit (2006), 383.
757   vgl. Parsons (1959), 629-630.

besondere Rolle im Entstehungsprozess psychologischer Arbeitsverträge zu kommen.

Auch lässt sich aufgrund der Systematik der Darwiportunismus-Matrix folgern, dass das Verhalten des Unternehmens und der Mitarbeiter in Abhängigkeit von dem jeweiligen Darwinismus- und Opportunismusgrad variiert. Folglich ist aus Darwiportunismus-Sicht die Annahme im Modell von *Herriot* und *Pemberton*[758] nicht haltbar, dass es bei der Bildung psychologischer Arbeitsverträge immer zu einer Verhandlung zwischen den Vertragsparteien kommt. Auch lässt das variierende Verhalten der am Prozess Beteiligten darauf schließen, dass der Entstehungsprozess psychologischer Arbeitsverträge in Abhängigkeit von Darwinismus- und Opportunismusgrad anders verläuft. Insgesamt ist somit eine Position, die den gleichen Ablauf des Entstehungsprozesses psychologischer Arbeitsverträge unabhängig von möglicherweise differierenden Inhalten betont,[759] aus darwiportunistischer Sicht zu hinterfragen.

Sowohl der vermehrte Fokus auf die kommunikativen Aspekte der Interaktion als auch die anzunehmenden strukturellen Differenzen, die sich aus darwiportunistischer Sicht im Prozessablauf ergeben, führen zu Änderungen bereits existierender Bildungsprozessmodelle. Nachfolgend wird daher in einem ersten Schritt der modifizierte Gesamtprozess der Bildung psychologischer Arbeitsverträge visualisiert und beschrieben. Anschließend werden in einem zweiten Schritt die Phasen des Bildungsprozesses hinsichtlich ihrer strukturellen Differenzen, resultierend aus dem unterschiedlichen Darwinismus- und Opportunismusgrad der beteiligten Parteien, analysiert.

Insgesamt ergibt sich aufbauend auf dem Modell von *Herriot* und *Pemberton*[760] wie in Abbildung 15 dargestellt ein allgemeiner Entstehungsprozess psychologischer Arbeitsverträge mit den fünf Phasen: (I) Erwartungsbildung, (II) Symbolinterpretation, (III) Verhandlung, (IV) Austausch und (V) Monitoring. Der Ablauf dieses Prozesses, in der Abbildung jeweils durch eine Eins gekennzeichnet, sieht ein Aufeinanderfolgen der Phasen (I) bis (V) vor (Pfeil 1 in der Grafik). Die im Modell idealtypisch abgrenzbaren Phasen des Entstehungsprozesses greifen in der Realität ineinander und somit überlappen Anfangs- und Endpunkte einzelner Phasen. Die Phase (III) Verhandlung stellt eine Ausnahme dar: Diese Phase findet nur während der Bildung eines bestimmten psychologischen Arbeitsvertragtyps statt. Die darwiportunistische Analyse der einzelnen Phasen im nachfolgenden Kapitel wird genauer Aufschluss über die strukturellen Unterschiede der vier Bildungsprozesse geben.

---

758 vgl. Herriot/Pemberton (1997),
759 vgl. Herriot/Pemberton (1997), 45.
760 vgl. Herriot/Pemberton (1997).

Allen Phasen gemein ist allerdings, dass innerhalb jeder Phase eine zusätzliche Exit-Option (Pfeil 2) besteht. Diese kommt zum Tragen, falls eine der beiden Parteien unüberbrückbare Differenzen feststellt. Ein Verlassen des Bildungsprozesses des psychologischen Arbeitsvertrages hat dabei in Abhängigkeit von dem Prozessfortschritt unterschiedliche Auswirkungen. Falls eine der am Bildungsprozess beteiligten Parteien bereits in Phase (I) oder (II) aussteigt, kann es sein, dass es noch gar nicht zum Abschluss des formalen Arbeitsvertrages gekommen ist. Ein Verlassen des Bildungsprozesses impliziert bis hierhin also nicht zwingend rechtliche Konsequenzen, sondern lediglich den vorzeitigen Ausstieg.

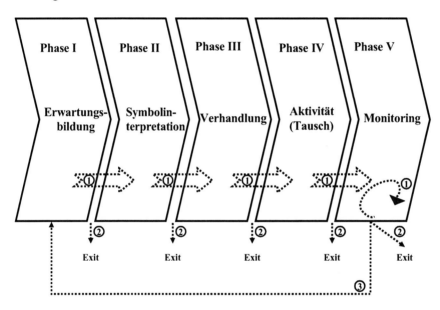

Abbildung 15: Allgemeiner Ablauf der Bildung psychologischer Arbeitsverträge

Zeitlich gesehen ist der Beginn der Bildung von beiderseitigen Erwartungen (Phase I) bereits vor dem Erstkontakt des potenziellen Mitarbeiters mit dem Unternehmen anzusetzen. Basierend auf Bedürfnissen, Erfahrungen und neuen Informationen bilden in dieser Phase beide Parteien Erwartungen hinsichtlich der Leistungen und Gegenleistungen im Arbeitsverhältnis.[761] So kann es aufgrund neuer Informationen bereits an dieser Stelle zu einem Ausstieg aus dem Entstehungsprozess psychologischer Arbeitsverträge kommen.

---

761   vgl. Schein (1965); Schein (1980).

151

Diese anfänglichen Erwartungen werden dann allerdings im Vorstellungsgespräch intensiviert oder modifiziert und unterliegen auch während des bereits existierenden psychologischen Arbeitsvertrages Veränderungen. Auch die Phasen der Symbolinterpretation und, wenn vorhanden, der Verhandlung beginnen bereits während der Vorstellungsphase, also bereits vor Abschluss des formalen Arbeitsvertrages. So können auch hier festgestellte unüberbrückbare Differenzen in einem Ausstieg aus dem Entstehungsprozess münden, ohne dass es bereits zum Abschluss eines formalen Arbeitsvertrages gekommen ist. Allerdings ist auch diese Phase nicht nach der Vorstellungsrunde abgeschlossen, sondern zieht sich bis weit in die tatsächliche Ausgestaltung der Arbeitsbeziehung hinein.

Dabei bezieht sich die Phase der Symbolinterpretation (Phase II) auf die Erlangung eines einheitlichen Symbolverständnisses und die kognitive Interpretation gesendeter Signale. Konzipiert als eigenständige Phase im Bildungsprozess psychologischer Arbeitsverträge, wird dieser zweistufige Abgleich zwischen den Vertragsparteien der Relevanz der Basiselemente sozialer Prozesse gerecht. Interaktion und Kommunikation zwischen den am Bildungsprozess beteiligten Parteien sind daher Basis dieser Phase. Zwar werden in den Modellen von *Rousseau* und *Herriot* und *Pemberton* ebenso kommunikative wie auch interaktive Elemente im Prozessmodell erfasst[762], allerdings stellt nur diese explizite Modellierung als eigenständige Phase die Bedeutung des sozialen Prozesses ausreichend in den Vordergrund. Zu verstehen sind die interaktionalen und kommunikativen Aspekte daher nicht nur als Begleiterscheinung zwischenmenschlichen Verhaltens, sondern als wesentlicher Gestaltungsbereich der Bildung dieser psychologischen Arbeitsverträge. Dabei beeinflusst sich das Verhalten beider Parteien innerhalb der Interaktionssituation gegenseitig.[763] Es bilden sich kommunikative Muster aus, die für diese Interaktionsbeziehung charakteristisch sind.[764] Zur Verständigung ist allerdings eine gemeinsam verwendete Symbolik zwingend.[765] Dieses kann auf Basis der Theorien des symbolischen Interaktionismus und der reflexiven Ko-Orientierung erklärt werden.[766] Sie fokussieren die Dynamik des Interaktionsprozesses.[767] Aufgrund dessen bieten sie einen geeigneten Erklärungsrahmen für die Entstehung eines gemeinsamen Symbolverständnisses und des Ablaufs gegenseitiger Interpretation der gesendeten Signale

---

762 vgl. Rousseau (1995); Herriot/Pemberton (1996); Herriot/Pemberton (1997); Rousseau (2001).
763 vgl. Rusbult/Van Lange (1996), 565.
764 vgl. Bergmann/Daub (2006), 105.
765 vgl. Parsons (1959), 629-630.
766 vgl. Singer (1976), 118-119.
767 vgl. Fischer/Wiswede (2002), 421-424.

im Entstehungsprozess psychologischer Arbeitsverträge. Somit sollten beide Parteien am Ende dieser Phase über eine gemeinsam verwendbare Symbolik verfügen, um die gesendeten Signale über Leistungs- und Gegenleistungserwartungen entsprechend interpretieren zu können.

Wie bereits angedeutet, finden Verhandlungen (Phase III) zwischen dem Vertreter der Organisation und dem (potenziellen) Mitarbeiter über die Erwartungen der Leistungen und Gegenleistungen nicht während jedes Entstehungsprozesses psychologischer Arbeitsverträge statt. Eine genaue Analyse, in welcher darwiportunistischen Konstellation eine derartige Verhandlung überhaupt möglich und sinnvoll ist, findet im nachfolgenden Analysekapitel der einzelnen Prozessphasen statt. Insgesamt werden in der Verhandlungsphase die Erwartungen bezüglich der gegenseitigen Leistungen und Gegenleistungen diskutiert und es wird versucht eine beiderseitige win-win-Situation zu erzielen. Dabei müssen bestehende Abstimmungsprobleme in Form von Kooperations- und oder Verteilungsproblemen gelöst werden.[768]

Hierbei bietet die oftmals bei Kooperationsproblemen diskutierte Principal-Agent-Problematik und ihre vielschichtigen Lösungsansätze[769] aufgrund fehlender Prozessorientierung kein adäquates Analysekonzept aus Prozesssicht. Auch spieltheoretische Lösungsmöglichkeiten wie die „Tit-for-Tat-Strategie"[770] oder der „Battle of Sexes"[771] bieten zwar Lösungen für Kooperations- und Verteilungsprobleme, zeigen die Prozessstruktur allerdings nur unzureichend auf.[772] Da in dieser Untersuchung der Fokus auf dem Verhandlungsprozess und nicht auf dem Verhandlungsergebnis liegt, wird für eine theoretische Basis der Erzielung von Übereinkünften in Verhandlungen die Theorie von *Cross*[773] herangezogen. Dieser sieht Verhandlungen als einen Lern- und Anpassungsmechanismus[774] und wird damit einer prozessorientierten Analyse gerecht. Besonderen Einfluss auf den Verhandlungsprozess haben dabei die Faktoren Macht, Reputation, Vertrauen und die Beziehung der Verhandlungspartner.[775]

In der Phase IV schließlich erfolgt der tatsächliche Austausch zwischen den Leistungen und Gegenleistungen des psychologischen Arbeitsvertrages. Diese

---

768 vgl. Huchler/Voß/Weihrich (2007), 74-75.
769 vgl. Jost (2001); Schumann/Meyer/Ströbele (2007), 450-459; Picot/Dietl/Franck (2008), 72-140.
770 vgl. Axelrod (1988); Miebach (2010), 404-409.
771 vgl. Luce/Raiffa (1957).
772 vgl. Flynn (2006).
773 vgl. Cross (1978).
774 vgl. Cross (1978), 29-51.
775 vgl. Menkel-Meadow/Schneider/Love (2006), 241-278.

Phase findet zwingend innerhalb des Arbeitsverhältnisses, also nach Abschluss des formalen Arbeitsvertrages, statt. Unterschieden wird dabei zwischen reziprokem, verhandeltem[776] und diktiertem Austausch. In den Ausarbeitungen zum psychologischen Arbeitsvertrag wird allerdings meist von reziprokem Austausch gesprochen.[777] Lediglich wenige Arbeiten fokussieren den verhandelten Austausch.[778] Der diktierte Austausch entsteht in dieser Ausarbeitung als logische Ableitung aus den psychologischen Arbeitsvertragstypen Feudalismus und Kindergarten. Die Möglichkeit der unterschiedlichen Existenz dieser Austauschformen in Abhängigkeit von dem spezifischen psychologischen Arbeitsvertrag wird bisher allerdings nicht in Betracht gezogen. Aufgrund der sich aus darwiportunistischer Sicht ergebenden vier unterschiedlichen psychologischen Arbeitsverträge[779] ist das Vorliegen unterschiedlicher Austauschformen innerhalb des jeweiligen Vertrages allerdings naheliegend. Zeitlich gesehen kann die Phase, im verhandelten Falle, bereits als Teil eines gebildeten psychologischen Arbeitsvertrages gesehen werden. Dies ist darauf zurückzuführen, dass bereits Versprechen und Verpflichtungen in der vorherigen Phase der Verhandlung getätigt wurden.

Dieser statischen Ansicht wird hier allerdings nicht gefolgt. Aufgrund des wechselseitigen Verhaltseinflusses in Interaktionsbeziehungen und der daraus resultierenden Dynamik psychologischer Arbeitsverträge wird die Phase des Austausches als Teil des Bildungsprozesses angesehen. Vor allem im Falle des reziproken Austausches, in dem die Tauschkonditionen zeitlich und inhaltlich unspezifiziert sind, dient die tatsächliche Realisation der gegenseitigen Leistungen und Gegenleistungen zur Spezifikation des spezifischen psychologischen Arbeitsvertrages. Aber auch der Austausch der bereits vorab verhandelten Konditionen ergibt erst durch die tatsächliche Realisation der Leistungen und Gegenleistungen die Erfüllung des spezifischen psychologischen Arbeitsvertrages. Des Weiteren können innerhalb dieser Phase auch Erwartungsänderungen zu Modifikationen in den vorab verhandelten Austauschkonditionen führen. Diese münden dann in neuen Verhandlungen und ergeben wiederum abgeänderte Tauschkonditionen. Um dieser Dynamik von Modifikationen gerecht werden zu können, wird die Phase des Austausches in den Bildungsprozess psychologischer Arbeitsverträge integriert.

So ist auch das Scannen beider Parteien, ob die Leistungen und Gegenleistungen eingehalten werden, welches in der Monitoring-Phase stattfindet (Phase

---

776 vgl. Molm (2010), 119-120.
777 vgl. beispielsweise Rousseau (1989; 1995; 2004).
778 vgl. Herriot/Pemberton (1996; 1997).
779 vgl. Scholz (2003a), 87-94.

V), Teil des Entstehungsprozesses. Im Gegensatz zu der Aktivitätsphase ist diese Phase ebenso Teil des Entstehungsprozesses psychologischer Arbeitsverträge im Modell von *Herriot* und *Pemberton*.[780] Idealtypisch findet dieses Scannen dauerhaft statt, oftmals allerdings unbewusst. Falls Abweichungen von den Erwartungen beziehungsweise Versprechen im psychologischen Arbeitsvertrag wahrgenommen werden, können zwei Alternativen eingeschlagen werden. Die erste Möglichkeit ist das Vorliegen einer zu hohen Erwartungsabweichung. Als Konsequenz wird es zu Unzufriedenheit, Leistungseinbußen, eventuell zu Arbeit nach Vorschrift und im Extremfall zur Kündigung des Arbeitsverhältnisses kommen (Pfeil 2 in der Grafik – Exit-Option).[781] Falls die Erwartungsabweichungen allerdings im individuellen Toleranzbereich liegen, können vorangegangene Erwartungen modifiziert werden und der Bildungsprozess des psychologischen Arbeitsvertrags beginnt von neuem (Pfeil 3 in der Grafik) – der Prozess ist folglich zyklisch. Diese Möglichkeit der Erwartungsanpassung spiegelt die Dynamik psychologischer Arbeitsverträge wider.

Erwartungen beider Parteien unterliegen ständigem Wandel und bedingen somit die Möglichkeit der Anpassung von zu erwartenden Leistungen und Gegenleistungen im Arbeitsverhältnis.[782] Durch den dauerhaften Austausch und das dauerhafte Scannen der Leistungen und Gegenleistungen sowie die Möglichkeit der Erwartungsmodifikation unterliegen psychologische Arbeitsverträge einer fortwährenden Dynamik. Der Bildungsprozess psychologischer Arbeitsverträge ist somit niemals abgeschlossen. Obwohl in einem statischen Sinne von dem Vorliegen eines spezifischen psychologischen Arbeitsvertrages gesprochen wird, ist dieser tatsächlich nicht starr, sondern innerhalb eines Rahmens dauerhaft modifizierbar.

Der hier dargestellte Gesamtprozess visualisiert in einem ersten Schritt die Phasen und den allgemeinen Ablauf des modifizierten Entstehungsprozesses psychologischer Arbeitsverträge. Dabei wird dieser zehn der elf Anforderungskriterien (Entwicklung in Kapitel 2.3) gerecht (Tabelle 13).

---

780 vgl. Herriot/Pemberton (1997), 46.
781 vgl. Kobi (2008), 49.
782 vgl. Schein (1980), 98-99.

Tabelle 13: *Erfüllte Anforderungskriterien des modifizierten Bildungsprozesses psychologischer Arbeitsverträge*

Anforderungskriterien	modifizierter Bildungsprozess psychologischer Arbeitsverträge	Erläuterung
Interaktion (Wechselbeziehung)	✗	über den gesamten Bildungsprozess hinweg
Kommunikation: gemeinsames Symbolverständnis	✗	erstmalig und vor allem in Phase II und III, allerdings wird auch in den anderen Phasen kommuniziert
kognitives Matching	✗	Phase II
reziproker Austausch	✗	Phase IV
verhandelter Austausch	✗	Phase IV
Verhandlung	✗	Phase III
Situationsbezug (Wandel der Umwelt)	–	erfolgt durch die Integration des Darwiportunismus-Konzeptes (*Scholz* 2003) in den folgenden Kapiteln
Erwartungen, Versprechen, Verpflichtungen	✗	Erwartung als Voraussetzung, Versprechen als Bindungsangebot, Verpflichtung als Vertragselement
dynamisch	✗	Prozessablauf
zyklisch	✗	Möglichkeit zur Erwartungsanpassung
Monitoring	✗	Phase V

Lediglich der Situationsbezug ist in diesem Modell bislang noch nicht gegeben. In einem zweiten Schritt wird dieser daher hergestellt. Wie bereits erläutert, bietet hierfür das Darwiportunismus-Konzept von *Scholz*[783] einen geeigneten Rahmen. Abbildung 16 zeigt den Rahmen für die nachfolgende Untersuchung.

---

783   vgl. Scholz (2003a).

		Phase I Erwartungsbildung		Phase II Symbolinterpretation		Phase III Verhandlung		Phase IV Aktivität (Tausch)		Phase V Monitoring		
AG	AN	AG	AN	AG	AN	AG	AN	AG	AN	AG	AN	Psy. Arbeitsvertrag
niedriger Darwinismus	niedriger Opportunismus											Gute alte Zeit
hoher Darwinismus	niedriger Opportunismus											Feudalismus
niedriger Darwinismus	hoher Opportunismus											Kindergarten
hoher Darwinismus	hoher Opportunismus											Darwiportunismus pur

Abbildung 16: Mentales Modell des darwiportunistisch differenzierten Bildungsprozesses psychologischer Arbeitsverträge

Die Tabelle unter dem modifizierten Bildungsprozess bietet Raum für die durch die darwiportunistische Differenzierung bedingten, strukturellen Unterschiede im Prozessablauf. Betrachtet von links nach rechts, kann somit dargestellt werden, welche strukturellen Prozessunterschiede sich in den einzelnen Phasen für den Arbeitgeber (AG) und Arbeitnehmer (AN) in Abhängigkeit von dem spezifischen Darwinismus- und Opportunismusgrad ergeben. Basis ist dabei der spezifische Darwinismus- und Opportunismusgrad (linke Spalte), welcher in Kombination die strukturellen Unterschiede in den Prozessphasen bedingt und letztendlich in der Bildung eines der vier psychologischen Arbeitsverträge des Darwiportunismus-Konzeptes mündet (rechte Spalte).

Um die strukturellen Unterschiede vollständig erfassen und so die Tabelle komplettieren zu können, werden in Kapitel 4 die einzelnen Phasen des modifizierten Entstehungsprozesses psychologischer Arbeitsverträge hinsichtlich ihrer darwiportunistischen Differenziertheit untersucht.

3.2 Methodik

Der aufbauend auf den theoretischen Grundlagen (Kapitel 2) in diesem Kapitel entwickelte darwiportunistisch differenzierte Entstehungsprozess psychologischer Arbeitsverträge bietet durch seine situative Differenzierung einen Fortschritt im Umgang mit der Bildung psychologische Arbeitsverträge. Durch die literaturbasierte Aufbereitung bestehender Prozesse und die Erweiterung dieser um soziologische, verhandlungstheoretische und darwiportunistische Aspekte bietet der darwiportunistisch differenzierte Entstehungsprozess psychologischer Arbeitsverträge eine fundierte theoretische Basis für die Gestaltung des Entstehungsprozesses in Unternehmen. Insgesamt handelt es sich bei diesem Konzept somit um logisch abgeleitete Notwendigkeiten der Prozessgestaltung. Eine Aussage hinsichtlich einer Gesamtbewertung der situativen Prozessgestaltung im Hinblick auf dessen jeweilige Effizienz und Effektivität wird allerdings dadurch noch nicht getroffen. Mit dieser theoretischen Konzeptionierung kann das zweite Ziel dieser Ausarbeitung erreicht werden und in einem prospektiven Sinne die Basis gelegt werden, Unternehmen im Umgang mit dem Entstehungsprozess psychologischer Arbeitsverträge handlungsfähiger zu machen, das heißt, den Prozess zu rationalisieren.

Die Frage nach einer geeigneten methodischen Vorgehensweise zur Rationalisierung dieses Bildungsprozesses in Unternehmen bedingt eine Beachtung der Spezifika psychologischer Arbeitsverträge im Allgemeinen und des darwiportunistisch differenzierten Bildungsprozesses im Speziellen. So wird die Schwierigkeit in der empirischen Erfassung des überwiegend Unbewussten verstärkt durch die innovativen Zukunftsaspekte des Arbeitslebens im Darwiportunismus-Konzept. Wenn auch eine Tendenz hin zu dem psychologischen Arbeitsvertragstyp Darwiportunismus pur in Unternehmen zu verzeichnen ist,[784] so sind eine Vielzahl der Unternehmen aktuell noch in der Guten alten Zeit oder weisen bedingt durch die Finanzkrise eher feudalistische Strukturen auf. Eine empirische Modellüberprüfung würde folglich zu einer zu einseitigen Erfassung von psychologischen Arbeitsvertragstypen des Feudalismus und der Guten alten Zeit führen.

Zur Rationalisierung dieses Entstehungsprozesses und somit zur Lösung des in dieser Ausarbeitung identifizierten praktischen Problems von Unternehmen bedingt es folglich einer differenzierten Herangehensweise. Insgesamt ist das hier entwickelte Konzept somit zuerst ein kognitiv zu begegnendes Phänomen. Es handelt es sich um ein rationales Phänomen, welches ein Umdenken im Um-

---

784   vgl. Scholz (2003a), 81-87.

gang mit dem Entstehungsprozess psychologischer Arbeitsverträge im Unternehmen bedingt. Dieses Umdenken im Unternehmen muss vor allem durch eine stärkere Bewusstheit im Umgang mit der Bildung dieser Verträge einhergehen. Aufgrund der Prospektivität des entwickelten Modells kann die Klärung dieser Frage nicht rein literaturbasiert erfolgen. Zwar gibt es eine Reihe von Rationalisierungstheorien und -ansätzen,[785] bezüglich der Realisation des darwiportunistisch differenzierten Bildungsprozesses psychologischer Arbeitsverträge allerdings nicht. Eine theoretische Herleitung entsprechender Erkenntnisse zur Rationalisierung dieses Prozesses in Unternehmen ist somit nicht ausreichend. Da die empirische Überprüfung des Gesamtmodells aufgrund seiner Prospektivität nicht sinnvoll ist, ist zur Identifikation von Rationalisierungsaspekten gerade die Ableitung von Implikationen aus der Betrachtung der Realität erfolgversprechend. Die Durchführung einer empirischen Untersuchung kann somit Erkenntnisse aus der Realität schaffen, die für die Generierung eines theoretischen Erkenntnisfortschritts herangezogen werden können.[786]

Bei der Auswahl einer geeigneten empirischen Untersuchungsmethodik ist zu berücksichtigen, dass das Konzept des psychologischen Arbeitsvertrages bei einer Vielzahl der Beschäftigten nicht bekannt ist. Zusätzlich sind sowohl die Inhalte als auch der Ablauf des Bildungsprozesses der psychologischen Arbeitsverträge zumeist unterbewusst gespeichert. Dies erschwert einen Zugriff auf bestimmte Aspekte dieser Verträge. Insgesamt ergeben sich somit zwei Implikationen für die Auswahl einer geeigneten empirischen Untersuchungsmethodik:

- Zum einen muss eine Methodik herangezogen werden, die es ermöglicht, den Probanden eine Vielzahl von Informationen mitzuteilen. Diese beziehen sich vor allem auf die Vermittlung von Kenntnissen des Darwiportunismus-Konzeptes und des daran anschließenden neu entwickelten darwiportunistisch differenzierten Bildungsprozesses psychologischer Arbeitsverträge.
- Zum anderen muss die Methodik auf Probanden zurückgreifen, die derart vielfältige und neuartige Informationen nicht nur verstehen, sondern auch Übertragungen und Rückschlüsse zur Unternehmenspraxis generieren können.

Die Durchführung einer rein quantitativen Studie im Rahmen eines großzahligen Stichprobenumfanges ist daher wenig zielführend. Im Sinne *Gläsers* und *Laudels* steht in dieser Untersuchung nämlich nicht die Überprüfung einer bestehenden Strategie, sondern die Generierung einer Strategie im Vordergrund. Das spricht zumindest in einem ersten Schritt für die Verwendung einer qualita-

---

785   vgl. für eine Einführung zur Thematik 5.1 dieser Ausarbeitung
786   vgl. Gläser/Laudel (2010), 24.

tiven Studie.[787] Zudem ist es notwendig, auf Probanden mit Expertenstatus zurückzugreifen. Eine derart neuartige Thematik, welche die Verarbeitung vielfältiger Informationen zur Teilnahme an dieser Studie voraussetzt, kann nicht mit Hilfe beliebiger Probanden realisiert werden. Zugleich ermöglicht eine Befragung ausgewählter Experten auch eine Bereicherung der Befragung durch deren spezifisches Wissen. Realisiert werden kann dadurch ein holistisches Gesamtbild, welches nicht durch lediglich eine subjektive Perspektive eingeschränkt wird.[788]

Die Möglichkeiten im qualitativen Bereich ziehen sich durch ein breites Spektrum an unterschiedlich methodischen Vorgehensweisen wie beispielsweise unterschiedliche Interviewverfahren, Gruppendiskussionen und die Methode der teilnehmenden Beobachtung.[789] Besonders zutreffend auf die hier gestellten Anforderungen an die methodische Vorgehensweise zur Rationalisierung des darwiportunistisch differenzierten Entstehungsprozesses psychologischer Arbeitsverträge ist die Methode der Delphi-Befragung. Diese Methode kann *Möhring* und *Schlütz* zur Folge „[...] *eingesetzt werden,* [...] *um Entscheidungen, die auf unsicherem Wissen basieren, im Gruppenprozess zu qualifizieren*"[790].

Was genau unter einer Delphi-Studie verstanden wird und wie diese eingesetzt wird, zeigt *Häder* in seiner Auflistung mannigfaltiger Definitionsversuche unterschiedlichster Forschergruppen.[791] Da es in dieser Ausarbeitung weniger darum geht, die Delphi-Methode an sich zu optimieren, sondern vielmehr um ihren Einsatz zur Rationalisierung des darwiportunistisch differenzierten Bildungsprozesses psychologischer Arbeitsverträge, wird für eine ausführliche Darstellung der unterschiedlichen Forschungsstandpunkte zur Delphi-Methode auf diese Analyse verwiesen.[792]

Als besonders wegweisend stuft *Gregersen* die Arbeit von *Linstone* und *Turoff* ein. Sie wird neben der Ursprungsdefinition von *Dalkey* und *Helmer*[793] vielfach in anderen Ausarbeitungen herangezogen.[794] *Linstone* und *Turoff* verstehen dabei folgendes unter der Delphi-Methode „[...] *a method for structuring a group communication process so that the process is effective in allowing a*

---

787 vgl. Gläser/Laudel (2010), 26.
788 vgl. Gläser/Laudel (2010), 37.
789 vgl. Flick/Kardorff/Steinke (2009), 332-334; für eine tiefer gehende Auseinandersetzung mit dieser Thematik beispielsweise Mayring (2002); Flick/Kardorff/Steinke (2009); Gläser/Laudel (2010).
790 Möhring/Schlütz (2010), 152.
791 vgl. Häder (2002), 19-20.
792 vgl. Häder (2002).
793 vgl. Dalkey/Helmer (1963), 458.
794 vgl. Gregersen (2011), 22, 24.

group of individuals, as a whole, to deal with a complex problem"[795]. Ein etwas detaillierteres Verständnis weist *Häder* auf, der auf die Definition von *Häder* und *Häder* zurückgreift, die folgendes unter dieser Methode verstehen: „*die Delphi-Methode ist ein vergleichsweise stark strukturierter Gruppenkommunikationsprozess, in dessen Verlauf Sachverhalte, über die naturgemäß unsicheres und unvollständiges Wissen existiert, von Experten beurteilt werden*"[796].[797] Diesem Verständnis von Delphi-Studien wird auch in dieser Ausarbeitung gefolgt.

Ähnlich zahlreich wie die unterschiedlichen Definitionsversuche von Delphi-Studien sind die divergierenden Studiendesigns.[798] Hier findet keine vollständige Darlegung aller Studien statt. Es werden lediglich überblicksartig wichtige Punkte zur Delphi-Befragung und zu ihrem konzeptionellen Gesamtverständnis im Hinblick auf die Konzeption der eigenen Studie dargestellt. Eine ausführliche Beschreibung der geschichtlichen Entwicklung von Delphi-Studien oder die genaue Positionierung unterschiedlicher Ansichten, Kritiken und Forschungsschwerpunkte finden in dieser Ausarbeitung daher keine Beachtung.[799]

Abgezielt wird vor allem auf die Auseinandersetzung mit unterschiedlichen Spezifika von Delphi-Studien, die für die Konzeptionalisierung einer eigenen Studie von besonderem Interesse sind. So hebt *Wechsler* beispielsweise für eine Delphi-Befragung die Aspekte:

- „*Monitorgruppe,*
- *anonyme Expertengruppe,*
- *formaler Fragebogen,*
- *statistisches Gruppenurteil,*
- *Standard-Feedback*
- *und Mehrstufigkeit*"[800]

als besonders typisch hervor. Darüber hinaus entwickelt er ein klassisches Ablaufschema dieser Methode. Dieses visualisiert, wie in Abbildung 17 dargestellt, die einzelnen Schritte der Befragung für die jeweils aktive Gruppe der Entscheidungsträger, Monitorgruppe und Expertengruppe. Es zeigt sich der für Delphi-Befragungen besonders typische, mehrstufige Wechsel zwischen dem Verschi-

---

795   Linstone/Turoff (1975), 3.
796   Häder/Häder (1995), 12.
797   vgl. Häder (2002), 21.
798   vgl. Paetz et al. (2011), 62.
799   vgl. für eine umfassende Darstellung beispielsweise Seeger (1979); Häder (2002); Linstone/Turoff (1975).
800   Wechsler (1978), 24.

cken des Fragebogens, der Versendung von Feedback und des erneuten Ausfüllens durch die Experten.[801]

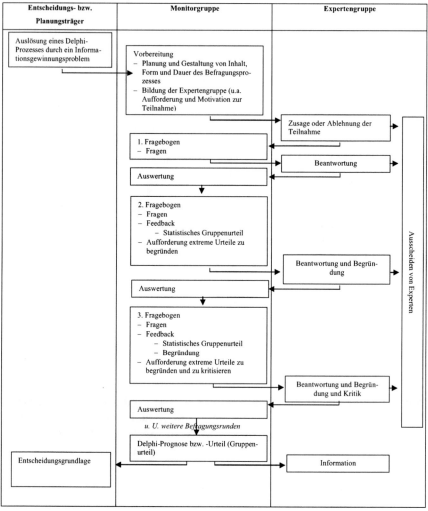

Abbildung 17: Ablaufschema der Standard-Delphi-Methode (Wechsler 1978, 25)

---

801   vgl. Wechsler (1978), 24-25.

Eingesetzt wird die Delphi-Methode in den Wirtschaftswissenschaften zu Beginn vor allem zu Prognosezwecken.[802] Dabei besteht das Ziel darin, eine „*konsensbasierte Gruppenmeinung zu eruieren*"[803]. Die Evaluation vergangener Delphi-Studien zeigt, dass die Prognosefähigkeit derartiger Delphi-Studie als relativ hoch angesehen wird.[804] Auch kritische Stimmen bezüglich des Einsatzes von Delphi-Befragungen werden diskutiert. Diese zielen vor allem auf das Fehlen festgelegter Kriterien zur Nutzung, das Fehlen einer theoretisch fundierten Basis und das Fehlen einer generell akzeptierten Vorgehensweise von Delphi-Befragungen ab.[805] Aber auch über den Einsatz als Prognoseinstrument hinaus wird die Delphi-Studie vielfach verwendet. *Hörmann* beispielsweise nennt die Einsatzbereiche als Problemlösungsmethode oder als Instrument zur Entscheidungsfindung.[806] Darüber hinaus zeigt er unterschiedliche Systematisierungsversuche anderer Forscher auf, die Delphi-Studien bei der Zielfindung, Problemfindung, Maßnahmenplanung, Strategieplanung, Ideenbewertung, Ideenfindung, Prognose, Konsensbildung und bei der Entscheidungsfindung als Methode sehen.[807]

Mögliche Variationen im Design der Delphi-Studien werden in der Art und Weise der Expertenauswahl, in der Anzahl der Experten und der Befragungsrunden, der individuellen Kompetenzbewertung, inhaltlicher Aspekte und in der Festlegung der Beendigung der Befragungswellen, gesehen.[808] Gerade diese Vielfältigkeit ist es, die oft zu einem undifferenzierten Einsatz der Delphi-Methode führt.[809] *Häder* spricht sich daher für eine Zielklarheit bei der Durchführung von Delphi-Befragungen aus. Er klassifiziert mögliche Anwendungsfelder von Delphi-Studien in vier Typen. So können seiner Ansicht nach Delphi-Befragungen zur Gewinnung neuer Ideen, zur Prognose unklarer Aspekte, zur Bildung oder Erweiterung von Expertenmeinungen oder zur Erzielung von Konsens zwischen den Experten eingesetzt werden.[810]

Delphi-Befragungen des Typs 1 werden zur Ideengeneration verwendet. Sie dienen der Erschließung von Lösungsansätzen und werden primär im Umgang mit Problemlösungen eingesetzt. Im Gegensatz zu dem „klassischen" Delphi-

---

802   vgl. Paetz et al. (2011), 62.

803   Paetz et al. (2011), 62.

804   vgl. Häder/Häder (1995), 10-11.

805   vgl. Häder/Häder (1995), 11-13.

806   vgl. Hörmann (2007), 34.

807   vgl. Hörmann (2007), 38; für eine weitere Systematisierung beispielsweise Seeger (1979), 22-27.

808   vgl. Hörmann (2007), 36.

809   vgl. Häder (2002), 23.

810   vgl. Häder (2002), 29.

Design sind diese Studien durch eine rein qualitative Vorgehensweise über mehrere Befragungsrunden gekennzeichnet.[811] *Gregersen* allerdings bemängelt die erhöhte Kapazitätsbelastung der Experten aufgrund der qualitativen Struktur der Befragung. Er spricht sich dafür aus, im Falle dieses Studienziels eher auf andere Methoden zurückzugreifen.[812]

Das Ziel von Delphi-Befragungen des Typs 2 ist die Vorhersage eines unsicheren Sachverhalts. Sie sollen exakte Aussagen über eigentlich unvorhersagbare Geschehnisse treffen. Diese Delphi-Studien, im Sinne einer Prognosefunktion, entsprechen dem „klassischen" Methodenverständnis.[813] *Gregersen* wiederum weist auf die Entstehung einer selbsterfüllenden Prophezeiung hin. Fraglich ist seiner Meinung nach, ob bisher eingetretene, über Delphi-Studien prognostizierte Ereignisse sich tatsächlich derart entwickelt haben, oder ob nur durch die vorab durchgeführte Studie diese Ergebnisse erzielt werden.[814]

Der Delphi-Befragungstyp 3 dient der Ermittlung und Qualifikation von Ansichten der Expertengruppe über diffuse Sachverhalte. Im Vordergrund steht die Aufdeckung und Abbildung der verschiedenen Meinungen und Ansichten der jeweils beteiligten Experten.[815] Weitere Unterspezifikationen im Forschungsdesign sind allerdings nötig, um einen eindeutigen Mehrwert und eventuelle Handlungsimplikationen der Ergebnisse nutzbar zu machen.[816]

Typ 4, die Konsensbildung, ermöglicht über das Geben eines gezielten Feedbacks, die Qualität der Befragungsergebnisse zu erhöhen. Im besten Fall kann sogar über diesen mehrstufigen Prozess eine annähernd einheitliche Gruppenmeinung etabliert werden.[817] Insgesamt wenig genutzt wird dieser Typ[818] auch oder gerade, weil die Durchführung einer derartigen Studie mit einem enormen Aufwand einhergeht: Nicht nur harmonisierungsfähige Teilnehmer müssen akquiriert werden, sondern auch die Vielzahl an Durchführungsrunden muss konzipiert, organisiert und realisiert werden.[819] Tabelle 14 veranschaulicht die beschriebene Typologisierung.

---

811   vgl. Häder (2002), 29-31.
812   vgl. Gregersen (2011), 30-31.
813   vgl. Häder (2002), 31-32.
814   für eine ausführlichere Diskussion dieses Einwandes vgl. Gregersen (2011), 31-32.
815   vgl. Häder (2002), 32-33.
816   vgl. Gregersen (2011), 33-34.
817   vgl. Häder (2002), 33-35.
818   vgl. Häder (2002), 35.
819   vgl. Gregersen (2011), 34-35.

Tabelle 14: Ideenaggregations-, Vorhersage-, und Konsens-Delphi sowie Delphi zur Ermittlung von Expertenmeinungen im Vergleich (Häder 2002, 36)

Ideengeneration Typ 1	Bestimmung eines Sachverhalts Typ 2	Ermittlung von Expertenmeinungen Typ 3	Konsens Typ 4
qualitativ angelegt	qualitatives und quantitatives Vorgehen	qualitatives und (vor allem) quantitatives Vorgehen	quantitativ angelegt
kaum Operationalisierung, teilweise nur Vorgabe des zu bearbeitenden Themenbereichs	der zu bearbeitende Sachverhalt ist möglichst exakt zu definieren		stark differenzierte Operationalisierung des zu bearbeitenden Themas
Nutzung offener Fragen	offene und vor allem geschlossene Fragen		ausschließlich standardisierte Bewertungen
Auswahl der Experten erfolgt aufgrund der Expertise	Hypothesen zur Auffindung der Experten nötig, keine formalisierbaren Regeln	Totalerhebung oder bewusste Auswahl der Experten	Auswahl der Teilnehmer kann aufgrund eines bestimmbaren Rahmens erfolgen
ausschließlich qualitative Runden	qualitative Runde kann zur Operationalisierung genutzt werden		qualitative Runde kann entfallen, wird vom Monitoring-Team übernommen
Ziel: Sammlung von Ideen zur Lösung eines Problems	Ziel: Verbesserung der Bestimmung eines Sachverhalts (Vorhersagen)	Ziel: Ermittlung und Qualifikation der Ansichten der Experten	Ziel: Hohes Maß an Übereinstimmung bei den Teilnehmern
Herausgehobene Rolle der Teilnehmer	Teilnehmer und Monitoring-Team haben in etwa gleich große Bedeutung		Herausgehobene Rolle der Monitoring-Teams
Beispiel: Hasse (1999)	Beispiel: Janssen (1976)	Beispiel: Brosi/Krekel/Ulrich (1999)	Beispiel: Mettler/Baumgartner (1997)

Diese Typologisierung hält aufgrund konkreter Abgrenzbarkeit der unterschiedlichen Delphi-Typen der Kritik nach Beliebigkeit von Delphi-Studien stand. Die bisher mögliche Parallelität der Zielverfolgung ist somit ausgeschlossen.[820] *Gregersen* allerdings kritisiert auch diese Vorgehensweise. Ihm zufolge fehlen übergeordneter Kategoriebezeichnungen und einige Typen weichen zu

---

820   vgl. Häder (2002), 35.

stark vom klassischen Design ab (vor allem des Typs 1). [821] Insgesamt allerdings gewichtet er die Typologisierung von *Häder* als positiv: „*Dennoch ist die Typologisierung in der Tat eine Bereicherung für die Diskussion um die Leistungsfähigkeit der Delphi-Methode*". [822]

Allen Delphi-Studien ist eine grundsätzliche Idee gemein: „*Diese besteht darin, in mehreren Wellen Expertenmeinungen zur Problemlösung zu nutzen und sich dabei eines anonymisierten Feed-backs zu bedienen* "[823]. Ein Vergleich der Delphi-Studie mit der Gruppendiskussion und einmalig durchgeführten Expertenbefragungen zeigt: Im Unterschied zu den beiden Methoden werden bei der Delphi-Studie entstehende Gruppenprozesse reduziert, komplexe Anliegen strukturiert aufbereitet und es entstehen durch das Feedback qualifiziertere Aussagen der Experten. [824]

Insgesamt ist daher der Einsatz einer Delphi-Studie für die Rationalisierung des darwiportunistisch differenzierten Entstehungsprozesses psychologischer Arbeitsverträge zielführend. Gerade der Einsatz von Experten und die sich wiederholende Befragungsstruktur qualifizieren diese Methode, um den hohen Anforderungen der Neuheit und Komplexität des darwiportunistisch differenzierten Entstehungsprozesses psychologischer Arbeitsverträge begegnen zu können. Aufgrund der vielfach in der wissenschaftlichen Literatur zur Delphi-Methodik durchaus als positiv eingestuften Bewertung der Typologisierung von *Häder* wird sich auch die Konzeption der Delphi-Studie dieser Ausarbeitung (Kapitel 5) an dieser Typologisierung ausrichten und das Studiendesign entsprechend ausgestalten.

---

821   vgl. Gregersen (2011), 35-38.
822   Gregersen (2011), 35.
823   Häder (2002), 22.
824   vgl. Häder (2002), 53-59. Für eine vergleichende Übersicht Häder (2002), 60.

4 Entwicklung des darwiportunistisch differenzierten Entstehungsprozesses psychologischer Arbeitsverträge

4.1 Darwiportunistisch differenzierte Analyse des Entstehungsprozesses psychologischer Arbeitsverträge

4.1.1 Darwiportunistisch differenzierte Analyse der Phase der Erwartungsbildung

Wie bereits in Kapitel 2.1.1.1 aufgezeigt wurde, ist die Relevanz von Erwartungen als Bestandteil psychologischer Arbeitsverträge in der wissenschaftlichen Literatur umstritten: Während frühe Forschungsarbeiten sich auf die Erwartungen als Grundlage dieser Verträge berufen, stellen spätere Veröffentlichungen eher Versprechen und Verpflichtungen in den Mittelpunkt der Betrachtung.[825] Da Erwartungen allerdings überhaupt erst Verhalten, Handlungen und Entscheidungen ermöglichen,[826] werden sie in dieser Ausarbeitung als Basis für die Bildung und das Eingehen von Versprechen und Verpflichtungen angesehen. So versuchen auch in psychologischen Arbeitsverträgen Akteure durch die Bildung antizipativer Erwartungen die Unsicherheit der Arbeitsbeziehung in der Zukunft zu reduzieren.[827] Beeinflusst wird dieser Prozess ebenfalls durch vorhandene normative Erwartungen.

Folglich entspricht auch deren Bildung der ersten Stufe der Entstehung psychologischer Arbeitsverträge.[828] Dieses geschieht anfänglich bereits vor dem Erstkontakt mit dem Unternehmen. Vertieft und spezifiziert werden Erwartungen dann im Einstellungsgespräch. Auf der einen Seite bildet die Führungskraft in Zusammenarbeit mit der Personalabteilung Erwartungen über die gewünschten Leistungen des potenziellen Mitarbeiters; im Speziellen, welche Fähigkeiten und Fertigkeiten für die spezifische Tätigkeit vorhanden sein müssen und welches Profil der Mitarbeiter aufweisen muss, um in das Unternehmen zu passen. Gleichzeitig entstehen allerdings ebenso eigene Leistungserwartungen, die entsprechend als Gegenleistung fungieren.

---

825 vgl. für einen Überblick über die Diskussion Conway/Briner (2005).
826 vgl. Lehneis (1971), 11; Olson/Roese/Zanna (1996), 211-238; Miller (2003), 2.
827 vgl. Rousseau/McLean Parks (1993), 8.
828 vgl. Levinson et al. (1962).

Auf der anderen Seite läuft auch beim Mitarbeiter der Entstehungsprozess der Erwartungen über eigene Leistungen und Gegenleistungen des Unternehmens ab. Dabei ist *Wiswedes* Differenzierung von Erwartungen hinsichtlich ihres Generalisierungsgrades relevant. Dieser bezieht sich auf den persönlichen Erfahrungshorizont, in dem Erwartungen bereits gebildet wurden. So sind spezifische Erwartungen jene, die sich bereits in bestimmten Situationen bewährt haben.[829] Demgegenüber sind generalisierte Erwartungen solche, für die keine situationsadäquaten Bezüge hergestellt werden können[830] und somit eher durch Stereotypisierung oder Attribuierung entstehen.[831] Bewerber sind daher für die Bildung psychologischer Arbeitsverträge oftmals auf die Vermittlung realistischer Erwartungen durch das Unternehmen angewiesen. Allerdings gelten insgesamt die vom Unternehmen zur Verfügung gestellten Informationen eher als zu rar für das Bilden realistischer Erwartungen über die zu erfüllenden Leitungen und Gegenleistungen im Unternehmen.[832]

Somit erfolgt die Bildung von Erwartungen zumeist aufgrund generell verfügbarer Informationen. Solche resultieren entweder aus dem Image des Unternehmens bezüglich der Arbeitsbedingungen oder aus verfügbaren schriftlichen Informationen über das Unternehmen. Vermittelt werden sie beispielsweise durch Stellenausschreibungen, den Internetauftritt oder durch Mitarbeiterzeitschriften. Spezifische Informationen sind in diesem Stadium beim Bewerber eher selten. Das Vorhandensein dieser detaillierten Anhaltspunkte wäre nur durch eine vergangene Tätigkeit im Unternehmen oder durch die Ausübung der gleichen Tätigkeit in der Vergangenheit möglich.[833]

Dabei würde gerade eine detaillierte und vor allem realistische Informationsbereitstellung durch das Unternehmen Unsicherheit reduzieren und die Entscheidungsfähigkeit des potenziellen Mitarbeiters über eine Einstellung vereinfachen.[834] Bedingt durch das überwiegende Fehlen einer derartig offenen und detaillierten Kommunikation der Leistungen und Gegenleistungen durch das Unternehmen müssen vor der Einstellung gebildete Erwartungen während der Sozialisationsphase im Unternehmen oftmals revidiert und angepasst werden.[835] Die Feststellung dieser Abweichungen zwischen gespeicherten Erwartungen und den tatsächlich eingetretenen Ereignissen von Individuen ermöglichen soge-

---

829 vgl. Wiswede (2004), 149-152.
830 vgl. Wiswede (2004), 149-150.
831 vgl. Darley/Fazio (1980), 873.
832 vgl. Breaugh/Strake (2000), 418-419.
833 vgl. Tekleab (2003), 28.
834 vgl. Breaugh/Strake (2000), 418-419.
835 vgl. beispielsweise Thomas/Anderson (1998).

nannte „regulatory feedback loops" durch einen kognitiven Abgleich. Weichen beide voneinander ab, gilt es, die Diskrepanz zu reduzieren.[836] Die ex ante Kommunikation realistischer Erwartungen beider Parteien im Entstehungsprozess psychologischer Arbeitsverträge könnte allerdings den Bedarf an einer ex post Modifikation verringern und hohe Fluktuationsraten reduzieren.[837]

Trotz vielfacher wissenschaftlicher Auseinandersetzungen mit dem Erwartungsbegriff ist der Bildungsprozess von Erwartungen wenig fundiert.[838] *Portwood* und *Miller* sehen die Quellen von Erwartungen in den individuellen Bedürfnissen, im relevanten Wissen und den Erfahrungen sowie in der individuellen Einstellung gegenüber der Arbeit begründet.[839] Ähnlich sieht auch *Schein* die Entstehung von Erwartungen in den Bedürfnissen, dem Lernen, den Traditionen und Normen und den vergangenen Erfahrungen begründet.[840] Den Prozess, wie sich aus diesen Ursprüngen tatsächliche Erwartungen bei den Akteuren entwickeln, beschreibt allerdings keiner der Autoren.

Vor allem *Miller* ist es, der ein detailliertes Verständnis über den Bildungsprozess von Erwartungen entwickelt.[841] Ausgangspunkt stellen ihm zufolge, das Wissen und die Erfahrungen der Akteure dar. Diese internen Modelle der Akteure steuern aufgrund bereits dort verankerter Erfahrungen den Wahrnehmungsprozess der Individuen. Eingehende Reize, beispielsweise in Form von normativen Erwartungen, lösen den Wahrnehmungsprozess aus und werden auf Basis des vorhandenen Wissens zu Informationen (internen Repräsentationen) verarbeitet. Diese Generierung von Antizipationen geschieht über die Alternativstufen der Nutzung von Algorithmen, welche Regeln zur Übertragung vorhandener Wissensstrukturen auf den spezifischen Reiz bieten, oder Heuristiken, welche als Alternative zu Algorithmen im Falle fehlender Informationen für die spezifische Situation und einer notwendigen Generalisierung herangezogen werden. Für den Fall, dass die herangezogenen Wissensstrukturen weiterhin keine Lösung bieten, werden Schemata benutzt, die durch generalisierte Mustererkennung in den Situationen eine automatisierte kognitive Verarbeitung ermöglichen.[842]

Im Gegensatz hierzu wird mit Hilfe mentaler Modelle als weitere Eskalationsform spezifisches Wissen auf die Verarbeitung und Lösung neuer Problemsi-

836   vgl. Roese/Sherman (2007), 92.
837   vgl. Makin/Cooper/Cox (1996), 57.
838   vgl. Miller (2003), 165.
839   vgl. Portwood/Miller (1976), 110.
840   vgl. Schein (1965; 1980).
841   vgl. Miller (2003).
842   vgl. Miller (2003).

tuationen angewandt. Für den Fall, dass diese kognitiven Prozesse kein Wissen zur Problemlösung generieren können, werden Analogien herangezogen oder es kommt zu einer kognitiven Improvisation. Aus diesem Verarbeitungsprozess, welcher durch die Emotionen der Akteure beeinflusst wird, resultiert eine Erwartung. Insbesondere werden vorhandene Algorithmen, Heuristiken, Schemata, mentale Modelle oder kognitive Improvisationsprozesse benutzt, um die Zukunft zu antizipieren und somit Erwartungen abzubilden. Durch die Nutzung dieser Wissensbasis wird des Weiteren neues Wissen generiert und somit der Möglichkeitsraum erweitert.[843] Folglich wird die Bildung von Erwartungen durch die Übertragung interner Modelle auf eine unsichere Zukunft kognitiv reproduziert.

Da folglich alle Individuen zur Unsicherheitsreduktion Erwartungen bilden,[844] ist als erste Erkenntnis für die darwiportunistisch differenzierte Analyse der Erwartungsbildungsphase zu folgern, dass die reine Tatsache der Bildung von Erwartungen unabhängig vom spezifischen Opportunismus- oder Darwiportunismusgrad abläuft. Die reine Erwartungsbildung findet folglich auf intraindividueller Ebene bei der Bildung aller vier psychologischer Arbeitsverträge des Darwiportunismus-Konzeptes statt (Abbildung 18).

---

843   vgl. Miller (2003), 167-293.
844   vgl. Miller (2003), 44-46.

AG	AN	AG	AN	psy. AV
niedriger Darwinismus	niedriger Opportunismus	intra-individuelle Erwartungsbildung	intra-individuelle Erwartungsbildung	Gute alte Zeit
hoher Darwinismus	niedriger Opportunismus	intra-individuelle Erwartungsbildung	intra-individuelle Erwartungsbildung	Feudalismus
niedriger Darwinismus	hoher Opportunismus	intra-individuelle Erwartungsbildung	intra-individuelle Erwartungsbildung	Kindergarten
hoher Darwinismus	hoher Opportunismus	intra-individuelle Erwartungsbildung	intra-individuelle Erwartungsbildung	Darwiportunismus pur

Phase I$_1$

Erwartungsbildung

Abbildung 18: Darwiportunistisch differenzierte Bildung von Erwartungen

Da allerdings kognitiv verankerte interne Modelle den Wahrnehmungsprozess beeinflussen und dieser wiederum die Verarbeitung neuer Reize beeinflusst[845], ergeben sich aufgrund individueller Dispositionen inhaltlich unterschiedliche Erwartungen.[846] Vielfach wird die große Bedeutung ausgewählter Persönlichkeitsmerkmale auf die Bildung von Erwartungen in theoretischen und empirischen Untersuchungen thematisiert.

So finden *Dickhäuser* und *Reinhard* beispielsweise heraus, dass Menschen, die ihre eigenen Fähigkeiten sehr hoch einstufen, auch höhere Leistungserwartungen bilden. Ebenso bewirkt eine positive emotionale Beschaffenheit von Personen die Bildung höherer (Leistungs-) Erwartungen.[847] Aus dem unterschiedlichen Darwinismus- und Opportunismusgrad resultieren daher inhaltliche Unterschiede in den Erwartungen: Wenig opportunistische Mitarbeiter erwarten beispielsweise einen sicheren Arbeitsplatz und wenig darwinistische Unternehmen loyale Mitarbeiter. Hoch opportunistische Mitarbeiter wollen dagegen eher krea-

---

845   vgl. Miller (2003), 167-293.
846   vgl. Biddle (1979), 132.
847   vgl. Dickhäuser/Reinhard (2008).

tiven Freiraum und darwinistische Unternehmen fokussieren im Besonderen die Leistung ihrer Mitarbeiter.[848] Verstärkend wirken die einmal beim Individuum gebildeten Erwartungen zusätzlich als Informationskatalysator. Auf diese Weise entsteht ein Kreislauf, der bewirkt, dass Individuen eher Informationen aus der Umwelt aufnehmen, welche bereits abgespeicherten Mustern entsprechen.[849] Folglich wirken Erwartungen nicht nur rein verhaltensdeterminierend,[850] sondern beeinflussen in einem ersten Schritt bereits die Sichtweise des Individuums auf die Umwelt[851].

Bei der darwiportunistischen Analyse der Phase der Erwartungsbildung ist neben der Erkenntnis, dass nicht die Erwartungsbildung an sich sondern die inhaltliche Spezifizierung der Erwartungen abhängig vom spezifischen Darwiportunismus- und Opportunismusgrad ist, auch eine nähere Untersuchung der bereits in Kapitel 2.1.1.1 genannten Unterscheidungsparameter „explicitness" und „likelihood"[852] von Erwartungen relevant.

Durch die Differenzierung im Explizitheitsgrad zwischen den psychologischen Arbeitsvertragstypen Darwiportunismus pur und Gute alte Zeit wird in Kapitel 2.4 die Basis einer Analyse darwiportunistisch differenzierter Erwartungsbildung gelegt. Da sich der Darwiportunismus pur bereits an sich durch seine explizite Kommunikation auszeichnet, findet folglich ebenso eine offene Kommunikation der gebildeten Erwartungen in dieser Phase statt. Dieser Bewusstheit von Aspekten psychologischer Arbeitsverträge in der Einstellungsphase steht das automatisierte Handeln mit eher unterbewussten psychologischen Arbeitsvertragsbestandteilen spätere Beschäftigungsphasen gegenüber.[853] Somit werden auch die Erwartungen im Darwiportunismus pur, die anfänglich offen kommuniziert werden, allmählich eher automatisch realisiert werden. Explizit formulierte Erwartungen sind dabei eher verhaltensdeterminierend als implizite Erwartungen.[854] Für die Phase der Erwartungsbildung im Entstehungsprozess psychologischer Arbeitsverträge bedeutet dies konsequenterweise, dass eine offene Thematisierung gegenseitiger Erwartungen eine Möglichkeit bietet, gezielt verhaltenssteuernd zu wirken und erwartungsinkonsistentes Verhalten reduziert.

Diese Möglichkeit der verhaltenssteuernden Verstärkung gebildeter Erwartungen durch eine offene Kommunikation beeinflusst auch die Erwartungsreali-

---

848   vgl. Scholz (2003a).

849   vgl. Roese/Sherman (2007), 100.

850   vgl. Miller (2003), 2.

851   vgl. Roese/Sherman (2007), 100.

852   vgl. Roese/Sherman (2007), 94-98.

853   vgl. Freese (2007), 24; Schalk/Roe (2007).

854   vgl. Kiesler (1971); Roese/Sherman (2007), 97-98.

sationswahrscheinlichkeit von *Roese* und *Sherman*,[855] als weitere Unterscheidungsdimension von Erwartungen. Verstanden wird unter dieser eine subjektive Erwartung,[856] welche von der individuellen Gefühlslage[857] und der erfolgreichen Bestätigung vorheriger Erfahrungen[858] beeinflusst wird.[859] Insgesamt ist die zukünftige Eintrittswahrscheinlichkeit von Erwartungen wesentlich höher wenn diese auf erfolgreichen vergangenen Erfahrungen basieren. Ebenso steigt die Realisationswahrscheinlichkeit von Erwartungen, wenn die neu eingehenden Informationen mit bereits existenten, kognitiv gespeicherten Erwartungen übereinstimmen.[860] Die Wahrscheinlichkeit einer Übereinstimmung ist allerdings überproportional. Gemäß *Hirt et al.* beeinflussen Erwartungen die individuelle Wahrnehmung. Folglich nehmen Individuen eher Dinge wahr oder Informationen auf, die mit ihren eigenen Erwartungen korrespondieren.[861] Auch wird Erlebtes auf Basis der eigenen Erwartungen interpretiert.[862] Während die erwartungskonsistente Informationsaufnahme wissenschaftlicher Kontroverse unterliegt, gilt die erwartungskonsistente Enkodierung von Umweltinformationen als wissenschaftlich gesichert.[863]

Relevant ist bezüglich der Erwartungsrealisationswahrscheinlichkeit im Entstehungsprozess psychologischer Arbeitsverträge allerdings nicht nur das individuelle Handeln und Entscheiden. In Interaktionssituationen wie dem psychologischen Arbeitsvertrag[864] sind Erwartungen ebenso verhaltenssteuernd.[865] Gemäß *Baldwin*, *Kiviniemi* und *Snyder* können Erwartungen in vierfacher Weise diese Interaktionen tangieren[866]:

- hinsichtlich der Art von Informationen, die ein Individuum über den Interaktionspartner einholt,[867]
- hinsichtlich der Auswahl entscheidungsrelevanter Informationen,[868]

---

855   vgl. Roese/Sherman (2007), 94-98.
856   vgl. Olson/Roese/Zanna (1996).
857   vgl. Johnson/Tversky (1983).
858   vgl. Feather/Saville (1967).
859   vgl. Roese/Sherman (2007), 94-98.
860   vgl. Abela/Seligman (2000), 3-18; Roese/Sherman (2007), 94.
861   vgl. Hirt et al. (1999), 93.
862   vgl. Darley/Gross (1983).
863   vgl. Hirt et al. (1999), 94-95.
864   vgl. Herriot/Pemberton (1996; 1997).
865   vgl. Darley/Fazio (1980), 870.
866   vgl. Baldwin/Kiviniemi/Snyder (2009), 83.
867   vgl. Snyder/Swann (1978), 158.
868   vgl. Snyder/Cantor (1979).

- hinsichtlich des individuellen Verhaltens innerhalb der Interaktion[869] und
- hinsichtlich der Angleichung von Erwartungen durch deren verhaltenssteuernde Wirkung[870].

Neben dieser Beeinflussung durch Erwartungen kommt in Interaktionsbeziehungen auch das Konzept der self-fulfilling prophecy von *Merton[871]* zum Tragen. Bestätigen konnte dieses *Livingston*. Er fand heraus, dass Manager durch ihre Erwartungshaltung gegenüber ihren Mitarbeitern deren Leistungsverhalten bestimmen.[872] Insgesamt verhalten sich Menschen immer derart, dass sich ihre geformten Erwartungen hinsichtlich der antizipierten Verhaltensweise der Interaktionsperson auch erfüllen.[873]

Aufgrund dieser Beeinflussung von Interaktionen durch die gegenseitigen Erwartungen können folglich nicht alle Erwartungen beider Parteien in der Arbeitsbeziehung realisiert werden.[874] So werden, der Logik der Darwiportunismus-Matrix folgend, im Feudalismus die Erwartungen der Mitarbeiter wenig Beachtung finden (Abbildung 19). Das Unternehmen als dominante Partei setzt ihre Vorstellungen von den zu realisierenden Leistungen durch und gibt im Gegenzug ebenfalls ihre Leistung vor. Die Mitarbeiter akzeptieren diese Dominanz überwiegend aufgrund fehlender Alternativen oder aber aufgrund hoher Loyalität gegenüber dem Unternehmen.[875] Die Folge ist eine relativ hohe Realisationswahrscheinlichkeit der Unternehmenserwartungen und eine relativ niedrige Realisationswahrscheinlichkeit der Mitarbeiterwartungen. Dabei werden Mitarbeiter, die die Dominanz des Unternehmens lediglich aufgrund fehlender Alternativen tolerieren, die eigenen Erwartungen nur solange unterdrücken, bis sie das Unternehmen verlassen und woanders ihre Erwartungen realisieren können. Aufgrund der von *Baldwin*, *Kiviniemi* und *Snyder* thematisierten möglichen Angleichung der Erwartungen[876] können die vormals differierenden Erwartungen allerdings ebenso konvergieren. Dies passiert eher bei den tatsächlich loyalen Mitarbeitern, die die Verhaltensweisen des Unternehmens verinnerlichen und dessen Dominanz als selbstverständlich akzeptieren.

---

869   vgl. Word/Zanna/Cooper (1974).
870   vgl. Rosenthal/Jacobson (1968).
871   vgl. Merton (1948).
872   vgl. Livingston (1969), 81-89; Eden (1993), 155.
873   vgl. Patterson/Chruchill/Powell (1991), 414-421; Copeland (1993), 117-120.
874   vgl. de Vos/Buyens/Schalk (2003).
875   vgl. Scholz (2003a), 91.
876   vgl. Baldwin/Kiviniemi/Snyder (2009), 83.

	AG	AN	AG	AN	psy. AV
Phase I₂	niedriger Darwinismus	niedriger Opportunismus	interaktive Erwartungsrealisation: gering	interaktive Erwartungsrealisation: gering	**Gute alte Zeit**
Erwartungs-bildung	hoher Darwinismus	niedriger Opportunismus	interaktive Erwartungsrealisation: hoch	interaktive Erwartungsrealisation: gering	**Feudalismus**
	niedriger Darwinismus	hoher Opportunismus	interaktive Erwartungsrealisation: gering	interaktive Erwartungsrealisation: hoch	**Kindergarten**
	hoher Darwinismus	hoher Opportunismus	interaktive Erwartungsrealisation: hoch	interaktive Erwartungsrealisation: hoch	**Darwiportu-nismus pur**

Abbildung 19: Darwiportunistisch differenzierte Erwartungsrealisation

Begründen lässt sich diese Diskrepanz in der Realisationswahrscheinlichkeit der Erwartungen mit einer ungleichen Machtverteilung zwischen den Interaktionsparteien. Gegenüber den Mitarbeitern befinden sich hoch darwinistische Unternehmen also entweder proaktiv gewollt oder bedingt durch einen wirtschaftlichen Zwang in einer machtvolleren Position. Diese Unternehmen verfügen folglich über sehr hohe legitime Macht. Verstanden als Kontrollmacht eines Arbeitgebers über einen Arbeitnehmer,[877] bietet diese eine große Wahrscheinlichkeit der Erwartungsdurchsetzung.[878]

Dieser Einfluss von Macht auf die Erwartungsbildung wird in wissenschaftlichen Untersuchungen anhand zweier Effekte erklärt. Zum einen zeigen Ergebnisse einer Studie von *Copeland*, dass in derartigen Konstellationen diejenigen mit weniger Macht dazu tendieren, die Erwartungen und Verhaltensweisen des Mächtigeren anzunehmen.[879] In Einklang mit *Baldwin, Kiviniemi* und *Snyder*[880]

---

877   vgl. French/Raven (1960).
878   vgl. Weber (1947), 152.
879   vgl. Copeland (1993).

kann somit die Angleichung von Erwartungen in Interaktionsbeziehungen erklärt und gleichzeitig auch die Richtung des Effektes beschrieben werden. Zum
anderen ergab die empirische Studie von *Harris, Lightner* und *Manolis* allerdings, dass die Beeinflussung von Erwartungen eher durch die mächtigere Partei
bestimmt wird.[881] Ihre Studienergebnisse sehen sie in der These *Fiskes* bestätigt,
die herausfand, dass Mächtigere eher zur Stereotypisierung neigen[882]. Begründet
wird dies aufgrund der Tendenz, dass Mächtigere vor allem ihre eigenen Interessen im Gegensatz zu den Bedürfnissen der Anderen in den Vordergrund rücken[883] und diese auch durch ein entsprechend zielorientiertes Verhalten durchzusetzen versuchen.[884] Zudem neigen Mächtigere in Situationen, in denen ihre
Position gefährdet ist, eher dazu, ihre Positionsmacht durchzusetzen und die Interaktionen zu kontrollieren.[885]

Unabhängig davon, welcher der beschriebenen Effekte sich tatsächlich in Situationen, in denen eine Partei mächtiger ist als die andere, durchsetzt, fungieren
die Ergebnisse als Beleg für die oben bereits thematisierte, höhere Realisationswahrscheinlichkeit der Arbeitgebererwartungen im Feudalismus. Andersherum
kann allerdings ebenso die höhere Realisationswahrscheinlichkeit der Erwartungen der im Kindergarten dominierenden Mitarbeiter dadurch erklärt werden.
Bedingt durch die Situation, dass das Unternehmen aufgrund bestimmter spezifischer Fähigkeiten auf die Mitarbeiter angewiesen ist, akzeptiert dieses ebenso
die dominanten Verhaltensweisen der Mitarbeiter. Erwartungen seitens des Unternehmens werden, ähnlich wie im Feudalismus die des Mitarbeiters, wenig
berücksichtigt.[886]

Dem entgegen werden in der Guten alten Zeit die spezifischen Erwartungen
beider Parteien wenig realisiert werden. Zurückzuführen ist dies auf die hohe
Implizitheit und gering ausgeprägte beiderseitige Nutzenmaximierungsstrategie[887]. So führt die fehlende explizite Kommunikation gegenseitiger Erwartungen im Entstehungsprozess dieses psychologischen Arbeitsvertragstyps dazu,
dass beide Parteien nicht offen über die gegenseitigen Erwartungen sprechen.
Dies impliziert allerdings nicht, dass es hier allgemein an Kommunikation mangelt. Allein die Tatsache, dass dieser Vertragstyp auf einem besonders hohen

---

880   vgl. Baldwin/Kiviniemi/Snyder (2009), 83.
881   vgl. Harris/Lightner/Manolis (1998), 227.
882   vgl. Fiske (1993).
883   vgl. Harris/Lightner/Manolis (1998), 228.
884   vgl. Keltner/Gruenfeld/Anderson (2003).
885   vgl. Georgesen/Harris (2006), 464-465.
886   vgl. Scholz (2003a).
887   vgl. Scholz (2003a), 88-92.

Vertrauen beider Parteien basiert, impliziert bereits ein hohes Maß an Kommunikation[888]. Allerdings bedingt die fehlende offene Thematisierung der Erwartungen, dass die jeweils spezifischen Vorstellungen der anderen Partei eher ungewiss bleiben. Erwartungen einer Partei werden folglich eher durch Zufall als bewusst realisiert. Darüber hinaus agieren die Parteien nicht alleinig im eigenen Interesse. Der Wille, seinen eigenen Nutzen zu maximieren, ist daher weniger ausgeprägt.[889] Folglich ist keine der beiden Parteien derart dominant wie im Feudalismus oder im Kindergarten. So besitzt auch keiner eine derartig starke Machtposition, dass dieser seine Erwartungen über die Leistungen und Gegenleistungen bei der anderen Partei durchsetzen könnte[890]. Vielmehr ist der Wille zur spezifischen Erwartungsrealisation bei beiden Parteien gering ausgeprägt.

Gegensätzlich hierzu ist die Realisationswahrscheinlichkeit der Erwartungen beider Parteien im Darwiportunismus pur, bedingt durch die offene Kommunikation und die gleichverteilte Macht,[891] maximal. Erwartungen über die spezifischen Leistungen und Gegenleistungen in diesem psychologischen Arbeitsvertragstyp werden so explizit ausgetauscht. Basierend auf der Logik dieses Vertrages gehen beide Parteien dieses Verhältnis lediglich ein, wenn jede der Parteien auch ihren individuellen Nutzen maximieren kann. Aufgrund der Kurzfristigkeit dieser Beziehung können so für einen überschaubaren Zeitraum beide mit hoher Wahrscheinlichkeit ihre Erwartungen realisieren.

Insgesamt zeigt die durchgeführte Analyse, dass die Bildung von Erwartungen in jeder der vier psychologischen Arbeitsvertragstypen stattfindet. Die Realisationswahrscheinlichkeit der Erwartungen allerdings differiert, wie oben beschrieben, in Abhängigkeit von der darwiportunistischen Differenzierung. Zusammenfassend zeigt Abbildung 20 die spezifischen darwiportunistischen Unterschiede in der Erwartungsbildungsphase für jeden psychologischen Arbeitsvertragstyp.

---

888   vgl. Picot/Reichwald/Wigand (2010), 123.
889   vgl. Scholz (2003a), 86-92.
890   vgl. Weber (1947), 152.
891   vgl. Scholz (2003a), 88-92.

AG	AN	AG	AN	psy. AV
niedriger Darwinismus	**niedriger Opportunismus**	Erwartungsbildung		**Gute alte Zeit**
		Erwartungsrealisation: gering		
hoher Darwinismus	**niedriger Opportunismus**	Erwartungsbildung		**Feudalismus**
		Erwartungsrealisation: hoch	Erwartungsrealisation: gering	
niedriger Darwinismus	**hoher Opportunismus**	Erwartungsbildung		**Kindergarten**
		Erwartungsrealisation: gering	Erwartungsrealisation: hoch	
hoher Darwinismus	**hoher Opportunismus**	Erwartungsbildung		**Darwiportunismus pur**
		Erwartungsrealisation: hoch		

Phase I — Erwartungsbildung

Abbildung 20: Darwiportunistisch differenzierte Phase der Erwartungsbildung

Nachfolgende Analyse zeigt die sich aus der darwiportunistischen Differenziertheit ergebenen strukturellen Unterschiede in der Phase der Symbolinterpretation.

4.1.2 Darwiportunistisch differenzierte Analyse der Phase der Symbolinterpretation

Nach erfolgter Erwartungsbildung auf Arbeitgeber- und Arbeitnehmerseite findet in der darauffolgenden Phase die Symbolinterpretation zwischen den beiden Parteien statt. Wie aus dem Begriff bereits ersichtlich, handelt es sich in dieser Phase um einen in zweifacher Hinsicht notwendigen Abgleich zwischen den beteiligten Parteien. Da die Kommunikation in der Interaktion als Basis, zumindest aber als wesentlicher Bestandteil angesehen wird,[892] und *Watzlawick*, *Beavin* und *Jackson*, aber auch *Fischer* und *Wiswede* Verhalten und Kommunikation

---

892   vgl. Grimshaw (1990), 205; Gelléri/Kanning (2007), 331.

sogar gleichsetzen,[893] ist es auf der einen Seite notwendig, dass beide Parteien dieselben Zeichen und Signale, also denselben Symbolcode verstehen und verwenden. Auf der anderen Seite gilt es, die in der Interaktion verwendete Symbolik zu deuten und seine eigenen Handlungen entsprechend abzustimmen, folglich die gegenseitigen Erwartungen kognitiv zu matchen.

Sowohl Aspekte der Kommunikation als auch Aspekte des kognitiven Abgleichs werden bereits in anderen Entstehungsprozessen psychologischer Arbeitsverträge thematisiert, allerdings jeweils in unterschiedlicher Intensität. So läuft in dem Bildungsmodell von *Rousseau* der gesamte Prozess rein kognitiv ab.[894] Dies impliziert zwar ein kognitives Matchen, allerdings nicht in dem hier zu Grunde liegenden interaktiven Verständnis psychologischer Arbeitsverträge, sondern in einem unilateralen Sinne[895]. Ebenso sind in diesem Modell mit der Kodierung und Enkodierung kommunikative Basiselemente in den Prozess integriert.

Die Relevanz von Kommunikation als Grundlage des Bildungsprozesses psychologischer Arbeitsverträge erkennen auch *Herriot* und *Pemberton*. Sie beziehen sich dabei allerdings eher auf die Relevanz der Kommunikation realistischer Informationen von Seiten des Unternehmens.[896] Auch Aspekte des kognitiven Abgleichs von gegenseitigen Erwartungen integrieren diese Autoren in den von ihnen entwickelten Bildungsprozess.[897] Hier stellen sie vor allem auf die Ergebnisbetrachtung ab, indem sie Gravitationsaspekte[898] der Mitarbeiterakquisition heranziehen.[899] Eine Übereinstimmung in Hinblick auf Werte, Ansichten und Präferenzen ergibt sich folglich dadurch, dass Organisationen Mitarbeiter einstellen, die bezüglich dieser Aspekte der Organisationskultur und der bereits angestellten Mitarbeiter gleichen.[900] Im Anschluss an den Prozess des kognitiven Abgleichs der gegenseitigen Erwartungen finden den Autoren zufolge immer Verhandlungen der Leistungen und Gegenleistungen statt.[901] Nachfolgend zu klären ist dabei, ob das Führen von Verhandlungen über die gegenseitigen Leistungen und Gegenleistungen nicht ebenso von der individuellen Disposition und den situativen Gegebenheiten abhängt (Phase III).

---

893 vgl. Fischer/Wiswede (2002), 428; Watzlawick/Beavin/Jackson (2011), 53-54.
894 vgl. Rousseau (1995), 34-46.
895 vgl. Rousseau (1989).
896 vgl. Herriot/Pemberton (1996), 778; (1997).
897 vgl. Herriot/Pemberton (1996), 775-777.
898 vgl. Nerdinger (2011), 70.
899 vgl. Herriot/Pemberton (1996), 775-777.
900 vgl. Chatman (1989), 334; (1991), 463.
901 vgl. Herriot/Pemberton (1996), 776.

Allerdings sind für die Phase der Symbolinterpretation zuerst die kommunikativen Aspekte und der kognitive Abgleich beiderseitiger Erwartungen über Leistungen und Gegenleistungen relevant. Für ein derartig interaktives Handeln, unabhängig davon, ob dieses verbal oder nonverbal stattfindet, muss ein beiderseitiges Grundverständnis verwendeter Symbolik gegeben sein.[902] Somit ist Kommunikation im Sinne eines verbalen[903] oder non-verbalen[904] (beispielsweise Mimik, Gestik und Proxemik[905]) Austausches von Informationen[906] keine Begleiterscheinung, sondern für die Erzielung eines gegenseitigen Verständnisses eine unabdingbare Voraussetzung. In diesem Sinne übergehen *Herriot* und *Pemberton*[907] in ihrem Modell einen wichtigen Schritt, in dem sie sofort den kognitiven Abgleich gegenseitiger Erwartungen in ihrem Modell abbilden.

In einem ersten Schritt ist daher zu analysieren, wie eine gemeinsam geteilte Symbolik erzielt werden kann. Im Verständnis des symbolischen Interaktionismus wird von signifikanten Symbolen gesprochen, wenn Symbolen in der Interaktion ein gemeinsames Verständnis zugeordnet werden kann.[908] Dies ist der Fall, wenn beide an der Interaktion beteiligten Parteien interpretieren können, was die jeweils andere Partei mit einem bestimmten Symbol versucht auszudrücken.[909] Dabei wird unter einem Symbol „[...] *in einem weiteren Sinn ein Zeichen bzw. Sinnbild – also ein[en] Gegenstand, eine Handlung, ein[en] Vorgang –, das stellvertretend für etwas nicht gerade Vorhandenes oder Wahrnehmbares aber auch Gedachtes bzw. Geglaubtes steht [...]*"[910], verstanden. Ähnlich fasst auch *Forte* diese Begrifflichkeit auf: „*A symbol is anything – a word, nonverbal gesture, object, action, or style of appearance – that by agreement is used to represent something else. Symbols are signs connected by social convention to that which they represent.*"[911] Mit Symbolik ist dann die „*Verwendung von Symbolen*"[912] gemeint.

---

902   vgl. Jäggi (2009), 12.
903   vgl. für eine detaillierte Auseinandersetzung mit der Sprache und Kommunikation beispielsweise Jacobs (1994).
904   vgl. für eine detaillierte Auseinandersetzung mit der Sprache beispielsweise Burgoon (1994), 229-232.
905   vgl. Gelléri/Kanning (2007), 334.
906   vgl. Nerdinger/Blickle/Schaper (2008), 62-63.
907   vgl. Herriot/Pemberton (1996), 760.
908   vgl. Mead (1959); Mead (1968); Mead (1983); Blumer (1998).
909   vgl. Blumer (1998), 8-10.
910   Stangl (2011).
911   Forte (2009), 88-89.
912   Duden (2002), 946.

„Als besonders typisches Beispiel signifikanter Symbole kann die Sprache angesehen werden."[913] *Dunker* sieht die Bedeutung symbolischer Kommunikation für Interaktionen in der situativen Kontextabhängigkeit, der Implementation von Routinen, die automatisiertes Handeln ermöglichen und der vielfachen Existenz von Unterarten symbolischer Codesysteme.[914] Bei der Betrachtung der Kommunikationssituation müssen somit beide Parteien, um sich zu verstehen, den verwendeten Zeichen oder Signalen, beispielsweise Mimik, Gestik oder Wörter, dieselbe Bedeutung zuschreiben. Nur so kann ein Sender Informationen durch ein Medium (beispielsweise die mündliche Sprache) an den Empfänger weitergeben. Die Eingabe der Informationen in das Medium wird als Enkodierung bezeichnet. Die Dekodierung erfolgt im Anschluss durch den Empfänger, der die verschlüsselten Informationen des Empfängers entschlüsselt.[915] Von einem reziproken Kommunikationsprozess wird gesprochen, wenn auch die Kommunikation an den Sender zurück erfolgt. Dabei soll Kommunikation nicht wie ein rein mechanisch ablaufender Prozess verstanden werden. Kommunikationsprozesse stellen Interaktionen dar, in denen Personen aktiv aufeinander Bezug nehmen und selektiv Informationen auswählen und erfassen.[916] Dies heben auch *Antos, Ventola* und *Weber* in ihrer Definition von interpersoneller Kommunikation hervor: *„Interpersonal communication is a continuous game between the interactants [...]. We can say that interpersonal communication is produced, interpreted, and developed as an ongoing sequence of interactants acting linguistically"*[917]. Kommunikation als das Verständnis dieser Informationen ist dann weiterhin handlungsleitend.[918]

Es ist es also erforderlich, den gesendeten Zeichen auch Bedeutung beizumessen, um sie als Zeichen zu erkennen.[919] *Jäggi* spricht in diesem Zusammenhang von einem Code erster Ordnung. Diese Art von Code setzt voraus, dass die an der Kommunikationssituation teilnehmenden Parteien jedem Zeichen oder Signal eine eindeutige Bedeutung beimessen können. Hierzu bedarf es eines konstanten situativen Handlungs- beziehungsweise Kommunikationsrahmens.[920] Während des Entstehungsprozesses psychologischer Arbeitsverträge wird diese Voraussetzung allerdings nicht zwingend erfüllt. Die Bedeutung eines Zeichens

913   Fischer/Wiswede (2002), 428.
914   vgl. Duncker (2001), 355.
915   vgl. Hall (1973).
916   vgl. Esser (2000), 247-254.
917   Antos/Ventola/Weber (2010), 1.
918   vgl. Esser (2000), 247-254.
919   vgl. Krotz (2008), 29.
920   vgl. Jäggi (2009), 12-15.

oder Signals verändert sich in Abhängigkeit von der Situation, in der kommuniziert wird. Diese Situationsabhängigkeit spiegelt sich in dem Code zweiter Ordnung wider.[921] *Ornstein*, die sich explizit auf organisationale Symbole bezieht, hebt ebenfalls die Kontextabhängigkeit der Bedeutung verwendeter Symbole hervor.[922]

Die Codes erster und zweiter Ordnung werden durch *Jäggi* um das Verständnis der Tiefenstruktur, dem Code dritter Ordnung ergänzt. Vergleichbar mit den Grundannahmen des Modells von *Schein*[923] sind Codes dritter Ordnung tief verankerte Handlungsmuster der Akteure, welche sich in der spezifischen Kultur manifestieren.[924] Ohne an dieser Stelle eine Diskussion organisationskultureller Aspekte zu beginnen, kann als gesichert angenommen werden, dass organisationale Symbole für die Bildung und den Transfer der Unternehmenskultur im Unternehmen ausschlaggebend sind. *Dandridge*, *Mitroff* und *Joyce* fassen dies folgend zusammen: „*Symbolism expresses the underlying character, ideology, or value system of an organization*"[925]. Somit bezieht sich die Interpretationsnotwendigkeit genutzter Symbolik nicht nur auf das Verhältnis zwischen den direkt Interagierenden, sondern umfasst ebenso das gesamte Symbolsystem der Organisation. *Dandridge*, *Mitroff* und *Joyce* klassifizieren organisationale Symbole in die drei Bereiche: „*verbal*", „*actions*", und „*material*"[926] und sprechen dabei beispielsweise von Stories, Mythen, ritualisierten Events, dem Organisationslogo und Aspekten des Arbeitsalltages manifestiert in spezifischen Anekdoten.[927] Im Sinne *Scheins* beziehen sich die Autoren mit den genannten Aspekten auf die Artefakte und Werte der Organisation. Diese spiegeln die tief verankerten Grundannahmen wider und bilden zusammen die Kultur einer Organisation ab.[928] Um ein annähernd vollständig verständliches Codesystem zwischen den bereits etablierten Mitarbeitern, Führungskräften und den neuen Mitarbeitern zu generieren, muss analysiert werden, wie ein gemeinsames Symbolverständnis erzielt werden kann.

Die Schaffung dieses gemeinsamen Symbolcodes findet in der sogenannten Sozialisationsphase des neuen Mitarbeiters statt. Unter Sozialisation versteht *Feldman* „[...] *the process by which employees are transformed from organiza-*

---

921   vgl. Jäggi (2009), 16.
922   vgl. Ornstein (1986), 208.
923   vgl. Schein (1985), 13-21.
924   vgl. Jäggi (2009), 21-22.
925   Dandridge/Mitroff/Joyce (1980), 77.
926   vgl. Dandridge/Mitroff/Joyce (1980), 79.
927   vgl. Dandridge/Mitroff/Joyce (1980), 77.
928   vgl. Schein (1985), 18-21.

tion outsiders to participating and effective members."[929] *Van Maanen* und *Schein* setzen einen etwas anderen Fokus und definieren den Sozialisationsprozess neuer Mitarbeiter als „*the process by which an individual acquires the social knowledge and skills necessary to assume an organizational role*"[930]. *Hall* sieht den Sozialisationsprozess ebenso als Lernprozess, in dem sich neue Mitarbeiter vordefinierte Rollen im Unternehmen aneignen.[931]

Diese Vielschichtigkeit in den Sozialisationsdefinitionen betont *Feldman* bereits im Jahre 1981. Deutlich wird, dass nicht nur definitorische Unterschiede bestehen, sondern ebenso differierende Aspekte der Sozialisation neuer Mitarbeiter in das Unternehmen betrachtet werden.[932] Diese kategorisiert *Louis* in die beiden Bereiche der Fluktuations- und Sozialisationsforschung. Dabei beschäftigen sich Forscher aus dem ersten Gebiet mit unerfüllten oder unrealistischen Erwartungen von Seiten der Arbeitgeber beziehungsweise der Arbeitnehmer. Forscher aus dem Bereich der Sozialisationsforschung beschäftigen sich gemäß *Louis* mit folgenden vier Aspekten: den Einflussgrößen während der Sozialisation neuer Mitarbeiter, den Stufen der Sozialisation[933], den inhaltlichen Bestandteilen der Arbeitsposition, der Organisationskultur und den Einfluss bestimmter organisationaler Sozialisationsinstrumente auf die neuen Mitarbeiter.[934]

Abgesehen von unterschiedlich betrachteten inhaltlichen Aspekten der Sozialisation benennen *Griffin*, *Colella* und *Goparaju* insgesamt drei Perspektiven wissenschaftlicher Sozialisationsforschung. Als erste Perspektive werden die frühen Forschungsarbeiten erwähnt. Diese setzen sich lediglich mit der Rolle der Organisation während der Sozialisation auseinander.[935] Dabei beschäftigen sie sich mit verschiedenen Sozialisationstaktiken (beispielsweise *Van Maanen* und *Schein*[936]), dem Einfluss bereits Beschäftigter auf die Sozialisation neuer Mitarbeiter,[937] also unter anderem dem Einfluss sozialer Aspekte auf die Sozialisation,[938] dem Erlernen neuer Inhalte beziehungsweise Rollen und die Anpassung an neue Gegebenheiten.[939]

---

929 Feldman (1981), 309.
930 Van Maanen/Schein (1979), 211.
931 vgl. Hall (1987), 302.
932 vgl. Feldman (1981), 309.
933 vgl. beispielsweise Jablin (2004), 732-818.
934 vgl. Louis (1980), 226-234.
935 vgl. Griffin/Colella/Goparaju (2000), 453-454.
936 vgl. Van Maanen/Schein (1979).
937 vgl. Scott/Myers (2010), 84-85.
938 vgl. Korte (2010), 32.
939 vgl. Yang (2008), 430; für einen Überblick über entsprechende Literatur Korte (2009), 286-287.

Entgegen dieser passiven Rolle des neuen Mitarbeiters während des Soziali-sationsprozesses fokussiert die zweite Forschungsperspektive gerade die aktive Informationssuche der zu sozialisierenden Mitarbeiter.[940] Diese Perspektive ent-stand aus der ursprünglichen Forderung nach einer vermehrt interaktiven Be-trachtung organisationaler und individueller Aspekte der Sozialisation.[941] Nach *Griffin, Colella* und *Goparaju* ist unter anderem *Jones*[942] starker Verfechter die-ser sogenannten interaktionistischen Betrachtungsweise. Abgesehen von einigen Ausnahmen führte diese Forderung allerdings insgesamt eher dazu, dass ver-mehrt Untersuchungen bezüglich proaktiven Verhaltens der Mitarbeiter bei der Sozialisation stattfanden. *Griffin, Colella* und *Goparaju* unterteilen diese in Stu-dien zu Feedback und Informationssuche neuer Mitarbeiter, Bildung von Bezie-hungen beispielsweise zu Kollegen und Vorgesetzten, der Untersuchung infor-maler Mentorenbeziehungen, Arbeitsplatzverhandlungen, positivem Framing, dem Einbezug in außervertragliche, arbeitsbezogene Aktivitäten, selbstgesteuer-tes Verhalten und bezüglich der Beobachtung von Verhaltensweisen organisati-onaler Insider.[943]

Die dritte Perspektive der wissenschaftlichen Auseinandersetzung mit dem Sozialisationsprozess neuer Mitarbeiter bezieht sich folglich auf die interaktio-nistische Betrachtung sowohl organisationaler Sozialisationstaktiken als auch individueller proaktiver Informationssuche.[944] *Griffin, Colella, Goparaju* und *Jones* werden zwar mit ihrer Arbeit aus dem Jahr 1983 als eine der ersten ge-nannt, die sich mit dieser Sichtweise beschäftigt haben, bereits erkannt hat aller-dings *Schein* den Einfluss beider Perspektiven auf den Prozess der Sozialisation. Ihm zufolge münden beide parallel ablaufenden Sozialisationsprozesse durch den Abgleich beiderseitiger Leistungen und Gegenleistungen letztendlich in ei-nem psychologischen Arbeitsvertrag.[945] Dabei unterteilt er den Prozess der So-zialisation in drei Phasen:

• Die erste Phase „Eintritt" umfasst die gesamte Phase der individuellen Aus-bildung und Vorbereitung sowie den tatsächlichen Bewerbungsprozess auf eine konkrete Position.

---

940   vgl. für eine Übersicht über Literatur, die sich mit der proaktiven Informationssuche neuer Mitarbeiter auseinandersetzt, Griffin/Colella/Goparaju (2000), 455.
941   vgl. Griffin/Colella/Goparaju (2000), 454.
942   vgl. Jones (1983; 1986).
943   vgl. Griffin/Colella/Goparaju (2000), 454-460.
944   vgl. für eine Überblicksbetrachtung beispielsweise von Rosenstiel et al. (1989), 39-45; Griffin/Colella/Goparaju (2000)
945   vgl. Schein (1965), 64-65; (1978), 81-82.

- Die zweite Phase, die „Sozialisation", bezieht *Schein* auf die gesamte Phase des Einlebens in der neuen Organisation und des Austestens eines potenziell gemeinsamen oder differierenden Erwartungshorizontes. Gerade in dieser Phase setzten viele Untersuchungen bezüglich der oftmals auftretenden Änderungen in den psychologischen Arbeitsverträgen an. Begründet wird dies vor allem durch die Erfahrung der und Anpassung an die Unternehmensrealität.[946]
- In Phase drei „ gegenseitige Akzeptanz" wird schließlich die frühe Sozialisation abgeschlossen und der neue Mitarbeiter erreicht den Status *„full membership"*[947][948].

Ein ähnliches Modell, allerdings mit unterschiedlich benannten Phasen, wird beispielsweise von *Feldman* verwendet. Dieser bezieht sich auf das Modell von *Porter*, *Lawler* und *Hackman*[949] mit den drei Sozialisationsphasen antizipatorische Sozialisation, Begegnung von Mitarbeitern und Organisation sowie Wandel und Akquise.[950] Dabei betreffen Änderungen bedingt durch die Sozialisation neuer Mitarbeiter die drei Bereiche des Erlernens neuer Rollen, spezifischer arbeitsplatzbezogener Kompetenzen und organisationaler Kulturaspekte.[951]

Aufgrund der überwiegend unilateralen Sichtweise des Konzeptes psychologischer Arbeitsverträge setzt sich dieses als interaktionistisches Analyseinstrument der Sozialisationsforschung weniger durch. Herauszustellen ist an dieser Stelle die Relevanz der Sozialisation neuer Mitarbeiter für den Entstehungsprozess psychologischer Arbeitsverträge. Ähnlich wie sich in der psychologischen Arbeitsvertragsforschung die bereits früh etablierte bilaterale Sichtweise nicht langfristig etablieren konnte, bemerken *Griffin*, *Colella* und *Goparaju* die immer noch fehlende Auseinandersetzung mit der integrierten Betrachtung organisationaler und individueller Aspekte der Sozialisation[952]. Daher entwickeln sie ein integratives Modell der Sozialisation. In diesem beeinflussen die variabel einzusetzenden Sozialisationstaktiken der Organisation den Einsatz bestimmter proaktiver Sozialisationstaktiken neuer Mitarbeiter. Insgesamt können Unterschiede in der individuellen Nutzung spezifischer proaktiver Informationssuche lediglich über den Einfluss der Organisation gesteuert werden. Neben

---

946 vgl. beispielsweise Robinson/Kratz/Rousseau (1994); Thomas/Anderson (1998); de Vos/Buyens/Schalk (2003); für eine nähere Betrachtung Kapitel 2.2.3.1.
947 Schein (1978), 82.
948 vgl. Schein (1978), 82-123.
949 vgl. Porter/Lawler/Hackman (1975).
950 vgl. Feldman (1981), 310.
951 vgl. Feldman (1981), 309.
952 vgl. Griffin/Colella/Goparaju (2000), 454.

diesem Einfluss wirken die organisationalen Sozialisationstaktiken ebenfalls über die drei Komponenten Kontext, Inhalt und Soziales zusätzlich auf die Qualität des Sozialisationsergebnisses. Die Autoren stellen Hypothesen auf, welchen Einfluss die institutionalisierte oder individualisierte Ausgestaltung der drei Komponenten auf die Verwendung verschiedener proaktiver Sozialisationstaktiken der Mitarbeiter hat. Beispielsweise wird unterstellt, dass eine stark strukturierte und formalisierte, also institutionalisierte Einarbeitungsphase neue Mitarbeiter eher davon abhält, ihre Rolle in der Organisation zu verhandeln.[953] Insgesamt formulieren die Autoren Annahmen bezüglich des Einflusses eines institutionalisierten oder individualisierten Kontextes auf den Einsatz der proaktiven Sozialisationstaktiken Feedbacksuche, Informationssuche (von Kollegen, von Führungskräften), Beziehungsbildung (mit Kollegen, mit Führungskräften), informelles Mentoring, Arbeitsplatzänderungsverhandlungen, positives Framing, Extra-Role-Verhalten, Selbstmanagement und Observation.[954]

Anders baut *Jones* sein integratives Sozialisationsmodell auf.[955] Er modelliert drei unterschiedliche Beziehungstypen zwischen Organisation und neuem Mitarbeiter und betitelt sie als naiv, kompetent und dominant. Diese drei Konstellationen dienen als Ausgangspunkt seines prozessualen Modells. Innerhalb der jeweiligen Konstellation ergibt sich ein spezifisches Verhalten, welches in Anlehnung an *Mead*[956] sowohl aus der eigenen Sicht kognitiv interpretiert als auch selbst aus der Sicht der anderen beurteilt wird. Somit können Diskrepanzen bezüglich eines bestimmten Sozialisationsoutputs zwischen gewünschtem und realisiertem Verhalten neuer Mitarbeiter für diesen ersichtlich werden. Bei existierenden Wahrnehmungsdifferenzen startet der Prozess der Sozialisation des neuen Mitarbeiters von vorne. Allerdings startet dieser nicht mehr in der Konstellation einer naiven Beziehung zwischen Mitarbeiter und Organisation, sondern in der nächst höheren Ebene der kompetenten Konstellation, und durchläuft somit die drei Beziehungskonstellationstypen.[957]

Insgesamt existiert eine Vielzahl an Forschungsarbeiten mit unterschiedlichen Foki, differierenden Modellen und Ansichten.[958] Dies führt zu einem uneinheitlichen Gebrauch fachspezifischer Termini. So bemängeln *Kramer* und *Miller* die Verwendung der Begrifflichkeiten „assimilation", „socialization" und „individualization". Sie sehen den Begriff „assimilation" als Oberbegriff für ei-

---

953 vgl. Griffin/Colella/Goparaju (2000), 462-469.
954 Liste übersetzt aus Griffin/Colella/Goparaju (2000), 463.
955 vgl. Jones (1983).
956 vgl. Mead (1959); Mead (1968).
957 vgl. Jones (1983), 468-470.
958 vgl. Bullis (1993), 10.

ne interaktionistische Analyse von Sozialisations- und Individualisierungsaspekten. Sozialisation bezieht sich dabei auf organisationale Aktivitäten zur Sozialisation neuer Mitarbeiter. Individualisierung statt dessen meint die individuellen Aktivitäten[959] auch als proaktive Informationssuche bezeichnet[960]. Dem entgegen fasst *Turner* alle drei Begrifflichkeiten unter organisationaler Sozialisation zusammen.[961] Auf diese Weise entsteht bereits an dieser Stelle eine Diskrepanz, obwohl beide Parteien dasselbe Basisverständnis der drei Sozialisationsperspektiven aufweisen. Darüber hinaus geht er allerdings mit *Kramer* und *Miller* konform, dass es vielfältige Unterschiede in der Konnotation gibt.[962] Als Folge von oder vielleicht auch gerade weil der Begriff der „assimilation" verschieden konnotiert ist, bemerken *Kramer* und *Miller* in Einklang mit *Griffin*, *Colella* und *Goparaju*, dass in vielen Forschungen zur „assimilation" die Perspektive der Individualisierung zu kurz kommt und statt dessen primär die organisationalen Sozialisationstaktiken analysiert werden (beispielsweise *Hess*[963]).[964] Auch *Bullis* spricht sich für eine stärkere Betrachtung des Zusammenspiels organisationaler und individueller Sozialisierungstaktiken aus.[965]

Eine Übertragung der Sozialisationskonzepte auf eine darwiportunistisch differenzierte Sozialisation neuer Mitarbeiter birgt die Schwierigkeit, dass bestehende Sozialisationskonzepte keine situative Differenziertheit betrachten. Auch *Scott* und *Myers* erkennen, dass bestehende Sozialisationsansätze Defizite aufweisen. Sie sprechen sich für eine integrative Betrachtung der Anpassung und Individualisierung neuer Mitarbeiter während der Sozialisationsphase aus.[966] Mit dieser Forderung unterstützen sie den Forschungsschwerpunkt der „assimilation" in seinem ursprünglichen Verständnis. Für eine darwiportunistische Analyse des in der Sozialisation entstehenden gemeinsamen Verständnisses des Symbolcodes reicht diese integrative Betrachtung nicht aus. Besonders defizitär zeigt sich die situative Analyse des Einsatzes der drei Sozialisationsrichtungen. Die Übertragung der Forschungsergebnisse auf die Darwiportunismus-Matrix zeigt an einigen Stellen konzeptkonforme Übereinstimmungen. So lässt sich zum Beispiel die Forschungsannahme von *Griffin*, *Colella* und *Goparaju*,

---

959   vgl. Kramer/Miller (1999), 360.
960   vgl. Griffin/Colella/Goparaju (2000), 454.
961   vgl. Turner (1999), 383.
962   vgl. Turner (1999), 383. Auch für Literaturbeispiele unterschiedlicher Verwendung der Begrifflichkeiten „assimilation", „socialization" und „individualization".
963   vgl. Hess (1993).
964   vgl. Kramer/Miller (1999), 361; Griffin/Colella/Goparaju (2000), 454.
965   vgl. Bullis (2009), 11.
966   vgl. Scott/Myers (2010), 86.

dass eine institutionalisiert ablaufende Sozialisation neuer Mitarbeiter eher den Einsatz bestimmter proaktiver Sozialisationstaktiken beim neuen Mitarbeiter verhindert,[967] auf die Situation im Feudalismus anwenden. In dieser Konstellation dominiert das Unternehmen die Mitarbeiter und lässt keinen Raum für deren Bedürfnisse.[968] Naheliegend ist folglich, dass bestimmte proaktive Sozialisationstaktiken, wie beispielsweise Verhandlungen über die Ausgestaltung des neuen Tätigkeitsfeldes,[969] in dieser Konstellation nicht stattfinden.

Da allerdings die durchgeführten Studien oder theoretisch entwickelten Annahmen bezüglich des Einflusses bestimmter Persönlichkeitsmerkmale oder organisationaler Gegebenheiten auf den Einfluss des Einsatzes spezifischer organisationaler und individueller Sozialisationstaktiken[970] nicht in einen situativen Kontext gesetzt wurde, kann eine detaillierte Übertragung der Forschungsergebnisse an dieser Stelle nicht stattfinden. Die Idee, die Sozialisation aus drei unterschiedlichen Blickwinkeln (organisationale, individualisierte und integrative Sozialisation) zu betrachten, kann für eine Übertragung des Sozialisationskonzeptes auf die Darwiportunismus-Matrix genutzt werden (Abbildung 21).

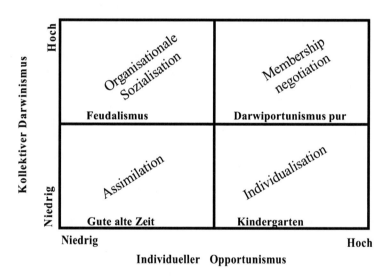

Abbildung 21: Sozialisationsformen in der Darwiportunismus-Matrix

---

967   vgl. Griffin/Colella/Goparaju (2000), 465.
968   vgl. Scholz (2003a), 90-91.
969   vgl. Griffin/Colella/Goparaju (2000), 465.
970   vgl. beispielsweise Jones (1983; 1986); Black/Ashford (1995); Griffin/Colella/ Goparaju (2000); Kim/Cable/Kim (2005).

Naheliegend ist dabei, dass in der Konstellation Feudalismus eine Sozialisation primär durch die Organisation vorangetrieben wird. Hier werden von der Organisation spezifische Einarbeitungsprogramme gestellt, die einem fest vorgegebenen Rahmen folgen. Spielraum für selbstgesteuertes Lernen wird nicht geboten.[971] Verhindert werden kann so, dass neue Mitarbeiter Informationen erhalten, die die Loyalität erschüttern. Vorteilhaft für die Organisation und deshalb auch in dieser Konstellation primär zu praktizieren ist, dass organisationale Strukturen und organisationskulturelle Besonderheiten direkt durch die Organisation vermittelt werden. Der Einfluss des Unternehmens auf den Mitarbeiter ist damit besonders intensiv. Dabei findet die Sozialisation neuer Mitarbeiter primär durch kommunikative Aspekte statt.[972] Folglich ist anzunehmen, dass das Unternehmen durch seine Dominanz in der Sozialisationsphase ebenso den im Unternehmen verankerten Symbolcode während dieser Phase dem Mitarbeiter indoktriniert.

Die von *Black* und *Ashford* auf *Van Maanen* und *Schein*[973] und *Nicholson*[974] zurückgeführte Erkenntnis, dass zwischen der Anpassung neuer Mitarbeiter an die organisationalen Gegebenheiten und der Anpassung des neuen Arbeitsumfeldes an die Bedürfnisse der Mitarbeiter unterschieden wird,[975] differenziert die Sozialisationsaktivitäten zwischen den psychologischen Arbeitsvertragstypen Gute alte Zeit und Kindergarten. Hier ist naheliegend, dass eine Individualisierung oder auch Personalisierung des Tätigkeitsfeldes und des Arbeitsumfeldes[976] primär durch die hoch opportunistischen Mitarbeiter im Kindergarten durchgeführt wird. Da diese Mitarbeiter bedingt durch ihre Employability unabhängiger vom Unternehmen sind, sind diese auch selbstbewusster und eher auf die persönliche Weiterentwicklung bedacht als wenig opportunistische Mitarbeiter. Daher tendieren sie eher zu einer selbstgesteuerten Änderung ihres Arbeitsumfeldes[977]. Sie dominieren die Sozialisationsphase im Unternehmen. *Wrzesniewski* und *Dutton* sprechen dabei von „job crafting" und definieren dies wie folgt: „*We define job crafting as the physical and cognitive changes individuals make in the task of relational boundaries of their work*"[978].[979] Somit ge-

971   vgl. Van Maanen/Schein (1979), 43-44.

972   vgl. Gómez (2009), 179.

973   vgl. Van Maanen/Schein (1977), 64-65.

974   vgl. Nicholson (1984), 173.

975   vgl. Black/Ashford (1995), 422.

976   vgl. beispielsweise Porter/Lawler/Hackman (1977), 170-172; Hess (1993), 205-206.

977   vgl. Jones (1986); West (1987).

978   Wrzesniewski/Dutton (2001), 179.

979   vgl. für weiterführende Literatur beispielsweise Lyons (2008); Berg/Wrzesniewski/ Dutton (2010).

stalten diese Mitarbeiter nicht nur die ihnen übertragenden Aufgaben gemäß ihrer individuellen Konnotation, sondern individualisieren ebenso soziale Aspekte.[980] Dies kann auch zu einer Individualisierung des verwendeten Symbolcodes im Unternehmen führen, so dass dieser eher durch opportunistisch geprägte Bestandteile gekennzeichnet ist. Ergänzend hierzu kann eine Sozialisationsstruktur des Unternehmens, die eher individualistisch geprägt ist, angenommen werden. Dies impliziert nach *Griffin*, *Colella* und *Goparaju* in Anlehnung an *Van Maanen* und *Schein*[981] und *Jones*[982], dass im Gegensatz zu einer institutionalisierten Sozialisation, weniger vorgegebene Rollenvorstellungen und weniger strukturiert und geplant ablaufende Einarbeitungsphasen stattfinden. Die Mitarbeiter werden so eher angeregt, ihr Arbeitsumfeld aktiv zu gestalten.[983] Insgesamt kann dies bedingt durch Gravitationseffekte[984] dazu führen, dass immer mehr opportunistische Mitarbeiter Positionen im Unternehmen entsprechend individualisieren und so die Symbolik des Unternehmens und langfristig ebenso die Kultur des Unternehmens mit ihren Einstellungen und Verhaltensweisen dominieren.

Entgegen dieser Individualisierung der Sozialisation findet die Sozialisation in der Konstellation Gute alte Zeit eher in einem integrativen Prozess statt. Keine der beiden Parteien zeichnet sich in dieser Konstellation durch eine Dominanz aus. Die sich im Unternehmen bereits gefestigte Symbolik wird daher im Laufe der Zeit auf die neuen Mitarbeiter übertragen. Dies resultiert daraus, dass die organisationale Sozialisation eher durch individualisierte Strukturen geprägt ist, in denen neue Mitarbeiter primär von bereits etablierten Mitarbeitern lernen[985]. Verstärkt wird dies durch die proaktive Informationssuche der wenig opportunistischen Mitarbeiter. Diese werden allerdings nicht auf alle möglichen proaktiven Informationssuchtaktiken zurückgreifen. So ist es unwahrscheinlich, dass wenig opportunistische Mitarbeiter versuchen, ihren Tätigkeitsbereich und ihr Arbeitsumfeld zu individualisieren. Vielmehr werden sie auf Taktiken zurückgreifen, die die Informationssuche und Beziehungsbildung erleichtern beziehungsweise unterstützen. Diese ermöglichen eine schnelle Sozialisation,[986] in der die neuen Mitarbeiter durch eine Änderung ihrer persönlichen Werte und die

---

980   vgl. Hess (1993), 206.
981   vgl. Van Maanen/Schein (1977), 37-70.
982   vgl. Jones (1986).
983   vgl. Griffin/Colella/Goparaju (2000), 461-462.
984   vgl. Nerdinger (2011), 70.
985   vgl. Van Maanen /Schein (1979), 37-70.
986   vgl. Reichers (1987), 281.

Anpassung an die organisationsspezifischen Werte und Normen[987] ihre Loyalität gegenüber dem Unternehmen demonstrieren können. In dieser Konstellation findet folglich eher eine Anpassung der neuen Mitarbeiter an die organisationalen Gegebenheiten statt. Aufgrund der wahrscheinlichen Kombination von proaktiven Sozialisationsstrategien zur Informationsgenerierung mit dem Adaptieren organisationskultureller Besonderheiten wenig opportunistischer Mitarbeiter, kann folglich an dieser Stelle nicht uneingeschränkt von einer „assimilation" im Sinne von *Kramer* und *Miller* gesprochen werden.[988] In dieser Konstellation wird zwar das Symbolverständnis nicht wie im Feudalismus diktiert und die Mitarbeiter werden aktiv Informationen suchen, dennoch werden sie nicht im Sinne eines „*job craftings*"[989] ihr Tätigkeitsgebiet und -umfeld individualisieren. Der Assimilationsbegriff wird daher in dieser Ausarbeitung unter dieser Einschränkung auf die Sozialisation der Mitarbeiter in der Guten alten Zeit übertragen.

Proaktivität im Sinne des individuellen Verhandelns der Arbeitsbedingungen und des Arbeitsumfeldes[990] und so auch des gemeinsamen Symbolcodes findet ausschließlich während der Bildung psychologischer Arbeitsverträge des Typs Darwiportunismus pur statt. *Scott* und *Myers* sprechen in diesem Zusammenhang von „membership negotiation" und beziehen sich damit auf „[...] *a set of ongoing processes (intentional and unintentional) through which knowledgeable individuals and focal organizations engage, disengage, and accomplish reciprocal — but still asymmetrical — influence over the intended meanings for an individual's participation in organizational functions*"[991]. Relevant für eine Abgrenzung zur individualisierten Sozialisationstaktik des „*job craftings*"[992] ist die interaktive Beteiligung beider am Sozialisationsprozess beteiligten Parteien[993].

Insgesamt bieten die hier dargestellten Untersuchungsperspektiven zwar den Einblick, wer die Sozialisation neuer Mitarbeiter primär steuert und welche Phasen prägnant sind, wie dieser Prozess an sich allerdings abläuft, findet wenig Beachtung[994]. Da Sozialisationsprozesse durch kommunikative und interaktive

---

987   vgl. Schein (1971), 1-15; Nicholson (1984).
988   vgl. Kramer/Miller (1999), 360.
989   Wrzesniewski/Dutton (2001), 179.
990   vgl. beispielsweise Meiners (2004); Meiners/Miller (2004); Scott/Myers (2010).
991   Scott/Myers (2010), 80.
992   Wrzesniewski/Dutton (2001), 179.
993   vgl. Scott/Myers (2010), 80.
994   vgl. Reichers (1987), 279.

Prozesse gekennzeichnet und diese wiederum verflochten sind,[995] ist in diesem Zusammenhang der bereits frühe Verweis von *Reichers*[996] auf die Theorie des symbolischen Interaktionismus ein sinnvoller Ansatzpunkt, die Entstehung eines gemeinsam geteilten Symbolverständnisse und den Prozess des kognitiven Matchens gegenseitiger Erwartungen zu erklären. *Barge* und *Schlueter* heben ebenso die Bedeutung informeller Kommunikation für die Sozialisation neuer Mitarbeiter hervor.[997] Die gegenseitige Rollenübernahme im Interaktionsprozess zur Generierung signifikanter Symbole lässt sich nach *Singer* auf die Theorie der reflexiven Ko-Orientierung nach *Newcomb*[998] zurückführen.[999] Sie impliziert eine Antizipation der Handlungen und Verhaltensweisen des Interaktionspartners.[1000] Folglich bietet diese Theorie nicht nur einen geeigneten Ansatz für die Bildung signifikante Symbole und somit eines gemeinsamen Symbolcodes,[1001] sondern stellt auch den Ablauf des kognitiven Matchings gegenseitiger Erwartungen über die Leistungen und Gegenleistungen im Bildungsprozess psychologischer Arbeitsverträge dar. Für eine detaillierte Auseinandersetzung mit den drei Stufen der Ko-Orientierung wird auf die Darstellung *Singers* in Anlehnung an *Laing*, *Phillipson* und *Lee*,[1002] welche eine Möglichkeit der Messung tatsächlicher Übereinstimmung entwickelt haben,[1003] und das Consensus-Modell von *Siegrist*[1004] zurückgegriffen und auf die Interaktionssituation zwischen Arbeitgeber und Arbeitnehmer übertragen (Abbildung 22).

---

995   vgl. Grimshaw (1990), 205; Gelléri/Kanning (2007), 331.

996   vgl. Reichers (1987) 278-287.

997   vgl. Barge/Schlueter (2004), 233.

998   vgl. Newcomb (1953), 393-404.

999   vgl. Singer (1976), 113-115.

1000   vgl. Singer (1976), 113-115.

1001   vgl. Blumer (1998); Singer (1976).

1002   vgl. Laing/Phillipson/Lee (1966), 49-72.

1003   vgl. Scheff (1967), 37-38.

1004   vgl. Siegrist (1970), 44-54.

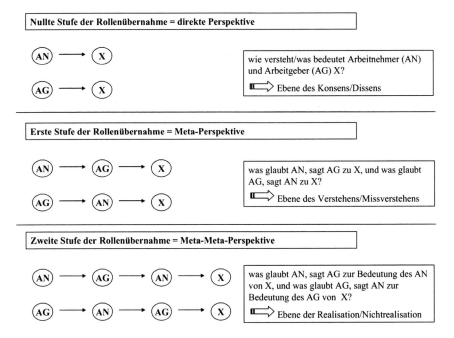

Abbildung 22: Stufen der reflexiven Ko-Orientierung im Arbeitsverhältnis (in Anlehnung an Singer 1976, 118-119)

Durch einen Vergleich der direkten Perspektiven kann festgestellt werden, ob beide Interaktionspartner in der Beurteilung von X übereinstimmen. X steht dabei sowohl für die in der Interaktion verwendete Symbolik als auch für die inhaltlichen Aspekte, also die antizipierten gegenseitigen Erwartungen über Leistungen und Gegenleistungen. Wird die Meta-Perspektive des einen mit der direkten Perspektive des anderen abgeglichen, kann herausgefunden werden, ob beide Interaktionspartner die andere Partei verstehen oder missverstehen. Der dritte Abgleich erfolgt durch den Vergleich der jeweiligen Meta-Meta-Perspektive mit der jeweils anderen Meta-Perspektive. Dies verdeutlicht, ob beide Interaktionspartner erkennen, dass sie von dem anderen verstanden werden. Vollkommene Übereinstimmung zwischen den Interaktionspartnern liegt vor, wenn auf allen drei Ebenen der Rollenübernahme die Beurteilung beider Parteien kongruiert.[1005] Insgesamt läuft der Prozess der Ko-Orientierung rein kognitiv ab, er bezieht sich allerdings auf Informationen, die sich aus dem inter-

---

1005   vgl. Laing/Phillipson/Lee (1966), 49-72; Siegrist (1970), 44-54; Singer (1976), 118-119.

aktiven Handeln und der Kommunikation zwischen Arbeitgeber und Arbeitnehmer ergeben. Problematisch wird es in den Fällen, in denen einer der beiden Parteien die Beurteilung von X der anderen Partei entweder missversteht oder nicht realisiert. Diese Verständnisdifferenzen können entweder bereits während des Bildungsprozesses oder während der Monitorphase in einer Vertragsverletzung oder einem Vertragsbruch münden. Ob dabei dann tatsächlich Konsens oder Dissens über die Beurteilung von X vorliegt, ist irrelevant, da Differenzen auf der Meta-Perspektive und Meta-Meta-Perspektive an sich bereits Unstimmigkeiten hervorrufen.[1006] Für den Fall, dass zwar die Meta- und die Meta-Meta-Perspektive übereinstimmen, aber die Beurteilung von X beider Parteien divergiert, müssen, wie von *Münch* erläutert, die beiderseitigen Erwartungen angeglichen werden.[1007]

Dies passiert in der Phase der Symbolinterpretation, wie bereits zu Beginn erläutert, auf zwei Ebenen. So findet zum einen im Prozess der kognitiven Ko-Orientierung die Generierung eines gemeinsamen Symbolcodes statt. Zum anderen ermöglicht dieser Prozess gleichzeitig auch, durch das kognitive Matchen die in der Interaktion verwendete Symbolik zu deuten. So lernen in dieser Phase beide Parteien nicht nur, sich gemeinsam zu verständigen, sondern können dadurch ebenso in der Interaktion gesendete Symbole deuten. Dies ermöglicht jedem Individuum, sich eine Vorstellung darüber zu bilden, welche Erwartungen und Erwartungserwartungen sich die andere Partei in der ersten Phase gebildet hat. Kritisch anzumerken bezüglich des Konzeptes der Rollenübernahme ist, dass die Übernahme der Rolle einer anderen Person immer auch durch die eigene Perspektive beeinflusst wird. Eine Rollenübernahme wird folglich nie völlig losgelöst von der eigenen Weltsicht erfolgen.[1008] Folglich unterliegt sie zwangsläufig einer Subjektivität.

Abbildung 23 fasst die bereits analysierten Ergebnisse der darwiportunistisch differenzierten Generierung eines gemeinsamen Symbolverständnisses zusammen.

1006   vgl. Singer (1976), 118-121.
1007   vgl. Münch (2007), 272.
1008   vgl. Charon (2010), 105-106.

AG	AN	AG	AN	psy. AV
niedriger Darwinismus	niedriger Opportunismus	Symboltransfer von AG auf AN		Gute alte Zeit
hoher Darwinismus	niedriger Opportunismus	Symboldiktat von AG auf AN		Feudalismus
niedriger Darwinismus	hoher Opportunismus	Symboldiktat von AN auf AG		Kindergarten
hoher Darwinismus	hoher Opportunismus	Abstimmung der Symbolik zwischen AG und AN		Darwiportunismus pur

Phase II

Symbolinterpretation

Abbildung 23: Darwiportunistisch differenzierte Phase der Symbolinterpretation

Festhalten lässt sich, dass bei der Bildung der psychologischen Arbeitsverträge Feudalismus und Kindergarten das Symbolverständnis durch die jeweils dominante Partei diktiert wird. In der Guten alten Zeit findet eine integrative Sozialisation statt, indem die Symbolik des Unternehmens auf den Mitarbeiter, welcher proaktiv Informationen sucht, transferiert wird. Im Darwiportunismus pur wird die Bedeutung der verwendeten Zeichen und Signale durch eine Verhandlung zwischen den beiden Parteien erzielt. Hier wird offen über die jeweilige Bedeutung bestimmter Symboliken gesprochen, um eine möglichst schnelle und starke Übereinstimmung des Verständnisses verwendeter Symbolik zu erzielen. Verhandlungen finden zwischen den Parteien nicht nur auf Basis der Schaffung eines gemeinsamen Symbolverständnisses statt. Auch die Erkenntnis divergierender Erwartungen über die Leistungen und Gegenleistungen im Prozess des gegenseitigen kognitiven Matchens führen unter bestimmten Bedingungen zu einer Verhandlung beiderseitiger Vorstellungen. Dieses findet während des Entstehungsprozesses psychologischer Arbeitsverträge in der Phase der Verhandlung statt.

195

4.1.3 Darwiportunistisch differenzierte Analyse der Phase der Verhandlung

Basis der Verhandlungsphase bilden die in den ersten beiden Phasen des Bildungsprozesses psychologischer Arbeitsverträge gelegten Grundbausteine. So ist die Bildung von Erwartungen, die Schaffung eines gemeinsamen Symbolverständnisses und das somit erworbene Dekodierungsverständnis spezifischer, in der Interaktion gesendeter Signale Voraussetzung für die Durchführung von Verhandlungen. Da Verhandlungsprozesse Kommunikationsprozesse darstellen,[1009] ermöglicht erst die Teilung eines gemeinsamen Symbolverständnisses und der kognitive Abgleich der jeweilige Erwartungen, existierende Diskrepanzen aufzudecken.[1010]

Werden diese festgestellt, so sieht *Münch* in der Führung von Verhandlungen einen Lösungsansatz.[1011] Die Relevanz von Verhandlungen im Entstehungsprozess psychologischer Arbeitsverträge wird bereits von *Schein*[1012] früh erfasst, allerdings erst von *Herriot* und *Pemberton*[1013] konkretisiert und entsprechend modelltheoretisch umgesetzt. Auch die Differenzierung austauschtheoretischer Konzepte und Theorien in reziproke und verhandelte Austauschformen[1014] lässt auf die Relevanz von Verhandlungen für die Bildung psychologischer Arbeitsverträge schließen. Da bereits in Kapitel 2.2.4.2 die theoretische Basis von Verhandlungen aufbereitet wurde, wird nachfolgend direkt auf die Analyse der Verhandlungsführung während des Entstehungsprozesses psychologischer Arbeitsverträge aus darwiportunistischer Sicht eingegangen.

Wie bereits die darwiportunistische Analyse der beiden anderen Prozessphasen ergeben hat, ist einzig im Darwiportunismus pur die Situation gegeben, in der konfliktäre Erwartungen auch offen diskutiert und eine gemeinsame Kompromissfindung von den Parteien überhaupt angestrebt wird (Abbildung 24). Zur jeweiligen Nutzenmaximierung verfolgen nur hier beide Parteien in gleicher Intensität ihre eigenen Ziele, lassen sich allerdings aufgrund gegenseitiger Abhängigkeit zur Zielrealisation auf Verhandlungen ein.[1015]

1009 vgl. Filzmoser/Vetschera (2008), 422.
1010 vgl. Jäggi (2009), 12.
1011 vgl. Rubin/Brown (1975), 2; Wiswede (2004), 587; Münch (2007), 168.
1012 vgl. Schein (1965), 44.
1013 vgl. Herriot/Pemberton (1996; 1997).
1014 vgl. beispielsweise Molm (2010).
1015 vgl. Scholz/Stein (2002), 4; Scholz (2003a), 91.

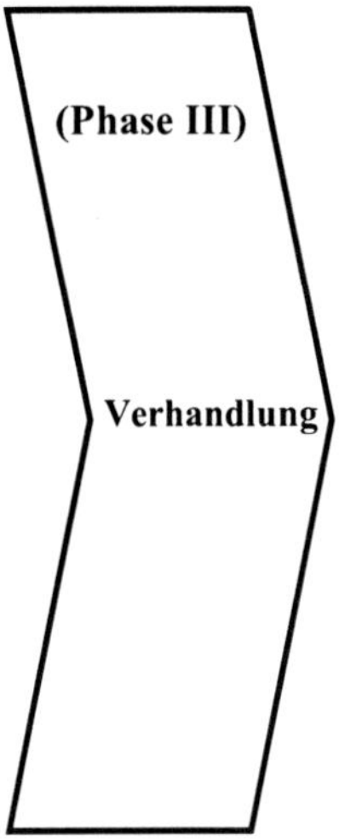

	AG	AN	AG	AN	psy. AV
(Phase III)	niedriger Darwinismus	niedriger Opportunismus	---		Gute alte Zeit
	hoher Darwinismus	niedriger Opportunismus	---		Feudalismus
	niedriger Darwinismus	hoher Opportunismus	---		Kindergarten
Verhandlung	hoher Darwinismus	hoher Opportunismus	Verhandlung		Darwiportunismus pur

Abbildung 24: Darwiportunistisch differenzierte Phase der Verhandlung

Diesen Aspekt heben auch *Rubin* und *Brown* hervor und betonen dabei, dass Verhandlungen freiwillig eingegangen werden.[1016] Beide Parteien erwarten durch die Verhandlung einen Zugewinn im Ergebnis.[1017] So ist nicht Zwang, sondern die Erreichung nutzenmaximaler Individualziele für das Eingehen der Verhandlung kennzeichnend. Folglich steht es Interaktionspartnern frei, die Verhandlungssituation zu verlassen und eine Alternative zu wählen.[1018] *De Dreu et al.* greifen in diesem Zusammenhang auf *Pinkleys*[1019] Aussage zurück, dass je mehr Alternativen die Parteien zur Auswahl haben, desto geringer die kooperativen Anreize sind, sich auf ein Ergebnis zu einigen, welches unterhalb ihrer ursprünglichen Erwartung liegt. Ihnen zufolge wird dieser kooperative Aspekt durch einen wettbewerblichen Anreiz zur Optimierung eigener Bedürfnisse er-

---

1016 vgl. Rubin/Brown (1975), 197.
1017 vgl. De Dreu et al. (1996), 609.
1018 vgl. Rubin/Brown (1975). 197.
1019 vgl. Pinkley (1995), 403-417.

gänzt.[1020] Gerade dieser ist in Konstellationen, in denen hoher Opportunismus auf hohen Darwinismus trifft, besonders ausgeprägt. Zu schließen ist daher, dass bei der Bildung des psychologischen Arbeitsvertrages Darwiportunismus pur die Bedingungen im Verhandlungsergebnis für beide ist, dass durch die Kooperation ein enormer Mehrwert entstehen muss. Ansonsten wird es zu keinem Abschluss des formalen Vertrages kommen. Beide, nicht nur eine Partei, müssen sich deutlich besser stellen, als es in der bestmöglichen Alternative der Fall wäre.

Rubin und Brown sprechen daher von einer gegenseitigen Abhängigkeit im Sinne einer Wechselbeziehung. Abhängigkeitsvarianzen lassen sich durch Differenzen in der Explizitheit der Kommunikation und in der Stärke des jeweiligen Übereinkunftswillens messen.[1021] Verhandeln findet folglich nicht immer in expliziter Form statt. Allerdings werden implizite Verhandlungen oftmals nicht als Verhandlung an sich, sondern eher als „worked-out agreement"[1022] wahrgenommen. Kommunikation in Verhandlungen beschränkt sich daher nicht zwingend auf verbale Aspekte. Auch non-verbale Kommunikation spielt eine entscheidende Rolle in Verhandlungen.[1023]

Insgesamt identifiziert Rubin drei Parameter, die diese gegenseitige Abhängigkeit und deren Effektivität beeinflussen[1024]:

• Die Motivation der Verhandler: Varianzen im motivationalen Verhalten der Verhandlungspartner lassen drei Positionierungen erkennen.[1025] Die effektivste Form, die kooperative motivationale Orientierung,[1026] impliziert den Einbezug des Ergebnisbereiches des Verhandlungspartners und nicht nur den Fokus auf die eigenen Ergebnisse.[1027] Deutsch, welcher als erster die Formen der motivationalen Orientierung spieltheoretisch überprüft,[1028] beschreibt diese wie folgt: „You're interested in your partner's welfare as well as in your own. [...] You want to win as much money as you can for yourself and you do want him to win."[1029] Eine distributive Orientierung impliziert neben der Maximierung der eigenen Ergebnisse eine klare Besserstellung gegenüber dem Ergebnis des Verhandlungspartners. Im Gegensatz dazu fokussiert eine indi-

---

1020   vgl. De Dreu et al. (1996), 609.
1021   vgl. Rubin/Brown (1975), 197-198.
1022   Strauss (1978), 225.
1023   vgl. Rubin/Brown (1975), 96.
1024   vgl. Rubin/Brown (1975), 198.
1025   vgl. Deutsch (1960), 130-131.
1026   vgl. Rubin/Brown (1975), 213.
1027   vgl. Deutsch (1960), 130.
1028   vgl. Rubin/Brown (1975), 201.
1029   Deutsch (1960), 130.

vidualistische Orientierung eine ausschließliche Konzentration auf die Maximierung des eigenen individuellen Verhandlungsergebnisses gemessen an den individuellen Bedürfnissen. Diese Orientierung richtet sich folglich lediglich an die eigenen Interessen, völlig losgelöst von denen des Verhandlungspartners. *Deutsch* sieht in dieser Orientierung vor allem die Unabhängigkeit der Verhandlungspartner sowohl zeitlich als auch beziehungstechnisch.[1030]

- Die Verteilung der Macht: Diese kann gleich oder ungleich sein. *Thibauts* und *Kelleys* Analyse folgend ist Macht die Fähigkeit eines Verhandlers, einen anderen zu einem Ergebnisbereich zu bewegen. Je größer dieser Bereich ist, desto größer ist die Macht.[1031] Dabei wird angenommen, dass eine gleichverteilte Macht zwischen den Verhandlungspartnern zu effektiveren Verhandlungen führt. Auch der aktuelle und der wahrgenommene Status beeinflussen die Macht in Verhandlungssituationen.[1032]

- Die interpersonelle Orientierung: Diese kann hoch oder niedrig sein. Sie bezieht sich auf die Wahrnehmungs- und Interpretationsfähigkeit der Beziehungsqualität mit dem Verhandlungspartner. Bei einer hohen Ausprägung ist ein Verhandlungspartner relativ gut in der Lage, auf Verhaltensänderungen des Verhandlungspartners einzugehen.[1033] Die Analyse unterschiedlicher Studien zu dieser Thematik von *Rubin* und *Brown* zeigt zwar keinen eindeutigen Zusammenhang zwischen einer hohen interpersonellen Orientierung und einem effektiveren Verhandlungsergebnis, dennoch weisen über die Hälfte der untersuchten Studien darauf hin.[1034] Da die Variable Interpersonelle Orientierung latent und somit schwer messbar ist, wird sie durch die folgenden Items operationalisiert: die Wahrscheinlichkeit zukünftigen Eingehens gegenseitiger Abhängigkeit, die Qualität dieser Abhängigkeit und die gegenseitige Ähnlichkeit sowie der Ruf der Verhandlungspartner.[1035] Dabei wirken erwartete zukünftige Beziehungen mit dem Verhandlungspartner effektivitätssteigernd.[1036] Ebenso wirken (positive) Informationen vergangenen Verhaltens der Verhandlungspartner, welche vor dem Beginn der Verhandlung verfügbar sind.[1037]

1030 vgl. Deutsch (1960), 131.
1031 vgl. Thibaut/Kelley (1969).
1032 vgl. Rubin/Brown (1975), 197-201, 221.
1033 vgl. Rubin/Brown (1975), 197-201.
1034 vgl. Rubin/Brown (1975), 244.
1035 vgl. Rubin/Brown (1975), 199-200, 233-234.
1036 vgl. Rubin/Brown (1975), 234.
1037 vgl. Rubin/Brown (1975), 236-237.

Diese drei Parameter beeinflussen die Qualität des Verhandlungsaustausches. Dabei wirkt der Faktor motivationale Orientierung am stärksten auf die Effektivität von Verhandlungen.[1038]

Die nachfolgende Übertragung dieser drei Faktoren auf den Entstehungsprozess des psychologischen Arbeitsvertrages Darwiportunismus pur lässt durch diese Analyse einen Rückschluss auf die Effektivität der in dem Entstehungsprozess zu führenden Verhandlungen im Sinne eines Optimalverständnisses von *Rubin* und *Brown* zu. Die Motivation der Verhandler ist dabei auf den ersten Blick eindeutig als individualistisch[1039] zu positionieren: Beide versuchen durch die Verhandlung, ihren eigenen Nutzen zu maximieren.[1040] Allerdings wissen beide Parteien, dass sie zur Erreichung eigener Ziele auch die andere Partei benötigt, die ebenfalls ihre Ziele realisieren möchte. Dies impliziert eben nicht, dass es sich zwingend um eine Verhandlung individualistischer Art oder sogar distributiver Art handeln muss. Ebenso ist die Schaffung einer win-win-Situation für beide Parteien möglich. Es bleibt fraglich, ob dies dem Verständnis kooperativer Verhandlung von *Rubin* und *Brown*[1041] entspricht. Die Autoren gehen bei einer kooperativen Orientierung davon aus, dass beiden Parteien auch die Bedürfniserfüllung der anderen Partei wichtig ist.[1042] In dieser Konstellation interessieren sich die Parteien für die andere Partei lediglich aus Eigennutz. Somit muss durch die Verhandlung für beide Parteien ein Mehrwert gegenüber der Nichtdurchführung generiert werden. Die Annahme einer kooperativen motivationalen Orientierung ist daher möglich, allerdings unter Berücksichtigung der unterschiedlichen Basisorientierung der Verhandler: Beide Parteien sind auf eine Kooperation angewiesen und verhalten sich daher eher kooperativ – wenn auch nur aus dem situativen Zwang heraus.

Bezogen auf den Faktor Macht, welcher bereits in Kapitel 4.1.1 hinsichtlich der Relevanz für die Realisationswahrscheinlichkeit von Erwartungen thematisiert wird, ist in Verhandlungen im Darwiportunismus pur zwischen den Parteien eine annähernde Gleichverteilung anzunehmen. Ohne an dieser Stelle einen umfassenden Einblick in die theoretischen Konzepte und empirischen Studien zum Thema Macht zu gewähren[1043], soll ein kurzes definitorisches Verständnis von Macht der Erklärung der im Darwiportunismus pur getroffenen Annahme

---

1038 vgl. Rubin/Brown (1975), 257.
1039 vgl. Deutsch (1960), 131.
1040 vgl. Scholz (2003a), 91.
1041 vgl. Rubin/Brown (1975), 201-202.
1042 vgl. Rubin/Brown (1975), 213.
1043 vgl. für einen Überblick und eine tiefere Auseinandersetzung mit der Thematik beispielsweise Mintzberg (1983); Berger/Zelditch (1998), 275-283.

gleich verteilter Macht dienen. Die Schwierigkeit eines einheitlichen Verständnisses von Macht liegt nicht nur in der Existenz vieler unterschiedlicher Definitionen, sondern ebenso in der Vielzahl differierender Akteurs- und Inhaltsebenen.[1044] *Keltner, Gruenfeld* und *Anderson* beispielsweise definieren Macht als „[...] *an individual's relative capacity to modify others' states by providing or withholding resources or administering punishments.*"[1045] *Fiske* und *Berdahl* erkennen auch die Problematik einer einheitlichen Definitionsgenerierung von Macht und fassen die Vielzahl existierender Definitionen in den drei Kategorien Macht als Einfluss, Macht als potenzieller Einfluss und Macht als Ergebniskontrolle zusammen.[1046] Definitionen, die Macht als Einflussvariable sehen, schreiben einer Person Macht zu, die in der Lage ist, das Verhalten einer anderen Person zu steuern. Diese Art der Machtdefinition ist allerdings gemäß *Fiske* und *Berdahl* schwierig, denn „[...] *it defines power in terms of what it does, not what it is. This is a we-know-it-when-we-see-it way of defining power that requires backward inference to identify the presence of power by its consequence.*"[1047] Macht als potenziellen Einfluss zu definieren zielt auf die Kontrolle spezifischer, von der anderen Partei präferierter Ressourcen ab. Letzter Bereich, zu deren Vertretern sich auch *Fiske* und *Berdahl* zählen, sehen Macht „[...] *as relative control over another's valued outcomes*"[1048].[1049] *Blau* versteht unter Macht eine sehr breit gefasste *Definition*: „[...] *power refers to all kind of influence between persons or groups, including those exercised in exchange transactions, where one induces others to accede to his wishes by rewarding them for doing so.*"[1050] Die Entstehung von Macht begründet sich ihm zur Folge in unausgeglichenen Tauschbeziehungen. Offene Gegenleistungen für mehrfach erhaltene Leistungen legitimieren Macht des Leistenden über den Schuldner. Dies geschieht allerdings nur, wenn der Schuldner selbst zu wenig von der Ressource hat, es keine zufriedenstellenden Alternativen gibt, wenn keine Zwangsmacht ausgeübt werden kann und wenn die Bedürfnisse dringlich sind. Dabei ist diese Macht so lange gegeben, bis eine entsprechende Gegenleistung erfolgt.[1051] Insgesamt ist die Abhängigkeit einer Partei die Machtquelle der anderen Par-

---

1044 vgl. Keltner/Gruenfeld/Anderson (2003), 265.
1045 Keltner/Gruenfeld/Anderson (2003), 265.
1046 vgl. Fiske/Berdahl (2007), 678; für einen Überblick über bereichsspezifische Definitionen Fiske/Berdahl (2007), 679.
1047 Fiske/Berdahl (2007), 678-679.
1048 Fiske/Berdahl (2007), 679.
1049 vgl. Fiske/Berdahl (2007), 679.
1050 Blau (1964), 115.
1051 vgl. Blau (1964), 140-141.

tei.[1052] Sichtbar wird anhand dieses Verständnisses, dass Macht weder ein bestimmter individueller Charakterzug ist, noch eine erlernbare individuelle Fähigkeit. Macht hat einen relationalen Charakter und kann daher nur in sozialen Interaktionsbeziehungen entstehen.[1053]

Unabhängig davon, welchem definitorischen Verständnis von Macht gefolgt wird, verfügt im Verhandlungsprozess des psychologischen Arbeitsvertragstyps Darwiportunismus pur bezogen auf die Durchsetzbarkeit spezifischer Leistungen und Gegenleistungen keine der Parteien über mehr Macht zur Interessensdurchsetzung. Zurückführbar ist dies auf die Tatsache, dass beide Parteien jeweils über Ressourcen verfügen, die für die jeweils andere Partei von Interesse sind und deren Einsatz sowohl das Verhalten als auch das Ergebnis beeinflussen. Von einer asymmetrischen Verteilung dieses Einflusses ist nicht auszugehen. Im Falle, dass eine Verhandlung lediglich für eine Partei einen Mehrwert generiert, würde sich die andere Partei nicht auf Verhandlungen einlassen. Aufgrund vorhandener Alternativen steht es dieser Partei in der spezifischen Konstellation frei, sich anderweitig zu orientieren.

Bezogen auf die interpersonelle Orientierung ist in dieser Konstellation eine etwas schwächere Ausprägung anzunehmen. Basierend auf der Kurzfristigkeit des psychologischen Arbeitsvertrags Darwiportunismus pur ist dieser von vorne herein lediglich für einen begrenzten Zeitraum angelegt. Entgegen einmaligen Zusammentreffen, bei denen Verhandlungen zu ineffektiveren Ergebnissen führen,[1054] geht die Beziehung im Darwiportunismus pur weit über eine punktuelle Betrachtung hinaus. Die beiden Parteien verhandeln zwar für einen begrenzten Zeitraum bestimmte Konditionen, diese sind aber für diese Zeitspanne bindend und für beide Nutzen optimierend gestaltet. Ob eine Beziehung über diesen Zeitraum hinaus geht ist ungewiss,[1055] dennoch kann in dieser Konstellation von einer interpersonellen Orientierung, wenn auch in abgeschwächter Form, ausgegangen werden.

Insgesamt lässt diese Analyse der von *Rubins* und *Browns* interaktiven Betrachtung der drei Komponenten[1056] schließen, dass in der Verhandlung über die Austauschkonditionen im psychologischen Arbeitsvertrag Darwiportunismus pur eine hohe Effektivität vorliegt. Dabei weist eine kooperative motivationale Orientierung in Kombination mit gleich verteilter Macht eine sehr hohe Ver-

---

1052 vgl. Molm/Takahashi/Peterson (2000), 1398.
1053 vgl. Fiske/Berdahl (2007), 680; Inhetveen (2008), 256.
1054 vgl. Rubin/Brown (1975), 234-235.
1055 vgl. Scholz (2003a), 87-94.
1056 vgl. Rubin/Brwon (1975), 244-258.

handlungseffektivität auf.[1057] Lediglich die etwas geringere interpersonelle Orientierung lässt die Verhandlung in dieser Konstellation ineffektiver werden.

Neben der Analyse von Verhandlungen während der Entstehung des psychologischen Arbeitsvertrages aus Effektivitätsgründen ist auch der detaillierte Ablauf der Verhandlung von Interesse. Zwar ist der Entstehungsprozess psychologischer Arbeitsverträge nicht distributiver Art; dennoch wird das Modell „Negotiation as a Learning Process" von *Cross*[1058] hier angewandt. Dieses erklärt nicht nur die Verteilung, sondern bietet durch den Lern- und Anpassungsmechanismus eine Möglichkeit, den Prozess der Übereinkunft in Verhandlungen aufzuzeigen. Das Modell geht davon aus, dass Verhandlungsprozesse in der Realität einem Suchprozess nach gegenseitig möglichen Übereinkünften gleichen. Hier sind den Interaktionspartnern nicht, wie in den Prozessmodellen der Verhandlung oftmals angenommen wird, alle möglichen Übereinkünfte bekannt.

Cross geht daher davon aus, dass zu Beginn der Verhandlung die Verhandlungsperson A über die Strategie von B bestimmte Erwartungen entwickelt.[1059] Das Verhalten von B wird eingeschätzt. Dies passiert unter Unsicherheit, da das tatsächliche Verhalten des B von A nicht vorhergesagt werden kann. Aufgrund dieser Einschätzung wählt A seine Strategie. Gleiches Verhalten wird von B durchgeführt. Falls die Einschätzungen beider Parteien übereinstimmen, ist keine Verhandlung notwendig. Andernfalls müssen die Einschätzungsfehler mit Hilfe von Verhandlungen behoben werden. Dabei werden nicht nur die Erwartungen revidiert, sondern von Änderungen ist auch die Strategiewahl betroffen. Die sequenzielle Abgabe der Angebote von A und B unterteilt *Cross* in aktuelle Auszahlungsforderungen und manipulative Züge. Letztere sind Aussagen, Zwangsmittel und Drohungen, die nicht im direkten Bezug zum Ergebnis stehen, dieses aber versuchen zu beeinflussen. Diese manipulativen Züge verursachen Kosten, die das Gesamtergebnis schmälern und somit mit Bedacht eingesetzt werden müssen. Im Falle von Erwartungsdifferenzen zwischen den beiden Verhandlungspartnern müssen überoptimistisch gebildete Erwartungen einer Partei an die Realität angepasst werden. Im Falle zu optimistischer Erwartungsbildung von A revidiert dieser seine Erwartungen, um diese an Bs Erwartungen anzupassen. Aufgrund dieser Erwartungsänderung muss A ebenfalls seine Strategie neu ausrichten.[1060]

Cross spricht in diesem Zusammenhang von einem Lern- und Anpassungsmechanismus. Unterstellt wird überdies, dass beide Parteien jeweils bei der an-

1057   vgl. Rubin/Brown (1975), 244.
1058   vgl. Cross (1978).
1059   vgl. Cross (1978).
1060   vgl. Cross (1978), 29-51.

deren Partei diesen Lernmechanismus voraussetzen und dies in ihrer Einschätzung der Erwartungen mit antizipieren. Die Folge ist eine sequenzielle Erwartungs- und Strategieanpassung an die Änderungen des jeweils anderen. Aus diesem Mechanismus rührt die Dynamik in der Interaktion beider Parteien. Die sequenzielle Anpassung der Erwartungen benötigt allerdings Zeit. Zusammenfassend lassen sich nach *Cross* folgende Schlüsse aus diesem Modell ziehen[1061]:

- Verhandlungen dauern länger als zunächst erwartet.
- Zeitkosten oder der Einsatz von Zwangsmacht reduzieren das Ergebnis.
- Der Einsatz von Druck oder Zwangsmacht reduziert die Dauer von Verhandlungen.
- Wenn eine Partei schnell lernt, dauern Verhandlungen kürzer.
- Wenn eine Partei schneller lernt als die andere, erzielt sie ein geringeres Ergebnis.
- Es existiert eine Tendenz in Verhandlungsprozessen zur Reduktion von Asymmetrien in den Erwartungen der Parteien. Diese sind allerdings nicht auf Zwang, Differenzen in der Lernfähigkeit oder in den Nutzenfunktionen zurückzuführen.[1062]

Erklärungsbedarf entsteht hinsichtlich der letzten beiden Punkte. Im Falle, dass A seine zu optimistischen Erwartungen hinsichtlich des Verhaltens von B aufgrund einer extrem hohen Lernfähigkeit schnell reduziert und B aufgrund der gleichen Information nur bedingt durch eine geringere Lernfähigkeit eine Anpassung wesentlich langsamer vornimmt, wird A die wesentlich größere Konzession machen.[1063]

Grundlage erwähnter Tendenz zur Asymmetriereduktion ist die Interaktion beider Lernmechanismen. Bei gleicher Lernfähigkeit, aber höherem Optimismusgrad von A zu Beginn der Verhandlung muss A mehr Erwartungs- und Strategieanpassungen vornehmen als B. Die Änderungen von A allerdings sind Basis der Strategiewahl von B. Durch diese gegenseitige Abhängigkeit der Erwartungs- und Strategiebildungen und den Lernmechanismus steigt Bs Optimismus tendenziell und beiderseitige Erwartungen gleichen sich mehr und mehr an.[1064]

Insgesamt hebt dieses Modell zur Erzielung einer Übereinkunft in Verhandlungen den gegenseitigen Lern- und Anpassungsmechanismus hervor. Die so in der Verhandlung eingegangenen Verpflichtungen über die zu erbringenden Leistungen und Gegenleistungen im psychologischen Arbeitsvertragstyp Darwipor-

---

1061   vgl. Cross (1978), 47-50.
1062   übersetzt nach Cross (1978), 47.
1063   vgl. Cross (1978), 47-50.
1064   vgl. Cross (1978), 29-51.

tunismus pur fungieren somit primär als Vertrauenssubstitut. Da aufgrund beiderseitiger Nutzenmaximierung der Anreiz zu opportunistischen Verhaltensweisen besteht, versuchen sich beide Parteien über eine vorherige Verhandlung der gegenseitig zu erfüllenden Leistungen und Gegenleistungen abzusichern. Aus den in Phase eins gebildeten und in Phase zwei kognitiv abgeglichenen gegenseitigen Erwartungen über die spezifischen Leistungen und Gegenleistungen entstehen folglich gegenseitige Versprechen, die als Bindungsangebot fungieren. Somit verpflichten sich im Bildungsprozess des psychologischen Arbeitsvertrages Darwiportunismus pur bereits in dieser Phase der Verhandlung mit der Abgabe gegenseitiger Versprechen beide Seiten zur Realisation der Leistungen und Gegenleistungen. In dieser Konstellation wird bereits in der Phase der Verhandlung das Grundgerüst des psychologischen Arbeitsvertrages Darwiportunismus pur gelegt. Allerdings müssen dem Verhandlungserfolg die entstehenden Kosten gegengerechnet werden. Diese beziehen sich vor allem auf den zeitlichen Aspekt der Dauer der Verhandlungen.[1065] Anzunehmen ist, dass es aufgrund der Komplexität, die durch die Dynamik einer Arbeitsbeziehung entsteht, fortwährend zu Verhandlungen zwischen den beiden Parteien kommen kann. Diese dann entstehenden Verhandlungsschleifen rufen hohe Kosten in Form von zeitlicher Kapazitätsbindung hervor. Vermieden werden muss daher, dass der ursprünglich positive Aspekt der Verhandlung in einer Endlosschleife mündet.

Nicht zu vergessen ist allerdings, dass dies nicht für die drei anderen Typen von psychologischen Arbeitsverträgen gilt. Hierzu werden nachfolgend die nächsten Phasen des Bildungsprozesses psychologischer Arbeitsverträge bezüglich der darwiportunistischen Differenziertheit untersucht.

4.1.4 Darwiportunistisch differenzierte Analyse der Phase des Tausches

Die darwiportunistische Analyse der Verhandlungsphase hat gezeigt, dass lediglich im Darwiportunismus pur vorab über die spezifischen Leistungen und Gegenleistungen verhandelt wird. Diese Verpflichtungen werden dann genau wie die nur kognitiv abgeglichenen Erwartungen in den Konstellationen Gute alte Zeit, Feudalismus und Kindergarten in einem nächsten Schritt ausgetauscht. Dieser Austausch bezieht sich auf die „*gegenseitige Darbietung von Leistungen materieller und immaterieller Art*"[1066]. Besonders relevant für die darwiportunistische Analyse des Entstehungsprozesses der psychologischen Arbeits-

---

1065   vgl. Cross (1978), 47.
1066   Wiswede (2004), 43.

vertragstypen ist die Lokalisation von strukturellen Differenzen im Austausch-prozess und den damit verbundenen Unterschieden in den Entstehungsprozessen.

Explizit modelliert wird diese Phase in den bisher existierenden Bildungs-prozessen psychologischer Arbeitsverträge[1067] nicht. *Herriot* und *Pemberton* gehen in ihrem Modell von 1996 direkt nach der Verhandlung der Leistungen von der Entstehung des psychologischen Arbeitsvertrags aus.[1068] In dem Modell von 1997 sogar von der an die Verhandlung sofort anschießenden Monitor-phase.[1069] Obwohl die Autoren annehmen, dass in Anlehnung an *Rousseau* von der Entstehung zweier unterschiedlicher Vertragsarten ausgegangen wird,[1070] differenzieren sie den Entstehungsprozess nicht. Die Differenzierung zwischen strikter und genereller Reziprozität[1071] weist auf die Notwendigkeit einer Unter-scheidung der Austauschform hin. Widersprüchlich erscheint dabei, dass die Bildung in beiden Fällen über die Verhandlung der Leistungskonditionen statt-findet.

Die Integration unterschiedlicher Reziprozitätsformen impliziert eine starke Weiterentwicklung zu allgemeinen Forschungsannahmen psychologischer Ar-beitsverträge. In dieser basieren psychologische Arbeitsverträge undifferenziert auf der Basis reziproker Austauschbeziehungen.[1072] Da dies überwiegend auf der Theorie *Blaus* aufsetzt, die zwischen sozialem und ökonomischem Austausch unterscheidet[1073], ist eine reine Fokussierung auf sozialen Austausch, welcher reziprok stattfindet, von der Idee der inhaltlichen Immaterialität der Konditionen psychologischer Arbeitsverträge erst einmal einleuchtend. Unverständlich ist warum die Unterscheidung von transaktionalen und relationalen psychologi-schen Arbeitsverträgen von *Rousseau*[1074] nicht auch vermehrt zu einer Differen-zierung der zu Grunde liegenden Austauschform geführt hat. Neben inhaltlichen Aspekten wäre dadurch eine klare strukturelle Abgrenzung im Ablauf des Aus-tausches theorieimmanent.

Unter dem Gesichtspunkt der Integration des Verhandlungsgedankens von *Schein*[1075] in den Entstehungsprozess psychologischer Arbeitsverträge in Anleh-

---

1067   vgl. Rousseau (1995; 2001a); Herriot/Pemberton (1996; 1997).
1068   vgl. Herriot/Pemberton (1996), 760.
1069   vgl. Herriot/Pemberton (1997), 46.
1070   vgl. Rousseau (1995).
1071   vgl. Herriot/Pemberton (1996), 779.
1072   für einen Überblick siehe Tabelle 1.
1073   vgl. Blau (1964), 93.
1074   vgl. Rousseau (1990), 390.
1075   vgl. Schein (1965), 44.

nung an *Herriot* und *Pemberton* ist eine reine Betrachtung reziproken Austausches nicht ausreichend. Erfasst werden müssen auch in der Phase des Austausches die aufgrund der darwiportunistischen Differenzierung strukturell bedingten Unterschiede im Entstehungsprozess psychologischer Arbeitsverträge. Daher ist eine Kombination der Verhandlung der Austauschkonditionen mit der allgemein vertretenen Sichtweise des reziprok stattfindenden Austausches als Basis der psychologischen Arbeitsverträge zur holistischen Erfassung unausweichlich.

Zur Realisation dieser Aspekte wird auf die von *Molm* entwickelte Differenzierung des sozialen Austausches in verhandeltem und reziprokem Austausch zurückgegriffen.[1076] Hier wird der Fokus einseitiger, sequenzieller Tauschtransaktionen ergänzt durch die Perspektive des bilateralen, verhandelten Austausches. Basis ist die Macht-Abhängigkeitsanalyse *Emersons*,[1077] dessen Idee *Molm* theoretisch untermauert.[1078] Im Falle des verhandelten Austausches entsteht durch die vorab bereits ausgehandelten Tauschkonditionen die Möglichkeit, dass die Erbringung von Leistungen und Gegenleistungen in der Phase des Tausches oftmals parallel abläuft.[1079] Dieser bilaterale Tausch wird dadurch ermöglicht, dass beiden Parteien die jeweils zu erbringenden Gegenleistungen für eine bestimmte Leistung bewusst sind. Inhaltlich eher mit dem ökonomischen Austausch von *Blau*[1080] zu vergleichen, werden durch diese Form des Austausches oftmals Aspekte transaktionaler psychologischer Arbeitsverträge ausgetauscht. Diese gleicht der von *Herriot* und *Pemberton* angesprochenen strikten Reziprozität, in dem „[…] *one good is exchanged for another*" […][1081]. Wenn auch ähnlich, existiert dennoch ein struktureller Unterschied zwischen dem ökonomischen Austausch und dem verhandelten Tausch als Form des sozialen Austausches. Dieser liegt in dem Grad der Abhängigkeit einzelner Transaktionen untereinander. So sind *Molm* zufolge einzelne Transaktionen lediglich im sozialen Tausch voneinander abhängig. Losgelöst von vorherigen Austauschbeziehungen findet somit nur ökonomischer Tausch statt.[1082]

Aus darwiportunistisch differenzierter Sicht findet dieser verhandelte Austausch im Entstehungsprozess des psychologischen Arbeitsvertragstyps Darwi-

---

1076   vgl. Molm (1997), 24-28; Molm (2006), 24-45.
1077   vgl. Molm/Peterson/Takahashi (1999), 876.
1078   vgl. Molm/Peterson/Takahashi (1999), 877.
1079   vgl. Molm (2003b), 2-3.
1080   vgl. Blau (1964), 93.
1081   Herriot/Pemberton (1996), 779.
1082   vgl. Molm (1994), 172; spieltheoretische Modellierung von sozialem und ökonomischem Tausch beispielsweise Buskens/Raub (2004), 183-216.

portunismus pur statt. Die bereits in der vorherigen Phase verhandelten Austauschkonditionen werden nun in bilateraler Weise ausgetauscht. Ähnlich wie der Lock-in-Effekt in Pfadmodellen[1083] ist in dieser Konstellation ein verhandelter Austausch durch die vorherige Phase bereits vorgegeben, denn insgesamt fokussieren Arbeitnehmer und Arbeitgeber aufgrund fehlenden Vertrauens und starker Nutzenmaximierungsorientierung eher klare und eindeutig festgelegte Austauschbedingungen. Der bilaterale Austausch ermöglicht durch seine parallelen Tauschstränge folglich diese Absicherung der Beteiligten und reduziert bei erbrachter Leistung das Risiko eines Verlustes einer entsprechenden Gegenleistung.

Reziproker Austausch ist im Gegensatz zum verhandelten Austausch durch individuelle, unverhandelte Leistungen mit Erwartungen über Gegenleistungen, welche sowohl zeitlich als auch inhaltlich unspezifiziert sind, charakterisiert.[1084] Exakt zu erbringende Gegenleistungen werden folglich nicht ausgehandelt. Dies lässt diese Austauschform für die Vertragsparteien risikoreich und unsicher werden.[1085] Gerade das Fehlen expliziter Kommunikation über die Erwartungen bezüglich der Leistungen und Gegenleistungen ist es, was für die Parteien im psychologischen Arbeitsvertragstyp Gute alte Zeit kennzeichnend ist. Reziproker Austausch beruht folglich auf dem Prinzip, einem anderen einen Gefallen zu tun und hierfür eine Gegenleistung zu erwarten, ohne dass aber genaue Absprachen existieren. Personen treten jeweils in Vorleistung und vertrauen darauf, zu einem späteren Zeitpunkt eine entsprechende Gegenleistung zu erhalten.[1086] Folglich kann von Investitionen in die Beziehung gesprochen werden.[1087] Insgesamt unterliegt der Austauschprozess einer Entwicklung, in der durch kleine reziproke Transaktionen das notwendige Vertrauen aufgebaut wird, auch größeren Austausch vorzunehmen.[1088] Reziprozität ist dabei nicht nur beschränkt auf reziproken Austausch, auch im verhandelten Austausch existiert die Reziprozitätsannahme. Bei verhandeltem Austausch ist lediglich der Austauschwert, den die Parteien durch die Verhandlung erzielen, variabel. Sowohl die Äquivalenz als auch die Realisationswahrscheinlichkeit ist aufgrund der Bilateralität dieser Austauschform immanent. Anders im reziproken Austausch. Dort variiert bedingt durch die einseitige Vorleistung nicht nur der Wert der erhaltenen Gegen-

---

1083 vgl. beispielsweise Schreyögg/Sydow/Koch (2003), 263.
1084 vgl. Molm (2006), 28.
1085 vgl. Molm (2010), 124.
1086 vgl. Molm (2006), 28-29; (2010), 119-124.
1087 vgl. Arndt (2008), 86.
1088 vgl. Coyle-Shapiro/Conway (2005a), 9.

leistung, sondern ungewiss ist ebenso, ob und wann überhaupt eine Gegenleistung erbracht wird.[1089]

Bedeutsam für den reziproken Austausch ist folglich der Aufbau beziehungsweise die Existenz von Vertrauen.[1090] *Oswald* verweist unter Bezug auf *Lewicki, McAllister* und *Bies*[1091] auf die Relevanz zweier Aspekte im Verständnis von Vertrauen: Essenziell für Vertrauen ist zum einen die „[...] *Bereitschaft sich verletzlich gegenüber dem anderen zu machen* [...]"[1092] und der positiven Erwartung kooperativen Verhaltens des Interaktionspartners.[1093] Insgesamt ist es daher das zu Grunde liegende Risiko und die aufgrund der einseitigen Vorleistung entstehende Unsicherheit bezüglich des Erhaltens einer Gegenleistung, welches einen Vertrauensaufbau notwendig macht.[1094] Insgesamt schwierig bleiben nicht nur die einheitliche Erfassung eines Vertrauensverständnisses, sondern auch die holistische Auseinandersetzung mit der Komplexität unterschiedlicher Dimensionen, Arten und Ansätze des Vertrauensbegriffs.[1095] Diese Vielfalt bietet die Möglichkeit einer detaillierten Auseinandersetzung mit spezifischen Vertrauensaspekten.[1096] Eine derartige Vorgehensweise ist allerdings für die darwiportunistische Analyse der Phase des Austausches nicht relevant. Für das Verständnis unterschiedlichen Vertrauens in verhandeltem und reziprokem Austausch, deren Auswirkungen und vor allem deren situativem Vorkommen in den Entstehungsprozessen der unterschiedlichen psychologischen Arbeitsvertragstypen, ist ein Basisverständnis von Vertrauen an dieser Stelle ausreichend. So definieren *Molm, Takahashi* und *Peterson* Vertrauen als „[...] *expectations that an exchange partner will behave benignly, based on the attribution of positive dispositions and intentions to the partner in a situation of uncertainty and risk*"[1097].

Für *Luhmann* ergibt sich durch den Vertrauensaufbau die Möglichkeit, bestimmte unsichere und risikohafte Interaktionsereignisse einzugehen, indem durch Vertrauen die Komplexität der Situation reduziert wird.[1098] Dieser Mechanismus

---

1089 vgl. Molm/Peterson/Takahashi (1999), 12.
1090 vgl. Molm/Takahashi/Peterson (2000), 1402-1406.
1091 vgl. Lewicki/McAllister/Bies (1998).
1092 Oswald (2010), 64.
1093 vgl. Oswald (2010), 64.
1094 vgl. Molm (2010), 124.
1095 vgl. Arnold (2009), 45-46 und die dort aufgezählten Forscher, die sich mit Übersichtsdarstellungen von Vertrauensdefinitionen auseinandergesetzt haben.
1096 vgl. für einen Überblick beispielsweise Kramer (1999), 569-597; Lahno (2002); Wiswede (2004), 594-597; oder vor allem aus ökonomischer Sicht Held/Kubon-Gilke/Sturn (2005); Simpson (2007).
1097 Molm/Takahashi/Peterson (2000), 1402.
1098 vgl. Luhmann (2009), 30.

ist es auch, der die sequenzielle Abfolge von Transaktionen im reziproken Austausch ermöglicht.[1099]

Neben diesem Vertrauensaspekt als Voraussetzung sind auch die Anhaltspunkte fehlender expliziter Kommunikation über konkrete Leistungen und Gegenleistungen und die Langfristigkeit als zeitlichem Aspekt ein Indiz dafür, dass die Form des reziproken Austausches eher in der Guten alten Zeit stattfindet. Die Möglichkeit eines Vertrauensaufbaus ergibt sich aufgrund der Kurzfristigkeit der Verträge im Darwiportunismus pur nur bedingt. Vor allem durch das gegenseitig bekannte nutzenmaximierende Verhalten nehmen beide Parteien eher von der Gewährung eines Vertrauensvorschusses Abstand. Da dies allerdings Voraussetzung für den Aufbau von Vertrauen ist, folgt, dass der reziproke Austausch in der Guten alten Zeit, die wesentlich durch das Vertrauen zwischen einander gekennzeichnet ist,[1100] stattfindet. Gerade dieses starke Vertrauen in die andere Partei ermöglicht es, Leistungen zu erbringen, die nicht direkt wieder mit einer Gegenleistung ins Gleichgewicht gebracht werden.

Die Varianz hinsichtlich des notwendigen Vertrauens bedingt auch Unterschiede in dem Risiko- und Unsicherheitsgrad beider Austauschformen. So lässt das Vertrauen auf reziprokes Verhalten des Interaktionspartners die unilaterale (reziproke) Form des Austausches im Gegensatz zum verhandelten Austausch für beide Austauschpartner risikoreicher werden.[1101] Neben dem Risiko des Totalverlustes bleibt die Frage der zeitlichen und inhaltlichen Form der Gegenleistung innerhalb der kompletten Austauschbeziehung ungewiss. Obgleich minimiert, ist dies auch in etablierten Tauschbeziehungen der Fall.[1102] Durch die Entstehung von Vertrauen wird auch das affektive Commitment der Interaktionspartner gesteigert, welches folglich in reziproken Austauschbeziehungen höher ist als in verhandelten Austauschbeziehungen.[1103] Durch diesen Begründungszusammenhang kann somit die Entstehung von Commitment als positiver Effekt psychologischer Arbeitsverträge erklärt werden.[1104]

Bei verhandeltem Austausch ist zwar der Verhandlungsprozess an sich durch ein hohes Risiko gekennzeichnet, nach erzielter Übereinstimmung über die Austauschkomponenten sind die inhaltlichen und zeitlichen Tauschbe-

---

1099   vgl. Molm/Takahashi/Peterson (2000), 1402-1406.

1100   vgl. Scholz (2003a), 90.

1101   vgl. Molm/Takahashi/Peterson (2000), 1422; Molm (2010), 124.

1102   vgl. Molm (2000), 1399-1404.

1103   vgl. Molm/Takahashi/Peterson (2000), 1396, 1422; für einen ausführlichen Einblick 1405-1408.

1104   vgl. beispielsweise Freese (2007), 25.

dingungen für beide Parteien allerdings (relativ) sicher.[1105] Vertrauen ist in diesen Beziehungen geringer als in solchen mit reziprokem Austausch.[1106] Es wird in dieser Austauschart durch eine Versicherung im Sinne der Absicherung der Austauschkomponenten durch Verhandlung ersetzt.[1107] Gerade diese Absicherung durch Verhandlung bedingt durch ein geringes gegenseitiges Vertrauen ist kennzeichnend für Konstellationen des Typs Darwiportunismus pur. Die Kurzfristigkeit der Verträge bei gleichzeitiger Nutzenmaximierungsstrategie der Vertragsparteien lässt einen Austausch in reziproker Form unwahrscheinlich werden.

Neben den bereits analysierten Einflüssen des strukturellen Unterschiedes zwischen den Austauschformen sind wiederum die zu Grunde liegende Machtverhältnisse essenziell. Differenzen zwischen den beiden Austauschformen existieren hinsichtlich des Machteinsatzes. So demonstrieren im verhandelten Austausch Parteien ihre Macht durch den Ausschluss anderer von der Verhandlung.[1108] Dies wiederum bestätigt die Annahme eines ausgeglichenen Machtverhältnisses beider Parteien im Darwiportunismus pur bereits in der Verhandlungsphase. Hätten beide Parteien ein unausgeglichenes Machtgefüge, würden Sie sich in dieser Konstellation einen anderen Verhandlungspartner suchen, um ihre eigenen Ziele realisieren zu können. Entgegen der im verhandelten Austausch relevanten Erreichbarkeit der Alternativen gelten im reziproken Austausch die Anzahl und die Wertigkeit der Alternativen als Machtquelle.[1109] Auszugehen ist auch in dem Vertragstyp Gute alte Zeit, in dem wie bereits analysiert ein reziproker Austausch angenommen wird, von einem ausgeglichenen Machtverhältnis. Im Gegensatz zum Machtgefüge im Darwiportunismus pur befindet sich dieses allerdings auf einem viel geringeren Niveau. Selbst wenn beide Parteien über viele Alternativen verfügen, sehen beide bedingt durch ihren niedrigen Darwinismus- und Opportunismusgrad nicht den Sinn, diese in Anspruch zu nehmen. Im Darwiportunismus pur sind beide Parteien sehr mächtig, da sie über ausreichend Alternativen verfügen und zudem ihre Macht auch einsetzen, um ihren individuellen Nutzen zu maximieren.

Gegensätzlich zu den Austauschbeziehungen, mit einem ausgeglichenen Machtverhältnis, dominiert in den psychologischen Arbeitsvertragstypen Feudalismus und Kindergarten jeweils eine Partei deutlich die andere. Anzunehmen ist, dass die jeweilige Partei entweder über eine größere Alternativenzahl ver-

---

1105   vgl. Molm (1994), 169; Molm (2000), 1401.
1106   vgl. Molm/Takahashi/Peterson (2000), 1396, 1422.
1107   vgl. Molm/Takahashi/Peterson (2000), 1422.
1108   vgl. Molm (2003a), 38.
1109   vgl. Molm (2003a), 39.

fügt, oder aufgrund des äußeren Drucks darauf angewiesen ist, bestimmte Konditionen durchzusetzen (Feudalismus).[1110] Ob in letzterem Fall von einer Zwangsmacht gesprochen werden kann, hängt von dem in der Literatur weit differierenden Verständnis ab.[1111] Dieses unausgeglichene Machtverhältnis bedingt, dass sich die weniger machtvolle Partei aufgrund fehlender Alternativen den diktierten Austauschkonditionen fügen muss.[1112] So lassen sich Unternehmen mit großem Wettbewerbsdruck nicht auf Austauschbedingungen der Arbeitnehmer ein, sondern bestimmen selbst, welche Leistungen sie von ihnen erhalten wollen und was sie im Gegenzug bereit sind zu bieten. Ähnlich ist die Situation bei hoch opportunistischen Arbeitnehmern und wenig darwinistischen Unternehmen, nur dass in dieser Konstellation die Mitarbeiter die Tauschkonditionen anweisen. Dies impliziert nicht, dass gegen die Reziprozitätsnorm *Gouldners*[1113] und die Voraussetzung einer ausbalancierten Tauschbeziehung *Homans*[1114] verstoßen wird. Dass die Tauschbedingungen angewiesen werden, heißt nicht, dass ein Ungleichgewicht zwischen Leistungen und Gegenleistungen existieren muss, sondern lediglich, dass die Tauschkonditionen diktiert werden. Insgesamt ergibt die darwiportunistische Analyse der Phase des Tausches daher das in Abbildung 25 dargestellte Bild der spezifisch genutzten Austauschformen für die einzelnen psychologischen Arbeitsvertragstypen.

1110 vgl. Scholz (2003a), 90.
1111 vgl. Molm (1997), 48-52.
1112 vgl. beispielsweise Oltmanns (2012), 67.
1113 vgl. Gouldner (1960), 171-172.
1114 vgl. Homans (1958), 606; Homans (1978), 274-277.

AG	AN	AG	AN	psy. AV
Phase IV niedriger Darwinismus	niedriger Opportunismus	reziproker Austausch		**Gute alte Zeit**
Aktivität (Tausch) reziprok, verhandelt oder diktiert — hoher Darwinismus	niedriger Opportunismus	durch AG diktierter Austausch		**Feudalismus**
niedriger Darwinismus	hoher Opportunismus	durch AN diktierter Austausch		**Kindergarten**
hoher Darwinismus	hoher Opportunismus	verhandelter Austausch		**Darwiportunismus pur**

Abbildung 25: Darwiportunistisch differenzierte Phase des Tausches

Diese Analyse zeigt, dass die bis dato in dem Gebiet der psychologischen Arbeitsvertragsforschung alleinig betrachtete reziproke Austauschform die gesamte Bandbreite möglicher Tauschformen nicht ausreichend darstellt. Der Fokus auf einseitige, sequenzielle Tauschtransaktionen in der psychologischen Arbeitsvertragsforschung muss ergänzt werden um die Perspektiven des bilateralen verhandelten Austausches und des angewiesenen Tausches. Diese Varianz im Tausch zwischen den unterschiedlichen psychologischen Arbeitsvertragsformen verdeutlicht die Notwendigkeit dieser Offenlegung des Entstehungsprozesses. Insgesamt ermöglicht der Führungskraft als Unternehmensvertreter und dem Arbeitnehmer nur das Verstehen dieser differenzierten Logik, den jeweils anvisierten psychologischen Arbeitsvertrag adäquat zu bilden, um so Mismatches, die in einem Bruch des Vertrages münden könnten, zwischen beiden Parteien zu vermeiden.

Als Konsequenz aus der darwiportunistisch differenzierten Analyse der Phase des Tausches ergibt sich, dass in psychologischen Arbeitsvertragstypen, denen die reziproke Austauschform zu Grunde liegt, durch das Geben eines Vertrauensvorschusses und die Erwartung (Verpflichtung) zur Gegenleistung

213

(Reziprozitätsnorm) erst im Zeitverlauf implizite Versprechen und Verpflichtungen entstehen. Diese bilden die Basis dieser Verträge. Im Gegensatz zum psychologischen Arbeitsvertragstyp Darwiportunismus pur entstehen die psychologischen Arbeitsverträge der drei anderen Darwiportunismus-Konstellationen, durch den Austausch der jeweiligen Leistungen und Gegenleistungen, somit erst im Zeitablauf.

4.1.5 Darwiportunistisch differenzierte Analyse der Phase des Monitoring

Die Integration der Monitoring-Phase in den Entstehungsprozess psychologischer Arbeitsverträge geschieht in Anlehnung an die Prozessgestaltung des Modells von *Herriot* und *Pemberton* aus dem Jahre 1997[1115]. Aber auch in dem Modell von 1996 ist ein derartiger Mechanismus integriert, wenn auch nicht explizit als Monitoring benannt.[1116] Eine derartige Vorgehensweise bedingt vorab eine kritische Reflexion, die die Frage aufwirft, warum eine Phase des Monitorings zu der Bildung von psychologischen Arbeitsverträgen gezählt werden kann. Rein definitorisch und vor allem, wie die darwiportunistische Analyse der letzten beiden Phasen gezeigt hat, ist zumindest das statische Zustandekommen des psychologischen Arbeitsvertrages vom Typ Darwiportunismus pur bereits in der Phase der Verhandlung abgeschlossen. Beim psychologischen Arbeitsvertragstyp Gute alte Zeit erscheint eine Integration des Monitorings in den Bildungsprozess erst einmal plausibel. Bedingt durch den ausgeglichenen reziproken Austausch kann kein expliziter Zeitpunkt der Vertragsentstehung definiert werden. Der Wert und das Ausmaß der erwarteten Gegenleistungen sind ungewiss und erst im Laufe der Zeit durch ausreichende Informationsgewinnung und Verhaltensvorhersagbarkeit der anderen Partei genauer zu bestimmen. Hier ist das stattfindende Monitoring als prozesssteuernder Mechanismus zu verstehen, der im Falle von Abweichungen eingreift,[1117] und als Teil des Bildungsprozesses begriffen wird. Gerade dieses dynamische Verständnis in der Bildung psychologischer Arbeitsverträge ist es, welches die Integration der Phase des Monitorings auch im Falle des verhandelten Austausches sinnvoll erscheinen lässt. So ist zu erwarten, dass auch im Falle des verhandelten Austausches die Erfüllung der vorab abgestimmten Austauschkonditionen überprüft wird.

1115 vgl. Herriot/Pemberton (1997), 46.
1116 vgl. Herriot/Pemberton (1996), 757.
1117 vgl. Gabler Wirtschaftslexikon, 2163.

Sinnvoll erscheint dies vor allem in Hinblick auf die bereits dargestellten Untersuchungsergebnisse der Studien zu Änderungen im psychologischen Arbeitsvertrag während der Sozialisationsphase neuer Mitarbeiter.[1118] Inhaltliche Anpassungen des psychologischen Arbeitsvertrages resultieren demnach vor allem aus der Realitätserkenntnis heraus.[1119] Ergänzend hierzu begünstigen ebenso weitere Faktoren individueller Veränderungen und organisationalen Wandels einen sogenannten „contract drift"[1120].[1121] Insgesamt beschränkt sich damit die Möglichkeit der Modifikation psychologischer Arbeitsverträge nicht auf die Sozialisationsphase neuer Mitarbeiter in das Unternehmen, sondern ergibt sich dynamisch während der gesamten Dauer des Arbeitsverhältnisses. Daher ist die Integration der Monitoring Phase ein wichtiges Abbild der Realität. Aus ihr ergeben sich unterschiedliche Möglichkeiten, dynamische Veränderungen inhaltlicher Aspekte des psychologischen Arbeitsvertrages wahrzunehmen und mit ihnen umzugehen.

Abgebildet werden diese Handlungsmöglichkeiten im Falle wahrgenommener Änderungen im psychologischen Arbeitsvertrag durch das bereits in Kapitel 2.2.3.1 beschriebene „Change-Modell" von *Schalk* und *Roe*[1122]. Die beiden als relevant definierten Bandbreiten als konzeptionelle Basis dieses Modells bieten eine adäquate Möglichkeit die Verhaltensvarianzen aufzuzeigen. Unzureichend an diesem Modell und an anderen Ausarbeitungen zu dieser Thematik[1123] ist die reine Fokussierung auf die Reaktion der Mitarbeiter hinsichtlich Änderungen im psychologischen Arbeitsvertrag. Wie Unternehmen die möglichen verhaltensbedingten Änderungen im psychologischen Arbeitsvertrag des Arbeitnehmers auffassen, wird außer Acht gelassen. Gegen eine Übertragung möglicher Handlungsalternativen im Falle von psychologischen Vertragsveränderungen seitens der Mitarbeiter auf die Unternehmen lassen sich in theoretischer Hinsicht allerdings keine Einwände finden. Die entsprechend von *Schalk* und *Roe* entwickelten Verhaltensalternativen[1124] stehen somit beiden Parteien gleichermaßen zur Verfügung.

In dem modifizierten Entstehungsprozess psychologischer Arbeitsverträge ergibt sich auf Basis der Dynamik der psychologischen Arbeitsverträge und un-

---

1118   vgl. hierzu Kapitel 2.2.3.1.

1119   vgl. Robinson/Kraatz/Rousseau (1994); Thomas/Anderson (1998); de Vos/Buyens/ Schalk (2003).

1120   Rousseau (1995), 142.

1121   vgl. Rousseau (1995), 142-148.

1122   vgl. Schalk/Roe (2007), 167-182.

1123   vgl. beispielsweise Rousseau (1995); Freese (2007); Schalk/Roe (2007).

1124   vgl. Schalk/Roe (2007), 172-177.

abhängig von der darwiportunistischen Differenziertheit, dass sich die Parteien in einem fortdauernden Prozess des unterbewussten Scannens der jeweils verhandelten (Fall: Darwiportunismus pur) oder erwarteten Gegenleistungen (Fälle: Gute alte Zeit, Feudalismus, Kindergarten) befinden.

Ausgehend von einer anfänglichen vollständigen Bewusstheit der Aspekte des psychologischen Arbeitsvertrages,[1125] wird folglich das Monitoring zu Beginn auch eher bewusst ablaufen. Im Zeitablauf wird es dann immer unbewusster. Im Normalzustand (Abbildung 15: Pfeil 1) findet zuerst bewusst und dauerhaft eher unbewusst der Abgleich von Leistungen und Gegenleistungen statt. *Schalk* und *Roe* gehen davon aus, dass kleine Varianzen in den vereinbarten oder erwarteten Leistungen und Gegenleistungen ausbalanciert werden. Diese innerhalb der Akzeptanzzone liegenden Abweichungen werden innerhalb des Vertrages automatisch angepasst und führen zu kaum realisierbaren Vertragsvarianzen, die den Gesamtvertrag nicht nachhaltig beeinflussen.[1126] Abweichungen von diesem Zustand werden durch das Monitoring wahrgenommen. Wenn Abweichungen von dem Vereinbarten oder Erwarteten das individuell akzeptable Maß überschreiten, existieren zwei Handlungsalternativen. Liegen diese Abweichungen noch im individuell tolerierbaren Bereich, führen derartige Abweichungen im Inhalt des psychologischen Arbeitsvertrages zu einem Neubeginn des Entstehungsprozesses (Abbildung 15: Pfeil 3). Die Erwartungen müssen angepasst werden. Überschreiten diese den tolerierbaren Bereich, führt dies zu einem Vertragsbruch (Abbildung 15: Pfeil 2).[1127]

Neben diesen bereits erwähnten Sachverhalten ist für die darwiportunistische Analyse dieser Phase besonders relevant, wie beziehungsweise wodurch diese individuellen Bandbreiten gebildet werden und wie sie in jeder Konstellation definiert werden. *Freese* zufolge werden die als akzeptabel geltenden Abweichungen durch die Inhalte des aktuellen psychologischen Arbeitsvertrages bestimmt.[1128] Dem entgegen definiert sich die Bandbreite des Tolerierbaren über die individuellen Werte des Mitarbeiters. Aktuelle nicht als verletzt empfundene Verträge entsprechen immer auch dem individuell Tolerierbaren.[1129]

Folglich werden beide Bandbreiten ebenso durch den spezifischen Opportunismus- und Darwinismusgrad der Parteien beeinflusst. Wie stark Abweichungen toleriert werden und zu Erwartungsmodifikationen führen, bevor sie in ei-

---

1125 vgl. beispielsweise Rousseau (2001a); Freese (2007), 24.
1126 vgl. Schalk/Roe (2007), 172.
1127 vgl. Schalk/Roe (2007), 173.
1128 vgl. Freese (2007), 59.
1129 vgl. Freese (2007), 60.

nem Bruch des psychologischen Arbeitsvertrages münden, variiert folglich in Abhängigkeit von dem psychologischen Arbeitsvertragstyp. *Schalk* und *Roe* nehmen an, dass „*Employment relationships that are based upon trust and good faith are likely to be accompanied by broad zones of acceptability*"[1130]. Eine Interpretation dieser Aussage aus darwiportunistischer Sicht lässt eine weite Akzeptanzbreite von Abweichungen in der Guten alten Zeit vermuten. Da aktuell bestehende psychologische Arbeitsverträge durch individuelle Werte beeinflusst sind,[1131] lässt sich diese Aussage ebenso auf die Toleranzbandbreite der Individuen zurückführen.

Insgesamt zeigt sich in der Guten alten Zeit, dass beide Parteien gemäß beiderseitiger Abweichungen der erwarteten Leistungen und Gegenleistungen sehr tolerabel sind. Kongruent ist dieses Ergebnis mit der Annahme reziproken Austausches in dieser Konstellation. Nicht explizit verhandelte Austauschkonditionen lassen die Erwartungen hinsichtlich der zu erbringenden Gegenleistung unscharf wirken. Dies wird durch die geringe explizite Kommunikation über die spezifischen Vertragsbestandteile zwischen den Parteien noch verstärkt. Auch die Untersuchung von *Robinson*[1132] bestätigt die Annahme eines großen Toleranzbereiches bezüglich der Abweichungen. Mitarbeiter, die zu Beginn ihrer Beschäftigung bereits Vertrauen gegenüber dem Unternehmen aufbauen, tendieren dazu, nicht erfüllte Erwartungen nicht als allzu essenziell anzusehen.[1133] Somit ist es in der psychologischen Arbeitsvertragskonstellation Gute alte Zeit aufgrund des hohen gegenseitigen Vertrauens wahrscheinlich, dass die Mitarbeiter eher über kleine Vertragsbrüche hinwegsehen. Auch wenn sich diese Studie wiederum allein auf die Mitarbeiterseite konzentriert, ist anzunehmen, dass die Ergebnisse ebenso auf die direkte Führungskraft als Unternehmensvertreter übertragen werden können. Hier schließt sich die Argumentationskette und belegt, dass die Parteien in der Guten alten Zeit über höhere Abweichungstoleranz verfügen.

Mitarbeiter, die zu Beginn wenig Vertrauen in die Organisation zeigen, tendieren dagegen eher dazu, bereits kleine Vertragsbrüche seitens des Arbeitgebers als überaus ernste Angelegenheit zu bewerten.[1134] Dieses Ergebnis in Einklang mit der Aussage von *Schalk* und *Roe*[1135] lässt die Annahme zu, dass in dem psychologischen Arbeitsvertragstyp Darwiportunismus pur auf beiden Sei-

---

1130   Schalk/Roe (2007), 175.
1131   vgl. Freese (2007), 60.
1132   vgl. Robinson (1996), 574-599.
1133   vgl. Robinson (1996), 593.
1134   vgl. Robinson (1996), 593.
1135   vgl. Schalk/Roe (2007), 175.

ten wenig Abweichungstoleranz besteht. Verstärkt wird diese Annahme dadurch, dass in der beiderseitig geführten Verhandlung über die Leistungen und Gegenleistungen und die offene Kommunikation beider Parteien über diese Austauschkonditionen, Abweichungen wenig toleriert werden. In diesem Vertragstyp sind beiden Parteien die Austauschkonditionen vorab bekannt. Zusätzlich verstärkend wirkt die Kurzfristigkeit der Verträge. Neuverhandlungen der Verträge durch Abweichungen über den Akzeptanzbereich hinaus implizieren einen erhöhten Zeitaufwand. Aufgrund der zeitlichen Begrenzung sind allerdings beide Parteien eher nicht bereit starke Verzögerungen in Kauf zu nehmen, da ihre Erträge verringert werden. Im Falle starker Abweichungen neigen die Vertragsparteien schneller dazu den psychologischen Arbeitsvertrag zu lösen und im Extrem sogar das Arbeitsverhältnis zu beenden. Insgesamt ist daher davon auszugehen, dass sowohl der Akzeptanz- als auch der Toleranzbereich beider Parteien im psychologischen Arbeitsvertragstyp Darwiportunismus pur eher gering sind.

Anders ist die Situation im Feudalismus und Kindergarten durch die einseitige Dominanz einer Partei gekennzeichnet. Hier weist eine Partei jeweils eine sehr niedrige Toleranz- und Akzeptanzbandbreite auf. Da diese Partei bereits in der vorherigen Phase die spezifischen Austauschkonditionen der anderen Partei diktiert, erwartet sie aufgrund ihrer Machtposition deren uneingeschränkte Erfüllung. Die dominierte Partei weist eine hohe Akzeptanz- und Toleranzbandbreite auf. Bedingt durch ihre Abhängigkeitsposition verfügt sie entweder über zu wenig Alternativen, um aus dem Bildungsprozess auszusteigen und sich einen neuen Austauschpartner zu suchen, oder sie begibt sich aufgrund ihrer hohen Loyalität gegenüber dem Unternehmen gewollt in diese Position. Abbildung 26 zeigt die entsprechend hohe beziehungsweise niedrige Abweichungstoleranz gemäß der darwiportunistischen Differenziertheit der psychologischen Arbeitsverträge.

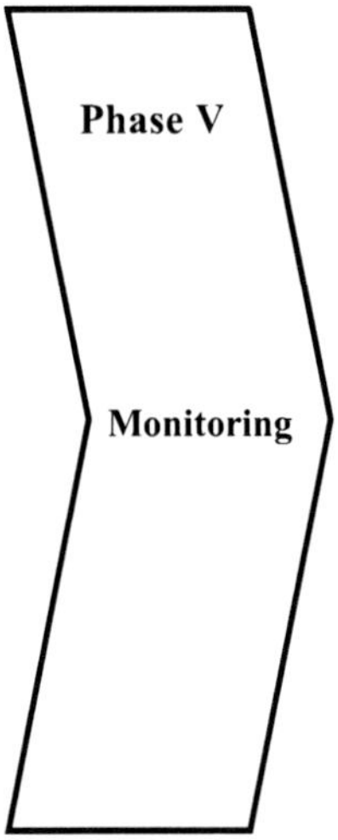

AG	AN	AG	AN	psy. AV
Phase V	niedriger Darwinismus	niedriger Opportunismus	Abweichungstoleranz: hoch	Abweichungstoleranz: hoch	**Gute alte Zeit**
Monitoring	hoher Darwinismus	niedriger Opportunismus	Abweichungstoleranz: niedrig	Abweichungstoleranz: hoch	**Feudalismus**
	niedriger Darwinismus	hoher Opportunismus	Abweichungstoleranz: hoch	Abweichungstoleranz: niedrig	**Kindergarten**
	hoher Darwinismus	hoher Opportunismus	Abweichungstoleranz: niedrig	Abweichungstoleranz: niedrig	**Darwiportunismus pur**

Abbildung 26: Darwiportunistisch differenzierte Phase des Monitorings

Mit der darwiportunistischen Analyse der Phase des Monitorings wird aufgezeigt, welchen Abweichungsspielraum die Parteien in den vier psychologischen Arbeitsvertragstypen aufweisen. Vermieden werden muss, dass selbst der Toleranzbereich überschritten wird und so eine Vertragsverletzung oder sogar ein Bruch des psychologischen Arbeitsvertrages[1136] entsteht. Erzielt werden kann dies vor allem dadurch, dass beide Parteien realistische Leistungen und Gegenleistungen versprechen und aushandeln.[1137] Verspricht eine Partei mehr, als sie letztendlich realisieren kann, wird schnell die akzeptable und sogar die tolerierbare Schwelle überschritten und es kommt zu einem Bruch des psychologischen Arbeitsvertrages[1138].

1136   vgl. Schalk/Roe (2007), 173-177.
1137   vgl. Kotter (1973), 92.
1138   vgl. Schalk/Roe (2007), 171-177.

4.2 Der darwiportunistisch differenzierte Entstehungsprozess psychologischer Arbeitsverträge

Insgesamt zeigt die darwiportunistische Analyse des Bildungsprozesses psychologischer Arbeitsverträge eine Reihe struktureller Unterschiede in Abhängigkeit von dem differierenden Darwinismus- und Opportunismusgrad der beteiligten Parteien (Abbildung 27).

A G / A N	Phase I Erwartungsbildung		Phase II Symbolinterpretation		Phase III Verhandlung		Phase IV Aktivität (Tausch)		Phase V Monitoring		Psy. Arbeitsvertrag
	AG	AN	AG	AN	AG	AN	AG	AN	AG	AN	
niedriger Darwinismus / niedriger Opportunismus	Erwartungsbildung findet statt / Erwartungsrealisation gering		Symboltransfer von AG auf AN		Nein		Reziproker Tausch		Abweichungstoleranz: hoch		Gute alte Zeit
hoher Darwinismus / niedriger Opportunismus	Erwartungsbildung findet statt / Erwartungsrealisation hoch	gering	Symboldiktat von AG auf AN		Nein		Durch AG angewiesener Tausch		Abweichungstoleranz: gering	hoch	Feudalismus
niedriger Darwinismus / hoher Opportunismus	Erwartungsbildung findet statt / Erwartungsrealisation gering	hoch	Symboldiktat von AN auf AG		Nein		Durch AN angewiesener Tausch		Abweichungstoleranz: hoch	gering	Kindergarten
hoher Darwinismus / hoher Opportunismus	Erwartungsbildung findet statt / Erwartungsrealisation hoch		Abstimmung der Symbolik zwischen AG und AN		Ja		Verhandelter Tausch		Abweichungstoleranz: gering		Darwiportunismus pur

Abbildung 27: Der darwiportunistisch differenzierte Bildungsprozess psychologischer Arbeitsverträge

Zu erkennen ist über den Gesamtprozess hinweg eine Strukturgleichheit im Ablauf des Entstehungsprozesses des psychologischen Arbeitsvertragstyps Feudalismus und Kindergarten. Die Dominanz der jeweils anderen Partei im Prozess – im Feudalismus das Unternehmen und im Kindergarten der Mitarbeiter – führt zu einer Spiegelung des Handlungsgeschehens anhand der den Prozess prägenden Partei. Trotz dieser Parallelität wird aufgrund der unterschiedlichen Dominanz der jeweils anderen Partei in dieser Ausarbeitung von zwei unter-

schiedlichen Prozessen, die zur Bildung der psychologischen Arbeitsvertragstypen Feudalismus und Kindergarten führen, gesprochen. Ergänzend hierzu unterscheiden sich die anderen beiden Prozesse zur Bildung der psychologischen Ar-
beitsvertragtypen Darwiportunismus pur und Gute alte Zeit essenziell untereinander und in Abgrenzung zu denen des Feudalismus und Kindergartens.

Wie Abbildung 27 zeigt, ergibt die Analyse der Phase der Erwartungsbildung bezüglich der generellen Bildung von Erwartungen ein einheitliches Bild.
Als Mittel zur Unsicherheitsreduktion bilden zwangsläufig alle Individuen Erwartungen,[1139] so dass nicht von einer spezifischen Beeinflussung durch einen
differierenden Darwinismus- und Opportunismusgrad ausgegangen wird. Stattdessen differiert die Realisationswahrscheinlichkeit der individuellen Erwartungen in Abhängigkeit von dem Grad an Darwinismus und Opportunismus. Im
Falle der psychologischen Arbeitsvertragstypen Feudalismus und Kindergarten
ist die hohe Wahrscheinlichkeit der Erwartungsrealisation der jeweils dominanten Partei auf die Machtakzeptanz von Mitarbeitern mit geringen Alternativen
oder auf die Angleichung der Erwartungen der loyalen Mitarbeiter an diejenigen
der dominanten Partei zurückzuführen. Die beiderseitig niedrige Realisationswahrscheinlichkeit von Erwartungen in der Guten alten Zeit begründet sich in
der geringen expliziten Kommunikation über die spezifischen individuellen Erwartungen und der gering ausgeprägten beiderseitigen Nutzenmaximierungsstrategie. Dem entgegen liegt die beiderseitig hohe Realisationswahrscheinlichkeit
im Darwiportunismus pur an der offenen Erwartungskommunikation in Verbindung mit einer Nutzenmaximierungsstrategie, die beide Parteien gleich mächtig
bezüglich ihrer Zieldurchsetzung werden lässt.

Ebenso ist der zweifach notwendige Abgleich beider Parteien in der Phase
der Symbolinterpretation durch strukturelle Differenzen im Prozess gekennzeichnet. Wird im Feudalismus der Sozialisationsprozess und damit das gemeinsame Symbolverständnis durch das Unternehmen diktiert, findet im Kindergarten ein „job crafting"[1140] seitens der Mitarbeiter statt. Diese Individualisierung
führt im Gegensatz zur streng vorgegebenen Sozialisationsphase des Feudalismus zu einer Personalisierung des Tätigkeitsfeldes des Mitarbeiters[1141]. In der
Guten alten Zeit ergibt die darwiportunistische Analyse, dass die Symbolik
durch das Lernen von bereits im Unternehmen etablierten Mitarbeitern auf die
neuen Mitarbeiter transferiert wird. Allein im Darwiportunismus pur entsteht das
gemeinsame Symbolverständnis durch eine integrative „membership negotiati-

---

1139   vgl. Miller (2003), 292.
1140   vgl. Wrzesniewski/Dutton (2001), 179.
1141   vgl. Hess (1993), 206.

on".[1142] Ergänzend zur Erzielung eines gemeinsamen Symbolverständnisses findet in dieser Phase das kognitive Matchen der Erwartungen bezüglich der gegenseitigen Leistungen und Gegenleistungen mit Hilfe der reflexiven Ko-Orientierung[1143] statt.

Dadurch bedingt findet auch die Phase der Verhandlung lediglich während des Bildungsprozesses des psychologischen Arbeitsvertragstyps Darwiportunismus pur statt. Parteien dieser Konstellation gehen bereits hier durch das während der Verhandlung abgegebene Versprechen eine gegenseitige Verpflichtung ein. Statisch gesehen wird in dieser Konstellation somit bereits zu diesem Zeitpunkt der psychologische Arbeitsvertrag gebildet, anders als in den drei anderen psychologischen Arbeitsvertragstypen. Bedingt dadurch, dass in diesen keine Verhandlung zwischen den Vertragsparteien stattfindet, konnten folglich auch noch keine bindenden Versprechen abgegeben werden. Bis zu diesem Zeitpunkt findet in diesen Konstellationen lediglich das kognitive Matchen der gegenseitigen Erwartungen statt.

Dies ändert sich in der Phase des Tausches, die in der Guten alten Zeit durch einen reziprok stattfindenden Austausch gekennzeichnet ist. Gegenüber dem im Darwiportunismus pur stattfindenden verhandelten Austausch ist dieser durch ein hohes Risiko und eine hohe Unsicherheit gekennzeichnet. Dies setzt das gerade in diesem Vertragstyp enthaltene hohe Vertrauen zwischen den beiden Vertragsparteien voraus. Auch im Feudalismus und im Kindergarten ist der Austausch der gegenseitigen Leistungen und Gegenleistungen durch Reziprozität gekennzeichnet, allerdings bestimmt hier wiederum – typisch für den Bildungsprozess dieser beiden psychologischen Arbeitsvertragstypen – die dominante Partei die Austauschkonditionen.

Abschließend liegen die strukturellen Unterschiede der Entstehungsprozesse der vier psychologischen Arbeitsvertragstypen in der Phase des Monitorings in einer unterschiedlichen Bandbreite der Abweichungstoleranz begründet. Zeichnet sich die Gute alte Zeit durch eine hohe Akzeptanz und Toleranz bezüglich der Abweichungen von den vereinbarten zu den realisierten Austauschkonditionen aus, ist der Darwiportunismus pur bedingt durch die explizite Verhandlung beiderseitiger Vertragsbedingungen durch eine ebenso niedrige Abweichungstoleranz gekennzeichnet. In Feudalismus und Kindergarten zeigt sich die dominante Partei als wenig abweichungstolerant und die dominierte Partei dagegen als höchst tolerant.

Zusammenfassend zeigen die strukturellen Unterschiede in den vier Entstehungsprozessen der psychologischen Arbeitsvertragstypen eine Vielzahl von

---

1142 vgl. Scott/Myers (2010), 80.
1143 vgl. für eine vertiefende Darstellung der Theorie Singer (1976), 113-115.

Ansatzpunkten für einen beiderseitig effektiven Umgang während der Vertragsbildung auf. Durch die Herstellung des Situationsbezuges ergeben sich somit
eine Reihe spezifischer Implikationen für eine situationsadäquate Ausgestaltung
des Bildungsprozesses der vier psychologischen Arbeitsvertragstypen. Durch die
Erfüllung aller elf Anforderungskriterien ergeben sich insgesamt vier strukturell
unterschiedliche Bildungsprozesse psychologischer Arbeitsverträge, die die
Möglichkeit einer aktiven Gestaltung während der Bildung psychologischer Arbeitsverträge ex ante zur Verfügung stellen.

4.3 Zwischenergebnisse

Durch die darwiportunistische Analyse des modifizierten Entstehungsprozesses
psychologischer Arbeitsverträge konnten vier strukturell unterschiedliche Prozesse identifiziert werden. Diese führen auf der Basis unterschiedlicher Darwi-
nismus- und Opportunismusgrade zu vier verschiedenen psychologischen Arbeitsvertragstypen[1144]. Durch die Modifizierung bestehender Prozessmodelle
und die Schaffung einer theoretischen Basis realisiert dieser entstandene darwiportunistisch differenzierte Entstehungsprozess psychologischer Arbeitsverträge
durch die Einbettung des Entstehungsprozesses in einen situativen Kontext alle
der in Kapitel 2 entwickelten elf Anforderungskriterien. Insgesamt ist somit neben dem ersten Ziel dieser Ausarbeitung – der Schaffung eines einheitlichen
Begriffsverständnisses (Kapitel 2) – auch das zweite Ziel dieser Ausarbeitung
realisiert.

Notwendig ist somit sowohl im theoretischen als auch im praktischen Umgang mit der Bildung psychologischer Arbeitsverträge ein Umdenken. Das bedeutet eine Abkehr von der durch *Herriot* und *Pemberton* postulierten Existenz
eines einzigen Bildungsprozesses psychologischer Arbeitsverträge[1145] hin zu einem differenzierten Umgang mit den spezifischen Besonderheiten eines jeden
der vier strukturell unterschiedlichen Bildungsprozesse. Eine undifferenzierte
Übertragung einer Handlungsanleitung zur Bildung dieser Verträge ist folglich
unzureichend und kann zu Fehlanwendungen führen, die in einem Vertragsbruch
münden. Konsequenzen, wie beispielsweise ein geringeres Leistungsverhalten,

---

1144   vgl. Scholz (2003a), 89.
1145   vgl. Herriot/Pemberton (1997), 45.

weniger Commitment und eine höhere Fluktuation[1146] können die Folge eines derartig undifferenzierten Verhaltens sein.

Unumgänglich für die Bildung psychologischer Arbeitsverträge ist eine vorab durchgeführte Analyse der situativen Gegebenheiten. Nur durch die Einstufung des realen und anvisierten Darwinismus- und Opportunismusgrades kann das Unternehmen sich während der Bildung des spezifischen psychologischen Arbeitsvertragstyps adäquat verhalten.

Alleinig das Wissen um diese Differenziertheit dieser psychologischen Arbeitsverträge ist allerdings nicht ausreichend. Die in Kapitel 4 durchgeführte Analyse der einzelnen Phasen des Bildungsprozesses hinsichtlich ihrer jeweiligen darwiportunistischen Differenziertheit stellt zwar die theoretische Basis im Umgang mit diesen Bildungsprozessen dar, für eine praktische Umsetzung im Unternehmen bedarf es allerdings der Schaffung einer Bewusstheit im Umgang mit den jeweiligen strukturellen Unterschieden der einzelnen Phasen.

Um diese Handlungsfähigkeit für Unternehmen im Umgang mit dem darwiportunistisch differenzierten Entstehungsprozess zu erreichen und somit das dritte Ziel dieser Ausarbeitung – der Identifikation von Maßnahmen zur Rationalisierung des Entstehungsprozesses psychologischer Arbeitsverträge im Unternehmen – zu realisieren, wird in Ergänzung zu der bisher theoretischen Analyse nachfolgend eine empirische Untersuchung durchgeführt.

1146 vgl. für einen Überblick über unterschiedliche Studien zu den Konseuqenzen des Bruches psychologischer Arbeitsverträge beispielsweise Conway/Briner (2005), 69-77; Coyle-Shapiro (2008), 14-17; George (2009), 21-29.

5 Rationalisierung des darwiportunistisch differenzierten Entstehungsprozesses psychologischer Arbeitsverträge in Unternehmen

5.1 Theoretische Herleitung

Neben der theoretischen Modifikation und der Weiterentwicklung des Bildungsprozesses psychologischer Arbeitsverträge bedarf es zur Gesamtzielerreichung dieser Dissertation der Rationalisierung dieses darwiportunistisch differenzierten Entstehungsprozesses psychologischer Arbeitsverträge in Unternehmen. Allein die Existenz eines derartigen Prozesses bewirkt bei den Unternehmen noch nicht die für die Anwendung und Internalisierung notwendige Handlungsfähigkeit bei den Mitarbeitern im Unternehmen.

Bevor eine genaue Spezifikation dieser Rationalisierung dargestellt werden kann, wird das Verständnis der Begrifflichkeiten „rational", „Rationalität" und „Rationalisierung" geklärt. Der lateinische Wortstamm „ratio", auf den alle drei Konnotationen zurückzuführen sind, wird mit „Vernunft" beziehungsweise „Verstand" übersetzt.[1147] Für die „Rationalität" als Substantiv ergibt sich folglich ein Verständnis als „[...] *das Rationalsein; rationales, von der Vernunft bestimmtes Wesen [...]*"[1148]. Daraus abgeleitet werden mit „rational" die Adjektive „vernünftig" und „begrifflich fassbar" in Verbindung gebracht.[1149] Gedanklich primär verknüpft ist aus betriebswirtschaftlicher Sicht das Konzept des „homo oeconomicus", welches auf dem rationalen, nutzenmaximierenden Akteur beruht.[1150] Neben bereits im ökonomischen Sinne vielfältig existenten, unterschiedlichen Rationalisierungsformen[1151] weisen auch andere Forschungsgebiete diverse Rationalisierungstheorien auf[1152].

Der Begriff „rationalisieren" wird in zweifacher Hinsicht verwendet: zum einen im Sinne „[...] *zweckmäßiger u. wirtschaftlicher gestalten*"[1153] und zum anderen als „*rationalistisch denken, vernunftgemäß gestalten; durch Denken*

1147   vgl. Duden, Fremdwörterbuch (2002), 843.
1148   Duden, Fremdwörterbuch (2002), 843.
1149   vgl. Duden (2002), 793.
1150   vgl. beispielsweise Gabler Wirtschaftslexikon (2000), 2306; Kirchgässner (2008), 74.
1151   vgl. Gabler Wirtschaftslexikon (2000), 2306.
1152   vgl. für einen Überblick beispielsweise Bausback (2007), 29.
1153   Duden (2002), 793.

erfassen, erklären"[1154]. „Rationalisierung" hingegen meint in einem wirtschaftlichen Sinne den „[...] *Ersatz überkommener Verfahren durch zweckmäßigere u. besser durchdachte; Vereinheitlichung, Straffung*" oder aber im psychologischen Sinne „[...] *nachträgliche verstandesmäßige Rechtfertigung eines aus irrationalen od. triebhaften Motiven erwachsenen Verhaltens*"[1155]. Insgesamt fasst *Stein* die drei Verständnisdimensionen folgend zusammen:

- „*die Rechtfertigung von Handlung beziehungsweise Verhalten durch Geben einer rationalen Erklärung,*
- *der Versuch, etwas logischer und konsistenter zu machen, sowie*
- *die Reorganisation eines Sachverhaltes mit dem Ziel, dessen Effizienz zu erhöhen.*"[1156]

Hierdurch wird die kognitive Komponente der Rationalisierung deutlich, die in dieser Ausarbeitung als primäre Verankerung dieses Prozesses von Interesse ist. So hebt auch *Bausback*, die insgesamt unter Rationalität „[...] *all das, was mit dem Kopf, dem Denken bzw. den Kognitionen und dem Verstand einer Person in Zusammenhang steht*"[1157] versteht, diesen Gedanken hervor. *Stein* verweist in Bezug auf die Rationalisierung auf *Barnard*, der neben der Kognition auch die Schaffung von Bewusstheit durch die Rationalisierung betont.[1158] Er versteht den Prozess als: „*rationalization; that is to make action and opinion appear plausible when the real motives are concealed or are unconscious*"[1159].

Insgesamt liegt dieser Ausarbeitung eine in zweifacher Hinsicht durchgeführte Rationalisierung zu Grunde. In einem ersten Schritt findet durch die Modifikation und Weiterentwicklung des Bildungsprozesses hin zu einem darwiportunistisch differenzierten Bildungsprozess psychologischer Arbeitsverträge eine Rationalisierung des theoretischen Modells an sich statt. Dies bewirkt zwar in theoretischer Hinsicht eine Optimierung des Ablaufes, aus praktischer Sicht fehlt allerdings die Möglichkeit, diesen Prozess in den Köpfen der Mitarbeiter zu verankern. Daher gilt es nun, ein Konzept zu entwickeln, welches den Mitgliedern des Unternehmens ermöglicht, den darwiportunistisch differenzierten Entstehungsprozess psychologischer Arbeitsverträge gedanklich zu erfassen und ins Bewusstsein zu rücken. Dies ermöglicht die Rationalisierung als Pendant zu

---

1154 Duden, Fremdwörterbuch (2002), 843.
1155 Duden, Fremdwörterbuch (2002), 843.
1156 Stein (2000), 56.
1157 Bausback (2007), 30-31.
1158 vgl. Stein (2000), 56.
1159 Barnard (1938), 303.

zufällig Entstandenem[1160]. Gerade diese Schaffung von Bewusstheit durch die Rationalisierung ist es,[1161] die im Umgang mit dem darwiportunistisch differenzierten Entstehungsprozess psychologischer Arbeitsverträge in Unternehmen realisiert werden muss. Dies impliziert eine Abkehr von unlogischen und unreflektierten Vorgehensweisen bei der Bildung von diesen Verträgen.

Nach *Abicht* setzt rational logisches Denken sowohl vorhandenes Wissen als auch Intelligenz im Sinne der Fähigkeit zur Verarbeitung eingehender Informationen voraus, welches sich insgesamt in den sieben Aspekten

- *„Objekte klassifizieren, Muster erkennen,*
- *Erfahrungen kategorisieren,*
- *Zusammenhänge erkennen und systematisieren,*
- *externes Wissen aufnehmen und interne Modelle integrieren,*
- *internes (implizites) Wissen sprachlich äußern (explizieren)*
- *Schlussfolgerungen ableiten,*
- *Urteile bilden"*[1162]

widerspiegelt.[1163] *Stein* erfasst den Begriff der Rationalisierung über die drei kognitiven Stufen „Herstellung der Intentionalität", „Herbeiführung der Intendierung" und „Sicherstellung der Stabilisierung".[1164] Der erste Schritt befasst sich mit der „[...] *Lehre von der Ausrichtung aller psychischen Akte auf ein reales od. ideales Ziel"*[1165] oder anders ausgedrückt, *„daß ein Mensch über etwas Physisches oder Psychisches nachdenkt"*[1166]. Mit dieser Phase erfolgt also die aktive Bedeutungszuordnung in Wahrnehmungsprozessen.[1167] Ergebnis des Nachdenkens und somit auch des Wissensaufbaus ist ein Verständnis spezifischer Aspekte, welches folglich als Basiselement der Rationalisierung zu verstehen ist. Im zweiten Schritt, auf kognitiver Ebene, wird mit der Herbeiführung der Intendierung, verstanden als „[...] *auf etwas hinzielen; beabsichtigen, anstreben, planen"*[1168], der tatsächliche Handlungsbezug[1169] im Sinne eines „handeln Wollens" hergestellt. Als dritter Schritt der Sicherstellung von Stabilität

---

1160   vgl. Stein (2000), 61.
1161   vgl. Zentes/Swoboda/Morschett (2005), 171.
1162   Abicht (2010), 132.
1163   vgl. Abicht (2010), 131-132.
1164   vgl. Stein (2000), 56-60.
1165   Duden, Fremdwörterbuch (2002), 449.
1166   Stein (2000), 57.
1167   vgl. Stein (2000), 57.
1168   Duden, Fremdwörterbuch (2002), 448.
1169   vgl. Stein (2000), 58-59.

wird die kognitive Nachhaltigkeit im Sinne einer mentalen Einstellung der „dauerhaften Anwendung" rationalisierter Aspekte verstanden.[1170]

Insgesamt ergibt sich somit für die Rationalisierung des darwiportunistisch differenzierten Entstehungsprozesses psychologischer Arbeitsverträge im Unternehmen die Notwendigkeit einer kognitiven Durchdringung dieses Prozesses auf den drei Ebenen „verstehen", „handeln wollen" und „dauerhaft anwenden". Beide Vertragsparteien im Umgang mit dem darwiportunistisch differenzierten Bildungsprozess handlungsfähig zu machen, setzt die Identifikation von Maßnahmen voraus, die eine Unterstützung der Rationalisierung auf den drei Ebenen ermöglichen.

Wie derartige Maßnahmen erfasst werden können und welche genauen Maßnahmen beim Durchlaufen dieses Prozesses unterstützend zur Rationalisierung des darwiportunistisch differenzierten Bildungsprozesses psychologischer Arbeitsverträge eingesetzt werden können, wird in den nachfolgenden Kapiteln näher beleuchtet.

5.2 Praktische Realisation – die Delphi-Studie

Die theoretische Analyse des Rationalisierungskonzeptes ergibt insgesamt eine sinnvolle Operationalisierung in die drei Ebenen „verstehen", „handeln wollen" und „dauerhaft anwenden". Bezogen auf den darwiportunistisch differenzierten Entstehungsprozess psychologischer Arbeitsverträge impliziert eine sinnvolle Rationalisierung somit die Identifikation von Maßnahmen auf allen drei Ebenen. Dies geschieht nachfolgend anhand der hier gewählten Methode einer Delphi-Studie.

Um der vielfach kritisierten Beliebigkeit des Einsatzes von Delphi-Befragungen[1171] zu begegnen, werden vor Beginn der Konzeption einer derartigen Befragung sowohl die Wahl der Methode (Kapitel 3.2 Methodik) als auch die Zielsetzung der Delphi-Methode detailliert diskutiert. Aufgrund der Weiterentwicklung des Entstehungsprozesses psychologischer Arbeitsverträge und der Verknüpfung dieser Thematik mit der sich abzeichnenden Entwicklung der Arbeitgeber-Arbeitnehmer-Beziehung, abgebildet in der Darwiportunismus-Matrix, ist ein innovatives Konzept entstanden. Eine Rationalisierung dieses Prozesses in Unternehmen impliziert, wie bereits in Kapitel 5.1 theoretisch analysiert, einen dreistufigen kognitiven Prozess des „Verstehens", „handeln Wol-

---

1170   vgl. Stein (2000), 59-60.
1171   vgl. Häder (2002), 35; Gregersen (2011), 35.

lens" und „dauerhaft Anwendens". Insgesamt erscheint die Komplexität einer Auseinandersetzung mit dieser Thematik zielführend in einer Delphi-Studie mit Hilfe einschlägiger Expertenmeinungen verifizierbar. Interessant für die Anreicherung der Studienergebnisse ist vor allem die Erfassung der spezifischen Meinungen und Ansichten der Experten.

Vor diesem Hintergrund kann weder von einem Konsens-Delphi noch von einem Prognoseziel im Sinne der Vorhersage ausgegangen werden. Eine Delphi-Studie zur Ideengeneration scheint auf den ersten Blick mit der Zielsetzung der hier zu konzipierenden Studie kompatibel. Einleuchtend ist für die Erfassung der unterschiedlichen Ansichten der Experten die Verwendung eines qualitativen Designs, zumindest in einem ersten Schritt. Allerdings liegt die verfolgte Zielsetzung lediglich in der Sammlung von Ideen.[1172] Eine Meinungsbildung findet daher unter den Experten nicht statt. Dabei ist gerade die gegenseitige Bewertung der gesammelten Ideen in einem zweiten Schritt für den hier durchzuführenden Rationalisierungsprozess von besonderer Bedeutung: Auf diese Weise kann sich konkret herausbilden, welche Maßnahmen zur Rationalisierung tatsächlich als sinnvoll eingestuft werden. Durchzuführen ist daher eine Delphi-Studie zur Ermittlung von Expertenmeinungen.

In Anlehnung an die Gestaltung von klassischen Delphi-Studien[1173] ist es bezüglich der vorliegenden Thematik sinnvoll, der quantitativen Befragungsrunde eine rein qualitative Befragung vorauszuschalten. Zwar mangelt es nicht an der Möglichkeit zur Ableitung von Rationalisierungsmaßnahmen des darwiportunistisch differenzierten Bildungsprozesses psychologischer Arbeitsverträge aus theoretischer Sicht, dennoch ergibt dieser Weg eine Anreicherung durch eine objektivere und vor allem holistische Sichtweise[1174]. Für die Durchführung einer qualitativen Befragungsrunde wird zunächst der zu erfragende Themenkomplex operationalisiert und in entsprechende Fragen transformiert.[1175] Diese lassen sich aus den drei Rationalisierungsebenen ableiten. Tabelle 15 zeigt die Fragen zur Erfassung entsprechend geeigneter Maßnahmen zur Rationalisierung des darwiportunistisch differenzierten Bildungsprozesses psychologischer Arbeitsverträge.

1172 vgl. Häder (2002), 33-35.
1173 vgl. Gregersen (2011), 30.
1174 vgl. Häder (2002), 114.
1175 vgl. Gläser/Laudel (2010), 63.

Tabelle 15: Rationalisierungsebenen und daraus abgeleitete Fragen der 1. Runde der Delphi-Befragung

Rationalisierungsbereiche	Umsetzungsmaßnahmen
verstehen (Awareness)	Was würden Sie konkret machen, damit die Führungskräfte im Unternehmen die darwiportunistisch differenzierte Logik der Entstehung psychologischer Arbeitsverträge *verstehen*?
handeln wollen (Intention)	Was würden Sie konkret machen, damit die Führungskräfte nach der Systematik der darwiportunistisch differenzierten Bildung psychologischer Arbeitsverträge *überhaupt handeln wollen*?
dauerhaft anwenden (Nachhaltigkeit)	Was würden Sie konkret machen, damit eingeführte Maßnahmen zur darwiportunistisch differenzierten Bildung psychologischer Arbeitsverträge von Führungskräften im Unternehmen *dauerhaft angewandt werden*?

Verdeutlicht werden muss zudem, auf welcher Ebene im Unternehmen derartige Rationalisierungsmaßnahmen generiert werden sollen. Möglich wäre eine Betrachtung von Rationalisierungsaspekten auf der Ebene der Unternehmensleitung, der Führungskräfte und der Mitarbeiter eines Unternehmens. Aufgrund der bereits bestehenden Komplexität dieser Delphi-Studie wird von einer Gesamtbetrachtung aller Ebenen an dieser Stelle abgesehen. Insgesamt sind die Führungskräfte für eine derartige Studie die wichtigste Zielgruppe. Da diese sowohl selber ein Bewusstsein im Umgang mit dem darwiportunistisch differenzierten Bildungsprozess psychologischer Arbeitsverträge entwickeln müssen als auch als Multiplikator für die Vermittlung dieses Bewusstseins an die Mitarbeiter dienen, ist ihr Wirkungsbereich am größten. In einem ersten Schritt müssen daher die Führungskräfte ein Bewusstsein im Umgang mit diesem Entstehungsprozess entwickeln. Die Ableitung dieser Maßnahmen auf allen drei Rationalisierungsebenen ist somit Gegenstand der hier durchgeführten Delphi-Befragung.

Die von den Experten in allen drei Bereichen vorgeschlagenen Maßnahmen zur Rationalisierung des darwiportunistisch differenzierten Entstehungsprozesses psychologischer Arbeitsverträge werden im Anschluss an die qualitative Befragung strukturiert und dienen als Grundlage für die quantitative Befragung. Zudem stellt sich für die Konzeptionalisierung der Delphi-Studie die Frage eines zielführenden Einsatzes an Befragungsrunden. Eine eindeutige Aussage bezüglich der optimalen Rundenanzahl ist in der Literatur nicht auffindbar. Gerade wenn es sich nicht um den Delphi-Typ der Konsensbildung handelt, ist kein eindeutiges Abbruchkriterium wie die Erzielung einer Meinungsübereinstimmung definierbar.[1176] In bisherigen Studien ist festgestellt worden, dass wiederholte

---

1176   vgl. Häder (2002), 117-124.

Befragungswellen zu einem qualitativen Anstieg der Ergebnisse führen. Zurückzuführen ist dies auf eine intensive Auseinandersetzung mit der spezifischen Thematik durch die Wiederholung und die Erweiterung des Erfahrungs- und Wissenshorizontes durch das Geben von Feedback. Die Wertigkeit des Gesamtergebnisses der Delphi-Studie determiniert sich allerdings eindeutig aus der Expertise der Probanden.[1177] Eine Wiederholung der Befragung ist somit insgesamt notwendig. Zu beachten ist allerdings, dass jede Befragungswelle auch mit Kosten verbunden ist. Hierbei greifen nicht nur zeitliche Aspekte und in Abhängigkeit von der Gestaltung der Befragung auch finanzielle Aspekte. Auch die Motivation der Experten muss bei der Anzahl der Befragungswellen in Betracht gezogen werden. Allgemein wird in der Literatur davon ausgegangen, dass die Durchführung von drei Befragungswellen insgesamt ausreichend ist und sich danach nur marginale Veränderungen der Ergebnisse identifizieren lassen.[1178]

Diese Delphi-Studie wird daher als eine dreistufige Befragung konzipiert. Der ersten qualitativen Befragung schließen sich zwei weitere, quantitative Befragungswellen an. Diese ermöglichen eine Qualifizierung der Ergebnisse. Ähnlich muss auch die Wahl einer Preteststrategie unter Kostengesichtspunkten verlaufen. Um nicht die gewählten Experten noch mehr zu belasten, wird in dieser Untersuchung zwar ein Beobachtungspretest durchgeführt, dabei allerdings auf Fachleute, die nicht an der eigentlichen Befragung teilnehmen, zurückgegriffen.[1179] Dies geschieht sowohl vor der 1. Runde als auch vor der 2. Runde der Expertenbefragung.

Ein weiterer Aspekt bei der Planung einer Delphi-Studie ist die Relevanz der Auswahl geeigneter Experten.[1180] Dabei kann nicht von einem generellen Expertenstatus ausgegangen werden. Die Wahl des Expertenkreises ist immer auf die entsprechende Zielsetzung der Studie abzustimmen.[1181] Dabei ist weniger die Zahl der Experten[1182] als vielmehr die Qualität der Experten für das Gelingen der Delphi-Studie ausschlaggebend.[1183] Somit ist essenziell, dass die ausgewählten Experten über spezifisch nutzbares Expertenwissen verfügen. Unter Expertenwissen oder auch Expertise werden *„Kenntnisse und intellektuelle Fähigkeiten einzelner Personen, deren Leistung auf einem bestimmten Fachgebiet weit*

1177 vgl. Häder/Häder (1995), 13-27.
1178 vgl. Linstone/Turoff (1975), 229; Häder (2002), 117-120; Fröhlich-Glantschnig (2005), 219.
1179 vgl. Häder (2002), 139-140.
1180 vgl. Ammon (2005), 132.
1181 vgl. Hörmann (2007), 43.
1182 vgl. Häder (2002), 94-95.
1183 vgl. Hörmann (2007), 52.

über dem Durchschnitt liegen"[1184], verstanden. „*E. besteht i. d. R. aus sehr großen Informationsmengen in Verbindung mit Vereinfachungen, wenig bekannten
Fakten, Faustregeln und klugen Verfahrensweisen* [...], *die eine effiziente Problemlösung (in diesem Gebiet) ermöglichen*"[1185]. Bezogen auf die Expertise zur
Rationalisierung des darwiportunistisch differenzierten Bildungsprozesses psychologischer Arbeitsverträge lassen sich zwei unterschiedliche Wahlmöglichkei-
ten geeigneter Experten lokalisieren. Zum einen können Experten in Bezug auf
ihr theoretisches Wissen in der Bildung psychologischer Arbeitsverträge im
Speziellen und zum Konzept dieser Verträge im Allgemeinen ausgewählt werden. Zum anderen kann die Auswahl der Experten aber auch aufgrund eines Expertenstatus bezüglich der Kenntnis von theoretischen und praktischen Rationalisierungsmaßnahmen in Unternehmen ausgesucht werden.

Die Tragfähigkeit der ersten Alternative erscheint nur begrenzt umsetzbar.
Bei vielen sind Konzeptkenntnisse des psychologischen Arbeitsvertrages vorhanden – sei es aus praktischer oder theoretischer Perspektive. Die umfassende
Kenntnis des darwiportunistisch differenzierten Bildungsprozesses psychologischer Arbeitsverträge gilt es allerdings aufgrund der Prospektivität den Experten
vor der Befragung erst zu vermitteln. Hierfür ist eine gewisse Grundkenntnis des
psychologischen Arbeitsvertragskonzeptes unabdingbar. Das Vorhandensein
dieser theoretischen oder aber auch praktischen Grundkenntnisse findet bei der
Expertenauswahl für diese Delphi-Studie Berücksichtigung und wird daher auch
zu Beginn der 1. Befragungsrunde bei jedem Experten abgefragt.

Noch wichtiger als eine Basis psychologischen Arbeitsvertragswissens erscheinen aber für die Ableitung von Rationalisierungsmaßnahmen die theoretischen oder praktischen Kenntnisse, wie spezifische Konzepte – etwa wie der
darwiportunistisch differenzierte Entstehungsprozess psychologischer Arbeitsverträge – bei den Mitarbeitern ins Bewusstsein gebracht werden können. Eine
möglichst ganzheitliche Betrachtung und Identifikation von Möglichkeiten ist
dabei anzustreben. Zurückgegriffen wird bei der Auswahl der Experten daher
auf das Konzept der Strategischen Organisation von *Scholz*,[1186] welches im Sinne *de Bonos* sechs unterschiedliche Blickwinkel auf die Organisation wirft.[1187]
Diesem perspektivischen Denken folgend, sollten daher die Experten über jeweils andere Denkweisen verfügen, um auf diese Art und Weise eine möglichst
breite Sichtweise zu generieren. Ausgewählt werden daher die Experten dieser
Studie gemäß ihrem spezifisch perspektivisch einzuordnenden Fachgebiet. Zu-

---

1184   Gabler Wirtschaftslexikon (2000), 1026.
1185   Gabler Wirtschaftslexikon (2000), 1026.
1186   vgl. Scholz (2000b).
1187   vgl. de Bono (1985), 31; Scholz (2000b), 41-42.

dem findet dieser Aspekt aufgrund der Verbindung der theoretischen Modellentwicklung mit der praktischen Rationalisierung des Modells auch bei der Wahl der Experten Berücksichtigung. Daher werden für die Studie sowohl Experten aus der Praxis als auch Experten aus der Wissenschaft herangezogen.

Die gewählten zehn Experten mit wissenschaftlichem Hintergrund werden folglich entsprechend ihrer eher strategischen, mechanischen, organischen, kulturellen, intelligenten oder virtuellen organisationalen Denkmuster ausgewählt. Der strategische Blick auf die Organisation als Basis impliziert den Fokus auf der Orientierung von Strukturen und Prozessen an den Zielen der Organisation.[1188] Beim mechanischen Blickwinkel „*geht es um das strukturierte Grundgerüst des Unternehmens, das letztlich das Funktionieren sicherstellt*"[1189]. Die organische Perspektive fokussiert die dynamische Entwicklung des Unternehmens. Dagegen beschäftigt sich die kulturelle Perspektive mit den Spezifika der Gemeinschaft innerhalb der Organisation. Die intelligente Perspektive stattdessen setzt sich mit Aspekten des Wissens und Lernens in und von Organisationen auseinander. In der letzten Perspektive wird die zunehmende Virtualisierung und die damit verbundene Auflösung bestehender Organisationsgrenzen betrachtet.[1190] Ergänzend zu Experten mit theoretischem Hintergrund werden zehn Experten aus der Praxis ausgewählt. Diese Personalleiter ergänzen mit ihrem breiten praktischen Erfahrungshorizont in Unternehmen die angestrebte holistische Erfassung der Rationalisierungsmaßnahmen.

Die gleiche Anzahl ausgewählter Experten aus Wissenschaft und Praxis ist eine bei Dephi-Befragungen typische Vorgehensweise. Obwohl die Befragung an sich anonym ist und somit die teilnehmenden Experten untereinander nicht bekannt sind, ist es dennoch wichtig, dass alle von einer breiten Expertise der anderen Kandidaten ausgehen. Nur in diesem Glauben setzen sich die Experten mit den anderen Meinungen intensiv auseinander.[1191] Die Anzahl der gewählten Experten an sich erfährt in der Literatur einen breiten Diskurs. Dabei variiert die genannte Zahl zwischen vier und mehreren Tausend Teilnehmern einer Delphi-Befragung.[1192] *Paetz et al.* sprechen sich eher für eine relativ geringe Anzahl an Probanden aus.[1193] Gewählt wird in dieser Studie eine Zahl von 20, mit der sich

---

1188 vgl. Scholz (2000b), 44.
1189 Scholz (2003b).
1190 vgl. Scholz (2000b), 134, 184, 225, 277, 320.
1191 vgl. Häder (2002), 92-94.
1192 vgl. für eine Darstellung der unterschiedlichen Ansichten Häder (2002), 94-95.
1193 vgl. Paetz et al. (2011), 64.

diese Befragung im Mittelfeld zwischen den oft genannten Minimal- und Maximalzahlen zwischen 10 und 30 Experten befindet[1194].

Die bereits diskutierten Aspekte des Studiendesigns zur Rationalisierung des darwiportunistisch differenzierten Entstehungsprozesses psychologischer Arbeitsverträge werden in den nachfolgend beschriebenen drei Befragungswellen um die Aspekte des Feedbacks, die detaillierte Vorgehensweise und die Aufbereitung der Ergebnisse jeder der Befragungswellen ergänzt.

5.2.1 Die 1. Runde der Delphi-Befragung

Von besonderer Relevanz für das Gelingen dieser Delphi-Studie ist die möglichst präzise Vermittlung der theoretischen Grundlagen des darwiportunistisch differenzierten Bildungsprozesses psychologischer Arbeitsverträge. Wie bereits im obigen Kapitel angesprochen, bestehen aufgrund der Prospektivität des entwickelten Bildungsprozesses und der geringen theoretischen Durchdringung dieser Thematik in der Wissenschaft wenig zu erwartende Vorkenntnisse. Deshalb werden für die Gestaltung der 1. Befragungsrunde neben einem Anschreiben auch theoretische Hintergrundinformationen zum Konzept des psychologischen Arbeitsvertrages im Allgemeinen und zum darwiportunistisch differenzierten Entstehungsprozess dieser Verträge im Speziellen zusammengestellt (Anhang 1). In diesem Zusammenhang werden das Darwiportunismus-Konzept, die einzelnen Prozessphasen des neu entwickelten Entstehungsprozesses und die Zielsetzung der Rationalisierung des Entstehungsprozesses psychologischer Arbeitsverträge in Unternehmen vorgestellt. Diese detaillierte Bereitstellung von umfassenden Hintergrundinformationen bringt alle Experten auf einen vergleichbaren Kenntnisstand.

Des Weiteren wird den Probanden der genaue dreistufige Ablauf der Delphi-Studie erklärt. Hierbei werden die Bestandteile jeder einzelnen Phase beschrieben. Anmerkungen zum Datenschutz und zur Erfassung der Identifikationsnummer als für Delphi-Befragungen typische Vorgehensweise[1195] schließen die Vorabinformationen an die Experten ab. Der Fragebogen (Anhang 1) an sich beinhaltet die Erhebung einiger weniger demografischer Daten. So werden lediglich Angaben zum Geschlecht und zur beruflichen Tätigkeit (Professor oder Personalleiter) erhoben. Aufgrund des Expertenstatus der Probanden ist es insgesamt sinnvoll, möglichst wenig demografiebezogene Auswertungen zu machen. Ein schneller Rückschluss auf die Person des Experten kann somit ver-

---

1194   vgl. Paetz et al. (2011), 64.
1195   vgl. Häder (2002), 133.

mieden werden,[1196] denn höchste Priorität bei Delphi-Studien hat die Anonymität der Probanden untereinander.[1197] Für auswertungstechnische Zwecke wird daher die Identifikationsnummer erhoben.[1198]

Die Durchführung der 1. Befragungswelle ergibt nach Ablauf des vorgegebenen Zeitrahmens und erneuter Nachfassung einen Rücklauf von 85 %. Geantwortet haben sieben von zehn Personalleitern und zehn von zehn Professoren. Diese Rücklaufquote liegt insgesamt deutlich über der für Delphi-Befragungen üblichen 30 % für die erste Befragungswelle[1199]. Ein Personalleiter hat nach der 1. Runde die Teilnahme an der Delphi-Befragung abgebrochen. Zwei andere haben ohne weitere Rückmeldung nicht an der weiteren Befragung teilgenommen.

Typisch für Delphi-Befragungen ist die Erhebung des Expertise-Levels anhand der Kompetenzfrage. Da davon ausgegangen werden kann, dass jeder Proband auf seinem spezifischen Gebiet über ausreichend Expertise verfügt, werden mit dieser Frage ergänzend die theoretischen und praktischen Kenntnisse im Umgang mit dem Konzept des psychologischen Arbeitsvertrages im Allgemeinen abgefragt. Tabelle 16 zeigt die Häufigkeitsverteilungen der Expertise im Bereich psychologischer Arbeitsverträge anhand einer vierstufigen Skala (sehr gut, gut, weniger gut, schlecht).

Tabelle 16: Ergebnisse der Kompetenzfrage

theoretische Kenntnisse Personalleiter	❑ sehr gut (0)	❑ gut (0)	❑ weniger gut (5)	❑ schlecht (1)	(Häufigkeiten)
theoretische Kenntnisse Professor	❑ sehr gut (2)	❑ gut (4)	❑ weniger gut (0)	❑ schlecht (3)	(Häufigkeiten)
praktische Kenntnisse Personalleiter	❑ sehr gut (2)	❑ gut (3)	❑ weniger gut (1)	❑ schlecht (0)	(Häufigkeiten)
praktische Kenntnisse Professor	❑ sehr gut (0)	❑ gut (4)	❑ weniger gut (4)	❑ schlecht (1)	(Häufigkeiten)

Insgesamt auffällig ist, dass wenige Experten sich sehr gute Expertise zuschreiben. Naheliegend ist das Ergebnis, dass kein Personalleiter sehr gute Kenntnisse in theoretischer Hinsicht angibt und ebenso, dass kein Professor sehr gute praktische Kenntnisse aufweist. Zwei Experten haben keine Selbsteinschätzung ihrer Expertise vorgenommen. Wenig verständlich ist, dass einige der Au-

---

1196 vgl. Häder (2002), 134.
1197 vgl. Häder (2002), 147.
1198 vgl. Häder (2002), 77.
1199 vgl. Häder (2002), 111.

torin bekannte Experten, die bereits konzeptionell an der Thematik psychologischer Arbeitsverträge gearbeitet haben, von einer Einstufung ihrer Expertise als „sehr gut" Abstand nehmen. Die Häufigkeitsverteilung der Expertiseneinschätzung zeigt, dass die Vermittlung detaillierter Informationen zum Konzept des psychologischen Arbeitsvertrages und zu dessen Bildung zwingend notwendig ist, um einigen der Experten die theoretische Basis vermitteln zu können. Zu berücksichtigen ist aber, dass dieses Ergebnis nicht den Expertenstatus der Probanden generell in Frage stellt. Der Auswahlschwerpunkt der Experten lag, wie bereits eingehend erläutert, einer anderen Intention zugrunde.

Die Antworten der 1. Runde zeigen eine Vielzahl an Ideen zur Rationalisierung des darwiportunistisch differenzierten Bildungsprozesses psychologischer Arbeitsverträge. In einem ersten Schritt werden die teilweise stichpunktartig dargestellten Rationalisierungsideen in Fragen transformiert, um Redundanzen zu vermeiden. Zudem wird aufgrund der Vielzahl an Ideen zusätzlich eine Kategorisierung der Fragen vorgenommen. Der Fragebogen weist somit Subkategorien bezüglich der drei Rationalisierungsebenen „verstehen", „handeln wollen" und „dauerhaft anwenden" auf. Diese in Abbildung 28 aufgezeigte Gesamtsystematik enthält die Subkategorien „Basiswissen", „Darwiportunismus-Matrix-Positionierung" des Unternehmens und/oder der Führungskraft, „Rahmenbedingungen", „kommunikative Begleitung", „Anwendung gestalten", „anwendungsunterstützende Maßnahmen" und „Methodik und Medien".

Anhang 2 zeigt den Fragebogen der 2. Runde der Delphi-Studie mitsamt den der jeweiligen Kategorien zugeordneten Fragen. Die Subkategorie „Basiswissen" fasst in den drei Bereichen „verstehen", „handeln wollen" und „dauerhaft anwenden" Fragen zusammen, die es den Führungskräften im Unternehmen ermöglichen, die Logik des darwiportunistisch differenzierten Bildungsprozesses psychologischer Arbeitsverträge zu verstehen. Rationalisierungsmaßnahmen zu den „Rahmenbedingungen" beziehen sich auf die Vermittlung und Beachtung von dynamisch veränderbaren Faktoren, deren Gestaltung und deren Auswirkungen auf den darwiportunistisch differenzierten Bildungsprozess psychologischer Arbeitsverträge.

Fragen in der Subkategorie der „Darwiportunismus-Matrix-Positionierung" handeln in allen drei Bereichen von der Auseinandersetzung mit dem Darwiportunismus-Konzept, vor allem mit Aspekten der Positionierung des Unternehmens innerhalb der Matrix. Die Subkategorie der „kommunikativen Begleitung" fasst insgesamt alle von den Experten vorgeschlagenen kommunikativen Aspekte einer Rationalisierung zusammen. Vorgeschlagene Maßnahmen, die Führungskräfte bei der Bildung psychologischer Arbeitsverträge handlungsfähig machen, werden unter der Subkategorie „Anwendung gestalten" subsumiert.

„Anwendungsunterstützendes Material" sind alle von den Experten genannten Materialien, die die Realisation der Handlungsfähigkeit unterstützen.

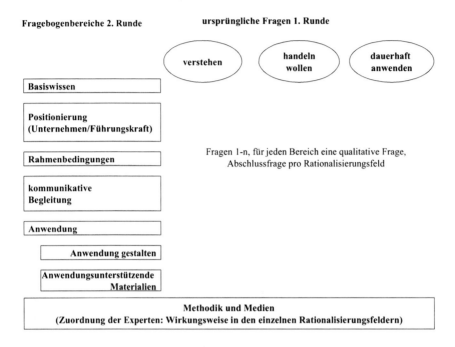

Abbildung 28: Systematisierung des quantitativen Fragebogens

Ergänzt wird jede Subkategorie um eine Einschätzungsfrage, in der erfasst wird, inwieweit die zu dieser Kategorie vorgeschlagenen Maßnahmen das gesamt mögliche Rationalisierungsspektrum erfassen. Darüber hinaus wird den Experten zu Abschluss jedes Bereiches die Möglichkeit gegeben, weitere Anmerkungen anzufügen. Insgesamt schließt der Fragebogen mit der Subkategorie „Methodik und Medien" ab. Hier werden alle Ideen der Experten, die sich auf spezifische Arten der Vermittlung der Rationalisierungsmaßnahmen beziehen, zusammengeführt. Diese werden im direkten Vergleich der drei Fragenbereiche „verstehen", „handeln wollen" und „dauerhaft anwenden" den Experten vorgestellt. So wird ein direktes Rating der Sinnhaftigkeit jeder spezifischen Maßnahme für die einzelnen Fragen ermöglicht.

Das für Delphi-Befragungen typische Feedback der 1. Runde findet direkt durch das Verschicken des 2. Fragebogens an die Experten statt. Die entwickelte Systematisierung der Ideen und die sich daraus ergebende Strukturierung des

Fragebogens wird den Experten wiederum zu Beginn mitgeteilt. Auf diese Weise erhalten die Experten Feedback, indem sie den Fragebogen der 2. Runde ausfüllen. Bei der Formulierung des 2. Fragebogens wird beachtet, dass die Wortlaute der Experten möglichst übernommen werden. Dies ermöglicht es den Experten zu erkennen, welche Anmerkungen und Ideen von ihnen stammten und um welche Aspekte die Rationalisierung auf den drei Ebenen „verstehen", „handeln wollen" und „dauerhaft anwenden" von den anderen Experten angereichert wurde. Von einer möglichen Reduktion der Ideen und folglich einer Vorabbewertung durch die Autorin wird abgesehen. Das Ziel der Delphi-Befragung ist neben der Generierung von Ideen auch die Bewertung dieser untereinander. Eine Reduktion oder Vorabbewertung der Expertenideen widerspricht der Zielsetzung dieser Delphi-Befragung.

5.2.2 Die 2. Runde der Delphi-Befragung

Der Rücklauf der 2. Runde der Delphi-Befragung liegt trotz des Fragenumfanges von 140 Stück über dem für Delphi-Befragungen üblichen Satz von 70 bis 75 Prozent für diese Welle[1200]. Von den 17 Probanden, die in der 1. Befragungsrunde geantwortet haben, haben 15 den Fragebogen der 2. Runde ausgefüllt. Dies entspricht einem Prozentsatz von 88 %.

Neben der Angabe, dass der zeitliche Aufwand dieser Studie hoch ist, wird angemerkt, dass es überaus interessant war zu sehen, was die anderen Experten für Ideen hatten. Dies spiegelt gerade den Mehrwert einer Delphi-Studie auch für die Teilnehmer wider. Zudem zeigt die hohe Rücklaufquote, dass der Fragebogen insgesamt nicht zu umfangreich ist. Der durch die Gabe von Feedback entstehende Lerneffekt während der Iteration der Runden steigert die Qualität der Ergebnisse in den Delphi-Befragungen.[1201]

Aufgrund der Relevanz kommt der Ausgestaltung des Feedbacks somit eine kritische Rolle zu. Zu beachten ist dabei die mögliche Beeinflussung der Expertenmeinungen in Abhängigkeit von der Art und Weise des Feedbacks. *Hörmann* spricht sich daher für einen bewussten Umgang aus.[1202] Das Fehlen eines einheitlichen Gestaltungsstandards macht umso mehr die Orientierung des Feedbacks an den eigenen Zielen der Delphi-Studie notwendig. Wichtig ist allerdings nicht nur zu analysieren, was mit der Gabe von Feedback erreicht werden soll, sondern auch, wie dieses vermittelt wird und vor allem, wie stark das Feedback

---

1200   vgl. Häder (2002), 111.
1201   vgl. Häder (2002), 47.
1202   vgl. Hörmann (2007), 56.

kommentiert wird. Unterscheidbar sind drei mögliche Arten, Feedback zu geben: Feedback bei numerischen Schätzungen, Feedback bei Bewertungen von Sachverhalten und Feedback bei offenen Fragen.[1203] Interessant für den Aufbau des Feedbacks der vorliegenden Delphi-Befragung sind Aspekte der Vorgehensweisen zwei und drei.

Durch den ergänzenden Raum für Anmerkungen durch die Experten zum Abschluss jeder Subkategorie entsteht die Frage, wie mit derartigen Anmerkungen hinsichtlich der Rückmeldungen an die Probanden umgegangen werden soll. Hier reichen die Gestaltungsmöglichkeiten von der vollständigen Rückmeldung über verschiedene Abstufungen bis hin zur ausschließlichen Diskussion dieser in der schriftlichen Dokumentation.[1204] Für diese Befragung wird der letzte Weg gewählt. Anmerkungen der Experten, vor allem zur Klärung von inhaltlichen Aspekten, werden bereits in den Fragebogen der 3. Runde eingebaut, alle anderen Anmerkungen werden aber erst an dieser Stelle ausführlich diskutiert. Da vor Beginn der Studie nicht absehbar ist, wie stark die Möglichkeit der Anmerkungen genutzt wird, wird dieser Weg aus Gründen der Einheitlichkeit gewählt. Im Falle vielfältiger Anmerkungen der Experten hätte bei einer fortwährenden Integration die Gefahr bestanden, zwei zu verschiedene Fragbögen zu erhalten. Die hier mit der Delphi-Studie verfolgte Zielsetzung könnte durch eine derartige Vorgehensweise verzögert werden. Starke Abweichungen zwischen den Fragebögen der unterschiedlichen Runden würden bedeuten, dass für die Herausbildung einer qualitativen Wertung der Expertenideen die Anzahl der Befragungswellen erhöht werden müsste. Wegen der damit verbundenen noch stärkeren Inanspruchnahme der Experten wird auch aus Motivationsgründen von der sofortigen Integration aller Anmerkungen in den Fragebogen Abstand genommen.

Letztendlich werden allerdings nur wenige Anmerkungen zu den einzelnen Subkategorien gemacht, die nachfolgend diskutiert werden. Im Subbereich I, der sich mit der Rationalisierung des darwiportunistisch differenzierten Entstehungsprozesses psychologischer Arbeitsverträge auf der Ebene des Verständnisses auseinandersetzt, sind die meisten Anmerkungen gemacht worden. So haben zwei der 17 teilnehmenden Experten die schwierige Abgrenzung der jeweiligen Ideen untereinander aufgezeigt. Einer von ihnen hält „*etliche der vorgegebenen Alternativen für wenig hilfreich*" und sagt weiter: „*Zudem sind sie zum Teil nicht eindeutig formuliert, was ihre Beantwortung massiv erschwert*". Für eine adäquate Umsetzung dieser Anmerkung wäre allerdings eine Konkretisierung der Aussage hilfreich gewesen. Zwei weitere Experten haben konkrete Angaben zur Beachtung von spezifischen, im Fragebogen ihrer Ansicht nach nicht explizit

---

1203   vgl. Häder (2002), 149-156.
1204   vgl. Wechsler (1978), 97-126; Häder (2002), 149-156.

erfassten, Aspekten gemacht. So soll im Subbereich I *„erst Bezug zur Unternehmenskultur mit ihren Normen und Werten"* hergestellt werden und im Subbereich III für eine *„dauerhafte Anwendung"* *„stärker die zeitliche Belastung gerade durch das Middle Management"* bedacht werden, da diese *„mit anderen Aufgaben zu"* sind und dem Experten zur Folge *„nicht selten wenig emotional kompetent/empathisch"* sind. Der erste Teil der Expertenaussage erfasst mit der Herausstellung des kulturellen Bezuges einen besonders wichtigen, im Fragebogen aber lediglich implizit durch Fragen zur Positionierungsnotwendigkeit innerhalb der Darwiportunismus-Matrix und Fragen zur verwendeten Kommunikation erfassten, Aspekt auf. Dabei ist für die Erzielung eines Verständnisses bei den Führungskräften aber nicht nur ein Bezug, sondern vielmehr eine vertiefende Auseinandersetzung mit der bestehenden Unternehmenskultur erforderlich. Eine Positionierung innerhalb der Darwiportunismus-Matrix als ein erster Schritt zur Verständnisgenerierung kann nur über die Analyse typspezifischer Kulturaspekte zur Identifikation des im Unternehmen vorhandenen psychologischen Arbeitsvertrages erreicht werden. Auf diese Weise kann eine prozessadäquate Ausgestaltung des darwiportunistisch differenzierten Entstehungsprozesses psychologischer Arbeitsverträge entsprechend fundiert erfolgen. Aus diesen Erkenntnissen lassen sich dann gegebenenfalls kulturspezifische Änderungen im Untenehmen ableiten, die eine Neupositionierung innerhalb der Matrix gemäß der darwiportunistischen Differenziertheit und im Unternehmen ein kulturelles Umdenken bei der Bildung psychologischer Arbeitsverträge ermöglichen. Gemäß dieser Verzahnung und gegenseitigen Beeinflussung von Kultur und psychologischem Arbeitsvertrag gilt es, den darwiportunistisch differenzierten Bildungsprozess psychologischer Arbeitsverträge auszugestalten. Gerade dieses integrative Verständnis ist es, welches den Führungskräften für einen adäquaten Umgang mit dem darwiportunistisch differenzierten Bildungsprozess psychologischer Arbeitsverträge bewusst gemacht werden muss. Dass darüber hinaus besonders der Mangel an emotionaler Kompetenz betont wird, zeigt wiederum die essenzielle Bedeutung für das Führungsverhalten.[1205] Fraglich bleibt, ob tatsächlich nur das Middle Management betroffen ist. Hervorzuheben ist allerdings die Relevanz emotionaler Kompetenz für die Handlungsfähigkeit der Führungskräfte bei der Bildung psychologischer Arbeitsverträge. Neben dieser benötigen Führungskräfte und auch Mitarbeiter weitere Kompetenzen wie eine Antizipations- und Selbstreflexionskompetenz für ein erfolgreiches Erwartungsmatching oder im Falle des Darwiportunismus pur Verhandlungskompetenz, um die gegenseitigen Leistungen und Gegenleistungen aushandeln zu können.

1205   vgl. Appelmann (2009), 172.

Weiter angemerkt wird von einem Experten, dass das „anwendungsunterstützende Material" um die Verwendung von Filmen ergänzt werden sollte. Diese werden allerdings bereits unter der Frage 101 „visuelle Unterstützung" gesammelt erfasst. Darüber hinaus hat einer der Experten im Subbereich F „Methodik und Medien" Schwierigkeiten im Verständnis mit dem Einsatz von
„South-Park-Comics" (Frage 99), „geschlossene Führungsrunden" (Frage 106),
„Qualitätszirkel" (Frage 109) und „selbstlernendes System" und diese Fragen
daher bewusst unbeantwortet gelassen.

Das Feedback der quantitativen Fragen an die Experten richtete sich insgesamt an der Gestaltung der Klassifikation *Häders* „Feedback bei der Bewertung
von Sachverhalten" aus.[1206] So werden in diesem Fall lediglich die Häufigkeitsverteilungen an die Experten zurückgemeldet. Diese werden direkt in den 3.
Fragebogen integriert. Dabei werden die Antwortkategorien der Bewertungsskala jeder Frage um die jeweiligen Häufigkeitskategorien der 2. Runde der Delphi-
Studie ergänzt. Eine detaillierte Darstellung und Diskussion der Ergebnisse der
2. Befragungsrunde findet als Feedback an die Experten nicht statt. Hierdurch
wird eine zu starke Beeinflussung der Experten vermieden werden. Die Interpretation der Rückmeldung der Befragungsergebnisse bleibt in der Verantwortung
der Experten. Eine ausführliche Darstellung und anschließende Interpretation
der Ergebnisse findet dafür an dieser Stelle und in dem anschließenden Diskus-
sionskapitel statt. Diese Informationen werden den Experten nach Abschluss der
Delphi-Studie als Gesamtbericht ebenfalls zur Verfügung gestellt.

Abbildung 29 zeigt die Häufigkeitsverteilungen der einzelnen Fragen des
Subbereichs „Basiswissen" aufgeteilt nach Rationalisierungsebene. Jeder Balken
in der Grafik, der für eine Frage der Rationalisierungsebenen („verstehen",
„handeln wollen", „dauerhaft anwenden") des betrachteten Subbereichs steht,
zeigt durch die Anzahl der Nennungen in den unterschiedlich markierten Bereichen, wie die Experten die jeweilige Frage auf der verwendeten Skala von 1
(nein) bis 6 (ja) bewertet haben.[1207]

1206   vgl. Häder (2002), 153-154.
1207   Für eine bessere Übersicht erhalten die im Fragebogen lediglich nummerierten Fragen
       ein Präfix nach folgendem System: Die drei Rationalisierungsebenen werden durch
       römische Ziffern deklariert, die verschiedenen Subbereiche durch Buchstaben. Somit
       ergibt sich in der folgenden Abbildung beispielsweise für Frage 01 die Bezeichnung
       IA01, da Sie zur ersten Rationalisierungsebene „verstehen" (deswegen I) und zum ers-
       ten Subbereich „Basiswissen" (deswegen A) gehört. Da die Bereiche „Anwendung ge-
       stalten" und „anwendungsunterstützendes Material" inhaltlich verwandt sind, werden
       diese Bereiche mit E1 bzw. E2 ausgewiesen.

Insgesamt erfahren die in der qualitativen Runde von den Experten vorgeschlagenen Maßnahmen zur Rationalisierung des darwiportunistisch differenzierten Entstehungsprozesses psychologischer Arbeitsverträge auf der Ebene des
„Verstehens" unter den Experten breite Zustimmung. Die meisten Probanden
bewerteten die Fragen dieser Ebene mit 4 (eher ja), 5 (überwiegend ja) und 6
(ja).

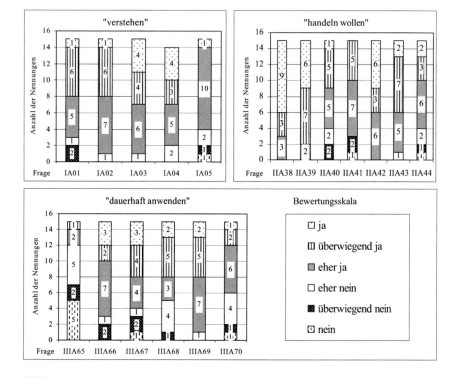

Abbildung 29: Darstellung der Häufigkeitsverteilung pro Frage im Subbereich „Basiswissen", aufgeteilt nach Rationalisierungsebenen

Nur die Frage 5 als Gesamtbewertungsfrage wird in diesem Bereich von einem Experten mit einer 1 (nein) beurteilt. Dieser Proband scheint mehr als die
genannten Aspekte für eine Rationalisierung des darwiportunistisch differenzierten Entstehungsprozesses psychologischer Arbeitsverträge zu erwarten. Dies ist
auch konsistent mit seinen Anmerkungen in denen er „etliche Vorgaben für wenig hilfreich hält". Insgesamt wertet er die meisten der Gesamtbereichsfragen
ebenso mit einer 1 (nein). Lediglich zwei Mal fand von diesem Probanden eine

Wertung mit 2 (überwiegend nein) statt. Weitere Vorschläge bezüglich zu ergänzender Rationalisierungsmaßnahmen wären hierbei für eine verbesserte Ableitung weiterer Rationalisierungsmaßnahmen des darwiportunistisch differenzierten Bildungsprozesses für die Führungskräfte allerdings hilfreich gewesen.

Auch auf der Ebene des „handeln Wollens" existiert unter den Probanden überwiegend einheitliche Zustimmung. Die Rationalisierungsmaßnahme „den Führungskräften den individuellen Nutzen für das Alltagshandeln verdeutlichen" (Frage 38) erfährt mit 9 von 15 Bewertungen die höchste Anzahl vollständiger Zustimmung unter den Experten. Ausschließlich Fragen 40 und 44 erfahren von einem Experten vollständige Ablehnung. Bei Frage 44 merkt dieser an, dass seiner Meinung nach intrinsische Motivation nicht steuerbar ist. Insgesamt allerdings stimmen elf (eher ja – ja) der 15 Probanden dieser Rationalisierungsmaßnahmen auf der Ebene des „handeln Wollens" zu.

Darüber hinaus zeigt die Beantwortung der Frage 65 im Rationalisierungsbereich „dauerhaft anwenden" eine Auffälligkeit. Diese erfährt mit 5-facher Ablehnung wenig Akzeptanz unter den Probanden. Insgesamt sind 80 % der Befragten eher ablehnend gegenüber der Zertifizierung von Führungskräften zur darwiportunistisch differenzierten Führungskraft eingestellt. Diese ablehnende Haltung der Experten gegenüber Zertifizierungen erstaunt unter Betrachtung des aktuellen Zertifizierungstrends freiwilliger Leistungen von Unternehmen. Neben dem Erwerb von Zertifikaten für ein familienfreundliches Unternehmen gehören hierzu ebenso Zertifikate, die das Gesamtunternehmen als Arbeitgeber bewerten oder aber die Work-Life-Balance im Unternehmen. Die Einstellung der Experten zeigt aber, dass der Fokus bei der Bildung psychologischer Arbeitsverträge nicht in einer bürokratischen Ausgestaltung des Konzeptes und einer oberflächlichen Visualisierungsmöglichkeit liegen sollen, sondern das aktive Leben und die entsprechend darwiportunistisch differenzierte Ausgestaltung dieses Prozess im Vordergrund der Betrachtung stehen.

Im Subbereich „Rahmenbedingungen" (Abbildung 30) fällt auf der Rationalisierungsebene „verstehen" eine zunehmende Divergenz der Expertenbewertung auf. Steigenden ablehnenden Bewertungen stehen zunehmende positivere Bewertungen gegenüber. Vor allem die Frage zur Relevanz des geschlechtsspezifischen Unterschiedes für die Rationalisierung des darwiportunistisch differenzierten Bildungsprozesses psychologischer Arbeitsverträge (Frage 11) findet unter den Probanden keine einheitliche Meinung. Sieben der Experten lehnen diese Maßnahme zur Rationalisierung des darwiportunistisch differenzierten Prozesses eher ab (Bereich zwischen nein und eher nein) und sieben Probanden entscheiden sich für dessen Relevanz (Bereich zwischen eher ja – ja). Diese Uneinigkeit unter den Probanden kann bereits auf die Schwierigkeit der Bewertung der Relevanz des geschlechtsspezifischen Einflusses auf den darwiportunistisch differenzierten Entstehungsprozess psychologischer Arbeitsverträge zurückgeführt werden. Zwar beeinflusst das Geschlecht spezifische Aspekte im Bildungsprozess, beispielsweise die Art der Verhandlungsführung, [1208] ob dieses spezifische Auswirkungen auf die darwiportunistische Differenziertheit hat, bedarf aufgrund der Prospektivität des Modells weiterer Forschung. Da aber für einige Probanden bereits an dieser Stelle die Auswirkungen des Geschlechts auf die darwiportunistische Differenziertheit unklar sind, ist auch der weitere Bezug zur Rationalisierung uneindeutig und die Aufteilung in zwei Lager erklärbar.

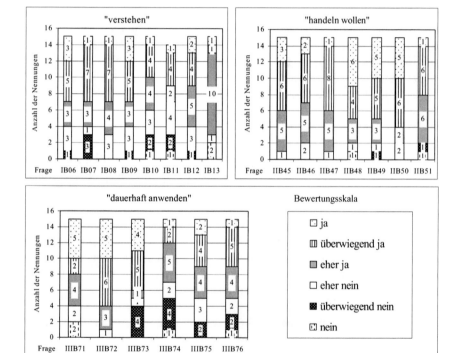

Abbildung 30: Darstellung der Häufigkeitsverteilung pro Frage im Subbereich „Rahmenbedingungen“, aufgeteilt nach Rationalisierungsebenen

Auch die Gesamtfrage in diesem Bereich auf der Rationalisierungsebene „verstehen" findet ähnlich wie die des Subbereichs Basiswissen mit zehn Stimmen eher Zustimmung. Zwölf von 15 Experten sehen also die Rahmenbedin-

---

1208   vgl. Herbst (2007), 46.

gungen auf der Rationalisierungsebene durch die genannten Maßnahmen eher bis vollständig erfasst. Insgesamt zeigt sich, dass die Mehrheit der Experten keine weiteren Rationalisierungsmaßnahmen zur Verständnisgenerierung für die Führungskräfte benötigen, das Genannte also folglich als ausreichend wahrgenommen wird. Drei Experten erkennen allerdings weiteren Rationalisierungsbedarf über die angesprochenen Aspekte hinaus. Dies stellt zwar die Minderheit der Befragten dar, spiegelt aber die Vielfältigkeit der Thematik wider. Allerdings zeigen die wenigen Anmerkungen im Ergänzungsfeld auch, dass die fehlenden Aspekte zur Rationalisierung des Verständnisses der Führungskräfte schwer fassbar sind. Dies resultiert aus der Prospektivität des Ansatzes, welcher mit der situativen Differenziertheit die Generierung neuer Rationalisierungsmöglichkeiten erfordert. Erschwerend kommt hinzu, dass die Betrachtung dieser Rationalisierungsmöglichkeiten aus der jeweilig verinnerlichten Denkhaltung erfolgt und somit die Reflexion der Rationalisierungsmöglichkeiten in den anderen Darwiportunismus-Konstellationen erschwert wird. Folglich generieren Befragte, die selbst beispielsweise in der Guten alten Zeit verankert sind, eher Rationalisierungsmaßnahmen, die es ermöglichen, Aspekte der Guten alten Zeit zu vermitteln. Anzunehmen ist daher, dass die Wahrnehmung fehlender Aspekte zur Rationalisierung die Tendenz vermehrten Darwiportunismus pur bestätigt. Empirisch überprüft werden kann dies allerdings erst, wenn ausreichend viele Fälle im Darwiportunismus pur vorliegen.

Auf der Rationalisierungsebene „handeln wollen" bekommt die Maßnahme „den Führungskräften die Angst vor falschem Handeln nehmen" (Frage 48) mit 6-facher Nennung die höchste Anzahl an vollständiger Zustimmung. Auch insgesamt wird dies von den Experten mit 13 von 15 Nennungen im Bereich der Zustimmung (eher ja - ja) eher befürwortet als abgelehnt. Ähnlich wichtig werden von den Experten die Fragen 49 „den Führungskräften Zeit geben, das Gelernte zu verarbeiten, um den Bildungsprozess aktiv gestalten zu können" und 50 „mich dafür einsetzen, dass Einwände der Führungskräfte professionell bearbeitet werden" gesehen. Maßnahme 72 „das Vertrauen der Partner zueinander im Bildungsprozess psychologischer Arbeitsverträge für wichtig halten" auf der Rationalisierungsebene „dauerhaft anwenden" wird mit 14 Wertungen zwischen 4 und 6 als noch wichtiger von den Experten gesehen. Vor allem die als wichtig beurteilten Aspekte des „Vertrauens zueinander" (Frage 72) und „Zeit geben, das Gelernte zu verarbeiten" (Frage 49) sind kennzeichnend für die Gute alte Zeit und somit ein vermehrter Indiz dafür, dass die Identifikation von Rationalisierungsmaßnahmen primär aus Sicht der Guten alten Zeit erfolgt ist. Im Gegensatz dazu bekommen die oben bereits aufgezeigte Frage 11 und die Frage 74 „die dauerhafte Anwendung des darwiportunistisch differenzierten Bildungsprozesses im Vergütungssystem der Führungskräfte verankern" die meiste Ablehnung. Jeweils sieben Experten entscheiden sich dafür, diese Maßnahme zur Rationalisierung eher abzulehnen (eher nein – nein). Letztere Bewertung verdeutlicht, dass diese Thematik nicht auf der finanziellen, sondern auf der kulturellen Ebene verankert werden muss. Verstärkend wirkt die Tatsache, dass finanzielle Anreize als Hygienefaktoren fungieren und somit nicht unbegrenzt motivationsfördernd sind.[1209]

Im Subbereich „Darwiportunismus-Matrix-Positionierung" (Abbildung 31) werden die Ideen der Rationalisierungsebene „handeln wollen" aus der qualitativen Runde von den Experten am wichtigsten eingeschätzt. Frage 52 „Ich würde die positive Einstellung der Parteien zum Einsatz des darwiportunistisch differenzierten Bildungsprozesses für wichtig halten" wird dabei von 13 der 15 Experten als relevant eingestuft.

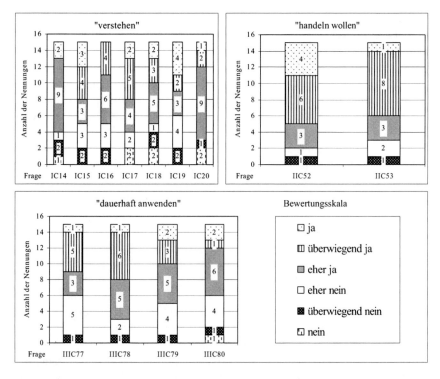

Abbildung 31: Darstellung der Häufigkeitsverteilung pro Frage im Subbereich „Darwiportunismus-Matrix-Positionierung", aufgeteilt nach Rationalisierungsebenen

---

1209   vgl. Herzberg (1966).

Weniger relevant eingestuft wird die Frage 14 „Ich würde eine explizite Positionierung des Unternehmens innerhalb der Darwiportunismus-Matrix vornehmen". Mit neun Stimmen sehen die meisten der Experten diese Frage zwar im Bereich der Zustimmung, als besonders relevant bewerten allerdings lediglich zwei Experten diese Frage. Um den Führungskräften neben einem theoretischen Verständnis auch ein Bezug zum Unternehmen und eine Übertragung des Gelernten zu ermöglichen, ist die Positionierung des im Unternehmen vorherrschenden Darwiportunismusverständnisses unabdingbar. Ohne eine derartige Vorgehensweise bleibt das Verständnis der Führungskräfte auf einem rein theoretischen Level.

Auf der Rationalisierungsebene „dauerhaft anwenden" weisen insgesamt nur wenige Fragen eine vollständige Ablehnung auf. Jeweils ein Experte stuft die Fragen als überwiegend nicht so relevant ein. Darüber hinaus wertet ein weiterer Experte die Gesamtbereichsfrage 80 als nicht relevant. Vor allem Frage 78 „ Ich würde ein kollektives Bewusstsein des darwiportunistisch differenzierten Bildungsprozesses schaffen, um sozio-ökonomische Standards zu reflektieren und so Veränderungsprozesse anzustoßen" erfährt eine hohe Relevanz unter den Experten. Deutlich wird hierdurch, dass es nicht darum geht, individuelles Wissen zu vermitteln, sondern den Führungskräften ein holistisches Gesamtverständnis zu vermitteln, welches von Ihnen gelebt und in einem weiteren Schritt durch sie an die Mitarbeiter kommuniziert wird.

Im Subbereich „kommunikative Begleitung" (Abbildung 32) erfahren die Maßnahmen vor allem auf den Rationalisierungsebenen „verstehen" und „handeln wollen" eine starke Zustimmung unter den Experten. Frage 21 „Ich würde den Führungskräften kommunizieren, wo sich das Unternehmen innerhalb der Darwiportunismus-Matrix positioniert" verdeutlicht, dass die Experten zwar die Kommunikation der Positionierung für äußerst relevant halten, allerdings die vorherige explizite Einordnung des Unternehmens innerhalb der Darwiportunismus-Matrix (Frage 14) für das Prozessverständnis der Führungskräfte als weniger wichtig einstufen. Hervorgehoben wird somit von den Experten die Relevanz der Kommunikation für das Prozessverständnis. Voraussetzung für diese Kommunikation ist allerdings die vorherige Positionierung des Unternehmens. Beide Aspekte bedingen sich, womit eine unterschiedliche Einstufung der Relevanz nicht sinnvoll ist.

Zudem ist gerade die Positionierung des Unternehmens eine wesentliche Grundvoraussetzung zur Anwendung des darwiportunistisch differenzierten Entstehungsprozesses psychologischer Arbeitsverträge.[1210] Eine mögliche Begrün-

---

1210 vgl. Scholz (o.J.), 4.

dung dieser Bewertung könnte an dem vordergründig lediglich indirekten Zusammenhang der Positionierung des Unternehmens mit der Prozessrationalisierung bei den Führungskräften liegen. Somit ist die Positionierung des Unternehmens zwar Basis zur Identifikation des im Unternehmen zu realisierenden psychologischen Arbeitsvertrags und somit auch für die Vermittlung des Prozessverständnisses an die Führungskräfte ausschlaggebend – die Positionierung an sich bewirkt allerdings noch kein Verständnis bei den Führungskräften. Problem lösend wäre an dieser Stelle, die Führungskräfte in den Positionierungsprozess des Unternehmens innerhalb der Darwiportunismus-Matrix mit einzubeziehen, die Führungskräfte also weniger als passiv ausführende sondern vielmehr als aktiv gestaltende Funktionsträger zu sehen.

Deutlich zeigt sich auch die Schwierigkeit der Relevanzeinstufung kommunikativer Aspekte zur Verständnisgenerierung durch die Einstufung der Frage 21 auf der einen Seite als hoch relevant und der Frage 18 „Ich würde mir ein Bild meiner in der Kommunikation verwendeten Sprache, Mimik und Gestik machen" in dem Subbereich „Darwiportunismus-Matrix-Positionierung" mit einer besonders schlechten Bewertung. Dabei ist gerade die der Positionierung des Unternehmens entsprechende Anpassung verwendeter Kommunikationsformen (Frage 18) für die Steigerung eines bewussten Umganges mit dem darwiportunistisch differenzierten Entstehungsprozesses psychologischer Arbeitsverträge unabdingbar. Wie bereits bei der Herleitung der einzelnen Prozessphasen dargestellt, ist die Entstehung und Verwendung eines einheitlichen Begriffsverständnisses im Entstehungsprozess psychologischer Arbeitsverträge äußerst relevant. Eine Analyse verwendeter Sprache ist somit ein erster Schritt, um wichtige Aspekte im Bildungsprozess psychologischer Arbeitsverträge auch transportieren zu können. Eine zunehmende Verinnerlichung dieser Prospektivität der besonderen Relevanz von Kommunikation für die Bildung psychologischer Arbeitsverträge resultiert dann in einer höheren Bewertung von Fragen zu kommunikativen Aspekten.

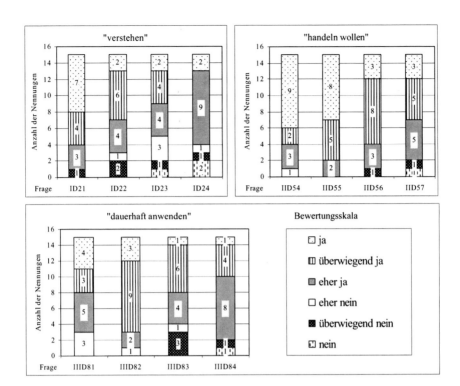

Abbildung 32: Darstellung der Häufigkeitsverteilung pro Frage im Subbereich „kommunikative Begleitung", aufgeteilt nach Rationalisierungsebenen

Frage 54 „Ich würde es für wichtig halten, dass die oberste Führungsebene die Akzeptanz für die Unterstützung des darwiportunistisch differenzierten Bildungsprozesses psychologischer Arbeitsverträge in Unternehmen schafft" bekommt dabei neunfach eine eindeutige Zustimmung von den Experten. Die Frage 55 „Ich würde es für wichtig halten, dass die Geschäftsführung als Vorbild das Interesse der Führungskräfte vertieft „überhaupt handeln zu wollen" ist sogar die einzige Frage dieses Subbereichs, die gar keine ablehnende Stimme von den Probanden erhält. Alle anderen Fragen erhalten eine bis vier ablehnende Wertungen (eher nein – nein). Die Relevanz beider Fragen für die Experten zeigt, dass die Implementation eines derartig vielschichtigen Prozesses Top down erfolgen muss. Ohne die entsprechende nachhaltige Fokussierung durch eine konsequente Umsetzung von der Unternehmensspitze mündet ein derartig umfangreicher Implementationsprozess des darwiportunistisch differenzierten Entstehungsprozesses psychologischer Arbeitsverträge in einer Einmalaktion.

Damit der darwiportunistisch differenzierte Entstehungsprozess psychologischer Arbeitsverträge nachhaltig gelebt wird, bedarf es insgesamt eines Umdenkens aller Beteiligten – beginnend bei der Unternehmensspitze.

Die Fragen des Subbereichs „Anwendung gestalten" (Abbildung 33) erfahren insgesamt ähnlich starke Zustimmung durch die Experten. Wenn auch etwas weniger oft die Bewertung 6 vorliegt, werten deutlich mehr der Experten in diesem Subbereich insgesamt mehr Fragen mit einer überwiegenden Zustimmung.

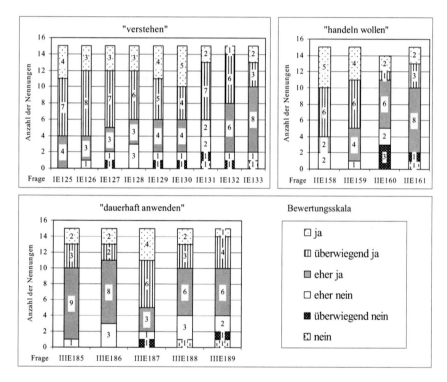

Abbildung 33: Darstellung der Häufigkeitsverteilung pro Frage im Subbereich „Anwendung gestalten", aufgeteilt nach Rationalisierungsebenen

Die Frage 25 „Ich würde die Führungskräfte dafür sensibilisieren, sich der eigenen Erwartungen bewusst zu werden, um den darwiportunistisch differenzierten Bildungsprozess situationsgerecht zu gestalten" wird von den Experten als insgesamt wichtig erachtet. Vier der Experten stimmten der Maßnahme als Rationalisierungsmaßnahme dabei völlig zu, sieben überwiegend und vier eher. Diese Bewertung verdeutlicht die eigentliche Relevanz dieser Aussage insgesamt allerdings zu wenig. Ohne die eigene Bewusstheit über die spezifischen Anforderungen an die eigene sowie die fremde Leistung basiert bereits die erste Phase der Erwartungsbildung des darwiportunistisch differenzierten Bildungsprozesses psychologischer Arbeitsverträge auf einer inadäquaten Grundlage. Dies zieht sich darauf aufbauend durch den weiteren Entstehungsprozess des psychologischen Arbeitsvertrages durch. Die Erkenntnis eigener Erwartungen in einem ersten Schritt und daran anschließend fremder Erwartungen als Basis der Bildung psychologischer Arbeitsverträge ist das wesentliche Element eines situationsspezifisch gebildeten psychologischen Arbeitsvertrages. Nur eine volle Zustimmung aller Experten würde somit die Relevanz an dieser Stelle ausreichend widerspiegeln.

Den Fragen 26, 59 und 85 steht jeweils nur ein Proband eher ablehnend gegenüber. Die Führungskräfteschulung zum Umgang mit schwierigen emotionalen Situationen (Frage 26) schätzen acht der 15 Experten als überwiegend wichtig ein. Bei Frage 85 „Ich würde Maßnahmen entwickeln, die geeignet sind, psychologische Arbeitsverträge in die gewünschte Richtung zu entwickeln" liegt dem entgegen die Mehrheit der Antworten bei einer Zustimmung im Bereich „eher ja". Offen bleibt, ob fehlende vollständige Zustimmung an dieser Stelle darin begründet liegt, dass die Experten meinen, eine Beeinflussung sei nicht sinnvoll oder nicht möglich.

Ideen, wie die Anwendung des darwiportunistisch differenzierten Bildungsprozesses psychologischer Arbeitsverträge geeignet unterstützt werden kann (Abbildung 34), erfahren mehr Ablehnung. Fallen in dem Subbereich „Anwendung gestalten" maximal fünf Bewertungen auf den ablehnenden Bereich (eher nein – nein), so ergeben sich bei Frage 35 „Ich würde es für wichtig halten, dass die Systematik des Ablaufes der Bildung psychologischer Arbeitsverträge an Zeitplänen und an einem Projektmanagement festgemacht wird" acht ablehnende Expertenmeinungen. Darüber hinaus ergeben sich auch bei den anderen Fragen weniger Stimmen im Bereich der vollständigen und überwiegenden Zustimmung. Die meiste vollständige Zustimmung erhalten auf der Ebene „verstehen" der Einsatz von Leitfäden zur Verständnisvermittlung (Frage 34) und die Beschreibung der notwendigen Kompetenzen zur Bildung des darwiportunistisch differenzierten Bildungsprozesses psychologischer Arbeitsverträge (Frage 36). Gerade anhand der Identifikation spezifischer Kompetenzen, die dazu befähigen den Entstehungsprozess psychologischer Arbeitsverträge darwiportunistisch differenziert zu gestalten, können durch die Erstellung eines Kompetenzprofils Personen vorab identifiziert werden, die in der Lage sind psychologische Arbeitsverträge auf derartige Weise zu bilden.

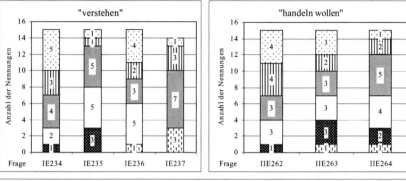

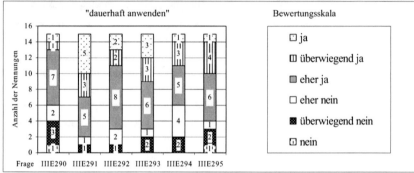

Abbildung 34: Darstellung der Häufigkeitsverteilung pro Frage im Subbereich „anwendungsunterstützendes Material", aufgeteilt nach Rationalisierungsebenen

Auf der Rationalisierungsebene „dauerhaft anwenden" zeigt die Frage 91 „Ich würde personalwirtschaftliche Instrumente (Konzepte zu Mitarbeiterjahresgesprächen, Zielvereinbarungen, Aktionspläne, usw.) als dauerhaftes Mittel zur Identifikation von Erwartungen nutzen" die meiste Zustimmung. Ebenso zeigt die positive Beurteilung der Bereitstellung von Umsetzungsplänen (Frage 92) und weiterer unterstützenden Materialien (Frage 93), dass die Experten den Prozess als derartig komplex einstufen, dass die Prozessverantwortlichen in der Umsetzung unterstützt werden müssen.

Die Häufigkeitsverteilung des Subbereichs Methodik und Medien" (Abbildung 35) weist im Gegensatz zu den anderen Subbereichen eine höhere Anzahl ablehnender Bewertungen auf.

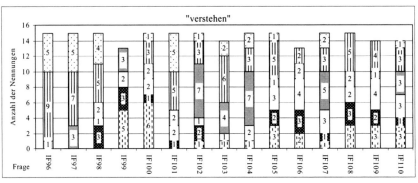

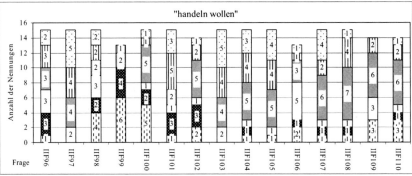

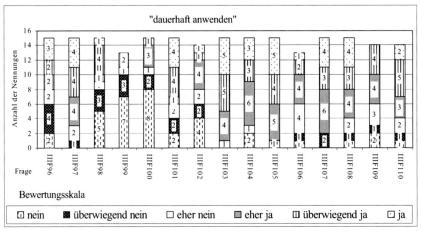

Abbildung 35: Darstellung der Häufigkeitsverteilung pro Frage im Subbereich „Methodik und Medien", aufgeteilt nach Rationalisierungsebenen

Auffällig sind hier vor allem die fünffache vollständige Ablehnung des Einsatzes von South-Park-Comics (Frage 99) sowie die sechsfache vollständige Ablehnung von Unternehmenstheatern (Frage 100) als Rationalisierungsmethodik auf der Ebene des „Verstehens". Auch auf den anderen beiden Rationalisierungsebenen werden diese beiden Methoden vielfach von den Experten abgelehnt. Aber auch die Methodik des „Einsatzes externer versierter Anbieter" (Frage 98) wird auf den Ebenen des „handeln Wollens" und „dauerhaft Anwendens" vier- beziehungsweise fünffach abgelehnt. Insgesamt zeigt die ablehnende Haltung der Experten bei der Bewertung der einzelnen Methodiken und Medien, dass die in der ersten Runde selbst identifizierten Maßnahmen auf den zweiten Blick für den darwiportunistisch differenzierten Entstehungsprozess psychologischer Arbeitsverträge nicht ausreichend sind oder aufgrund ihrer Prospektivität als geeignetes Instrument unterschätzt werden.

Insgesamt lässt die Betrachtung der Häufigkeitsverteilungen der einzelnen Fragen bereits die allgemeine Zustimmungstendenz vieler Maßnahmen zur Rationalisierung des darwiportunistisch differenzierten Bildungsprozesses psychologischer Arbeitsverträge erkennen. Um dies zu fundieren, ist eine Betrachtung der Mittelwerte der Subbereiche sinnvoll.

Realisiert wird dies durch eine grafische Darstellung der Mittelwerte im Vergleich der Subkategorien pro Rationalisierungsebene[1211] (Abbildung 36), die das Geben von Feedback an die Experten dieser Studie weiter unterstützt.

1211 Bei der Berechnung von Mittelwerten wird in dieser Arbeit generell auf die ursprüngliche Datenbasis zugegriffen, also auch bei Mittelwerten über Fragebereiche und Rationalisierungsebenen, um so eine Gleichgewichtung aller gegebenen Antworten zu erhalten. Die unterschiedliche Gewichtung von Fragen auf höheren Aggregationsebenen wird dabei bewusst gewählt, um die Ideen der Experten in den Mittelpunkt der weiteren Auswertungen zu stellen und nicht die von der Autorin definierten Fragebereiche.

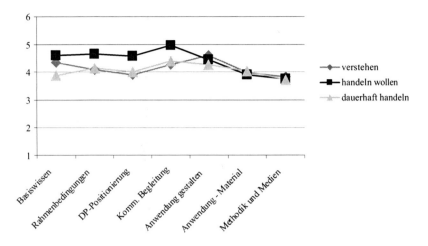

Abbildung 36: Darstellung der Mittelwerte im Vergleich der Subkategorien pro Rationalisierungsebene

Diese Ergänzung dient der Generierung eines besseren Gesamtverständnisses über die Befragungsergebnisse. Somit können die Experten auf einen Blick erkennen, in welchen Bereichen die in der qualitativen Runde erfassten Ideen am meisten Zuspruch gefunden haben. Insgesamt erzielen die von den Experten genannten Maßnahmen zur Rationalisierung des darwiportunistisch differenzierten Bildungsprozesses psychologischer Arbeitsverträge auf der Ebene des „handeln Wollens" mit einem Gesamtmittelwert von 4,28 die höchste Zustimmung in der 2. Runde. Vor allem die Ideen der Subkategorien „Basiswissen", „Rahmenbedingungen", „Darwiportunismus-Matrix-Positionierung" und „kommunikative Begleitung" finden mit Mittelwerten zwischen 4,57 und 4,97 breite Zustimmung unter den Experten.

Somit werden von den Experten die identifizierten Umsetzungsaspekte für den Rationalisierungsprozess am relevantesten eingestuft. Neben der generellen Relevanz einer kontinuierlichen Umsetzung spielt bei der Bewertung auch eine bessere Vorstellungskraft geeigneter Maßnahmen mit Aktivitätsbezug auf dieser Rationalisierungsebene eine Rolle. Wie sich bereits bei Betrachtung der Häufigkeitswerte herauskristallisiert hat, findet insgesamt in allen drei Bereichen die Subkategorie „Methodik und Medien" mit einem Mittelwert zwischen 3,73 und 3,82 am wenigsten Zustimmung. Keine der Subbereiche wird allerdings insgesamt abgelehnt (Mittelwerte waren alle größer als 3,50), was für die generelle Akzeptanz der genannten Maßnahmen unter den Experten spricht.

Für ein detaillierteres Verständnis der Bewertung einzelner Rationalisierungsmaßnahmen durch die Experten werden die in Tabelle 17 dargestellten Mittelwerte der einzelnen Fragen pro Subbereich herangezogen. Eine Rückmeldung dieser Einzelmittelwerte findet im Feedbackprozess der 2. Runde allerdings nicht statt. Für die Bewertung von Sachverhalten ist laut *Häder* die detaillierte Rückmeldung der Mittelwerte unüblich[1212]. Mit der zusätzlichen Rücksendung der Gesamtmittelwerte wird bereits die Generierung eines besseren Gesamtverständnisses angestrebt. Die weitere Ergänzung zusätzlicher Mittelwerte bietet für die Beantwortung der 3. Befragungsrunde keinen, für die Auswertung der Studienergebnisse allerdings bringt die Betrachtung der einzelnen Mittelwerte erheblichen Mehrwert. Hierdurch können besonders relevante Maßnahmen und Subbereiche identifiziert werden.

Tabelle 17: Darstellung der Mittelwerte pro Frage der Subbereiche

Subbereich/Frage		1	2	3	4	5	6	7	8	9	10	11	12	13	14	15
verstehen	Basiswissen	4,20	4,47	4,73	4,64	3,67										
	Rahmenbedingungen	4,40	4,13	4,40	4,40	3,73	3,64	4,20	3,73	.						
	DP-Postitionierung	3,73	4,20	3,80	4,07	3,73	4,13	3,73								
	Kommunikative Begleitung	5,07	4,33	4,00	3,67											
	Anwendung gestalten	5,00	4,87	4,67	4,60	4,67	4,73	4,27	4,33	4,20						
	Anwendung - Material	4,60	3,47	4,13	3,71											
	Methodik und Medien	5,27	5,13	4,40	2,23	2,87	4,73	3,80	4,43	4,13	3,40	2,92	3,93	3,20	3,07	3,36
handeln wollen	Basiswissen	5,40	5,27	4,07	3,87	5,00	4,67	4,00								
	Rahmenbedingungen	4,73	4,53	4,60	4,80	4,80	4,93	4,20								
	DP-Postitionierung	4,73	4,40													
	Kommunikative Begleitung	5,27	5,40	4,80	4,40											
	Anwendung gestalten	4,93	4,87	3,79	4,13											

1212   vgl. Häder (2002), 150-156.

Anwendung - Material	4,47	3,73	3,53												
Methodik und Medien	3,67	**4,80**	3,13	2,08	2,87	4,07	3,36	**4,80**	4,27	**4,53**	3,23	4,27	4,00	3,29	3,43

Basiswissen	**2,47**	4,20	4,13	4,20	**4,53**	3,67	
Rahmenbedingungen	4,27	**5,00**	4,27	**3,40**	4,07	3,87	
DP-Postitionierung	4,00	4,27	4,07	3,73			
Kommunikative Begleitung	**4,53**	**4,93**	4,07	4,07			
Anwendung gestalten	4,40	4,20	**4,73**	4,07	3,93		
Anwendung - Material	**3,47**	**4,67**	4,13	4,27	3,80	3,87	
Methodik und Medien	**3,47**	**4,53**	2,93	1,85	2,13	4,00	**2,93**	**4,93**	4,13	**4,73**	3,62	4,47	4,27	3,50	4,14

(Zeilengruppe links beschriftet: *dauerhaft handeln*)

Legende: Mittelwerte von 0 - 3,49 (schwarzer Hintergrund, weiße Schrift) = Kategorie keine Zustimmung (nein bis eher nein)
Mittelwerte von 3,5 - 4,49 (weißer Hintergrund, schwarze Schrift) = Kategorie teilweise Zustimmung (eher ja)
Mittelwerte von 4,5 - 6 (grauer Hintergund, schwarze Schrift) = Kategorie Zustimmung (überwiegend ja bis ja)

Für eine kompaktere Darstellung wird in dieser Tabelle auf die konkrete Betitelung jeder Frage verzichtet. Die Fragen werden pro Rationalisierungsebene und Subbereich von 1 bis 15 durchnummeriert, so dass jeder Wert in einem Kästchen den Mittelwert für eine Frage repräsentiert. Darüber hinaus werden die Fragen, die insgesamt besonders gut ($4,5 \leq M \leq 6$) beziehungsweise besonders schlecht ($0 \leq M \leq 3,49$) von den Experten gewertet wurden, farblich hervorgehoben. Insgesamt liegen 29 % der Mittelwerte im Bereich zwischen 4,5 und 6. Dagegen finden 16 % der Maßnahmen mit einem Mittelwert zwischen 0 und 3,49 weniger Zustimmung von den Experten.

Mit einem Mittelwert von 5,40 werden die Maßnahmen „Ich würde den Führungskräften den individuellen Nutzen für das Alltagshandeln verdeutlichen" (1. Frage aus dem Subbereich Basiswissen auf der Rationalisierungsebene „handeln wollen" = Frage 38) und „Ich würde es für wichtig halten, dass die Geschäftsführung als Vorbild das Interesse der Führungskräfte vertieft „überhaupt handeln zu wollen" (2. Frage aus dem Subbereich Kommunikative Begleitung auf der Rationalisierungsebene „handeln wollen" = Frage 55) von den Experten als relevanteste Ideen eingestuft. Die hohe Relevanz der Frage 38 verdeutlicht, dass der darwiportunistisch differenzierte Entstehungsprozess psychologischer

Arbeitsverträge kein Selbstzweck sein darf, sondern den Beteiligten ein klarer und auch messbarer Mehrwert vermittelt werden muss.

Auffällig ist, dass viele der durch die Experten abgelehnten Ideen aus dem Bereich Methodik und Medien stammen. So findet der Einsatz von South-Park-Comics unter den Experten auf allen drei Rationalisierungsebenen (M $_{verstehen}$ = 2,23; M $_{handeln\ wollen}$ = 2,08; M $_{dauerhaft\ anwenden}$ = 1,85) kaum Zustimmung. Auch das Unternehmenstheater findet als Rationalisierungsmaßnahme auf den drei Rationalisierungsebenen nur geringe Akzeptanz (M $_{verstehen;\ handeln\ wollen}$ = 2,87; M $_{dauerhaft\ anwenden}$ = 2,13). Tabelle 18 zeigt das Ranking der Favoriten und Schlusslichter im Subbereich „Methodik und Medien" aufgeteilt nach Rationalisierungsebene.

Die Einteilung bezüglich Favorit oder Schlusslicht erfolgt entsprechend der bereits bei den Mittelwerten verwendeten Systematik. So weisen Favoriten Mittelwerte zwischen 4,5 und 6 auf, Schlusslichter stattdessen Mittelwerte zwischen 0 und 3,49. Zu sehen ist, dass die Experten bei den favorisierten Methoden und Medien in jedem Bereich eine andere Methodik für geeignet halten. So erachten sie zur Rationalisierung des darwiportunistisch differenzierten Entstehungsprozesses psychologischer Arbeitsverträge auf der Ebene des „Verstehens" am ehesten den Einsatz von Schulungen für sinnvoll. Bei dieser Frage sind sich die Experten bezüglich der Bewertung insgesamt sehr einig. Mit einer Standardabweichung[1213] von 0,57 streuen die jeweiligen Antworten am wenigsten von allen Maßnahmen um den Mittelwert. Die größte Uneinigkeit im Antwortverhalten besteht stattdessen bei der Bewertung des „Einsatzes externer versierter Anbieter". Um das „handeln Wollen" bei den Führungskräften zu unterstützen, stimmen die Experten für den Einsatz von Workshops. Zur Stabilisation des kognitiv Gelernten sehen sie den Einsatz von Selbstreflexion als beste Maßnahme.

Tabelle 18: Ranking der Methodik und Medien nach Rationalisierungsebene

Subbereich	Favorit	Schlusslicht
„verstehen"	Schulung	South-Park-Comic
	Workshop	Unternehmenstheater
	visuelle Unterstützung	geschlossene Führungsrunden
		Qualitätszirkel
		Supervision
		selbstlernendes System
		Coaching

1213 vgl. für nähere Ausführungen beispielsweise Hartung/Elpelt/Klösener (2005), 116.

„handeln wollen"	Workshop	South-Park-Comic
	Selbstreflexion	Unternehmenstheater
		Einsatz externer versierter Anbieter
		geschlossene Führungsrunden
		Qualitätszirkel
		plastische Darstellung
		selbstlernendes System
„dauerhaft anwenden"	Selbstreflexion	South-Park-Comic
	Coaching	Unternehmenstheater
	Workshop	plastische Darstellung
		Einsatz externer versierter Anbieter
		Schulung

Insgesamt auffällig im Subbereich Methodik und Medien ist die primäre Einstufung von etablierten klassisch konservativen Methoden und Medien als besonders relevant. Neuere Medien und Methodiken, wie die visuelle Unterstützung des Rationalisierungsprozesses des darwiportunistisch differenzierten Entstehungsprozesses psychologischer Arbeitsverträge durch Comics oder Unternehmenstheater, finden wenig Akzeptanz. Offen bleibt, ob dies in einer tatsächlichen Relevanz dieser Methodiken und Medien für den Bildungsprozess oder im klassischen Design bereits bewährter Vorgehensweisen begründet liegt.

Beim Vergleich des Antwortverhaltens zwischen der Gruppe der Personalleiter und der der Professoren verglichen, ist zu erkennen, dass die Personalleiter mit einem Gesamtmittelwert von 4,32 den Maßnahmen zur Rationalisierung des darwiportunistisch differenzierten Bildungsprozesses psychologischer Arbeitsverträge im Vergleich zu den Professoren mit einem Mittelwert von 3,98 eher zustimmen. Die Antworten der Professoren streuen stärker um den Mittelwert als die der Personalleiter. Dies zeigt die höhere Standardabweichung[1214] von 1,23 im ersten Fall im Vergleich zu einer Standardabweichung in Höhe von 1,02 der Personalleiter. Allerdings beweist der insgesamt eher geringe Unterschied zwischen den beiden Gruppen und der ebenfalls hohe Zustimmungsgrad, dass die Rationalisierungsproblematik des Entstehungsprozesses psychologischer Arbeitsverträge sowohl in der Theorie als auch in der Praxis von besonderer Relevanz ist.

1214 vgl. beispielsweise Statista-Lexikon.

Eine Gesamtbetrachtung auf der Ebene der einzelnen Experten ergibt, dass der Proband mit der stärksten Gesamtzustimmung einen Mittelwert in Höhe von 5,19 aufweist. Dem entgegen weist der Experte mit der ablehnensten Haltung einen Mittelwert in Höhe von 3,01 auf.

5.2.3 Die 3. Runde der Delphi-Befragung

In der 3. Runde der Delphi-Studie haben 67 % der Teilnehmer der 2. Runde weiterhin an der Befragung teilgenommen. Hier liegt die Teilnahmebereitschaft somit knapp unter der für Delphi-Befragungen üblichen Quote.[1215] Unter den zehn verbleibenden Teilnehmern befinden sich sechs Professoren und vier Personalleiter. Das Feedback an die Experten wird in dieser Runde in umfassender Form erfolgen. Ihnen werden alle ausgewerteten Ergebnisse zur Verfügung gestellt. Ein Experte hat in dieser Runde angemerkt, dass sich in seinem Antwortverhalten zur 2. Runde starke Verschiebungen ergeben haben. Diese begründet er durch die Generierung neuer Sichtweisen durch geführte Diskussionen zu dieser Thematik.

Im Hinblick auf die vergleichende Diskussion der Ergebnisse beider Befragungsrunden erfolgt hier eine zur 2. Befragungsrunde abweichende Auswertung. Ursächlich hierfür ist die unterschiedliche Anzahl an teilnehmenden Experten beider Runden. Ein Vergleich der Daten beider Studien anhand der absoluten Häufigkeitsverteilung ist aufgrund der unterschiedlichen Grundgesamtheiten teilnehmender Experten nicht sinnvoll. Von einer ähnlich detaillierten Darstellung der Häufigkeitsverteilung dieser Runde wird daher abgesehen, ebenso von der Möglichkeit eines Vergleichs beider Studien anhand der relativen Häufigkeitsverteilung, da aufgrund der sehr hohen Anzahl an Fragen (140 x 2) die Komplexität den Mehrwert übersteigt. Für einen detaillierten Einblick in die jeweilige Häufigkeitsverteilung der Fragen pro Subbereich auf den drei Rationalisierungsebenen sind die entsprechenden Grafiken im Anhang 3 zu finden.

Der Fokus der Auswertung der 3. Befragungsrunde liegt somit auf der Analyse von Daten, die einen Vergleich beider Runden ermöglichen. Zurückgegriffen wird daher genau wie bei der vorherigen Auswertung auf die Darstellung und Analyse der Mittelwerte auf Subbereichs- und Fragenebene.

Abbildung 37 zeigt die Mittelwerte im Vergleich der Subkategorien pro Rationalisierungsebene.

1215   vgl. Häder (2002), 111.

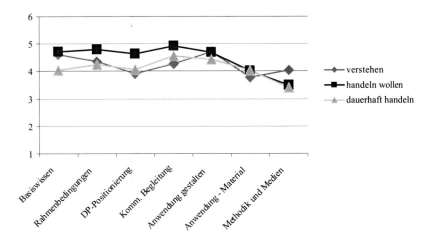

Abbildung 37: Darstellung der Mittelwerte im Vergleich der Subkategorien pro Rationalisie-
rungsebene (3. Runde)

Zu sehen ist, dass die identifizierten Maßnahmen auf der Rationalisierungsebene „handeln wollen" in den Subbereichen „Basiswissen", „Rahmenbedingungen", „Darwiportunismus-Matrix-Positionierung", „kommunikative Begleitung" und „Anwendung gestalten" gegenüber den anderen Rationalisierungsebenen von den Experten am besten eingeschätzt werden. Insgesamt stoßen die
Maßnahmen auf der Ebene des „handeln Wollens" daher mit einem Gesamtmittelwert in Höhe von 4,26 bei den Experten auch auf den meisten Zuspruch. Diese Relevanz ist im Vergleich zu den Ergebnissen der 2. Befragungsrunde mit
einem Mittelwert in Höhe von 4,28 nahezu konstant geblieben. Mit einem Mit-
telwertanstieg in Höhe von 0,26 ist der Subbereich „Anwendung gestalten" als
besonders relevant hinzugekommen. Somit erkennen die Experten in der 3. Befragungsrunde die zunehmende Notwendigkeit, den am darwiportunistisch differenzierten Entstehungsprozess Beteiligten bei der Prozessanwendung gestaltend
zu unterstützen. Insgesamt zeigen sich im Vergleich der beiden Befragungsrunden lediglich geringfügige Unterschiede in den Mittelwerten pro Subbereich.
Diese wirken sich auch im Gesamtmittelwert über die drei Rationalisierungsebenen kaum aus. Die Rationalisierungsebene „verstehen" verbessert sich von
der zweiten Befragungsrunde mit einem Mittelwert in Höhe von 4,11 zur 3. Befragungsrunde gering auf 4,24. Auf der Ebene der „dauerhaften Anwendung"
zeigt sich nur eine minimale Verschlechterung um 0,04 Prozentpunkte (2. Runde: 3,99; 3. Runde 3,95).

Für eine Rationalisierung des Bildungsprozesses bei den Führungskräften im Subbereich „Methodik und Medien" schätzen die Experten die identifizierten Maßnahmen im Bereich „verstehen" am sinnvollsten ein. Auch der Vergleich mit der 2. Befragungsrunde zeigt, dass die hier identifizierten Methoden und Medien an Relevanz für die Experten zugenommen haben. Dem entgegen sind die Bewertungen dieses Subbereiches auf den anderen Rationalisierungsebenen in der 2. Befragungsrunde noch schlechter bewertet worden. Vor allem für den Einsatz im Bereich der „dauerhaften Anwendung" werden die Maßnahmen als wenig sinnvoll erachtet. Hier kristallisiert sich zunehmend heraus, dass die identifizierten Methoden und Medien zwar Verständnis leitend eingesetzt werden können, die für die weitere Rationalisierung des darwiportunistisch differenzierten Entstehungsprozesses psychologischer Arbeitsverträge geeigneten Maßnahmen allerdings noch nicht identifiziert werden konnten.

Eine nähere Betrachtung der Mittelwerte einzelner Fragen ermöglicht eine tiefer gehende Analyse dieses Gesamteindruckes (Tabelle 19). Die Maßnahmen „Ich würde den Führungskräften den individuellen Nutzen für das Alltagshandeln verdeutlichen" (1. Frage aus dem Subbereich „Basiswissen" auf der Rationalisierungsebene „handeln wollen" = Frage 38) und „Ich würde es für wichtig halten, dass die Geschäftsführung als Vorbild das Interesses der Führungskräfte vertieft „überhaupt handeln zu wollen" (2. Frage aus dem Subbereich „kommunikative Begleitung" auf der Rationalisierungsebene „handeln wollen") werden mit einem Mittelwert in Höhe von 5,50 unter allen genannten Maßnahmen von den Experten, wie bereits in der 2. Runde, am wichtigsten eingestuft.

Ähnlich wie in der 2. Befragungsrunde sprechen sich auch hier die Experten gegen eine Zertifizierung zur „darwiportunistisch differenzierten Führungskraft" aus (1. Frage aus dem Subbereich „Basiswissen" auf der Rationalisierungsebene „dauerhaft anwenden" = Frage 65). Mit einem Mittelwert in Höhe von 2,50 ist diese Frage für die Experten neben den identifizierten Methoden und Medien für die Rationalisierung des darwiportunistisch differenzierten Bildungsprozesses psychologischer Arbeitsverträge am irrelevantesten.

Tabelle 19: Darstellung der Mittelwerte pro Frage der Subbereiche (3. Befragungsrunde)

Mittelwerte		1	2	3	4	5	6	7	8	9	10	11	12	13	14	15
verstehen	Basiswissen	4,90	4,60	4,60	4,80	4,20										
	Rahmenbedingungen	4,70	4,50	4,80	4,60	3,80	3,60	4,60	4,20							
	DP-Postitionierung	3,90	4,00	4,00	3,70	3,70	4,30	3,80								

		1	2	3	4	5	6	7	8	9	10	11	12	13	14	15
	Kommunikative Begleitung	4,70	4,10	4,50	3,80											
	Anwendung gestalten	4,80	4,80	5,00	5,00	5,00	4,90	4,40	4,60	4,00						
	Anwendung - Material	4,20	3,80	3,60	3,50											
	Methodik und Medien	5,20	5,10	4,20	2,38	3,50	5,00	3,00	4,80	4,50	4,11	3,40	4,30	3,90	3,30	3,50
handeln wollen	Basiswissen	5,50	5,40	4,50	4,00	4,90	4,70	4,00								
handeln wollen	Rahmenbedingungen	4,80	4,60	4,60	5,40	5,00	4,90	4,20								
handeln wollen	DP-Postitionierung	4,80	4,50													
handeln wollen	Kommunikative Begleitung	5,00	5,50	4,90	4,30											
handeln wollen	Anwendung gestalten	5,30	5,20	4,20	4,10											
handeln wollen	Anwendung - Material	4,20	4,00	3,80												
handeln wollen	Methodik und Medien	3,50	4,60	3,10	2,00	3,00	4,40	2,30	4,60	3,70	4,00	2,90	4,10	3,80	3,00	3,20
dauerhaft handeln	Basiswissen	2,50	4,20	4,30	4,50	4,60	4,10									
dauerhaft handeln	Rahmenbedingungen	4,20	5,10	4,20	3,80	4,20	3,90									
dauerhaft handeln	DP-Postitionierung	4,20	4,40	3,90	3,70											
dauerhaft handeln	Kommunikative Begleitung	4,70	4,90	4,50	4,10											
dauerhaft handeln	Anwendung gestalten	4,40	4,50	5,00	4,20	4,10										
dauerhaft handeln	Anwendung - Material	3,60	4,50	4,00	4,20	4,00	3,90									
dauerhaft handeln	Methodik und Medien	3,30	4,00	2,80	2,00	1,80	4,20	2,50	4,30	3,30	4,44	3,20	4,10	3,90	3,20	4,10

Legende: Mittelwerte von 0 - 3,49 (schwarzer Hintergrund, weiße Schrift) = Kategorie keine Zustimmung (nein bis eher nein)
Mittelwerte von 3,5 - 4,49 (weißer Hintergrund, schwarze Schrift) = Kategorie teilweise Zustimmung (eher ja)
Mittelwerte von 4,5 - 6 (grauer Hintergund, schwarze Schrift) = Kategorie Zustimmung (überwiegend ja bis ja)

Mit einem Mittelwert in Höhe von 1,80 zeigt somit auch der Einsatz des Unternehmenstheaters aus Sicht der Experten wenig Relevanz für eine Rationalisie-

rung des Prozesses für die Führungskräfte auf der Ebene der „dauerhaften Anwendung". Tabelle 20 veranschaulicht, wie bereits in der Auswertung der Befragungsergebnisse der 2. Runde, die Favoriten und Schlusslichter im Bereich
der „Methodik und Medien" aufgeteilt nach Rationalisierungsbereich.

Tabelle 20: Ranking der Methodik und Medien nach Rationalisierungsebene (3. Befragungs-
runde)

Subbereich	Favorit	Schlusslicht
„verstehen"	Schulung	South-Park-Comic
	Workshop	plastische Darstellung
	visuelle Unterstützung	Qualitätszirkel
		geschlossene Führungsrunden
„handeln wollen"	Workshop	South-Park-Comic
	Selbstreflexion	plastische Darstellung
		geschlossene Führungsrunden
		Qualitätszirkel
		Unternehmenstheater
		Einsatz externer versierter Anbieter
		selbstlernendes System
„dauerhaft anwenden"	Coaching*	Unternehmenstheater
	Workshop*	South-Park-Comic
		plastische Darstellung
		Einsatz externer versierter Anbieter
		Qualitätszirkel
		geschlossene Führungsrunden
	*MW liegt nicht mehr im Zustim-mungsbereich zwischen 4,5 - 6.	Übungsgespräche
		Schulung

In dieser Runde liegt damit im Bereich der „dauerhaften Anwendung" keine
der Maßnahmen im Bereich der Zustimmung liegt (4,5 – 6). Die Maßnahmen
werden von den Experten lediglich mit Mittelwerten in Höhe von 4,44
(Coaching) und 4,30 (Workshop) bewertet. Die meisten Maßnahmen werden auf
den Rationalisierungsebenen „handeln wollen" und „dauerhaft anwenden" abgelehnt. Für die Vermittlung des „Verständnisses" finden die vier Maßnahmen
„South-Park-Comic", „plastische Darstellung", „Qualitätszirkel" und „geschlossene Führungsrunden" Ablehnung.

Der Gruppenvergleich der Bewertungen der Personalleiter mit denen der Professoren, zeigt mit den Mittelwerten 4,14 (Professoren) und 4,16 (Personalleiter) auf der Gesamtebene der 3. Runde der Delphi-Studie kaum Differenzen im Antwortverhalten. Im Vergleich zur 2. Befragungsrunde, in der noch ein Mittelwertunterschied in Höhe von 0,34 zwischen den beiden Gruppen zu verzeichnen ist, zeigt sich hier die Angleichung im Antwortverhalten. Bewerten die Personalleiter in dieser Runde die Relevanz der Fragen insgesamt als geringer, so schätzen die Professoren in dieser Runde die Maßnahmen für eine Rationalisierung relevanter ein.

Die Betrachtung der Bewertungen der einzelnen Experten ergibt in der dritten Runde, dass hier die maximale Gesamtzustimmung eines Experten mit einem Mittelwert in Höhe von 4,88 gegeben ist. Im Gegensatz hierzu beurteilt der am wenigsten zustimmende Experte alle Maßnahmen mit einem Mittelwert in Höhe von 3,40. So zeigt sich hier ebenso, wenn auch nicht in dem Ausmaß wie bei der Gruppenbetrachtung, eine tendenzielle Angleichung der Bewertungen. Von der 2. zur 3. Befragungsrunde wurde die Bewertung des am wenigsten zustimmenden Experten gering höher (Mittelwert von 3,01 auf 3,40) und ebenso die Bewertung des maximal zustimmenden Experten geringfügig geringer (Mittelwert von 5,19 auf 4,88).

Nachfolgend werden die Ergebnisse beider Befragungsrunden vergleichend gegenübergestellt und vertiefend diskutiert.

5.3 Diskussion der Ergebnisse

Die Ergebnisse der hier durchgeführten Delphi-Studie zeigen einen vollen Erfolg der durchgeführten Befragung zur Identifikation von Maßnahmen zur Rationalisierung des darwiportunistisch differenzierten Entstehungsprozesses psychologischer Arbeitsverträge. Die durch das Vorschalten einer qualitativen Runde insgesamt vielfältigen identifizierten Maßnahmen zur Rationalisierung finden breite Akzeptanz unter den befragten Experten. Bestätigt wird dies durch einen Mittelwertvergleich auf der Gesamtitemebene. Dieser zeigt eine kaum relevante Abweichung von 0,03 zwischen den beiden Befragungsrunden. Insgesamt bewerten die Experten in der 2. Befragungsrunde alle identifizierten Maßnahmen auf den drei Rationalisierungsebenen mit einem Mittelwert in Höhe von 4,12 geringfügig schlechter als in der 3. Runde (M = 4,15). Ein ähnliches Bild zeigt sich auch in den Mittelwerten pro Rationalisierungsebene mit Ergebnissen zwischen 4,11 („verstehen"), 4,28 („handeln wollen) und 3,99 („dauerhaft anwenden") in der zweiten Runde und 4,24 auf der Ebene „verstehen", 4,26 auf der

Ebene „handeln wollen" und 3,95 auf der Ebene „dauerhaft anwenden" in der dritten Befragungsrunde.

Diese Unterschiede werden durch eine Vergleichsbetrachtung der Ergebnisse der 2. und 3. Befragungsrunde pro Rationalisierungsebene näher beleuchtet. Tabelle 21 zeigt die auf allen drei Ebenen gering positiveren Bewertungen nahezu aller Subbereiche durch die Experten in der 3. gegenüber der 2. Befragungsrunde.

Tabelle 21: Vergleich der Mittelwerte der Subbereiche pro Rationalisierungsebene zwischen der 2. und der 3. Befragungsrunde

Subbereich/Frage		2. Befragungsrunde	3. Befragungsrunde
verstehen	Basiswissen	4,34	4,62
	Rahmenbedingungen	4,08	4,35
	DP-Postitionierung	3,91	3,91
	Kommunikative Begleitung	4,27	4,28
	Anwendung gestalten	4,59	4,72
	Anwendung - Material	3,98	3,78
	Methodik und Medien	3,82	4,03
handeln wollen	Basiswissen	4,61	4,71
	Rahmenbedingungen	4,66	4,79
	DP-Postitionierung	4,57	4,65
	Kommunikative Begleitung	4,97	4,93
	Anwendung gestalten	4,44	4,70
	Anwendung - Material	3,91	4,00
	Methodik und Medien	3,74	3,49
dauerhaft handeln	Basiswissen	3,87	4,03
	Rahmenbedingungen	4,14	4,23
	DP-Postitionierung	4,02	4,05
	Kommunikative Begleitung	4,40	4,55
	Anwendung gestalten	4,27	4,44
	Anwendung - Material	4,03	4,03
	Methodik und Medien	3,73	3,41

Sowohl die Höhe der Zustimmung der Experten insgesamt als auch die fast gleiche Beurteilung der Maßnahmen über die beiden Runden der Delphi-Befragung sprechen für die Tatsache, dass sich die Experten die Umsetzung des darwiportunistisch differenzierten Entstehungsprozesses psychologischer Arbeitsverträge vorstellen können.

Somit wird durch die Identifizierung der Rationalisierungsmaßnahmen die Verbindung zwischen dem vorab theoretisch entwickelten darwiportunistisch differenzierten Bildungsprozess psychologischer Arbeitsverträge und dessen praxisrelevanter Umsetzung hergestellt. Diese Möglichkeit der Erdung des theoretischen Modells zeigt die Praxisrelevanz der hier entwickelten Thematik. Herausgestellt werden für Unternehmen somit Maßnahmen, die eine bewusste Ausgestaltung psychologischer Arbeitsverträge gemäß der darwiportunistischen Differenziertheit zulassen. Hierbei ist es nicht ausschlaggebend, ein unreflektiertes Maximmalangebot von Ideen zu erfassen, sondern Maßnahmen zusammenzustellen, die es den Unternehmen ermöglichen, ihre Handlungsfähigkeit bei der situationsadäquaten Bildung psychologischer Arbeitsverträge zu optimieren.

Insgesamt zeigt die Darstellung und Analyse der Studienergebnisse, dass einige der Rationalisierungsmaßnahmen von den Experten als besonders relevant eingestuft werden. Für die Entwicklung eines Maßnahmenplans, der den bewussten Umgang der Führungskräfte mit dem darwiportunistisch differenzierten Entstehungsprozesses psychologischer Arbeitsverträge unterstützt, werden die relevantesten Rationalisierungsideen nachfolgend zusammengestellt.

Tabelle 22 zeigt die jeweils am höchsten bewerteten Rationalisierungsmaßnahmen des jeweiligen Subbereichs, aufgeteilt nach den Rationalisierungsebenen „verstehen", „handeln wollen" und „dauerhaft anwenden" der 2. Befragungsrunde.

Viele der hier als besonders relevant eingestuften Maßnahmen wurden bereits im vorherigen Kapitel bei der Darstellung der Ergebnisse thematisiert. Vereinzelnd aufgetretene Unstimmigkeiten bei der Relevanzeinstufung bestimmter Maßnahmen durch die Experten wurden dabei deutlich. Erscheint beispielsweise die „Kommunikation der Darwiportunismus-Positionierung des Unternehmens an die Führungskräfte" (Frage 21) mit einem Mittelwert in Höhe von 5,07 plausibel, so stellt sich logischer Stringenz folgend die Frage, warum Frage 14 „Ich würde eine explizite Positionierung des Unternehmens innerhalb der Darwiportunismus-Matrix vornehmen" lediglich mit einem Mittelwert von 3,73 bewertet wird. Diese Unterschiedlichkeit vermittelt den Eindruck, dass im Vordergrund der Rationalisierungsmaßnahmen bei den Experten eher die Vermittlung und die Sensibilisierung der Führungskräfte als die aktive Prozessbeteiligung stehen. Diese These findet wiederum in der Beurteilung der Frage 25 Bestätigung. Zwar ist die Relevanz mit einem Mittelwert in Höhe von 5,0 insgesamt auf einem sehr hohen Niveau, die Analyse der Häufigkeitsverteilungen zeigt allerdings, dass vier der Experten lediglich mit einem „eher ja" gestimmt haben. Insgesamt zeigt sich hier wiederum die Notwendigkeit einer verstärkten Verinnerlichung der Besonderheiten, die sich durch die darwiportunistische Differenziertheit ergeben.

Tabelle 22: Ranking der Mittelwerte nach Subbereich (2. Befragungsrunde)

Rationalisierungsebene	Subbereich		Beste Maßnahme	
			Frage: Ich würde…	Mittelwert
„verstehen"	Basiswissen	3	…den Führungskräften bewusst machen, dass der darwiportunistisch differenzierte Bildungsprozess psychologischer Arbeitsverträge statt punktueller Einmalentscheidungen kontinuierlich fortlaufende Entscheidungen verlangt.	4,73
	Rahmenbedingungen	6	…den Führungskräften bewusst machen, wie stark der Einfluss des gesellschaftlichen Wertewandels auf die Bildung psychologischer Arbeitsverträge ist.	4,40
		8	…die Führungskräfte über die Wichtigkeit der gesetzlichen, tarifvertraglichen und sozioökonomischen Rahmenbedingungen aufklären, um den darwiportunistisch differenzierten Bildungsprozess situationsgerecht zu gestalten.	4,40
		9	…bewusst machen, wie stark interkulturelle Unterschiede in der darwiportunistisch differenzierten Bildung psychologischen Arbeitsverträge eine Rolle spielen.	4,40
	DP-Positionierung	15	…die Methode des Brainstormings nutzen, um Ideen für die Umsetzung des darwiportunistisch differenzierten Bildungsprozesses psychologischer Arbeitsverträge im Unternehmen zu gewinnen.	4,20
	Kommunikative Begleitung	21	…den Führungskräften kommunizieren, wo sich das Unternehmen innerhalb der Darwiportunismus-Matrix positioniert.	5,07
	Anwendung gestalten	25	…die Führungskräfte dafür sensibilisieren, sich der eigenen Erwartungen bewusst zu werden, um den darwiportunistisch differenzierten Bildungsprozess situationsgerecht zu gestalten.	5,00
	Anwendung - Material	34	…einen Leitfaden zur Vermittlung des Verständnisses des darwiportunistisch differenzierten Bildungsprozesses psychologischer Arbeitsverträge bei den Führungskräften einsetzen.	4,60
	Methodik und Medien	96	Schulung	5,27

„handeln wollen"	Basiswissen	38	...den Führungskräften den individuellen Nutzen für das Alltagshandeln verdeutlichen.	5,40
	Rahmenbedingungen	50	...mich dafür einsetzen, dass Einwände der Führungskräfte professionell bearbeitet werden.	4,93
	DP-Positionierung	52	...die positive Einstellung der Parteien zum Einsatz des darwiportunistisch differenzierten Bildungsprozess für wichtig halten.	4,73
	Kommunikative Begleitung	55	...es für wichtig halten, dass die Geschäftsführung als Vorbild das Interesse der Führungskräfte vertieft, „überhaupt handeln zu wollen".	5,40
	Anwendung gestalten	58	...die Führungskräfte frühzeitig bei der Implementierung des darwiportunistisch differenzierten Prozesses einbeziehen.	4,93
	Anwendung - Material	62	...ein Zielsystem vereinbaren, das die Führungskräfte motiviert, handeln zu wollen.	4,47
	Methodik und Medien	97	Workshop	4,80
		103	Selbstreflexion	4,80
„dauerhaft anwenden"	Basiswissen	69	...sicherstellen, dass die Führungskräfte ein Verständnis der situativen Nutzung der vier psychologischen Arbeitsverträge besitzen.	4,53
	Rahmenbedingungen	72	...das Vertrauen der Partner zueinander im Bildungsprozess psychologischer Arbeitsverträge für wichtig halten.	5,00
	DP-Positionierung	78	... ein kollektives Bewusstsein des darwiportunistisch differenzierten Bildungsprozesses schaffen, um sozio-ökonomische Standards zu reflektieren und so Veränderungsprozesse anzustoßen.	4,27
	Kommunikative Begleitung	82	...mich als Führungskraft an die spezifischen Aspekte der eingegangenen psychologischen Arbeitsverträge halten.	4,93
	Anwendung gestalten	87	...es für eine dauerhafte Anwendung für wichtig halten, aus den Erfahrungen vorheriger Bildungsprozesse zu lernen.	4,73
	Anwendung - Material	91	...personalwirtschaftliche Instrumente (Konzepte zu Mitarbeiterjahresgesprächen, Zielvereinbarungen, Aktionspläne, usw.) als dauerhaftes Mittel zur Identifikation von Erwartungen nutzen.	4,67
	Methodik und Medien	103	Selbstreflexion	4,93

269

Zudem erfährt das beste „Mittel" aus dem Bereich Methodik und Medien, ganz entgegen dessen allgemein geringeren Bewertung, auf der Rationalisierungsebene des „Verstehens" die höchste Relevanz dieser Ebene. Erstaunlich ist dabei nicht, dass die Durchführung von Schulungen zur Verständnisgenerierung eine effiziente und effektive Methode ist, sondern dass ein derartig prospektiver Prozess wie es der darwiportunistisch differenzierte Entstehungsprozess psychologischer Arbeitsverträge ist, gleichfalls durch diese Methode vermittelt werden kann. Der Einsatz unkonventioneller Methoden und Medien stößt dem entgegen insgesamt auf breiten Widerstand. Vielleicht sind es aber gerade die unkonventionelleren Methoden und Medien wie das Unternehmenstheater oder der Einsatz von Comics, die der Prospektivität dieses Ansatzes gerecht werden können, indem sie die situativen Unterschiede in der Gestaltung des Entstehungsprozesses stärker unterstützen. Andersherum könnte auch gerade der Einsatz etablierter Instrumente stärker Erkenntnis leitend sein, da sich diese durch eine geringere Komplexität auszeichnen und somit eventuell der Prospektivität des zu Lernenden entgegen wirken. Zu diskutieren ist somit die Frage, ob es sich bei den Experten mit unkonventionellen Ideen zur Rationalisierung des Bildungsprozesses eher um Außenseiter oder um Vorreiter handelt. Dies wird ebenso durch die Aussage zweier Experten zu Beginn unterstützt, die viele der entwickelten Rationalisierungsideen für wenig hilfreich halten. Auch zeigt die niedrigere Bewertung einiger Abschlussfragen in den Bereichen, dass einige Experten Rationalisierungsaspekte vermissen. Da allerdings der Platz für weitere Anmerkungen nicht genutzt wird, kann davon ausgegangen werden, dass diese Experten zwar merken, dass etwas fehlt, nicht aber genau erfassen können, um welche Aspekte es sich handelt. Insgesamt ergeben sich folglich zwei Lager der Experten: zum einen die Mehrzahl der Experten, die auf bereits fest etablierte Methoden setzen, und zum anderen eine kleine Gruppe von Experten, die eher unkonventionelle Rationalisierungsideen befürworten.

Weiterhin allgemeinen hohen Zuspruch erhalten die beiden Subbereiche „Basiswissen" und „kommunikative Begleitung" auf der Rationalisierungsebene „handeln wollen". Hier erachten die Experten besonders die ebenfalls bereits in der Darstellung der Ergebnisse diskutierten Fragen 55 „Ich würde es für wichtig halten, dass die Geschäftsführung als Vorbild das Interesse der Führungskräfte vertieft, überhaupt „handeln zu wollen" und 38 „Ich würde den Führungskräften den individuellen Nutzen für das Alltagshandeln verdeutlichen" mit einem Mittelwert von jeweils 5,40 für besonders relevant. Neben dem Einsatz von Schulungen als Rationalisierungsmaßnahme auf der Ebene des „Verstehens" halten die Experten die beiden Maßnahmen auf der Ebene des „handeln Wollens" sogar für die relevantesten Rationalisierungsideen in der gesamten 2. Runde. Für die rationale Stabilisierung des darwiportunistisch differenzierten Bildungsprozesses im Unternehmen sehen die Experten klar das gegenseitige Vertrauen als ausschlaggebenden Faktor (Frage 72, M = 5,0).

Für die weitere Verdichtung der Befragungsergebnisse zur Entwicklung eines Maßnahmenplans werden nachfolgend die in der 3. Befragungsrunde am wichtigsten erachteten Maßnahmen betrachtet (Tabelle 23). Grau hinterlegt sind Fragen, die auch in der 2. Runde im entsprechenden Subbereich der Rationalisierungsebene als wichtigste Maßnahme eingestuft worden sind. Abweichungen zwischen den beiden Befragungsrunden ergeben sich folglich lediglich in fünf Subbereichen. Besonders die jeweiligen Maßnahmen auf den Rationalisierungsebenen „handeln wollen" (Fragen 38, 52, 55, 58, 62, 97, 103) und „dauerhaft anwenden" (Fragen 69, 72, 78, 82, 87, 91) finden sowohl in der der 2. als auch in der 3. Befragungsrunde besonderen Zuspruch der Experten. Auf der Ebene des „handeln Wollens" weicht im Bereich „Rahmenbedingungen" das Mittel der professionellen Einwandbehandlung dem Nehmen von Angst vor falschem Handeln. Lediglich im Subbereich „Methodik und Medien" ändern die Experten ihre Meinung auf der Ebene des „dauerhaft Anwendens". Finden sie in der 2. Runde die Selbstreflexion als Rationalisierungsmaßnahme besonders wichtig, so kristallisiert sich in der 3. Befragungsrunde heraus, dass die Experten den Erfolg einer dauerhaft kognitiven Rationalisierung des darwiportunistisch differenzierten Entstehungsprozesses psychologischer Arbeitsverträge eher im Coaching sehen.

Fünf der sieben Meinungsänderungen zeigen sich auf der Rationalisierungsebene „verstehen". Die Verschiebung im Antwortverhalten der Experten ergibt hier, dass diese die Vermittlung der theoretischen Basis (3. Runde; Frage 1) für wichtiger erachten als die Verdeutlichung der Relevanz kontinuierlicher Entscheidungen (2. Befragungsrunde; Frage 3). Diese Bewertung zeigt die Akzeptanz der Vermittlung einer theoretischen Grundlage als Ausgangbasis für eine Rationalisierung.

Tabelle 23: Ranking der Mittelwerte nach Subbereich (3. Befragungsrunde)

Rationali- sierungs- ebene	Subbereich	Beste Maßnahme	
		Frage: Ich würde...	Mittel- wert
„verstehen"	Basiswissen	1 ...alle Führungsebenen mit den vier psychologischen Arbeitsverträgen der Darwiportunismus-Theorie vertraut machen.	4,90

	Rahmenbedin-gungen	8	...die Führungskräfte über die Wichtigkeit der gesetzlichen, tarifvertraglichen und sozio-ökonomischen Rahmenbedingungen aufklären, um den darwiportunistisch differenzierten Bildungsprozess situationsgerecht zu gestalten.	4,80
	DP-Positionierung	19	...Exit-Gespräche zur Gewinnung eines besseren Verständnisses für Führungskräfte im Umgang mit psychologischen Arbeitsverträgen durchführen.	4,30
	Kommunikative Begleitung	21	...den Führungskräften kommunizieren, wo sich das Unternehmen innerhalb der Darwiportunis-mus-Matrix positioniert.	4,70
	Anwendung gestalten	27	...es für wichtig halten, dass eine klare Kommunikation der Positionierung innerhalb der Matrix zu einer höheren Handlungsfähigkeit der Führungskräfte führt.	5,00
		28	...den Führungskräften unterschiedliche Kommunikationsstrategien für die Gestaltung der vier Bildungsprozesse psychologischer Arbeitsverträge vermitteln.	5,00
		29	...Führungskräfte dafür sensibilisieren, die individuellen Erwartungen ihrer Mitarbeiter zu erkennen, um den darwiportunistisch differenzierten Bildungsprozess situationsgerecht zu gestalten.	5,00
	Anwendung - Material	34	...einen Leitfaden zur Vermittlung des Verständnisses des darwiportunistisch differenzierten Bildungsprozesses psychologischer Arbeitsverträge bei den Führungskräften einsetzen.	4,20
	Methodik und Medien	96	Schulung	5,20
„handeln wollen"	Basiswissen	38	...den Führungskräften den individuellen Nutzen für das Alltagshandeln verdeutlichen.	5,50
	Rahmenbedin-gungen	48	...den Führungskräften die Angst vor falschem Handeln nehmen.	5,40
	DP-Positionierung	52	..die positive Einstellung der Parteien zum Einsatz des darwiportunistisch differenzierten Bildungsprozess für wichtig halten.	4,80
	Kommunikative Begleitung	55	...es für wichtig halten, dass die Geschäftsführung als Vorbild das Interesse der Führungskräfte vertieft, „überhaupt handeln zu wollen".	5,50

	Anwendung gestalten	58	…die Führungskräfte frühzeitig bei der Implementierung des darwiportunistisch differenzierten Prozesses einbeziehen.	5,30
	Anwendung - Material	62	…ein Zielsystem vereinbaren, das die Führungskräfte motiviert, handeln zu wollen.	4,20
	Methodik und Medien	97	Workshop	4,60
		103	Selbstreflexion	4,60
„dauerhaft anwenden"	Basiswissen	69	…sicherstellen, dass die Führungskräfte ein Verständnis der situativen Nutzung der vier psychologischen Arbeitsverträge besitzen.	4,60
	Rahmenbedingungen	72	…das Vertrauen der Partner zueinander im Bildungsprozess psychologischer Arbeitsverträge für wichtig halten.	5,10
	DP-Positionierung	78	… ein kollektives Bewusstsein des darwiportunistisch differenzierten Bildungsprozesses schaffen, um sozio-ökonomische Standards zu reflektieren und so Veränderungsprozesse anzustoßen.	4,40
	Kommunikative Begleitung	82	…mich als Führungskraft an die spezifischen Aspekte der eingegangenen psychologischen Arbeitsverträge halten.	4,90
	Anwendung gestalten	87	…es für eine dauerhafte Anwendung für wichtig halten, aus den Erfahrungen vorheriger Bildungsprozesse zu lernen.	5,00
	Anwendung - Material	91	…personalwirtschaftliche Instrumente (Konzepte zu Mitarbeiterjahresgesprächen, Zielvereinbarungen, Aktionspläne, usw.) als dauerhaftes Mittel zur Identifikation von Erwartungen nutzen.	4,50
	Methodik und Medien	105	Coaching	4,44

Im Subbereich „Rahmenbedingungen" werden in der 2. Runde die Bewusstmachung des Wertewandels (Frage 6), die Vermittlung gesetzlicher, tariflicher und sozio-ökonomischer Rahmenbedingungen (Frage 8) und die Bewusstmachung der Bedeutung kultureller Unterschiede (Frage 9) gleichauf am wichtigsten eingeschätzt. In der 3. Runde hat Frage 8 die höchste Relevanz. Da die Entstehung unterschiedlicher psychologischer Arbeitsverträge auch vom Wertewandel bedingt wird,[1216] bedingt diese Neubewertung ein Umdenken. Eingänglicher ist die Präferenz der Exit-Gespräche zur Gewinnung eines besseren Verständnisses (Frage 19) im Subbereich „Darwiportunismus-Positionierung".

1216 vgl. Scholz (2003a).

Diese Maßnahme ist für die Gewinnung von Informationen sehr bedeutsam. Allerdings müssen diese besonders hinterfragt werden, um sozial gewünschtes Antwortverhalten auszuschließen. Im Subbereich „Anwendung gestalten" zeigt sich in der 3. Runde im Einklang mit dem Subbereich „kommunikative Begleitung", dass die Vermittlung der Positionierung des Unternehmens innerhalb der Darwiportunismus-Matrix von besonderer Relevanz ist.

Der Vergleich beider Befragungsrunden zeigt, dass bei Betrachtung der Rationalisierungsebenen identische Maßnahmen am relevantesten eingestuft worden sind. So weisen sowohl die Fragen 38 und 55 auf der Rationalisierungsebene „handeln wollen", als auch die Frage 96 auf der Rationalisierungsebene „verstehen" und die Frage 72 auf der Ebene „dauerhaft anwenden" in beiden Befragungsrunden den höchsten Mittelwert der Ebene auf und stellen somit die wichtigste Rationalisierungsmaßnahme dieser dar. Tabelle 24 zeigt, dass lediglich ein geringer Mittelwertunterschied zwischen +/- 0,1 die Ergebnisse der beiden Runden zueinander unterscheidet. Insgesamt ergeben die vier dargestellten Rationalisierungsideen der Experten somit einen praxis- wie auch theorieakzeptierten Maßnahmenplan für Unternehmen zur geeigneten Unterstützung der Rationalisierung des darwiportunistisch differenzierten Bildungsprozesses psychologischer Arbeitsverträge.

Tabelle 24: *Maßnahmenplan zur Rationalisierung des darwiportunistisch differenzierten Bildungsprozesses psychologischer Arbeitsverträge*

Rationali-sierungs-ebene	Subbereich	Maßnahmenplan		2. Runde	3. Runde
		Frage: Ich würde…			
„verstehen"	Methodik und Medien	96	Schulung	5,27	5,20
„handeln wollen"	Basiswissen	38	…den Führungskräften den individuellen Nutzen für das Alltagshandeln verdeutlichen.	5,40	5,50
	Kommunikative Begleitung	55	…es für wichtig halten, dass die Geschäftsführung als Vorbild das Interesse der Führungskräfte vertieft, „überhaupt handeln zu wollen".	5,40	5,50
„dauerhaft anwenden"	Rahmenbedin-gungen	72	…das Vertrauen der Partner zueinander im Bildungsprozess psychologischer Arbeitsverträge für wichtig halten.	5,00	5,10

Dieser Maßnahmenplan zeigt, dass das Verstehen im Rationalisierungsprozess am besten über die Durchführung von Schulungen realisiert werden kann.

Das „handeln Wollen" der Führungskräfte wird gemäß der Expertenmeinung vor allem durch das Aufzeigen des individuellen Nutzens für das Alltagshandeln und durch das Vorleben durch die Geschäftsführung bewirkt. Darüber hinaus wird die „dauerhafte Anwendung" gemäß der Experten vor allem durch die Herausstellung des Vertrauens im Unternehmen realisiert.

Der hier entwickelte Maßnahmenplan mit den vier identifizierten Rationalisierungsideen spiegelt insgesamt ein stark akzeptiertes, einheitliches Bild wider. Die Relevanz dieser Maßnahmen wird sogar über die zwei Durchführungsrunden dieser Delphi-Studie verfestigt werden, indem die in Runde zwei bereits am relevantesten eingestuften Maßnahmen ebenso in der dritten Befragungsrunde wieder von den Experten entsprechend hoch eingestuft werden. Dieses stimmige Bild ist als zentraler Erfolg der Befragung zu werten, zumal auch die Umsetzungsfähigkeit und Relevanz des theoretisch entwickelten Modells bestätigt wird.

Die Betrachtung der identifizierten Maßnahmen an sich birgt wenig Überraschung. Alle vier am relevantesten bewerteten Rationalisierungsideen erscheinen als Maßnahmen einleuchtend, da sie bereits in der Praxis etabliert und sicherlich vielfach erprobt sind. Maßnahmen des Bereiches Methodik und Medien, welche insgesamt als am wenigsten relevant von den Experten eingestuft werden, überraschen allerdings mit ihrer besonders hohen Relevanz auf dieser Betrachtungsebene. Da es sich hierbei um die ebenfalls weit verbreitete Methode der „Schulung" von Mitarbeitern handelt, passt diese Bewertung allerdings wiederum in das Gesamtbild der Befragung. Die bereits oben, bezogen auf den Bereich Methodik und Medien andiskutierte These, dass viele der generierten und als sinnvoll befundenen Maßnahmen insbesondere auf den Arbeitsvertragstyp „Gute alte Zeit" passen, wird durch die Art der Rationalisierungsideen des Maßnahmenplans bestätigt. Somit erscheinen nicht nur die als relevant bewerteten Methoden und Medien als fraglich zur ausreichenden Unterstützung aller vier darwiportunistisch differenzierten Entstehungsprozesse, sondern auch der Einsatz der drei weiteren Rationalisierungsideen als zu konventionell, um der Prospektivität des Ansatzes gerecht zu werden.

Allerdings impliziert diese Aussage nicht, dass die Studie an sich weniger Aussagekraft oder Relevanz hat, nur weil bei der Befragung die konventionellen bereits etablierten und lange erprobten Maßnahmen als stärker relevant eingestuft werden. Es kann aber ein Indiz dafür sein, dass die meisten der beteiligten Experten aus der Position der „Guten alten Zeit" heraus argumentiert haben. Dafür spricht ebenso die Einstufung des Vertrauens als relevanteste Rationalisierungsmaßnahme zur Sicherung der dauerhaften Anwendung des darwiportunistisch differenzierten Entstehungsprozesses psychologischer Arbeitsverträge. Der Aspekt des Vertrauens zeichnet besonders den psychologischen Arbeitsvertrag der Guten alten Zeit aus. In diesem Kontrakt ist das Vertrauen auf das Erhalten einer Gegenleistung für bereits erbrachte Leistungen von besonderer Relevanz, da es sich, wie theoretisch hergeleitet, in diesem Fall um einen reziproken Austausch zwischen den beiden Parteien des psychologischen Arbeitsvertrages handelt.

Anzunehmen ist somit, dass viele der identifizierten Maßnahmen vor allem die Rationalisierung des psychologischen Arbeitsvertragstyps Gute alte Zeit forcieren. Wird dieser Denkansatz fortgeführt, so zeigen die Befragungsergebnisse auch, dass einige entwickelte Rationalisierungsmaßnahmen, die bei der Mehrheit der Befragten wenig Zustimmung finden, vielleicht bereits eher dem psychologischen Arbeitsvertrag „Darwiportunismus pur" der neuen Arbeitswelt entsprechen. Folglich zeigt die Studie in einem ersten Ansatz auf, dass zwei Welten in Bezug auf die Bildung psychologischer Arbeitsverträge existieren. Zum einen die alte Welt, in der die Bildung psychologischer Arbeitsverträge situationsunspezifisch erfolgt, da Unternehmen primär psychologische Arbeitsverträge des Typs „Gute alte Zeit" bilden. Zum anderen aber wird die Tendenz hin zu einer neuen Welt aufgezeigt, in der die Bildung psychologischer Arbeitsverträge gemäß der darwiportunistischen Differenziertheit erfolgt und dessen situationsgerechter Gestaltung sich in prospektiven Rationalisierungsmaßnahmen widerspiegelt. Diese neue Welt der Differenziertheit bedingt vermehrt die Notwendigkeit des Nachdenkens über neuartige Rationalisierungswege, da anzunehmen ist, dass etablierte Maßnahmen wie beispielsweise der Aufbau von Vertrauen als zur Rationalisierung auf der Ebene des „Verstehens" eher die Rationalisierung der Bildung psychologischer Arbeitsverträge des Typs „Gute alte Zeit" unterstützen.

Die Studie zeigt insgesamt auf, dass die Mehrheit der Befragten, wie auch von *Scholz*[1217] angenommen, eher psychologische Arbeitsverträge des Typs „Gute alte Zeit" bilden. Zu erwarten ist daher, dass durch die entsprechend verankerten Denkstrukturen ebenso vorrangig Maßnahmen zur Rationalisierung des Bildungsprozesses des psychologischen Arbeitsvertragstyps „Gute alte Zeit" entstehen. Die entwickelten, augenblicklich in Unternehmen eher wenig etablierten Maßnahmen, wie das Unternehmenstheater oder Comics, zeigen eventuell erste Schritte hin zu einer Rationalisierungsmöglichkeit anderer psychologischer Arbeitsvertragstypen des darwiportunistisch differenzierten Bildungsprozesses. Ebenso ist die Anmerkung zweier Experten, die einige der Maßnahmen als wenig hilfreich einstufen, ein Anzeichen dafür, dass diejenigen erkennen, dass die Notwendigkeit besteht, etwas anders zu machen als bisher – folglich

---

1217   vgl. Scholz (2003a).

auch andere Maßnahmen zur Rationalisierung des darwiportunistisch differenzierten Entstehungsprozesses psychologischer Arbeitsverträge zu entwickeln. Ohne eine genaue empirische Zuordnung kann an dieser Stelle allerdings lediglich ein Zusammenhang vermutet werden. Belegbar ist dies erst, wenn ausreichend viele unter den Befragten in Strukturen des Darwiportunismus pur und anderen psychologischen Arbeitsvertragstypen agieren.

In den Ergebnissen eine Systematisierung zu finden, ob eine spezifische Gruppe der Befragten tendenziell eher den unkonventionellen Maßnahmen gegenüber ablehnender ist oder Rationalisierungsmaßnahmen wie Vertrauen eher zustimmt, zeigt sich anhand der Mittelwertbetrachtung nicht. Zwischen den Mittelwerten der Gruppe der Professoren und denen der Personalleiter zeigen sich bei den Fragen 96 „Schulung" und 72 „Vertrauen" nur geringe Unterschiede. Werten in der 2. Befragungsrunde die Professoren die Frage 96 mit einem Mittelwert in Höhe von 5,11 noch geringfügig schlechter als die Personalleiter (M = 5,55), so dreht sich dieses Bild in der dritten Befragungsrunde um. Nun schätzen die Personalleiter mit einem Mittelwert in Höhe von 5,00 diese Frage als weniger wichtig ein als die Professoren (M = 5,33). Ein ähnliches Bild ergibt die Betrachtung der Frage 72. In der 2. Befragungsrunde stufen wiederum die Professoren (M = 4,98) die Relevanz dieser Frage als geringer ein als die Personalleiter (M = 5,17). In der dritten Runde sind es nun wieder die Personalleiter, die mit einem Mittelwert in Höhe von 4,75 das Vertrauen für die Rationalisierung als weniger wichtig erachten als die Professoren (M = 5,33).

Die hier thematisierten Unterschiede sprechen nicht dafür, dass eine gruppenspezifische Zuordnung der unterschiedlichen Welten erfolgen kann. Dies zeigt auch die Betrachtung der Frage 99 „South-Park-Comics" auf allen Rationalisierungsebenen. Eben angeführt, als eine mögliche neue Methode zur geeigneten Unterstützung der Rationalisierung des darwiportunistisch differenzierten Bildungsprozesses psychologischer Arbeitsverträge, zeigt sich auch hier keine eindeutige gruppenspezifische Bewertung. In der dritten Befragungsrunde beispielsweise bewerten auf der Rationalisierungsebene des „Verstehens" beide Gruppen diese Methode gleich. Auf der Ebene „handeln wollen" zeigt sich ein geringer Unterschied in Höhe von 0,45 genauso wie auf der Ebene „dauerhaft anwenden". Hier stimmen die Personalleiter dieser Maßnahme mit einem Mittelwert in Höhe von 2,25 eher als die Professoren (M = 1,8) zu. Größere Mittelwertunterschiede zeigen sich lediglich für den Einsatz von Unternehmenstheatern. Hier stehen die Personalleiter beispielsweise in der dritten Befragungsrunde mit einem Mittelwert auf der Ebene des „Verstehens" in Höhe von 1,75 dieser Rationalisierungsmaßnahme ablehnender gegenüber als die Professoren (M = 4,67).

Vielfältige Anhaltspunkte weisen in der Diskussion der Ergebnisse darauf hin, dass viele der identifizierten Maßnahmen primär der Rationalisierung des Entstehungsprozesses des psychologischen Arbeitsvertragstyps der Guten alten Zeit dienen. Einige wenige zeigen vielleicht erste Ansatzpunkte, um die Rationalisierung des situativ differenzierten Bildungsprozesses psychologischer Arbeitsverträge zu erfassen. Werden an dieser Stelle primär die Maßnahmen diskutierte, anhand derer eine Differenzierung der zwei Welten möglich ist, bedeutet dies nicht, dass die anderen identifizierten Maßnahmen weniger relevant sind.

5.4 Zwischenergebnisse

Auf Basis des in Kapitel 3 entwickelten darwiportunistisch differenzierten Bildungsprozesses psychologischer Arbeitsverträge erfolgt in diesem Kapitel die Identifikation von Maßnahmen zur Rationalisierung dieses Prozesses. Mit Hilfe einer dreistufigen Delphi-Befragung kristallisiert sich durch die Ideengeneration von 17 Experten ein Maßnahmenplan heraus. Dieser zeigt unterstützende Maßnahmen für Führungskräfte zur Schaffung von Bewusstheit im Umgang mit der Bildung psychologischer Arbeitsverträge.

Die Grundlage der Zielerreichung dieser Dissertation wird durch die Generierung eines definitorischen Basisverständnisses psychologischer Arbeitsverträge (1. Ziel) zu Beginn des zweiten Kapitels gesetzt. Darauf aufbauend wird in Kapitel 3 und 4 dieser Ausarbeitung der darwiportunistisch differenzierte Entstehungsprozess psychologischer Arbeitsverträge entwickelt. Dieser ergibt sich aus der Modifikation und Weiterentwicklung bereits bestehender Konzepte und der theoretischen Fundierung anhand betriebswirtschaftlicher, soziologischer und psychologischer Aspekte. Mit der Identifikation von Rationalisierungsmaßnahmen und der Erstellung eines Plans zur Rationalisierung des darwiportunistisch differenzierten Bildungsprozesses psychologischer Arbeitsverträge in diesem Kapitel kann das 3. Ziel dieser Ausarbeitung und somit ebenso das Gesamtziel dieser Dissertation realisiert werden.

Neben der Zusammenfassung der wichtigsten Aussagen erfolgt im nachstehenden Kapitel vor allem die Ableitung von Implikationen für die Forschung, die Praxis und die Lehre. Abschließend werden die Limitationen dieser Ausarbeitung aufgezeigt und Aspekte zukünftigen Forschungsbedarfs im Bereich des psychologischen Arbeitsvertrages dargestellt.

6 Ergebnisse

6.1 Zusammenfassung

Vielfältige Auseinandersetzungen mit verschiedensten Aspekten des Konzeptes psychologischer Arbeitsverträge zeichnen den wissenschaftlichen Diskurs seit Mitte des letzten Jahrhunderts aus. Seit den 1980er Jahren entstand ein Paradigmenwechsel im Umgang mit dem psychologischen Arbeitsvertrag.[1218] Neben dem positiven Aspekt der seither stetig wachsenden wissenschaftlichen Auseinandersetzung mit dieser Thematik[1219] ergibt sich durch die von da an unilaterale Betrachtung dieser Verträge – als lediglich in den Köpfen der Mitarbeiter, nicht aber auf Seiten des Unternehmens verankert – auch der negative Aspekt einer defizitären Auseinandersetzung mit deren Entstehungsprozess.[1220]

Darüber hinaus wird zwar vielfältig der Einfluss dynamischer Veränderungen im Arbeitsleben auf die Art des psychologischen Arbeitsvertrages bezogen,[1221] dass dieser Wandel auch Konsequenzen für die Bildung dieser Verträge hat, findet keine Beachtung. Auf bilateraler Vertragsebene haben sich lediglich *Herriot* und *Pemberton* mit der Entwicklung eines Entstehungsprozesses psychologischer Arbeitsverträge beschäftigt.[1222] Andere Modelle zu spezifischen Aspekten des Bildungsprozesses sind entweder unilateral oder aufbauend auf diesen entwickelt.[1223] Eine Weiterentwicklung und Anpassung des Bildungsprozess psychologischer Arbeitsverträge an diese Dynamik mit dem endgültigen Ziel auch Unternehmen im Umgang mit dem neu entwickelten darwiportunistisch differenzierten Entstehungsprozess psychologischer Arbeitsverträge handlungsfähig zu machen – diesen Prozess also zu rationalisieren – ist das Gesamtziel dieser Dissertation.

Zur Realisation werden in Kapitel 2 die theoretischen Grundlagen gelegt. Dabei finden essenzielle Aspekte der psychologischen Arbeitsvertragsliteratur Eingang in die Analyse. Hierzu zählen sowohl die Auseinandersetzung mit den vielfältig unterschiedlichen Standpunkten bezüglich eines definitorischen Verständnisses von psychologischen Arbeitsverträgen als auch die Thematisierung von inhaltlichen Aspekten und Brüchen dieser Verträge. Letzteres dient vor al-

---

1218   vgl. für einen Überblick beispielsweise Schalk et al. (2010), 89-119.
1219   vgl. Roehling (1996); Conway/Briner (2005), 7-18.
1220   vgl. Herriot/Pemberton (1997), 45.
1221   vgl. hierfür den systematischen Überblick in Tabelle 10.
1222   nach Guest (1998a), 650 sind Herriot/Pemberton die ersten, die einen fundierten Bildungsprozess entwickeln.
1223   vgl. beispielsweise Rousseau (1995; 2001).

lem der Generierung eines Gesamtverständnisses im Umgang mit dem psychologischen Arbeitsvertrag. Mit der Konzeption eines dieser Ausarbeitung zu Grunde liegenden, definitorischen Basisverständnisses wird das 1. Ziel dieser Dissertation erreicht. Die Verankerung des psychologischen Arbeitsvertrages auf der bilateralen Ebene ist für die Konzeption des Entstehungsprozesses ein ausschlaggebender Faktor. Nicht nur für diese Ausarbeitung, sondern insgesamt für eine proaktive Gestaltung des Bildungsprozesses des psychologischen Arbeitsvertrages ist die Betrachtung des Unternehmens als Bestandteil des Vertrages und nicht nur als beeinflussende Rahmenkomponente ausschlaggebend.

Aus der Analyse der Interaktionstheorien als Basis sozialer Prozesse,[1224] in Ergänzung von den von *Herriot* und *Pemberton* bereits dargestellten Punkten[1225] und durch den situativen Bezug anhand der Verknüpfung mit dem Darwiportunismus-Konzept, ergeben sich in Kapitel zwei dieser Dissertation elf spezifische Kriterien, die der Modellbildungsprozess psychologischer Arbeitsverträge erfüllen muss. Die Erfüllung von zehn dieser Kriterien führt zu einem fünf-phasigen Gesamtprozess. Dieser basiert auf dem von *Herriot* und *Pemberton* entwickelten Bildungsprozess[1226] und wird modifiziert durch die explizite Modellierung einer eigenständigen Phase der Symbolinterpretation, der Spezifizierung in reziproken und verhandelten Austausch und der Tatsache, dass die Phase der Verhandlung nicht während jeder Bildung eines psychologischen Arbeitsvertrages stattfindet.

Die Herstellung des explizit situativen Bezuges durch Integration des Darwiportunismus-Konzeptes (Kriterium 11) führt schließlich zu dem darwiportunistisch differenzierten Entstehungsprozess psychologischer Arbeitsverträge. Hierdurch entsteht im Vergleich zum bekannten Bildungsprozessmodell von *Herriot* und *Pemberton* eine neue Systematik. *Herriot* und *Pemberton* modellieren zwar den Einfluss situativer und organisationaler Gegebenheiten auf den Bildungsprozess – prozessuale Veränderungen ergeben sich diesbezüglich allerdings nicht. Sie betonen sogar den stets gleichen Ablauf der Bildung dieser Verträge.[1227]

Diese Annahme lässt sich auf Basis des Darwiportunismus-Konzeptes nicht halten. Die durch den differierenden Grad an Darwinismus und Opportunismus abgebildeten situativen und organisationalen Varianzen im Verhalten münden in vier unterschiedlichen psychologischen Arbeitsverträgen.[1228] Durch die gegen-

---

1224 vgl. Esser (1996), 87.
1225 vgl. Herriot/Pemberton (1996), 758-759.
1226 vgl. Herriot/Pemberton (1997), 46.
1227 vgl. Herriot/Pemberton (1997), 45.
1228 vgl. Scholz (2003a), 89.

seitige Verhaltensbeeinflussung innerhalb dieser Interaktionsbeziehung[1229] ist aufgrund der Verhaltensdifferenzen in Abhängigkeit vom jeweiligen Darwinismus- und Opportunismusgrad anzunehmen, dass dadurch bedingt strukturelle Unterschiede im Entstehungsprozess existieren. Dies führt zur Zergliederung des Gesamtprozesses in vier strukturell unterschiedliche Bildungsprozesses psychologischer Arbeitsverträge.

Diese hier vertretene Sichtweise impliziert ein Umdenken sowohl in theoretischer Hinsicht als auch für die praktische Umsetzung in Unternehmen. Nachfolgend werden die wichtigsten Implikationen, die sich aus der darwiportunistischen Differenziertheit ergeben, innerhalb der jeweiligen Phase kurz skizziert:

- In der **Phase der Erwartungsbildung** wird davon ausgegangen, dass alle Individuen zur Reduktion von Unsicherheit und als motivationale und handlungsbezogene Basis Erwartungen bilden. Allerdings beeinflussen kognitive interne Modelle die Informationssuche und -verarbeitung, so dass sich durch individuelle Präferenzstrukturen inhaltlich unterschiedliche Erwartungen bilden.[1230] Daraus folgt, dass in allen vier Entstehungsprozessen psychologischer Arbeitsverträge von jedem Beteiligten Erwartungen gebildet werden, diese aber in Abhängigkeit vom Darwinismus- und Opportunismusgrad variieren. Darüber hinaus ergibt die Analyse, dass nicht in allen psychologischen Arbeitsvertragstypen alle gegenseitigen Erwartungen über spezifische Leistungen und Gegenleistungen realisiert werden können. Die Erwartungsrealisationswahrscheinlichkeit ist abhängig von dem jeweiligen Verhältnis von Darwinismus und Opportunismus der Beteiligten. So ergibt die Logik des Feudalismus, dass die Unternehmen aufgrund ihrer Dominanz ihre Erwartungen gegenüber den Mitarbeitern durchsetzen können, die Mitarbeiter im Gegenzug allerdings nur eine geringe Wahrscheinlichkeit haben, ihre eigenen Erwartungen gegenüber dem Unternehmen durchzusetzen. Im Kindergarten liegt der gleiche Fall lediglich mit Dominanz der Mitarbeiter vor. In der Guten alten Zeit, in der wenig explizit über die gegenseitigen Erwartungen gesprochen wird und zudem beide Seiten nur im geringen Ausmaß ihren eigenen Nutzen maximieren möchten, ist die Wahrscheinlichkeit, spezifische Erwartungen zu realisieren, sehr gering. Stattdessen bewirkt die gegenseitig offene Kommunikation und die gleich verteilte Macht beider Parteien mitsamt der beidseitig stark ausgeprägten Nutzenmaximierungsstrategie im Darwipor-

---

1229   vgl. Wiswede (2004), 266.
1230   vgl. Lehneis (1971), 11; Olson/Roese/Zanna (1996), 211-238; Miller (2003), 2, 44-46, 167-293.

tunismus pur, dass die Realisationswahrscheinlichkeit der Erwartungen beider Seiten sehr hoch ist.

- In der **Phase der Symbolinterpretation** findet neben der Generierung eines gemeinsamen Symbolverständnisses während der Sozialisation der Mitarbeiter auch die Deutung verwendeter Symbolik zur Erwartungsabstimmung zwischen den beiden Parteien statt. Im Feudalismus wird die Sozialisation primär durch die Organisation vorangetrieben, um Organisationsspezifika und somit auch die organisationstypische Symbolik direkt den neuen Mitarbeiter zu indoktrinieren. Im Gegensatz hierzu individualisieren beziehungsweise personalisieren die Mitarbeiter im Kindergarten ihr Tätigkeitsfeld – sie führen ein „job crafting"[1231] durch. Auf diese Weise diktieren sie in diesem Vertragstyp dem Unternehmen ihr Symbolverständnis. In der Guten alten Zeit ist die Generierung eines gemeinsamen Symbolverständnisses eher im Sinne eines Transfers zwischen dem Unternehmen und dem neuen Mitarbeiter zu verstehen. In dem die neuen Mitarbeiter von den bereits etablierten Mitarbeitern lernen, übertragen diese auch den im Unternehmen üblichen Symbolcode. In der Verwendung der Codes passen sich die neuen Mitarbeiter somit langsam dem Unternehmen an. Im psychologischen Arbeitsvertragstyp Darwiportunismus pur zeichnet sich in dieser Phase die gemeinsame Verhandlung beidseitigen Symbolverständnisses im Sinne des „membership negotiations"[1232] ab. Das anschließende kognitive Erwartungsmatching beider Parteien findet in allen Darwiportunismus-Konstellationen, also unabhängig von dem jeweiligen Darwinismus- und Opportunismusgrad, statt.

- In der Phase der **Verhandlung** werden die jeweiligen Erwartungen über die Leistungen und Gegenleistungen letztendlich abgestimmt. Dieser Prozessschritt findet allerdings lediglich im psychologischen Arbeitsvertragstyp Darwiportunismus pur statt. Ausschließlich in dieser Konstellation sehen beide Parteien aufgrund ihrer jeweiligen Eigennutzenoptimierung die Notwendigkeit der gegenseitigen Absicherung durch Verhandlungen. Somit entsteht die Notwendigkeit der expliziten Absprache der Leistungen und Gegenleistungen.

- In der Phase des **Tausches** findet, in Anlehnung an die Unterscheidung von *Molm*, Austausch entweder in reziproker, in verhandelter[1233] oder in diktierter Form statt. Die in der psychologischen Arbeitsvertragsforschung ausschließlich verwendete Austauschform reziproker Tausch wird folglich ergänzt. Die Analyse zeigt, dass im psychologischen Arbeitsvertragstyp Darwiportunis-

---

1231 vgl. Wrzesniewski/Dutton (2001), 179.
1232 vgl. Scott/Myers (2010), 80.
1233 vgl. Molm (1997), 24-28; Molm (2006), 24-45.

mus pur aufgrund der bereits vorab verhandelten Austauschkonditionen Austausch lediglich in verhandelter Form stattfinden kann. Aufgrund des fehlenden Vertrauens in diesem psychologischen Arbeitsvertragstyp sind die vorab festgelegten Austauschkonditionen besonders relevant. Für die Form des verhandelten Austausches spricht auch die für diesen Vertragstyp typische, offene Kommunikation über die gegenseitigen Austauschkonditionen und die kurzfristig ausgerichtete Arbeitsbeziehung. Dem entgegen liegt in der Guten alten Zeit reziproker Austausch vor. Wenig explizite Kommunikation über die Vertragsinhalte, die Langfristigkeit der Beziehung und das für die Austauschform benötigte Vertrauen[1234] sind kennzeichnend. Durch Machtunterschiede bedingt, findet in den beiden psychologischen Arbeitsvertragstypen Feudalismus und Kindergarten diktierter Tausch statt. Hier weist die dominante Partei die Tauschkonditionen an. Aufgrund fehlender Alternativen fügt die dominierte Partei sich diesen Tauschkonditionen. Für den Entstehungszeitpunkt der unterschiedlichen psychologischen Arbeitsverträge ergibt sich als Konsequenz dieser differierenden Austauschformen, dass im Gegensatz zum Vertragstyp Darwiportunismus pur die anderen drei psychologischen Arbeitsvertragstypen erst im Zeitablauf entstehen.

- In der Phase des **Monitorings** findet ein dauerhaftes, unterbewusstes Scannen der verhandelten oder erwarteten Vertragsleistungen statt. Abweichungen innerhalb des akzeptierten Bereichs werden im psychologischen Arbeitsvertrag automatisch reguliert. Abweichungen, die über einen tolerierbaren Bereich hinausgehen, führen zum Bruch des psychologischen Arbeitsvertrags. Abweichungen, die diesen Toleranzbereich nicht überschreiten, können durch Erwartungsanpassungen reguliert werden und münden in einem Neustart des gesamten Bildungsprozesses psychologischer Arbeitsverträge.[1235] So weisen Beziehungen, die unter anderem auf Vertrauen beruhen, breite Toleranzbereiche auf.[1236] Daher existiert im psychologischen Arbeitsvertragstyp Gute alte Zeit bei beiden Parteien eine hohe Abweichungstoleranz. Wenig Vertrauen im Anfangsstadium einer Beziehung führt dagegen zur Überbewertung bereits kleinerer Vertragsbrüche.[1237] Die Abweichungstoleranz im Darwiportunismus pur ist daher bei beiden Parteien sehr gering. Verstärkt wird dieser Effekt dadurch, dass gerade hier die Austauschkonditionen beiden Parteien vorab bekannt sind. Im Feudalismus und Kindergarten zeigt sich, dass gerade die dominante Partei eine geringe Abweichungstoleranz

---

1234 vgl. Molm/Takahashi/Petersen (2000), 1402-1406.
1235 vgl. Schalk/Roe (2007), 172-177.
1236 vgl. Schalk/Roe (2007), 175.
1237 vgl. Robinson (1996), 593.

aufweist. Die dominierte Partei hingegen zeigt hohe Abweichungstoleranz, da sie sich in einer Abhängigkeitsbeziehung befindet.

Die hier zusammengefassten Prozessphasen bilden insgesamt den darwiportunistisch differenzierten Entstehungsprozess psychologischer Arbeitsverträge. Dieser bietet mit seiner situativen Differenziertheit Unternehmen die Möglichkeit, spezifisch zu agieren und den Bildungsprozess psychologischer Arbeitsverträge entsprechend zu gestalten. Mit der Erfüllung der elf Anforderungskriterien werden der hier entwickelte Prozess dem in theoretischer Sicht gesetzten Ziel dieser Ausarbeitung gerecht und das gesetzte 2. Ziel erreicht.

Allein die theoretische Entwicklung eines darwiportunistisch differenzierten Entstehungsprozesses psychologischer Arbeitsverträge bewirkt in Unternehmen noch keinen bewussteren Umgang mit der Bildung psychologischer Arbeitsverträge. Zwar kann hierdurch in theoretischer Hinsicht das Ziel dieser Dissertation erreicht werden, aus praktischer Sicht bedarf es allerdings weiterer Forschungsanstrengungen zur Identifikation von Rationalisierungsmaßnahmen für einen bewussteren Umgang mit dem darwiportunistischen Bildungsprozess psychologischer Arbeitsverträge im Unternehmen. Mangelnder Motivation und fehlendem Commitment in Unternehmen kann durch die bewusste Wahrnehmung und realistische Ausgestaltung des psychologischen Arbeitsvertrages begegnet werden.[1238] Als Voraussetzung gilt es daher, Maßnahmen zu identifizieren die die Unternehmen dazu befähigen, die Bildung psychologischer Arbeitsverträge, speziell den hier entwickelten darwiportunistisch differenzierten Bildungsprozess psychologischer Arbeitsverträge, aktiv zu gestalten.

Zur Realisation des 3. Zieles dieser Ausarbeitung wird auf die Methodik der Delphi-Befragung zurückgegriffen.[1239] Konzipiert wird ein dreistufiges Erhebungsdesign. In einer ersten, qualitativen Befragungsrunde entwickeln 17 Experten Ideen für die Rationalisierung des Themas durch Führungskräfte. Es erfolgt eine Kronkretisierung der Rationalisierung über die drei Ebenen „verstehen", „handeln wollen" und „dauerhaft anwenden". Die in dieser Phase gesammelten Ideen werden in einem zweiten Schritt in einen quantitativen Fragebogen transformiert. Systematisiert werden die Fragen dabei nach den Subbereichen „Basiswissen", „Rahmenbedingungen", „Darwiportunismus-Matrix-Positionierung", „kommunikative Begleitung", „Anwendung gestalten", „anwendungsunterstützendes Material" und „Methodik und Medien" pro Rationalisierungsebene „verstehen", „handeln wollen" und „dauerhaft anwenden". Dieser derart konzipierte Fragebogen wird an die Experten zurückgemeldet. 15 Exper-

---

1238 Kotter (1973), 91-99.
1239 vgl. für einen Überblick über diese Methode beispielsweise Häder (2002).

ten, die weiterhin an der Befragung teilnehmen, bewerten in diesem Fragebogen die Ideen und integrieren weitere Anmerkungen nach Bedarf. In der 3. Runde dieser Delphi-Studie werden die Experten erneut gebeten, die Ideen zu bewerten. Sie erhalten dabei die Antworten aller Experten aus der 2. Runde durch Angabe der Häufigkeitsverteilung pro Frage im Fragebogen zurückgemeldet. Es ergibt sich ein Rücklauf von 66,67 %.

Insgesamt identifizieren die Experten in der Delphi-Studie 140 Maßnahmen zur Unterstützung der Rationalisierung des darwiportunistisch differenzierten Entstehungsprozesses psychologischer Arbeitsverträge im Unternehmen.[1240] Drei Rationalisierungsaspekte haben sich dabei über die Runden als besonders relevant herauskristallisiert. Die theoretische Basis des hier entwickelten Prozesses im Unternehmen kann vor allem durch den Einsatz von Schulungen realisiert werden. Führungskräfte zum „handeln Wollen" zu bewegen, geschieht laut der Experten am besten über das Aufzeigen des individuellen Nutzens für das Alltagshandeln. Mit dem Aufbau von Vertrauen sehen die Experten die Basis für die „dauerhafte Anwendung" des darwiportunistisch differenzierten Entstehungsprozesses psychologischer Arbeitsverträge gegeben. Tabelle 25 zeigt einen Rationalisierungsmaßnahmenplan, welcher unabhängig von der jeweiligen Rationalisierungsebene ein Ranking der am relevantesten Maßnahmen abbildet.

Tabelle 25: Ranking der Rationalisierungsmaßnahmen

Rationalisierungsmaßnahme	
Frage: Ich würde…	Mittel-wert
38 …den Führungskräften den individuellen Nutzen für das Alltagshandeln verdeutlichen. *(Basiswissen, „handeln wollen")*	5,50
48 …den Führungskräften die Angst vor falschem Handeln nehmen. *(Rahmenbedingungen, „handeln wollen")*	5,40
55 …es für wichtig halten, dass die Geschäftsführung als Vorbild das Interesse der Führungskräfte vertieft, „überhaupt handeln zu wollen". *(kommunikative Begleitung, „handeln wollen")*	5,40
58 …die Führungskräfte frühzeitig bei der Implementierung des darwiportunistisch differenzierten Prozesses einbeziehen. *(Anwendung gestalten, „handeln wollen")*	5,30
96 Schulung *(Methodik und Medien, „verstehen")*	5,20

1240 vgl. für eine vertiefende Auseinandersetzung mit den einzelnen Phasen der Delphi-Studie und den detaillierten Ergebnissen jeder Phase Kapitel 4 dieser Ausarbeitung.

72	...das Vertrauen der Partner zueinander im Bildungsprozess psychologischer Arbeitsverträge für wichtig halten. *(Rahmenbedingungen, „dauerhaft anwenden")*	5,10
27	...es für wichtig halten, dass eine klare Kommunikation der Positionierung innerhalb der Matrix zu einer höheren Handlungsfähigkeit der Führungskräfte führt. *(Anwendung gestalten, „verstehen")*	5,00
87	...es für eine dauerhafte Anwendung für wichtig halten, aus den Erfahrungen vorheriger Bildungsprozesse zu lernen. *(Anwendung gestalten, „dauerhaft anwenden")*	5,00
1	...alle Führungsebenen mit den vier psychologischen Arbeitsverträgen der Darwiportunismus-Theorie vertraut machen. *(Basiswissen, „verstehen")*	4,90
82	...mich als Führungskraft an die spezifischen Aspekte der eingegangenen psychologischen Arbeitsverträge halten. *(kommunikative Begleitung, „dauerhaft anwenden")*	4,90
8	...die Führungskräfte über die Wichtigkeit der gesetzlichen, tarifvertraglichen und sozio-ökonomischen Rahmenbedingungen aufklären, um den darwiportunistisch differenzierten Bildungsprozess situationsgerecht zu gestalten. *(Rahmenbedingungen, „verstehen")*	4,80
52	...die positive Einstellung der Parteien zum Einsatz des darwiportunistisch differenzierten Bildungsprozess für wichtig halten. *(DP-Positionierung, „handeln wollen")*	4,80
21	...den Führungskräften kommunizieren, wo sich das Unternehmen innerhalb der Darwiportunismus-Matrix positioniert. *(kommunikative Begleitung, „verstehen")*	4,70
97	Workshop *(Methodik und Medien, „handeln wollen")*	4,60
69	...sicherstellen, dass die Führungskräfte ein Verständnis der situativen Nutzung der vier psychologischen Arbeitsverträge besitzen. *(Basiswissen, „dauerhaft anwenden")*	4,60
91	...personalwirtschaftliche Instrumente (Konzepte zu Mitarbeiterjahresgesprächen, Zielvereinbarungen, Aktionspläne, usw.) als dauerhaftes Mittel zur Identifikation von Erwartungen nutzen. *(Anwendung-Material, „dauerhaft anwenden")*	4,50
105	Coaching *(Methodik und Medien, „dauerhaft anwenden")*	4,44
78	... ein kollektives Bewusstsein des darwiportunistisch differenzierten Bildungsprozesses schaffen, um sozio-ökonomische Standards zu reflektieren und so Veränderungsprozesse anzustoßen. *(DP-Positionierung, „dauerhaft anwenden")*	4,40
19	...Exit-Gespräche zur Gewinnung eines besseren Verständnisses für Führungskräfte im Umgang mit psychologischen Arbeitsverträgen durchführen. *(DP-Positionierung, „verstehen")*	4,30

34	...einen Leitfaden zur Vermittlung des Verständnisses des darwiportunistisch differenzierten Bildungsprozesses psychologischer Arbeitsverträge bei den Führungskräften einsetzen. *(Anwendung-Material, „verstehen")*	4,20
62	...ein Zielsystem vereinbaren, das die Führungskräfte motiviert, handeln zu wollen. *(Anwendung-Material, „handeln wollen")*	4,20

Hier zeigt sich, dass die Experten vor allem eine Rationalisierung auf der Ebene des „handeln Wollens" für die Unternehmen vorschlagen. Die ersten vier am relevantesten eingeschätzten Rationalisierungsmaßnahmen zielen auf diesen Bereich ab. Aber auch der Aspekt der Kommunikation der Position des Unternehmens innerhalb der Darwiportunitmus-Matrix wird mit einem Mittelwert in Höhe von 5,00 als sehr relevant eingestuft. Diesen Aspekt gilt es zudem für die Unternehmen besonders herauszustellen. Bevor eine Rationalisierung des darwiportunistisch differenzierten Entstehungsprozesses auf der Ebene der Führungskräfte angestrebt werden kann, bedarf es einer genauen Analyse dieser Unternehmenspositionierung innerhalb der Darwiportunismus-Matrix.[1241] Die konkrete Rationalisierung der Führungskräfte anhand der hier aufgezeigten Maßnahmen kann dann in einem weiteren Schritt erfolgen.

Der Vergleich der Ergebnisse der 2. und 3. Befragungsrunde zeigt insgesamt ein einheitliches Bild zwischen den Bewertungen der Experten. Die Gesamtmittelwerte der beiden Befragungsrunden unterscheiden sich mit 4,12 (2. Befragungsrunde) und 4,15 (3. Befragungsrunde) nur geringfügig. Auf Subbereichsebene zeichnet sich in den Bereichen „Basiswissen", „Rahmenbedingungen", „Darwiportunismus-Matrix-Positionierung", „kommunikative Begleitung" und „Anwendung gestalten" eine leicht positivere Bewertung der Maßnahmen der 3. Runde gegenüber der 2. Runde der Delphi-Studie ab (Abbildung 38). Als weniger relevant für die Rationalisierung des darwiportunistisch differenzierten Bildungsprozesses psychologischer Arbeitsverträge stufen die Experten in der 3. gegenüber der 2. Runde die Maßnahmen der Subbereiche „anwendungsunterstützendes Material" und „Methodik und Medien" ein.

1241   vgl. Scholz (o.J.), 4.

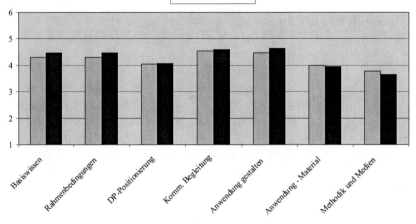

Abbildung 38: Vergleich der Mittelwerte pro Subbereich der 2. und 3. Befragungsrunde

Im Bereich der „Methodik und Medien", deren Relevanz von den Experten insgesamt weniger hoch eingestuft wurde, ergibt sich für die Rationalisierungsebene „verstehen" der Einsatz von Schulungen als relevant. Eine Rationalisierung auf der Ebene des „handeln wollens" wird laut Expertenmeinungen vor allem durch Workshops realisiert. Für die Stabilisierung der Rationalisierung erachten die Experten in der 3. Runde das Coaching für besonders geeignet.

Insgesamt zeigen sich über die beiden Befragungsrunden drei Aspekte für eine Rationalisierung des darwiportunistisch differenzierten Entstehungsprozesses psychologischer Arbeitsverträge als besonders bedeutsam. Auf der Verständnisebene befürworten die Experten in beiden Runden besonders den Einsatz von Schulungen. Um die Handlungsbereitschaft der Führungskräfte kognitiv zu aktivieren, stellen die Experten vor allem das Aufzeigen des individuellen Nutzens für das Alltagshandeln und die Vorbildfunktion der Geschäftsführung in den Mittelpunkt. Für die kognitive Stabilisierung, also die Sicherstellung der „dauerhaften Anwendung" des darwiportunistisch differenzierten Entstehungsprozesses psychologischer Arbeitsverträge, kristallisiert sich über beide Befragungsrunden der Aufbau gegenseitigen Vertrauens heraus.

Mit der Entwicklung des darwiportunistisch differenzierten Entstehungsprozesses psychologischer Arbeitsverträge und der Identifikation von Faktoren zur Rationalisierung dieses Prozesses gelten die sowohl in theoretischer als auch in praktischer Hinsicht erarbeiteten Forschungsziele als erfüllt.

6.2 Limitationen

Ansatzpunkt dieser Ausarbeitung ist die Modifikation und Weiterentwicklung des Bildungsprozesses psychologischer Arbeitsverträge und dessen Rationalisierung im Unternehmen. Aufgrund der Prospektivität des hier entwickelten darwiportunistisch differenzierten Bildungsprozesses psychologischer Arbeitsverträge war zunächst ein Weg zu finden, wie überhaupt eine praxisbezogene Umsetzung realisiert werden kann. Mit Hilfe der Delphi-Studie können Maßnahmen identifiziert werden, die als Unterstützung im Lern- und Anwendungsprozess des darwiportunistisch differenzierten Bildungsprozesses fungieren. Die direkte empirische Überprüfung des hier entwickelten darwiportunistisch differenzierten Entstehungsprozesses psychologischer Arbeitsverträge ergibt sich aufgrund fehlender Probanden, also Unternehmen, die bereits den darwiportunistisch differenzierten Entstehungsprozess implementiert haben, nicht.

Insgesamt ist zwar eine Zunahme des psychologischen Arbeitsvertragstyps Darwiportunismus pur,[1242] gemessen an den tendenziell zunehmenden kurzfristigen formalen Beschäftigungsverhältnissen,[1243] erkennbar. Viele der psychologischen Arbeitsverträge in Unternehmen sind allerdings noch in der Guten alten Zeit oder im Feudalismus zu verorten. Eine direkte Überprüfung des hier entwickelten Bildungsprozesses hätte somit zu einer zu stark verzerrten Erfassung geführt. Auch die Möglichkeit einer Längsschnittstudie, in der die vier Prozesse des darwiportunistisch differenzierten Bildungsprozess psychologischer Arbeitsverträge in den Unternehmen vorab hätten eingeführt werden können, um danach empirisch erfasst zu werden, fällt aufgrund der noch zu starken Positionierung der Unternehmen in der Guten alten Zeit oder im Feudalismus weg. Eine derartige empirische Überprüfung stellt somit eine Möglichkeit zukünftiger Forschungen dar.

Ein weiterer, aufgrund zunehmender Globalisierung[1244] in nachfolgende Forschungsarbeiten zu integrierender Aspekt ist die Betrachtung kultureller Unterschiede und deren Auswirkungen auf die Gestaltung des darwiportunistisch differenzierten Entstehungsprozesses psychologischer Arbeitsverträge. Dies fängt bereits in der Phase der Symbolinterpretation an, in der unterschiedliche kulturelle Hintergründe zu einer fehlerhaften Deutung verwendeter Symbolik

---

1242   vgl. Scholz (2003a).
1243   vgl. Grau (2010).
1244   vgl. beispielsweise Irving (2010), 2-3.

führen können[1245], und zieht sich über deren Auswirkungen auf die Informationsaufnahme[1246] bis hin zu inhaltlichen Unterschieden der Austauschkomponenten.[1247]

Bezüglich der Durchführung der Delphi-Studie ist eine weitere Limitation aufzuführen: Aufgrund der Prospektivität und der Komplexität wurde die Studie auf eine Rationalisierungsbetrachtung auf der Ebene der Führungskräfte beschränkt. Nachfolgestudien könnten zukünftig eine Analyse der Maßnahmen auf Mitarbeiterebene realisieren. Interessant wäre in diesem Zusammenhang auch zu untersuchen, ob sich Änderungen in den Maßnahmen aufgrund unterschiedlicher Betrachtungsobjekte ergeben. Somit könnte der hier entwickelte Maßnahmenplan zur Rationalisierung des darwiportunistisch differenzierten Bildungsprozesses psychologischer Arbeitsverträge eventuell um mitarbeiterspezifische Rationalisierungsaspekte ergänzt werden.

Schließlich ergibt sich durch den Praxisbezug auch die Frage nach den genauen Kosten der Implementierung des darwiportunistisch differenzierten Entstehungsprozesses psychologischer Arbeitsverträge für das Unternehmen. Aufgrund der hier vertretenen Prozesssicht wird eine genaue Quantifizierung entsprechender Kosten-Nutzen-Berechnungen nicht vorgenommen. Zwar wird davon ausgegangen, dass die Vorteile der Bildung psychologischer Arbeitsverträge gemäß der darwiportunistischen Differenziertheit langfristig gesehen deren Implementationskosten übersteigen, eine genaue Aufschlüsselung und Berechnung ist Aufgabe zukünftiger Forschungen.

6.3 Implikationen für die Praxis

Mit der Rationalisierung des darwiportunistisch differenzierten Bildungsprozesses psychologischer Arbeitsverträge wird den Unternehmen nicht nur ein theoretisches Modell zur Gestaltung dieser Verträge geboten, sondern auch konkrete Ideen zur Umsetzung der Rationalisierung dieses Prozesses präsentiert. Die besonders hohe Zustimmung der Experten spricht insgesamt für die Bedeutung der Thematik und dessen Praxisrelevanz. In vielen wissenschaftlichen Ausarbeitungen, die sich mit der Thematik des psychologischen Arbeitsvertrages beschäftigen, wird allerdings die explizite Herstellung des Handlungsbezuges für Unter-

---

1245 vgl. Thomas/Au/Ravlin (2003), 465; Forte (2009), 96; für einen Überblick über Aspekte der interkulturellen Kommunikation beispielsweise Straub/Weidemann/Weidemann (2007).

1246 vgl. de Dreu et al. (1996), 622.

1247 vgl. Thomas/Au/Ravlin (2003), 465.

nehmen vernachlässigt.[1248] So basiert die Mehrzahl theoretischer Ausarbeitungen auf einer Analyse der Mitarbeiterseite.[1249] Organisationale Aspekte werden immer noch selten berücksichtigt. Die in dieser Ausarbeitung neben der theoretischen Modellentwicklung ebenso fokussierte praxisbezogene Umsetzung stellt somit den für Unternehmen besonders relevanten Praxisbezug her. Dabei impliziert die Schaffung von Bewusstheit im Umgang mit der Bildung psychologischer Arbeitsverträge nicht nur die Erkenntnis der Relevanz des neuen Prozesses, sondern ebenso die Tatsache, dass ein Umdenken von einer alten situationsunspezifischen Bildung psychologischer Arbeitsverträge hin zu einer darwiportunistisch differenzierten Gestaltung des Entstehungsprozesses im Gesamtunternehmen erfolgen muss.

In dieser neuen Welt gibt es keine standardisierte Bildung eines psychologischen Arbeitsvertrages. Notwendig ist eine situationsspezifische Ausgestaltung gemäß der darwiportunistischen Differenziertheit. Anzunehmen ist allerdings, dass die Bildung psychologischer Arbeitsverträge derzeit in den meisten Unternehmen eher als zufälliges Beiwerk des Abschlusses des formalen Arbeitsvertrages entsteht. Daher ist eher nicht von einer standardisierten Prozessgestaltung auszugehen. Der Erkenntnisgewinn für Unternehmen zeichnet sich daher durch den hier entwickelten darwiportunistisch differenzierten Entstehungsprozess psychologischer Arbeitsverträge in zweifacher Hinsicht aus. Zum einen ist die Erkenntnis der Notwendigkeit einer aktiven Gestaltung des Entstehungsprozesses zu nennen, zum anderen deren spezifischen Ausgestaltung gemäß dessen strukturellen Unterschieden aufgrund der darwiportunistischen Differenziertheit. Darüber hinaus wird den Unternehmen mit dem hier entwickelten Maßnahmenplan zur Rationalisierung des darwiportunistisch differenzierten Bildungsprozesses eine erste Basis geboten, um die Bewusstheit für die darwiportunistische Differenziertheit der Bildung psychologischer Arbeitsverträge zu schaffen.

Insgesamt stellt die Bereitstellung des hier entwickelten theoretischen Modells und die Identifikation von Maßnahmen zu dessen Rationalisierung im Unternehmen allerdings nur einen ersten, dafür aber sehr entscheidenden Schritt für die Unternehmen zur Optimierung der situationsspezifischen Bildung psychologischer Arbeitsverträge dar. Die Auswirkungen einer Implementation des darwiportunistisch differenzierten Bildungsprozesses psychologischer Arbeitsverträge für Unternehmen sind allerdings wesentlich vielschichtiger. Erforderlich sind ein Umdenken und ein Wandel auf Gesamtunternehmensebene, durch das die Denk- und Handlungsweisen einer alten situationsunspezifischen Welt hin zu einer darwiportunistisch differenzierten Welt der Bildung psychologischer

---

1248   vgl. Raeder (2007), 298.
1249   vgl. für einen Überblick beispielsweise Conway/Briner (2005)

Arbeitsverträge verändert werden. Dieser Wandel zieht weitreichende Veränderungsprozesse im Unternehmen mit sich.

Insgesamt erfordert diese situationsadäquate Anpassung organisationales Lernen[1250] auf mehreren Ebenen. So geht es in einem ersten Schritt, dem „single-loop-learning"[1251], für das Unternehmen darum, die Aspekte des entwickelten Prozesses zu erfassen und zu erkennen, wo innerhalb der Darwiportunismus-Matrix sich das Unternehmen befindet. In einem weiteren Schritt, dem „double-loop-learning"[1252], begreift das Unternehmen, welche strukturellen Veränderungen mit der Ausgestaltung des Entstehungsprozesses des psychologischen Arbeitsvertrages im Sinne der darwiportunistischen Differenziertheit einhergehen. Hier lernt das Unternehmen beispielsweise, wie die Implementierung des Prozesses umgesetzt werden kann. Der Prozess des „deutero-learnings"[1253] letztlich impliziert einen Lernprozess auf der Metaebene. Hier erkennt das Unternehmen ex post, welche bisherigen Lernprozesse adjustiert werden müssen. Beispielsweise wird auf dieser Ebene reflektiert, ob die Implementation des Prozesses effizient und effektiv realisiert wurde oder bei zukünftigen Veränderungen anders implementiert werden muss.

Im Detail gehen diese Veränderungsprozesse einher mit der Veränderung organisationaler Abläufe und Strukturen. Aber auch auf kultureller Ebene zeichnen sich durch die Ausrichtung und eventuelle Etablierung eines spezifischen Zielvertrages vielfältige Änderungen ab. Abgestimmt werden müssen beispielsweise die Art der Unternehmenskommunikation und der Einsatz der HR-Tools entsprechend des im Unternehmen etablierten oder anvisierten psychologischen Arbeitsvertragstyps. Wie im Einzelnen die Identifikation notwendiger Veränderungsbereiche und die Ableitung konkreter Handlungspakete zur operativen Umsetzung und Implementation im Unternehmen erfolgen kann, ist abhängig von der Ausgangssituation des Unternehmens und richtet sich an dessen Zielposition aus und ist folglich unternehmensspezifisch. So erfordert die Umsetzung der Rationalisierung des darwiportunistisch differenzierten Entstehungsprozesses im Unternehmen, auf operativer Ebene weiteren Handlungsbedarf. Zeigt der hier entwickelte Maßnahmenplan zur Rationalisierung beispielsweise, dass der Einsatz von „Schulungen" besonders relevant zur Verständnisgeneration ist, so müssen Unternehmen auf operativer Ebene diese gemäß ihrer spezifischen Unternehmensgegebenheiten und Sollvorstellung ausgestalten. Wird beispielsweise der Einsatz von Comics zur Rationalisierung des darwiportunistisch differen-

---

1250 vgl. Bertels (2008), 54.
1251 vgl. Argyris/Schön (1978).
1252 vgl. Argyris/Schön (1978).
1253 vgl. Argyris/Schön (1978).

zierten Bildungsprozesses psychologischer Arbeitsverträge eingesetzt, so ist es von Vorteil, den dort dargestellten Handlungsstrang konkret auf das spezifische Unternehmen zu beziehen. Dies kann beispielsweise in einer extra dafür gebildeten Projektgruppe oder in einem Workshop auf Unternehmensebene realisiert werden. Durch die Integration der Mitarbeiter erfolgt auf diese Weise als Nebeneffekt auch eine höhere Identifikation der Mitarbeiter mit dem darwiportunistisch differenzierten Bildungsprozess psychologischer Arbeitsverträge.

Zur Sicherstellung der Umsetzung und Begleitung der Prozessimplementation ist die Benennung von Prozessverantwortlichen im Unternehmen hilfreich. Dies verankern die Experten in der hier durchgeführten Befragung auf der Ebene der Unternehmensführung, um durch ein entsprechendes Vorleben die Führungskräfte zu motivieren, gemäß der darwiportunistisch differenzierten Prozesslogik zu agieren. Zur operativen Umsetzung auf Gesamtunternehmensebene erscheinen allerdings weitere Prozessverantwortliche unabdingbar. Diese können die Mitarbeiter des Unternehmens im Rationalisierungs- und Lernprozess zu Beginn unterstützen und bei der anschließenden Umsetzung des darwiportunistisch differenzierten Entstehungsprozesses psychologische Arbeitsverträge beratend zur Seite stehen. Gewährleistet werden kann somit eine explizite Umsetzung des neuen Prozesses entsprechend der strukturell unterschiedlichen Prozesssystematik des jeweiligen psychologischen Arbeitsvertragstyps. Die Erkenntnis aus der theoretischen Modellentwicklung, dass die Bildung des jeweiligen psychologischen Arbeitsvertrags gemäß seiner spezifisch identifizierten Art und Weise erfolgt, zeigt, dass gerade die Beachtung der spezifischen Besonderheiten für die adäquate Bildung der psychologischen Arbeitsverträge ausschlaggebend ist.

Voraussetzung dafür, dass ein derartiger Umdenkprozess in Unternehmen überhaupt stattfinden kann, ist primär die Schaffung von Akzeptanz. Dies beginnt dabei, dass ein Unternehmen, um für ein Umdenken bereit zu sein, vorab einen eindeutigen Problemdruck verspüren muss. Nur so wird es eine Veränderung in der aktuellen Gestaltung psychologischer Arbeitsverträge für notwendig erachten und den Einsatz des darwiportunistisch differenzierten Entstehungsprozesses psychologischer Abreitverträge befürworten.[1254] Gerade dieser Problemdruck steigt für Unternehmen stetig. Bedingt durch den Wandel der Arbeitswelt kann nicht mehr nur von Verträgen der Guten alten Zeit ausgegangen werden. Eine zunehmende Befristung der Arbeitsverträge[1255] verändert die Beziehung zwischen Arbeitnehmer und Arbeitgeber essenziell. Zusätzlich bewirken Krisen, wie beispielsweise die Finanzkrise, dass Unternehmen ihre Position im Wettbe-

---

1254 vgl. Scholz (2000b), 293.
1255 vgl. Grau (2010).

werb erkämpfen müssen und sich dadurch gezwungen sehen, diesen Druck intern auf die Mitarbeiter in Form eines psychologischen Arbeitsvertrages Typ Feudalismus weitergeben müssen. Insgesamt bewirken diese Veränderungen, dass sich die Unternehmen steigender Komplexität auch bei der Bildung psychologischer Arbeitsverträge gegenüber sehen.[1256] Werden diese nicht entsprechend deren spezifischen Logik gebildet, resultiert daraus über kurz oder lang ein Bruch des psychologischen Arbeitsvertrages. Die Konsequenzen sind vielfältig. Neben geringem Commitment und fehlendem Extra-Role-Verhalten steigt auch die Fluktuation im Unternehmen erheblich.

Für Unternehmen liegt die Schwierigkeit hierbei allerdings in der überwiegenden Unbewusstheit dieser Verträge. Zudem oder gerade deswegen werden bestimmte Probleme nicht direkt mit einer Problematik bezüglich des psychologischen Arbeitsvertrages verbunden. Fehlendes Commitment, hohe Fluktuationsraten oder mangelnde Leistungen werden häufig nicht als Konsequenz von Brüchen oder Verletzungen psychologischer Arbeitsverträge gesehen, sondern anderweitig begründet. Die Ursache des Problems wird folglich oftmals in anderen Bereichen gesucht, wodurch ein Veränderungsdruck bei der Bildung psychologischer Arbeitsverträge vielfach unterschätzt wird und folglich unerkannt bleibt. Hier liegt es wiederum im Verantwortungsbereich der Unternehmensführung, Missstände zu erkennen, deren Ursachen zu identifizieren und einen Lösungsweg zu generieren.

Vielfach belegt ist, dass der Bruch oder die Verletzung eines psychologischen Arbeitsvertrages vielfältige Konsequenzen mit sich zieht. Wie bereits in Kapitel 2.1.3.2 diskutiert, liegen diese unter anderem in einer negativeren Einstellung gegenüber der Arbeit und der Organisation – also in einer geringeren Arbeitszufriedenheit, die sich in einer geringeren Arbeitsleistung auswirken kann.[1257] Durch Bildung und Erhaltung eines psychologischen Arbeitsvertrages, der beiderseitige Erwartungen über Leistungen und Gegenleistungen entsprechend berücksichtigt, können derartige Konsequenzen vermieden werden. Dieser Anforderung wird der hier entwickelte darwiportunistisch differenzierte Bildungsprozess psychologischer Arbeitsverträge gerecht. Zwar entstehen für die Einführung und Umsetzung dieses Prozesses Kosten der Implementierung, Unternehmen gewinnen allerdings dadurch, dass die durch den Bruch des psychologischen Arbeitsvertrages entstehenden Kostenbelastungen reduziert werden. Neben dem Effekt für Unternehmen spiegeln sich diese positiven Auswirkungen auch auf gesellschaftlicher Ebene wieder. Sinkende Kündigungsraten beispielsweise führen zu weniger Arbeitslosigkeit und eine steigende Arbeitsleistung

---

1256 vgl. Scholz (2003a).
1257 vgl. Conway/Briner (2005), 69-78.

steigert insgesamt die Produktivität. Neben den bereits thematisierten positiven Implikationen erkennt *Rigotti* ebenfalls die positiven Auswirkungen eines als fair wahr genommenen psychologischen Arbeitsvertrages auf den Gesundheitszustand der Mitarbeiter.[1258]

Als gesellschaftlicher Effekt sind daher eine Gesamtentlastung unseres Gesundheits- und Pflegesystems und eine Erhöhung des Anteils der arbeitsfähigen Bevölkerung anzunehmen. Darüber hinaus können wahrscheinlich ebenso Erkrankungen psychischer Art, die sich beispielsweise in einem Burnout der Mitarbeiter äußern, verringert werden. Gerade hier stehen die Unternehmen vor einer stetig steigenden Problematik.[1259] Insgesamt berücksichtigen immer mehr Unternehmen die gesundheitlichen Aspekte der Mitarbeiter, indem sie ein ganzheitliches Gesundheitsmanagement im Unternehmen implementieren.[1260] Die Integration eines Managements psychologischer Arbeitsverträge gemäß der darwiportunistisch differenzierten Bildungslogik könnte für Unternehmen hierzu als ein Baustein dienen, da durch eine realistische Erwartungsrealisation die psychischen Fehlbelastungen der Mitarbeiter reduziert werden.

Einen Wandel anzustoßen, der ein Umdenken weg von einer situationsunspezifischen Vorgehensweise hin zu einer darwiportunistisch differenzierten Bildung psychologischer Arbeitsverträge bewirkt, kann sich für Unternehmen allerdings nicht nur auf die Gruppe der Führungskräfte und Mitarbeiter beschränken. Ebenso integriert in diesen Veränderungsprozess müssen spezifische interne und externe Interessensgruppen werden. Dazu gehört zum einen die Gruppe der Kunden und potenziellen Mitarbeiter über den Wandel im Unternehmen zu informieren – vor allem dann, wenn die Unternehmen im Zuge der Darwiportunismus-Matrix-Positionierung erkennen, dass der eigentlich gelebte psychologische Arbeitsvertrag der Guten alten Zeit im Kontext wettbewerblicher Entwicklungen gar nicht mehr haltbar ist, und es zu einer Neupositionierung kommt. Die damit einhergehenden Änderungen, beispielsweise in der verwendeten Symbolik des Unternehmens nach innen und nach außen oder geänderte Verhaltensweisen in der Art der Durchführung von Vorstellungsgesprächen, werden von der Gesellschaft wahrgenommen. Frühzeitiger Einbezug verhindert eventuell entstehende Mutmaßungen. Zum anderen bedingt die Einführung des darwiportunistisch differenzierten Bildungsprozesses psychologischer Arbeitsverträge aber auch die Akzeptanz des Prozesses beim Betriebsrat des Unternehmens. Damit dieser die unternehmensweiten Veränderungen mitträgt und diese nicht aufgrund anderer Sichtweisen insgesamt blockiert, ist es grundsätz-

---

1258   vgl. Rigotti (2007).
1259   vgl. o.V. (2011).
1260   vgl. beispielsweise das Projekt „Im Lot" der Commerzbank (www.commerzbank.de).

lich notwendig, die Gruppe der Betriebsräte beim Wandel weg von einer situationsunspezifischen Gestaltung hin zu einer darwiportunistisch differenzierten Bildung psychologischer Arbeitsverträge zu begleiten. Ansonsten kann es dazu kommen, dass für das Unternehmen und die Mitarbeiter neue, notwendige Maßnahmen, die beispielsweise den Denkstrukturen des Darwiportunismus pur entsprechen, nicht umgesetzt werden können, weil die Denkstrukturen der Betriebsratsmitglieder beispielsweise in der Guten alten Zeit verankert sind, in der die Durchführung dieser spezifischen Maßnahme undenkbar gewesen wäre.

6.4 Implikationen für die Forschung

Forschungsbedarf zum Konzept des psychologischen Arbeitsvertrages existiert in vielfältiger Weise.[1261] Vor allem das uneinheitliche Verständnis des psychologischen Arbeitsvertrages an sich führt zu Schwierigkeiten in der Erforschung neuer Konzeptimplikationen. In der seit den 80iger Jahren primär vorherrschenden unilateralen Sichtweise dieser Verträge liegt die defizitäre Entwicklung des Entstehungsprozesses psychologischer Arbeitsverträge begründet.[1262] Prozessuale Aspekte dieser Verträge, wie der Wandel, die Entwicklung von Vertragsverletzungen und -brüchen, die Änderungen von Verpflichtungen während der Sozialisationsphase oder prozessbeeinflussende Faktoren, werden zwar erforscht, der Entstehungsprozess psychologischer Arbeitsverträge selbst aber nur wenig.[1263] Einzig *Herriot* und *Pemberton* entwickeln ein Prozessmodell der Bildung psychologischer Arbeitsverträge auf bilateraler Ebene. Aufgrund der zunehmenden Dynamik der Arbeitswelt[1264] integriert dieses allerdings Aspekte der sich ändernden Arbeitgeber-Arbeitnehmer-Beziehung nur unzureichend. Durch Modifikation und Weiterentwicklung ergibt sich mit dem darwiportunistisch differenzierten Entstehungsprozess psychologischer Arbeitsverträge ein Ansatz, der situativen Differenziertheit psychologischer Arbeitsverträge der heutigen Zeit gerecht zu werden.

Auf der Grundlage der situativen Differenziertheit des hier entwickelten Bildungsprozesses psychologischer Arbeitsverträge gibt es weiteren, prozessbezogenen Forschungsbedarf. Hierzu bedingt es aber vorab ein Umdenken im bestehenden Forschungsparadigma. Eine detaillierte Auseinandersetzung mit der

---

1261 vgl. für eine detaillierte Analyse zukünftigen Forschungsbedarfs beispielsweise Conway/Briner (2005).
1262 vgl. beispielsweise Conway/Briner (2005), 14-15.
1263 Guest (1998a), 650.
1264 Guest/Isaksson/De Witte (2010), 4.

prozessimmanenten Interaktionsbeziehung und den unmittelbar daran anknüpfenden Analysepunkten kann wissenschaftlich nur vertieft werden, wenn vermehrt eine bilaterale Betrachtung des psychologischen Arbeitsvertrages fokussiert wird. Dabei bedingt das Prozessmanagement die Integration der Unternehmensperspektive nicht in Form einer vertragsbeeinflussenden Komponente. Um der für soziale Verträge so wichtigen Interaktionsbeziehung[1265] gerecht zu werden, muss die Organisation (oder die direkte Führungskraft als Agent der Organisation) als Partei des psychologischen Arbeitsvertrages angesehen werden. Bereits hier zeichnet sich neben prozessualen Aspekten vielfacher Forschungsbedarf ab. Da die meisten Veröffentlichungen in diesem Bereich ausschließlich die Mitarbeitsperspektive fokussieren, ergibt sich aus organisationaler Sicht weiterer Forschungsbedarf bezüglich der Inhalte, Verletzungen oder Brüchen psychologischer Arbeitsverträge.

In prozessualer Hinsicht ist beim darwiportunistisch differenzierten Bildungsprozess psychologischer Arbeitsverträge für weitere Forschungsaktivitäten als nächster Schritt bei der Identifikation dynamischer Wechselstrategien für Unternehmen anzusetzen. Die Auseinandersetzung und Implementierung des darwiportunistisch differenzierten Entstehungsprozesses im Unternehmen bedingt vorab eine genaue Analyse des Ist- beziehungsweise des Zielvertrages.[1266] Hierbei werden den Unternehmen durch die durchgeführte Studie zwar Maßnahmen für eine Rationalisierung des Prozesses auf Ebene der Führungskräfte mitgegeben, wie genau im Falle eines Wandels die dafür nötige Akzeptanz im Gesamtunternehmen geschaffen wird, bleibt zu ergründen.

Weiterer Forschungsbedarf besteht hinsichtlich der Analyse der unterschiedlichen Transaktionskosten der vier darwiportunistisch differenzierten Entstehungsprozesse psychologischer Arbeitsverträge. Einen ersten Bezug bietet *Eigler*, indem er in Beziehungen mit hohem Vertrauen von geringeren Transaktionskosten ausgeht als in solchen, die sich durch ein geringes Vertrauen auszeichnen.[1267] Wird dies auf den darwiportunistisch differenzierten Bildungsprozess psychologischer Arbeitsverträge übertragen, so kann in der Guten alten Zeit von niedrigeren Transaktionskosten als beispielsweise im Darwiportunismus pur ausgegangen werden. Die weitere Erforschung und tiefer gehende Analyse der vier psychologischen Arbeitsvertragstypen kann somit einen detaillierteren Einblick in die Transaktionskostenunterschiede geben.

Darüber hinaus bedarf es hinsichtlich der zur Rationalisierung des darwiportunistisch differenzierten Entstehungsprozesses psychologischer Arbeitsverträge

---

1265 vgl. Esser (1996), 87.
1266 vgl. Scholz (o.J.), 4.
1267 vgl. Eigler (1995), 207.

identifizierten Maßnahmen weiterer Forschung. Aufgrund der Prospektivität werden in dieser Studie Rationalisierungsmaßnahmen von den Experten ausschließlich auf Gesamtprozessebene identifiziert. Somit unterstützen alle Maßnahmen die Implementation eines bewussten Umgangs der Führungskräfte mit dem darwiportunistisch differenzierten Entstehungsprozess im Unternehmen. In einem nächsten vertiefenden Schritt gilt es, die hier erkannten Maßnahmen weiter zu systematisieren. Ideal wäre es, eine Zuordnung einzelner Maßnahmen zu jeder Prozessphase pro psychologischem Arbeitsvertragstyp zu erreichen.

Auch bedingen die in dieser Ausarbeitung als konstant betrachteten prozessbeeinflussenden Faktoren weitere Forschung. So ist vor allem die Analyse des Einflusses interkultureller Aspekte auf den darwiportunistisch differenzierten Entstehungsprozess psychologischer Arbeitsverträge von besonderer Relevanz. Die mit zunehmender Globalisierung steigende Internationalisierung gewinnt zunehmen an Bedeutung, sodass dieser Einfluss ebenso bereits im Bildungsprozess bedacht und mögliche Gestaltungsänderungen vorab antizipiert werden müssen. Bedacht werden muss dabei beispielsweise der Einfluss kultureller Unterschiede auf die Verhandlungsführung[1268] oder die Auswirkungen sprachlicher Barrieren auf die Phase der Symbolinterpretation.

Neben interkulturell zu beachtenden Aspekten gilt es aber auch, Kompetenzen zu identifizieren, die die Parteien zur adäquaten Ausgestaltung des darwiportunistisch differenzierten Bildungsprozesses psychologischer Arbeitsverträge benötigen. So sind beispielsweise in der Phase der Symbolinterpretation Kompetenzen im Bereich der Antizipation von Sachverhalten, der Kodierung und Dekodierung und der Selbstreflexion von Relevanz. Über eine phasenspezifische Identifikation von Kompetenzen hinaus bedarf es einer Möglichkeit der Messung dieser Kompetenzen bei den aktuellen und potenziellen Mitarbeitern des Unternehmens.[1269] Insgesamt ermöglicht die Entwicklung und Implementierung eines derartigen Instruments zur Messung von Kompetenzen für die Entstehung des darwiportunistisch differenzierten Entstehungsprozesses psychologischer Arbeitsverträge, dass dieser Prozess im Gesamtunternehmen umgesetzt wird. Auf diese Weise können Stärken und Entwicklungspotenziale im Umgang mit der Bildung psychologischer Arbeitsverträge identifiziert werden. Somit können Personalentwicklungsmaßnahmen direkt an den identifizierten Schwachstellen im Umgang mit dem Prozess angesetzt und entsprechende Kompetenzen ausgebaut werden.[1270]

1268 vgl. beispielsweise Salacuse (2003).

1269 vgl. für einen umfassenden Überblick über die Möglichkeiten zu Kompetenzen und zur Kompetenzerfassung beispielsweise Kaufhold (2006).

1270 vgl. für einen Überblick beispielsweise Franke (2005).

Zusätzlich zur Entwicklung eines geeigneten Kompetenzentwicklungstools bedarf es auch auf Unternehmensebene eines Mechanismus, der die Ausgestaltung der spezifischen Kommunikationsinstrumente des Unternehmens entsprechend des anvisierten oder bereits implementierten psychologischen Arbeitsvertragstyps gemäß den dynamischen Veränderungen adjustiert und nach erfolgreicher Implementation konstant hält. Wichtig ist dabei die Konsistenz der kommunizierten Aspekte mit dem präferierten psychologischen Arbeitsvertragstyp des Unternehmens. Bekannt sind dabei die einzelnen Kommunikationsinstrumente des Unternehmens aus vielfältigen theoretischen und empirischen Untersuchungen. Wissenschaftlich zu untermauern ist in einem nächsten Schritt, ob im Falle des darwiportunistisch differenzierten Entstehungsprozesses psychologischer Arbeitsverträge bestimmte Kommunikationskanäle in bestimmten Vertragstypen oder Prozessphasen eher zum Einsatz kommen sollten als andere. Darüber hinaus ist in einem weiteren Schritt zu erfassen, welche Aspekte am besten durch welche Instrumente kommuniziert werden. Abschließend muss ein Konzept erstellt werden, das die verschiedenen Kommunikationsinstrumente des Unternehmens entsprechend differenziert ausgestaltet.

6.5 Implikationen für die Lehre

Der Relevanz des Entstehungsprozesses psychologischer Arbeitsverträge wird die universitäre Lehre insgesamt nicht gerecht. Diese Aussage wird dabei bewusst nicht auf einen universitären Lehrbereich wie beispielsweise die Psychologie oder die Betriebswirtschaftslehre beschränkt. Die Bildung psychologischer Arbeitsverträge hinsichtlich deren darwiportunistischen Differenziertheit adäquat zu gestalten, wird spätestens zu Beginn der Berufstätigkeit auf alle zukommen.

Von einer fächerübergreifenden Integration der Vermittlung sowohl theoretischer Grundlagen als auch der Sammlung praktischer Erfahrungen in der Bildung darwiportunistisch differenzierter psychologischer Arbeitsverträge würden im realen Falle der Bildung eines psychologischen Arbeitsvertrages im Unternehmen beide Seiten profitieren. Eine reine Vermittlung entsprechender theoretischer und praktischer Aspekte im Personalmanagement-Bereich würde zwar die Schulung späterer Personalleiter forcieren, viele der späteren Führungskräfte und Mitarbeiter, die keine Berührungspunkte zum Personalbereich hatten, würden allerdings keine explizite Schulung in diesem Bereich erfahren.

Die Einführung eines übergeordneten Kurses, der ähnlich wie beispielsweise bereits etablierte Kurse zur Übung von Präsentationen oder zur Aneignung wissenschaftlichen Schreibens allen Studierenden zur Verfügung steht, sollte bereits verpflichtend in den individuellen Lehrplan integriert werden. So kann eine interdisziplinäre Kenntnis des darwiportunistisch differenzierten Bildungsprozesses psychologischer Arbeitsverträge sichergestellt werden. Als Folge wird allen Berufsanfänger zum einen die Chance gegeben, den Bildungsprozesses des psychologischen Arbeitsvertrages entsprechend ihrer individuellen Erwartungen zu gestalten, und zum anderen die Fähigkeit vermittelt, die Erwartungen des Unternehmens anhand spezifisch gesendeter Signale zu identifizieren.

Allerdings profitieren nicht nur die ehemaligen Studierenden als Berufsanfänger von der Kenntnis der Bildung psychologischer Arbeitsverträge gemäß der darwiportunistischen Differenziertheit. Auch Unternehmen sehen sich potenziellen Mitarbeitern gegenüber, die in der Lage sind, entsprechend gesendete Signale gemäß der darwiportunistischen Differenziertheit zu erkennen und eine Einschätzung der Positionierung der Unternehmen innerhalb der Darwiportunismus-Matrix vorzunehmen. Ein Abgleich mit den eigenen Vorstellungen ermöglicht dabei nicht nur dem potenziellen Mitarbeiter, rechtzeitig von einer formalen Vertragsbildung abzusehen für den Fall, dass die gegenseitigen Erwartungen sich nicht entsprechen. Sinkende Kündigungsraten und zufriedenere Mitarbeiter, die deutlich mehr leisten, können die Folge breit vermittelter theoretischer und praktischer Kenntnisse des darwiportunistisch differenzierten Entstehungsprozesses psychologischer Arbeitsverträge sein.

Die Gestaltung eines derartigen Kurses bedarf einer inhaltlichen Zweiteilung. Zum einen gilt es, den darwiportunistisch differenzierten Entstehungsprozess psychologischer Arbeitsverträge theoretisch zu vermitteln. Von besonderer Relevanz ist dabei das explizite Eingehen auf die vier strukturell unterschiedlichen Bildungsprozesse, deren entsprechend differenzierte Ausgestaltung jeweils zur einen der vier psychologischen Arbeitsvertragstypen führt. Die detaillierte Erklärung der jeweils unterschiedlichen Ausgestaltung der einzelnen Prozessphasen ist dabei genauso Bestandteil des Kurses wie die Vermittlung des Prozessablaufes. Neben dieser theoretischen Wissensvermittlung erscheint es zum anderen sinnvoll, auch einen praktischen Übungsteil in den Kurs zu integrieren. Hier können die Teilnehmer dann in explizit auf die einzelnen Prozessphasen und die darwiportunistische Differenziertheit abgestimmten Übungen die konkrete Gestaltung eines darwiportunistisch differenzierten Entstehungsprozesses üben. Dieser Realitätsbezug vermittelt Routine im Umgang mit der Bildung psychologischer Arbeitsverträge und ermöglicht zudem, Kenntnisse in der Bildung aller psychologischen Arbeitsvertragstypen zu gewinnen. Diese verhelfen den Teilnehmern in späteren realen Situationen, prozessadäquater zu agieren.

Neben einer interdisziplinären Integration des Bildungsprozesses psychologischer Arbeitsverträge in die universitäre Lehre bedarf auch das Lehrkonzept speziell im HR-Bereich einer weit reichenden Modifikation. Erste Ansätze einer

Vermittlung von Aspekten der psychologischen Arbeitsvertragsforschung finden sich bereits in einigen Personalmanagement-Lehrbüchern.[1271] Hervorzuheben ist vor allem *Scholz*[1272], welcher im deutschsprachigen Raum mit der Veröffentlichung eines gesamten Buches zu dieser Thematik und der entsprechenden inhaltlichen Thematisierung psychologischer Arbeitsverträge in seinen Vorlesungen diese Thematik besonders würdigt. Eine explizite Thematisierung und Darstellung des Bildungsprozesses dieser Verträge ist allerdings auch hier zu ergänzen. Somit sind die theoretische Herleitung und die detaillierte Modelldarstellung des darwiportunistisch differenzierten Entstehungsprozesses psychologischer Arbeitsverträge sowohl in die Lehrbücher als auch in die Vorlesungen der Personalmanagementlehre zu integrieren.

Dabei müssen die Aspekte des bereits oben dargestellten Kurses um weitere ausschließlich für zukünftige HR-Manager relevante Aspekte erweitert werden. Diese liegen vor allem in der expliziten Kenntnis über die detaillierte Gestaltung der spezifischen Rationalisierungsmaßnahmen, der Begleitung von durch die darwiportunistische Differenziertheit bedingten Veränderungsprozessen im Unternehmen und der Fähigkeit zur Identifikation von notwenigen unternehmensweiten Veränderungsmaßnahmen sowohl strategischer und struktureller Art als auch bezogen auf den Wandel von individuell verankerten Denkhaltungen.

Eine Beschränkung der Vermittlung theoretischer und praktischer Aspekte der darwiportunistischen Bildung psychologischer Arbeitsverträge rein auf den universitären Bereich erscheint allerdings wenig sinnvoll. Personalverantwortliche in Unternehmen, die keine universitäre Ausbildung durchlaufen haben, müssen ebenso mit dem darwiportunistisch differenzierten Entstehungsprozess psychologischer Arbeitsverträge vertraut gemacht werden. Somit gilt auch hier eine Integration in den spezifischen Ausbildungsplan als unabdingbare Notwendigkeit. Die Unterstützung der Gewerkschaften und Arbeitgeberverbände in diesem Prozess ist dabei für eine erfolgreiche Realisation sinnvoll.

6.6 Ausblick

Die primär unilaterale Sichtweise psychologischer Arbeitsverträge[1273] führte in der Vergangenheit zu einer Vernachlässigung der Prozesssicht psychologischer Arbeitsverträge. Einzig *Herriot* und *Pemberton* haben sich des Entwicklungsprozesses psychologischer Arbeitsverträge auf bilateraler Ebene angenom-

---

1271   vgl. beispielsweise Drumm (2008).
1272   vgl. Scholz (2003a).
1273   vgl. Raeder/Grote (2004), 142-143.

men[1274],[1275] Aktuell zeichnen sich vermehrt dynamische Veränderungen der Arbeitswelt, die bei Nichtbeachtung im Bildungsprozess ein sehr hohes Verletzungspotenzial für psychologische Arbeitsverträge bilden, ab. Dies spiegelt sich in einer Abkehr von der Idee der lebenslangen Beschäftigung hin zu einer erhöhten Anzahl kurzfristiger Beschäftigungsverhältnisse wider.[1276] Dabei ist gerade die Stärkung des Commitments als positive Implikation gleichgewichtiger psychologischer Arbeitsverträge im aktuellen Talente-Krieg[1277] für die Bindung von Hochleistungsträgern essenziell.[1278]

Durch Modifikation und Weiterentwicklung des bestehenden Modells entstand in dieser Ausarbeitung mit dem darwiportunistisch differenzierten Entstehungsprozess psychologischer Arbeitsverträge ein Ansatz, der durch Integration des Darwiportunismus-Konzeptes den situativen Herausforderungen der Arbeitswelt begegnen kann. Die Entwicklung eines derartigen Modells allein reicht allerdings nicht aus. Vielmehr bedingt es ein Umdenken auf verschiedenen Ebenen.

Zuerst muss in der wissenschaftlichen Forschung erkannt werden, dass der Fokus wissenschaftlichen Erkenntnisinteresses auf die Betrachtung die Prozessperspektive gerichtet sein muss. Diese proaktive Gestaltung psychologischer Arbeitsverträge birgt ein enormes Potenzial im Umgang mit diesen Verträgen. Vor allem aber impliziert dieser Perspektivenwechsel ebenso eine Rückkehr zum ursprünglichen Verständnis psychologischer Arbeitsverträge im Sinne eines bilateralen Vertrages zwischen Arbeitgeber und Arbeitnehmer. Bereits hierdurch zeichnet sich ein enormer Bedarf an theoretischem und empirischem Erkenntnisgewinn ab, welcher als Ergebnis die vollständige Integration der Organisationsperspektive in die psychologische Arbeitsvertragsforschung zum Ergebnis hätte. Dieses würde dann auch der Weiterentwicklung und empirischen Spezifikation des darwiportunistisch differenzierten Entstehungsprozesses zu Gute kommen.

Ein Umdenken im Umgang mit psychologischen Arbeitsverträgen erfordert der hier entwickelte darwiportunistisch differenzierte Bildungsprozess psychologischer Arbeitsverträge aber auch auf Seiten des Unternehmens. Selbst Unternehmen, die die Veränderungen in der Unternehmensumwelt wahrnehmen, rea-

---

1274   vgl. Herriot/Pemberton (1996; 1997).
1275   vgl. Guest (1998a), 650
1276   vgl. beispielsweise Scholz (2003a); Wilkens (2006), 115-122; George (2009), 32-35; de Vos/de Hauw (2010), 1-23; Schalk et al. (2010), 119; vgl. für eine detaillierte Auseinandersetzung die praxisbezogene Problemstellung dieser Ausarbeitung.
1277   vgl. von der Oelsnitz/Stein/Hahmann (2007), 233.
1278   vgl. Aggarwal/Datta/Bhargava (2007), 313-325.

lisieren vielfach nicht die immensen Auswirkungen auf den psychologischen Arbeitsvertrag. Ein professionelles Management dieses Prozesses, wie es mit Hilfe des Maßnahmenplans zur Erhöhung der Handlungsfähigkeit von Unternehmen entwickelt wird, beginnt folglich immer mit der Identifikation eines Handlungsdrucks. Unternehmen müssen daher wahrnehmen, dass hohe Fluktuationsraten, niedriges Commitment und eine geringe Leistungsorientierung im direkten Zusammenhang zum psychologischen Arbeitsvertrag steht.[1279] Darüber hinaus gilt es zu erkennen, dass durch die proaktive Gestaltung dieser Verträge im Sinne des darwiportunistisch differenzierten Bildungsprozesses Kosten für das Unternehmen reduziert werden können. Dies manifestiert sich beispielsweise in einer Reduktion von Recruiting und Einarbeitungskosten durch eine niedrigere Fluktuationsrate.

Der bereits von *Scholz* prognostizierte Anstieg psychologischer Arbeitsverträge des Typs Darwiportunismus pur[1280] zeichnet sich bereits heute in der stetigen Zunahme befristeter Arbeitsverhältnisse ab.[1281] Von einem Denken in traditionellen Mustern, in denen die Loyalität der Mitarbeiter mitsamt der lebenslangen Arbeitsplatzsicherheit Teil des psychologischen Arbeitsvertrages waren, müssen Unternehmen und Mitarbeiter immer mehr Abstand nehmen.[1282] Im Sinne eines Person-Organisation-Fit[1283] gilt es vielmehr, die aktuelle und gewünschte Position des Unternehmens in der Darwiportunismus-Matrix zu identifizieren und die Verhaltensweisen und Instrumente im Unternehmen entsprechend der darwiportunistischen Differenziertheit auszugestalten.[1284]

Insgesamt erreicht werden muss sowohl in der Forschung als auch in der Praxis ein Umdenken, welches eine Abkehr von der ex post Betrachtung von Vertragsverletzung hin zu einer ex ante Gestaltung des Bildungsprozesses psychologischer Arbeitsverträge im Sinne der darwiportunistischen Differenziertheit impliziert.

1279 vgl. für einen Überblick über positive Implikationen psychologischer Arbeitsverträge beispielsweise die Ausführungen in Conway/Briner (2005); George (2009).

1280 vgl. Scholz (2003a).

1281 vgl. Grau (2010).

1282 vgl. Scholz (2003a).

1283 vgl. bespielsweise Kim/Cable/Kim (2005), 232-241.

1284 vgl. Scholz (o.J.), 4.

Anhang

Anhang 1: Fragebogen und Informationen zur 1. Runde der Delphi-Befragung

Sehr geehrter Herr/Frau X,

im Rahmen meiner Dissertation am Lehrstuhl für Betriebswirtschaftslehre, insbesondere Personalmanagement und Organisation der Universität Siegen (Univ.-Prof. Dr. Volker Stein) führe ich eine dreistufige Expertenbefragung zur „Bildung psychologischer Arbeitsverträge in Unternehmen" durch.

Wie bereits im Kontakt mit Ihnen zum Ausdruck gebracht, freue ich mich sehr über Ihre Teilnahme und die Unterstützung meiner Studie durch Ihre Expertenmeinung. Auf den nächsten Seiten werde ich Ihnen vorab einige organisatorische und inhaltliche Informationen zu dieser „Delphi-Studie" mitteilen.

Ihre Meinung als „Personalmanagement-Experte/spezifische Expertenbezeichnung" ist mir wichtig! Nur Sie können mir als Teilnehmer des ausgewählten kleinen Kreises von zwanzig Befragten die entsprechenden Informationen liefern! Daher bitte ich Sie herzlich um Rückgabe des ausgefüllten Fragebogens bis zum 25.02.2011 im beiliegenden Rücksendeumschlag.

Für Fragen und Anregungen stehe ich Ihnen sehr gerne unter obiger Nummer zur Verfügung. Selbstverständlich werde ich Sie nach der erfolgreich abgeschlossenen Delphi-Studie über die Ergebnisse informieren!

Vielen herzlichen Dank für Ihre Unterstützung und mit freundlichen Grüßen

Dipl.-Kffr. Janina Volmer

Anlagen
Vorbemerkungen
Fragebogen
Rücksendeumschlag

Vorbemerkungen

I. Hintergrund: Psychologische Arbeitsverträge

Das Verhältnis zwischen Arbeitgeber und Arbeitnehmer steuern vertragsrechtlich gesehen die Arbeitsverträge. Allerdings wird durch diese Verträge nicht alles zwischen den Parteien geregelt. Die Details der Beziehung werden im sogenannten „psychologischen Arbeitsvertrag" spezifiziert (*Argyris* 1960). Dieser Vertrag ist nicht schriftlich fixiert, rechtlich schwer durchsetzbar und stellt somit eine implizite Abmachung zwischen den Parteien dar. Inhaltlich geht es beispielsweise um den Austausch von Commitment des Arbeitnehmers gegen Jobsicherheit des Arbeitgebers. Auch die tatsächlichen Weiterbildungsmöglichkeiten oder die tatsächlich zu leistenden Überstunden pro Woche sind Teil dieses Vertrages. Wichtig ist, dass sich die erbrachten Leistungen einer Partei mit den Gegenleistungen der anderen Partei jeweils ausgleichen müssen. Falls ein Ungleichgewicht vorliegt und die eine Partei der Meinung ist, für die eigenen Leistungen nicht ausreichend kompensiert zu werden, kann es zu einem Bruch des psychologischen Arbeitsvertrages kommen. Im schlimmsten Fall kann dann die betroffene Partei sogar den schriftlichen Arbeitsvertrag kündigen. Die Schwierigkeit im Umgang mit diesen Verträgen besteht vor allem darin, dass die psychologischen Arbeitsverträge den Beteiligten oftmals nicht bewusst sind. Dabei ist aber gerade ein bewusster Umgang entsprechend der jeweiligen Erwartung für das fortdauernde Bestehen auch der psychologischen Arbeitsverträge ausschlaggebend.

Insgesamt gibt es auf der Basis der Darwiportunismus-Theorie vier alternative Typen psychologischer Arbeitsverträge (*Scholz* 2003a). Diese Verträge unterscheiden sich zum einen dadurch, wie stark der Mitarbeiter versucht, seine eigenen Interessen durchzusetzen, um seinen eigenen Nutzen zu maximieren (Opportunismus). Das bedeutet, dass stark opportunistische Mitarbeiter, sobald ihnen eine bessere Alternative geboten wird, diese wahrnehmen und bspw. im Extremfall ihren bisherigen Arbeitsvertrag aufkündigen. Zum anderen unterscheiden sich die Verträge dadurch, wie darwinistisch die Unternehmen handeln. Gemeint ist damit, wie stark die Unternehmen einem Wettbewerbsdruck ausgesetzt sind und diesen an die Mitarbeiter weitergeben. So impliziert ein hoher Darwinismus des Unternehmens, dass nur die leistungsstärksten Mitarbeiter im Unternehmen verbleiben. Demgegenüber halten Unternehmen mit einem niedrigen Darwinismus ihre Mitarbeiter auch bei geringer Leistung. Insgesamt ergeben die beiden Dimensionen „Darwinismus" des Unternehmens und „Opportunismus" des Mitarbeiters die vier Verträge der in Abbildung 1 dargestellten Darwiportunismus-Matrix (*Scholz* 2003a).

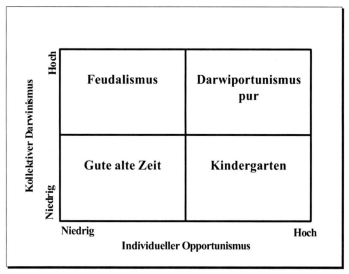

Darwiportunismus-Matrix (Scholz 2003)

Der Vertragstyp „Gute Alte Zeit" beschreibt die traditionelle Arbeitswelt. Die Mitarbeiter verhalten sich loyal gegenüber dem Arbeitgeber. Im Gegenzug bietet dieser den Mitarbeitern einen sicheren Job im Unternehmen. In der „Guten alten Zeit" sind Vertrauen, Verlässlichkeit, Stabilität, Sicherheit und Gerechtigkeit beim Arbeitgeber und Arbeitnehmer wichtig. Unternehmen investieren viel in die Weiterentwicklung ihrer Mitarbeiter. Da Mitarbeiter oftmals ihr ganzes Arbeitsleben in einem Unternehmen verbringen, muss dieses versuchen, deren Wissen aktuell zu halten. Darüber hinaus erfolgt auch die Rekrutierung in diesem Quadranten überwiegend aus den eigenen Rängen. Führungskräfte in der „Guten alten Zeit" müssen die Mitarbeiter aufgrund des geringen Opportunismusgrades wenig kontrollieren. Sie können daher eher zurückhaltend agieren und im Hintergrund eine stabile Arbeitssituation schaffen. Innerhalb dieses Rahmens können die Mitarbeiter dann selbstständig arbeiten. Positiv impliziert dieser Quadrant also gegenseitiges Vertrauen in einem stabilen Umfeld. Negativ kann ein solcher psychologischer Arbeitsvertrag allerdings zur Stagnation der Unternehmensentwicklung führen.

Der Vertragstyp „Kindergarten" wird durch das opportunistische Verhalten der Mitarbeiter bestimmt. Beispielhaft sind hier die IT-Unternehmen in der New Economy zu nennen, die sich durch hoch opportunistische Mitarbeiter auszeichneten. Wichtig ist hier eine besonders beziehungsorientierte Führung, um die Kreativität und Selbstverwirklichung der Mitarbeiter zu stärken. Dabei steht der Spaß der Mitarbeiter an der Arbeit im Vordergrund. Administrative Arbeiten und Probleme sind möglichst von diesen Kreativen fern zu halten. Darüber hinaus sind die Führungskräfte für die möglichst einfache Gestaltung von Arbeitsprozessen im Sinne der Mitarbeiter verantwortlich. Auch die Personalentwicklung in Form und Intensität wird innerhalb dieses Quadranten durch die Mitarbeiter bestimmt. Dies kann zu Innovation, aber auch zu fehlender Überlebensfähigkeit des Unternehmens im Wettbewerb führen.

Im Vertragstyp „Feudalismus" dominiert das Unternehmen und legt aufgrund des starken Wettbewerbsdrucks wenig Wert auf die Bedürfnisse der Arbeitnehmer. Die Führungskultur dieser Unternehmen zeichnet sich durch eine besonders starke Aufgabenorientierung aus. Nicht die Beziehung zu den Mitarbeitern, sondern der eigene Status steht im Vordergrund. Der Wettbewerbsdruck des Unternehmens wird intern auf die Mitarbeiter verlagert. Die Kultur zeichnet sich durch eine starke Leistungsorientierung und eine Kosteneinsparungspolitik aus. Dies spiegelt sich beispielsweise in der Stärke der Kontrolle der Mitarbeiter wider. Auch die Personalentwicklung wird vollkommen durch das Unternehmen bestimmt. Dieses entscheidet über Art und Umfang dieser Aktivitäten – rein im Dienste des Unternehmens. Lediglich Maßnahmen, die einen klaren Bezug zur besseren Erledigung der erteilten Aufgaben haben, werden genehmigt. Folge dieses psychologischen Arbeitsvertrages kann im positiven Sinne eine Effizienzsteigerung im Unternehmen sein. Negative Konsequenz dieser Konstellation kann allerdings auch das Burn-out der Mitarbeiter aufgrund des starken Drucks seitens des Unternehmens sein.

Im Vertragstyp „Darwinismus pur" ist beiden Parteien aufgrund offener Kommunikation bewusst, dass jeder seine eigenen Interessen maximieren möchte. Zur Umsetzung dieser Interessen wird allerdings die jeweils andere Vertragspartei benötigt. Alleine können die jeweiligen Ziele nicht erreicht werden. Die Erwartungen der zu erfüllenden Leistungen und Gegenleistungen im Arbeitsverhältnis sind bei den Parteien allerdings sehr unterschiedlich. Daher müssen die zu erbringenden Leistungen und Gegenleistungen zwischen beiden abgeglichen werden. Dies ist die Aufgabe der Führungskräfte. Durch eine offene Verhandlung beiderseitiger Interessen müssen sie eine Leistungsoptimierung im Sinne der Unternehmensziele realisieren. Die Mitarbeiter müssen verinnerlichen, dass nur das Erbringen konstanter Leistung ihren Arbeitsplatz sichert. Insgesamt werden Jobunsicherheit und Illoyalität akzeptiert, wenn Bezahlung und Leistung im Austausch stimmen. Positiver Effekt ist, dass durch innerbetrieblichen Wettbewerb das Unternehmen im Unternehmenswettbewerb eher überleben kann. Im negativen Fall findet lediglich ein ständiger Wechsel der Mitarbeiter, die einen besseren Job gefunden haben, statt.

Insgesamt ist die dargestellte Darwiportunismus-Matrix rein beschreibend: Eine Bewertung der jeweiligen Konstellationen im Sinne einer Empfehlung für einen der beschriebenen psychologischen Arbeitsverträge findet nicht statt.

II. Der darwiportunistisch differenzierte Bildungsprozess psychologischer Arbeitsverträge

Die vier vorab beschriebenen Typen psychologischer Arbeitsverträge nach *Scholz* (2003) grenzen sich durch den unterschiedlich hohen Darwiportunismus- und Opportunismusgrad der Parteien klar voneinander ab. Das Verhalten der Parteien ist dabei in jedem Vertragstyp anders. Daher wird auch der jeweilige psychologische Arbeitsvertrag auf eine andere Art und Weise gebildet. Abbildung 2 stellt die Unterschiede in den fünf Phasen des Bildungsprozess dar, die sich in Abhängigkeit von dem Darwiportunismusgrad des Unternehmens und des Opportunismusgrad des Mitarbeiters ergeben.

AG	AN	Phase I Erwartungsbildung		Phase II Symbolinterpretation		Phase III Verhandlung		Phase IV Aktivität (Tausch)		Phase V Monitoring		Psy. Arbeitsvertrag
		AG	AN	AG	AN	AG	AN	AG	AN	AG	AN	
niedriger Darwinismus	niedriger Opportunismus	Erwartungsbildung findet statt — Erwartungsrealisation gering		Symboltransfer von AG auf AN		Nein		Reziproker Tausch		Abweichungstoleranz: hoch		Gute alte Zeit
hoher Darwinismus	niedriger Opportunismus	Erwartungsbildung findet statt — Erwartungsrealisation hoch | gering		Symboldiktat von AG auf AN		Nein		Durch AG angewiesener Tausch		Abweichungstoleranz: gering | hoch		Feudalismus
niedriger Darwinismus	hoher Opportunismus	Erwartungsbildung findet statt — Erwartungsrealisation gering | hoch		Symboldiktat von AN auf AG		Nein		Durch AN angewiesener Tausch		Abweichungstoleranz: hoch | gering		Kindergarten
hoher Darwinismus	hoher Opportunismus	Erwartungsbildung findet statt — Erwartungsrealisation hoch		Abstimmung der Symbolik zwischen AG und AN		Ja		Verhandelter Tausch		Abweichungstoleranz: gering		Darwiportunismus pur

Der darwiportunistisch differenzierte Bildungsprozess psychologischer Arbeitsverträge

Die Phase der Erwartungsbildung (Phase I)

Zeitlich gesehen beginnt der Bildungsprozess psychologischer Arbeitsverträge bereits *vor* dem Erstkontakt mit dem Unternehmen. Die jeweiligen Erwartungen hinsichtlich der eigenen und fremden Leistungen und Gegenleistungen in der Arbeitsbeziehung entwickeln sich in der Erwartungsbildungsphase (Phase I) sowohl auf Arbeitnehmer- als auch auf Arbeitgeberseite. Basis dieser Erwartungen stellen die vielfältigen individuellen Bedürfnisse der beteiligten Parteien dar. Verknüpft werden diese mit den spezifischen Erfahrungen, die die einzelnen Parteien im Laufe ihrer Sozialisation und ihrer beruflichen Laufbahn gesammelt haben. Hinzu kommen dann neue Informationen, die sich beide Parteien über den potenziellen Arbeitgeber beziehungsweise Arbeitnehmer suchen. Diese Erwartungsbildung auf inhaltlicher Ebene findet in allen Dawiportunismus-Konstellationen statt. Allerdings variiert die Realisationswahrscheinlichkeit, also die Wahrscheinlichkeit, mit der die gebildeten Erwartungen in der späteren Arbeitsbeziehung auch realisiert werden können, in Abhängigkeit von dem Darwiportunismus- und Opportunismusgrad.

Die Phase der Symbolinterpretation (Phase II)

Auch die Ausgestaltung der Phase II, der Symbolinterpretation, läuft in Abhängigkeit von der Darwiportunismus-Konstellation unterschiedlich ab. Generell findet in dieser Phase ein Abgleich des Symbolverständnisses beider Parteien statt. Ohne eine gemeinsame Symbolik, beispielsweise eines gemeinsamen Sprachverständnisses, können die Parteien die Erwartungen der jeweils anderen Partei nicht verstehen. Dass ein derartiger Symbolabgleich stattfindet, ist in allen Konstellationen gleich, wie dieser allerdings ausgestaltet ist, differiert. So wird in der „Guten alten Zeit" die Symbolik vom Arbeitgeber auf den Arbeitnehmer transferiert. Im „Feudalismus" und „Kindergarten" diktiert die jeweilig dominante Partei ihre Symbolik der anderen Partei. Allein im „Darwiportunismus pur" findet, durch das ausgeglichene Machtverhältnis bedingt, eine Abstimmung der Symbolik beider Parteien statt, sodass Elemente beider Seiten integriert werden.

Die Phase der Verhandlung (Phase III)

Eine Verhandlung (Phase III) findet entsprechend der Logik des Darwiportunismus-Konzeptes lediglich im „Darwiportunismus pur" statt. Nur in dieser Konstellation versuchen beide Parteien, durch eine Verhandlung der jeweiligen Erwartungen über Leistungen und Gegenleistungen ihren individuellen Nutzen bestmöglich zu maximieren.

XXIV

Die Phase des Tausches (Phase IV)

Die Aktivitätsphase des Tausches (Phase IV) läuft in allen Konstellationen unterschiedlich ab. Einzig im „Darwiportunismus pur" sind die Tauschkonditionen dadurch, dass die jeweiligen Leistungen und Gegenleistungen zwischen den Parteien vorab ausgehandelt wurden, beiden Parteien klar. Geleistet wird daher von beiden Parteien oftmals sogar simultan. In der „Guten alten Zeit" findet ein reziproker Tausch statt. Dies impliziert unspezifizierte Tauschbestandteile und einen undefinierten Tauschzeitpunkt. Leistungen werden somit nicht zwingend sofort durch Gegenleistungen kompensiert, sondern erst zu einem späteren Zeitpunkt. In den beiden Konstellationen „Feudalismus" und „Kindergarten" weist wiederum die dominante Partei die Tauschbestandteile und -konditionen an.

Die Phase des Monitoring (Phase V)

Sowohl Arbeitgeber als auch Arbeitnehmer überwachen in der anschließenden Monitorphase (Phase V), ob der reziproke oder verhandelte Tausch gemäß den Erwartungen beziehungsweise gemäß den vorab ausgehandelten Leistungen und Gegenleistungen stattfindet. Dabei differiert die Toleranzgrenze, ab wann eine Abweichung von den Erwartungen oder vereinbarten Konditionen als Vertragsbruch wahrgenommen wird. Im reziproken Tausch ist diese relativ hoch, da die Leistungen und Gegenleistungen nicht vorab spezifiziert wurden. Dagegen ist im „Darwiportunismus pur" relativ wenig Toleranz bei den beteiligten Parteien zu erwarten, da die Tauschbestandteile vorab genau festgelegt wurden. Im „Feudalismus" und „Kindergarten" wiederum hat die dominante Partei wenig Interesse daran, Toleranz gegenüber der anderen Partei zu zeigen. Diese weist allerdings eine relativ hohe Toleranz auf, da für sie die Alternative lediglich im Verlassen des Unternehmens bestünde. Die Überschreitung der Toleranzgrenze führt dann allerdings zu einem Bruch des psychologischen Arbeitsvertrages.

III. Anliegen der Befragung: Rationalisierung des Bildungsprozesses psychologischer Arbeitsverträge in Unternehmen

Psychologische Arbeitsverträge sind in Unternehmen oft unbewusst beziehungsweise unausgesprochen. Häufig treten Bestandteile dieser Verträge nur bei bestimmten Ereignissen ins Bewusstsein. Derartige Ereignisse, wie beispielsweise eine Vertragsverletzung, ein Vertragsbruch oder eben eine Neueinstellung, führen zumindest dazu, sich Gedanken über seine Erwartungen bezüglich der Leistungen und Gegenleistungen zu machen. Ob dann allen Parteien klar ist, dass es sich hierbei um einen psychologischen Arbeitsvertrag handelt, bleibt offen. Für die Bildung eines psychologischen Arbeitsvertrages ist die reine Konzentration auf eine Fehlerbeseitigung allerdings ineffizient. Sich erst im Falle einer Verletzung oder eines Bruches mit seinen Erwartungen oder denen der anderen Partei auseinanderzusetzen, ist kontraproduktiv. Am effizientesten für das Unternehmen ist es, wenn in allen Phasen des Bildungsprozesses eine bewusste Ausgestaltung gemäß der darwiportunistisch differenzierten Systematik erfolgt.

Ziel dieser Befragung ist es daher, Maßnahmen abzuleiten, wie dieser darwiportunistisch differenzierte Bildungsprozess psychologischer Arbeitsverträge, Führungskräften im Unternehmen bewusst gemacht werden kann.

IV. Ablauf der Delphi-Befragung

Das Vorgehen der Delphi-Befragung gliedert sich in drei Phasen:

1. In der ersten Runde findet eine Befragung anhand drei offener Fragen zur Generierung von Vorschlägen statt. Dabei ist es mir besonders wichtig, dass Sie ausschließlich aus Ihrer individuellen Expertensicht die Fragen beantworten. Sie speziell sind hierbei als „Personalmanagement-Experte/spezifische Expertenbezeichnung" vorgesehen.
2. Die Ergebnisse dieser qualitativen Befragungsrunde werden ausgewertet und zu einem standardisierten Fragebogen verdichtet. Der dadurch entstandene quantitative Fragebogen wird dann wiederum an Sie zur Beurteilung verschickt.
3. Die aufbereiteten Ergebnisse der 2. Runde bekommen Sie dann zusammen mit dem Fragebogen für die dritte Befragungsrunde zugeschickt. Dabei sind die Fragebögen der zweiten und dritten Phase inhaltlich völlig identisch. Ergänzt werden in der dritten Runde lediglich die Durchschnittsergebnisse aller Befragten zu Ihrer Information sowie Kommentarfelder, die Ihnen Raum schaffen, letzte Anmerkungen zu machen. Die dritte Runde stellt somit den Abschluss der Delphi-Studie da.

Dieser dreistufige Ablauf ist für Delphi-Befragungen typisch. Die zweimalige Beantwortung des quantitativen Fragebogens ist in dieser Methodik notwendig, um eindeutige Ergebnisse zu erhalten. Daher nehmen auch an allen drei Phasen dieselben Experten teil. Die Endergebnisse dieser Delphi-Studie werden Ihnen abschließend wiederum zur Verfügung gestellt.

V. Datenschutz

Die Anonymität der Befragung hat höchste Priorität. Selbstverständlich werden daher auch die Ergebnisse der Befragungsrunden anonymisiert ausgewertet und erst dann an die Teilnehmer verschickt. Um ein Vergleich der Daten pro Experte über die drei Befragungsrunden zu ermöglichen, werde ich Ihnen eine Identifikationsnummer geben. Diese werden Sie die gesamte Studie über behalten. Anderen Teilnehmern dieser Befragung wird Ihre Identifikationsnummer nicht mitgeteilt. Ihre Anonymität ist somit gewährleistet.

Fragebogen der ersten Runde der Delphi-Studie zur Rationalisierung des Bildungsprozesses psychologischer Arbeitsverträge in Unternehmen

Identifikationsnummer: X

Liebe Expertinnen und Experten,

bevor Sie mit der Beantwortung des Fragebogens beginnen, möchte ich Sie bitten, einige wenige demografische Angaben über sich zu machen:

Demografische Angaben:

Geschlecht	❏ männlich	❏ weiblich
Univ.-Professor/-in	❏ ja	❏ nein
Personalleiter/-in	❏ ja	❏ nein

Schätzen Sie bitte nachfolgend ein, wie gut Ihre theoretischen Kenntnisse über psychologische Arbeitsverträge zwischen Arbeitgeber und Arbeitnehmer sind:

Kenntnis	❏ sehr gut	❏ gut	❏ weniger gut	❏ schlecht

Schätzen Sie bitte nachfolgend ein, wie gut Ihre praktischen Kenntnisse über psychologische Arbeitsverträge zwischen Arbeitgeber und Arbeitnehmer sind:

Kenntnis	❏ sehr gut	❏ gut	❏ weniger gut	❏ schlecht

Bitte beantworten Sie nachfolgende Fragen aus Ihrer Expertenposition heraus!

Frage I

Was würden Sie konkret machen, damit die Führungskräfte im Unternehmen die darwiportunistisch differenzierte Logik der Entstehung psychologischer Arbeitsverträge *verstehen*?

Frage II

Was würden Sie konkret machen, damit die Führungskräfte nach der Systematik der darwiportunistisch differenzierten Bildung psychologischer Arbeitsverträge *überhaupt handeln wollen*?

Frage III

Was würden Sie konkret machen, damit eingeführte Maßnahmen zur darwiportunistisch differenzierten Bildung psychologischer Arbeitsverträge von Führungskräften im Unternehmen *dauerhaft angewandt werden*?

Anhang 2: Fragebogen und Informationen zur 2. Runde der Delphi-Befragung

Liebe Experten,

im Rahmen meiner Dissertation am Lehrstuhl für Betriebswirtschaftslehre, insbesondere Personalmanagement und Organisation der Universität Siegen (Univ.-Prof. Dr. Volker Stein) führe ich eine dreistufige Expertenbefragung zur „Bildung psychologischer Arbeitsverträge in Unternehmen" durch.

Sie haben dabei neben weiteren Experten aus Praxis oder Wissenschaft in einer 1. Runde vielfältige Ideen zur Rationalisierung des Bildungsprozesses psychologischer Arbeitsverträge in Unternehmen zusammengetragen. Für Ihre Teilnahme, Ihre Anmerkungen und Ihr ergänzendes Feedback bedanke ich mich an dieser Stelle nochmals sehr herzlich! Auch in der 2. Runde hoffe ich auf Ihre Teilnahme, um so die Ergebnisse der Studie durch Ihr Expertenwissen anzureichern. Vorab schon mal vielen Dank für Ihre Unterstützung!

Zur Konzeption der quantitativen Befragung der 2. Runde der Delphi-Studie habe ich Ihre Ideen der qualitativen Befragungsrunde (1. Runde) kategorisiert und in Fragen transformiert. Aus Ihren Ideen zu den drei Fragen der Rationalisierungsfelder „verstehen", „handeln wollen" und „dauerhaft anwenden" der 1. Runde ergeben sich 6 Oberkategorien: A Basiswissen, B Rahmenbedingungen, C Darwiportunismus-Matrix-Positionierung, D kommunikative Begleitung, E Anwendung (E$_1$ Anwendung gestalten, E$_2$ anwendungsunterstützende Materialien) und F Methodik und Medien. Der Fragebogen der 2. Runde weist somit die in nachfolgender Abbildung dargestellte Gliederungssystematik auf.

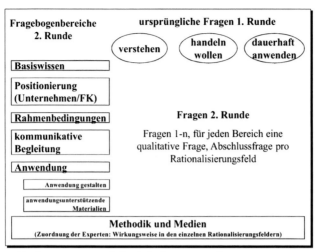

Gliederungssystematik der 2. Befragungsrunde

Die Fragen zur Kategorie F Methodik und Medien werden dabei in den drei Rationalisierungsfeldern am Ende des Fragebogens zusammenfassend abgefragt. Außerdem werden Sie ergänzend zu den quantitativen Fragen jeweils am Ende eines Fragenblocks zusätzlich die Möglichkeit haben, weitere qualitative Hinweise vorzunehmen. Ich bitte Sie daher, zu überlegen, ob wichtige Aspekte einzelner Bereiche vielleicht noch nicht oder zu wenig beachtet wurden, und diese zu ergänzen.

Für einen vereinfachten Ablauf habe ich Ihnen den Fragebogen als interaktives PDF-Dokument angehängt. Sie können somit direkt in die Datei klicken und so automatisch die präferierte Antwort anklicken. Jeder Fragebogen ist dabei wie in der 1. Befragungsrunde mit Ihrer individuellen Identifikationsnummer gekennzeichnet. Ihre Bewertungen und Anmerkungen können Sie somit direkt in dem Dokument vornehmen. Bitte bewerten Sie dabei Ihre Aussagen anhand der vorgegebenen 6-stufigen Skala:

nein	*über-wiegend nein*	*eher nein*	*eher ja*	*über-wiegend ja*	*ja*
1	*2*	*3*	*4*	*5*	*6*
❑	❑	❑	❑	❑	❑

Für eine ganzheitliche Auswertung bitte ich Sie, **alle** Aussagen zu beantworten. Pro Aussage machen Sie bitte ein Kreuz zwischen 1 bis 6. Aus Gründen der

Lesbarkeit habe ich im Fragebogen einheitlich die männliche Form gewählt. Gemeint sind selbstverständlich auch alle weiblichen Führungskräfte und Mitarbeiterinnen.

Bitte senden Sie den ausgefüllten Fragebogen bis zum 13.05.2011 an mich zurück. Die ausgewerteten Ergebnisse dieser Runde werde ich Ihnen dann umgehend rückmelden, sodass Sie diese Informationen als Hintergrund zur Beantwortung des abschließenden Fragebogens der 3. Runde nutzen können. Änderungen zwischen dem Fragebogen der 2. Runde und des der 3. Runde wird es nur geben, wenn sich durch Ihre Ergänzungen zeigt, dass wichtige Aspekte noch Berücksichtigung finden müssen.

Vielen lieben Dank für Ihre Mitarbeit!

Mit freundlichen Grüßen

J. Volmer

Janina Volmer

Frage I

Was würden Sie konkret machen, damit die Führungskräfte im Unternehmen die darwiportunistisch differenzierte Logik der Entstehung psychologischer Arbeitsverträge *verstehen*?

I A. Basiswissen zum „**Verständnis**" darwiportunistisch differenzierter Bildungsprozesse psychologischer Arbeitsverträge

Ich würde...	nein	über- wie- gend nein	eher nein	eher ja	über- wie- gend ja	ja
	1	*2*	*3*	*4*	*5*	*6*
01 ...alle Führungsebenen mit den vier psychologischen Arbeitsverträgen der Darwiportunismus-Theorie vertraut machen.	❑	❑	❑	❑	❑	❑
02 ...die einzelnen Phasen des darwiportunistisch differenzierten Bildungsprozesseses transparent machen, um Akzeptanz bei den Führungskräften zu schaffen.	❑	❑	❑	❑	❑	❑
03 ...den Führungskräften bewusst machen, dass der darwiportunistisch differenzierte Bildungsprozess psychologischer Arbeitsverträge statt punktueller Einmalentscheidungen kontinuierlich fortlaufende Entscheidungen verlangt.	❑	❑	❑	❑	❑	❑
04 ...verdeutlichen, dass zwangsläufig immer mindestens ein Typ des psychologischen Arbeitsvertrages existiert.	❑	❑	❑	❑	❑	❑
05 ..., wenn oben genannte Aspekte 1 bis 4 umgesetzt würden, insgesamt erwarten, dass diese das Basiswissen vollständig erfassen.	❑	❑	❑	❑	❑	❑

I B. Rahmenbedingungen zum „**Verständnis**" darwiportunistisch differenzierter Bildungsprozesse psychologischer Arbeitsverträge

Ich würde...	*1*	*2*	*3*	*4*	*5*	*6*
06 ...den Führungskräften bewusst machen, wie stark der Einfluss des gesellschaftlichen Wertewandels auf die Bildung psychologischer Arbeitsverträge ist.	❑	❑	❑	❑	❑	❑
07 ...die Führungskräfte dafür sensibilisieren, die individuellen Rahmenbedingungen (z. B. Privatsphäre) der Mitarbeiter zu erkennen, um den darwiportunistisch differenzierten Bildungsprozess situationsgerecht zu gestalten.	❑	❑	❑	❑	❑	❑
08 ...die Führungskräfte über die Wichtigkeit der gesetzlichen, tarifvertraglichen und sozio-ökonomischen Rahmenbedingungen aufklären, um den darwiportunistisch differenzierten Bildungsprozess situationsgerecht zu gestalten.	❑	❑	❑	❑	❑	❑
09 ...bewusst machen, wie stark interkulturelle Unterschiede in der darwiportunistisch differenzierten Bildung psychologischen Arbeitsverträge eine Rolle spielen.	❑	❑	❑	❑	❑	❑
10 ...bewusst machen, wie stark Altersunterschiede in der darwiportunistisch differenzierten Bildung psychologischen Arbeitsverträge eine Rolle spielen.	❑	❑	❑	❑	❑	❑

	nein	über-wiegend nein	eher nein	eher ja	über-wiegend ja	ja
Ich würde...	*1*	*2*	*3*	*4*	*5*	*6*

11 ...bewusst machen, wie stark geschlechtsspezifische Unterschiede in der darwiportunistisch differenzierten Bildung psychologischer Arbeitsverträge eine Rolle spielen.

❑ ❑ ❑ ❑ ❑ ❑

12 ...den Führungskräften verdeutlichen, dass klare Kenntnisse der Inhalte formaler Arbeitsverträge sowie der Stellenbeschreibung Voraussetzung für die Bildung psychologischer Arbeitsverträge sind.

❑ ❑ ❑ ❑ ❑ ❑

13 ..., wenn oben genannte Aspekte 6 bis 12 umgesetzt würden, insgesamt erwarten, dass diese die Rahmenbedingungen vollständig erfassen.

❑ ❑ ❑ ❑ ❑ ❑

I C. Darwiportunismus-Matrix-Positionierung zum „Verständnis" des darwiportunistisch differenzierter Bildungsprozesse psychologischer Arbeitsverträge

Ich würde...	*1*	*2*	*3*	*4*	*5*	*6*

14 ...eine explizite Positionierung des Unternehmens innerhalb der Darwiportunismus-Matrix vornehmen.

❑ ❑ ❑ ❑ ❑ ❑

15 ...die Methode des Brainstormings nutzen, um Ideen für die Umsetzung des darwiportunistisch differenzierten Bildungsprozesses psychologischer Arbeitsverträge im Unternehmen zu gewinnen.

❑ ❑ ❑ ❑ ❑ ❑

16 ...personalwirtschaftliche Informationen des Personalcontrollings nutzen, um die Positionierung des Unternehmens innerhalb der Darwiportunismus-Matrix rational zu begründen.

❑ ❑ ❑ ❑ ❑ ❑

17 ...eine spezifische Mitarbeiterbefragung durchführen, um eine eindeutige Positionierung des Unternehmens innerhalb der Darwiportunismus-Matrix fundiert zu untermauern.

❑ ❑ ❑ ❑ ❑ ❑

18 ...mir ein Bild meiner in der Kommunikation verwendeten Sprache, Mimik und Gestik machen.

❑ ❑ ❑ ❑ ❑ ❑

19 ...Exit-Gespräche zur Gewinnung eines besseren Verständnisses für Führungskräfte im Umgang mit psychologischen Arbeitsverträgen durchführen.

❑ ❑ ❑ ❑ ❑ ❑

20 ..., wenn oben genannte Aspekte 14 bis 19 umgesetzt würden, insgesamt erwarten, dass diese die Darwiportunismus-Matrix-Positionierung vollständig erfassen.

❑ ❑ ❑ ❑ ❑ ❑

I D. Kommunikative Begleitung zum „Verständnis" darwiportunistisch differenzierter Bildungsprozesse psychologischer Arbeitsverträge

Ich würde...	*1*	*2*	*3*	*4*	*5*	*6*

21 ...den Führungskräften kommunizieren, wo sich das Unternehmen innerhalb der Darwiportunismus-Matrix positioniert.

❑ ❑ ❑ ❑ ❑ ❑

22 ...allen Organisationsmitgliedern die Relevanz des darwiportunistisch differenzierten Bildungsprozesses kommunizieren.

❑ ❑ ❑ ❑ ❑ ❑

		nein	über- wie- gend nein	eher nein	eher ja	über- wie- gend ja	ja
	Ich würde…	1	2	3	4	5	6
23	…herausarbeiten, wie stark die Optimierung der medienspezifischen Selbstdarstellung des Unternehmens von den spezifischen Besonderheiten der Positionierung innerhalb der Darwiportunismus-Matrix abhängt.	❑	❑	❑	❑	❑	❑
24	…, wenn oben genannte Aspekte 21 bis 23 umgesetzt würden, insgesamt erwarten, dass diese die kommunikative Begleitung vollständig erfassen.	❑	❑	❑	❑	❑	❑

I E ₁. Anwendung: Anwendung gestalten zum „Verständnis" darwiportunistisch differenzierter Bildungsprozesse psychologischer Arbeitsverträge

	Ich würde…	1	2	3	4	5	6
25	…die Führungskräfte dafür sensibilisieren, sich der eigenen Erwartungen bewusst zu werden, um den darwiportunistisch differenzierten Bildungsprozess situationsgerecht zu gestalten.	❑	❑	❑	❑	❑	❑
26	…die Führungskräfte so schulen, dass sie beim Entstehen schwieriger emotionaler Situationen im Bildungsprozess adäquat reagieren.	❑	❑	❑	❑	❑	❑
27	…es für wichtig halten, dass eine klare Kommunikation der Positionierung innerhalb der Matrix zu einer höheren Handlungsfähigkeit der Führungskräfte führt.	❑	❑	❑	❑	❑	❑
28	…den Führungskräften unterschiedliche Kommunikationsstrategien für die Gestaltung der vier Bildungsprozesse psychologischer Arbeitsverträge vermitteln.	❑	❑	❑	❑	❑	❑
29	…Führungskräfte dafür sensibilisieren, die individuellen Erwartungen ihrer Mitarbeiter zu erkennen, um den darwiportunistisch differenzierten Bildungsprozess situationsgerecht zu gestalten.	❑	❑	❑	❑	❑	❑
30	…den Führungskräften beibringen, die Mitarbeiter zu motivieren, im Bildungsprozess psychologischer Arbeitsverträge wahrheitsgemäße Angaben zu machen.	❑	❑	❑	❑	❑	❑
31	…den Führungskräften bewusst machen, dass sie den Mitarbeitern die gelernten Aspekte zum darwiportunistisch differenzierten Bildungsprozess psychologischer Arbeitsverträge kommunizieren müssen.	❑	❑	❑	❑	❑	❑
32	…den Führungskräften vermitteln, wie sie den darwiportunistisch differenzierten Bildungsprozess bei den Mitarbeitern beeinflussen können.	❑	❑	❑	❑	❑	❑
33	…, wenn oben genannte Aspekte 25 bis 32 umgesetzt würden, insgesamt erwarten, dass diese die Gestaltung der Anwendung vollständig erfassen.	❑	❑	❑	❑	❑	❑

I E 2. Anwendung: Anwendungsunterstützendes Material zum „Verständnis" darwiportunistisch differenzierter Bildungsprozesse psychologischer Arbeitsverträge

	nein	über-wie-gend nein	eher nein	eher ja	über-wie-gend ja	ja
Ich würde...	1	2	3	4	5	6
34 ...einen Leitfaden zur Vermittlung des Verständnisses des darwiportunistisch differenzierten Bildungsprozesses psychologischer Arbeitsverträge bei den Führungskräften einsetzen.	❑	❑	❑	❑	❑	❑
35 ...es für wichtig halten, dass die Systematik des Ablaufes der Bildung psychologischer Arbeitsverträge an Zeitplänen und an einem Projektmanagement festgemacht wird.	❑	❑	❑	❑	❑	❑
36 ...spezielle Kompetenzen beschreiben, die nötig sind, um in dem darwiportunistisch differenzierten Prozess zur Bildung psychologischer Arbeitsverträge handeln zu können.	❑	❑	❑	❑	❑	❑
37 ..., wenn oben genannte Aspekte 34 bis 36 umgesetzt würden, insgesamt erwarten, dass diese die anwendungsunterstützenden Maßnahmen vollständig erfassen.	❑	❑	❑	❑	❑	❑

Welche weiteren Anmerkungen haben Sie zum Fragenbereich I - des „Verständnisses" der darwiportunistisch differenzierten Logik der Entstehung psychologischer Arbeitsverträge der Führungskräfte?

Frage II

Was würden Sie konkret machen, damit die Führungskräfte nach der Systematik der darwiportunistisch differenzierten Bildung psychologischer Arbeitsverträge *überhaupt handeln wollen*?

II A. Basiswissen zum „handeln wollen" gemäß des darwiportunistisch differenzierten Bildungsprozesses psychologischer Arbeitsverträge

Ich würde...	1	2	3	4	5	6
38 ...den Führungskräften den individuellen Nutzen für das Alltagshandeln verdeutlichen.	❑	❑	❑	❑	❑	❑
39 ...den Führungskräften positive und negative Konsequenzen der Anwendung und Nichtanwendung des darwiportunistisch differenzierten Bildungsprozesses psychologischer Arbeitsverträge aufzeigen.	❑	❑	❑	❑	❑	❑
40 ...prüfen, wie stark das generelle Verhalten der Führungskräfte im Sinne des darwiportunistisch differenzierten Bildungsprozesses psychologischer Arbeitsverträge durch externe Beeinflussung steuerbar ist.	❑	❑	❑	❑	❑	❑

	nein	über-wie-gend nein	eher nein	eher ja	über-wie-gend ja	ja
Ich würde...	*1*	*2*	*3*	*4*	*5*	*6*

41 …prüfen, wie stark die intrinsische Motivation der Führungskräfte, im Sinne des darwiportunistisch differenzierten Bildungsprozesses psychologischer Arbeitsverträge handeln zu wollen, durch die Gestaltung von Rahmenbedingungen steuerbar ist. ❑ ❑ ❑ ❑ ❑ ❑

42 …bewusst machen, dass diese Thematik nicht handlungsleitend wird, wenn keine Akzeptanz bei den Führungskräften vorliegt. ❑ ❑ ❑ ❑ ❑ ❑

43 …sicherstellen, dass die Führungskräfte eine positive Einstellung zu dem Thema entwickeln und es somit nicht als beliebigen Luxus ansehen. ❑ ❑ ❑ ❑ ❑ ❑

44 …, wenn oben genannte Aspekte 38 bis 43 umgesetzt würden, insgesamt erwarten, dass diese das Basiswissen vollständig erfassen. ❑ ❑ ❑ ❑ ❑ ❑

II B. Rahmenbedingungen zum „handeln wollen" gemäß des darwiportunistisch differenzierten Bildungsprozesses psychologischer Arbeitsverträge

Ich würde...	*1*	*2*	*3*	*4*	*5*	*6*

45 …die Glaubwürdigkeit der Partner im Bildungsprozess psychologischer Arbeitsverträge für wichtig halten. ❑ ❑ ❑ ❑ ❑ ❑

46 …prüfen, wie stark die Rahmenbedingungen eine echte Verhaltensänderung der Führungskräfte in Richtung „überhaupt handeln zu wollen" fördern. ❑ ❑ ❑ ❑ ❑ ❑

47 …klären wie wichtig es ist, individual spezifische Anreize zu setzen, um Führungskräfte zu bewegen, gemäß des darwiportunistisch differenzierten Bildungsprozesses handeln zu wollen. ❑ ❑ ❑ ❑ ❑ ❑

48 …den Führungskräften die Angst vor falschem Handeln nehmen. ❑ ❑ ❑ ❑ ❑ ❑

49 …den Führungskräften Zeit geben, das Gelernte zu verarbeiten, um den Bildungsprozess aktiv gestalten zu können. ❑ ❑ ❑ ❑ ❑ ❑

50 …mich dafür einsetzen, dass Einwände der Führungskräfte professionell bearbeitet werden. ❑ ❑ ❑ ❑ ❑ ❑

51 …, wenn oben genannte Aspekte 45 bis 50 umgesetzt würden, insgesamt erwarten, dass diese die Rahmenbedingungen vollständig erfassen. ❑ ❑ ❑ ❑ ❑ ❑

II C. Darwiportunismus-Matrix-Positionierung zum „handeln wollen" gemäß des darwiportunistisch differenzierten Bildungsprozesses psychologischer Arbeitsverträge

Ich würde...	*1*	*2*	*3*	*4*	*5*	*6*

52 …die positive Einstellung der Parteien zum Einsatz des darwiportunistisch differenzierten Bildungsprozess für wichtig halten. ❑ ❑ ❑ ❑ ❑ ❑

53 …, wenn oben genannter Aspekt umgesetzt würde, insgesamt erwarten, dass diese die Darwiportunismus-Matrix-Positionierung vollständig erfassen. ❑ ❑ ❑ ❑ ❑ ❑

II D. Kommunikative Begleitung zum „handeln wollen" gemäß des darwiportu-nistisch differenzierten Bildungsprozesses psychologischer Arbeitsverträge

		nein	über-wie-gend nein	eher nein	eher ja	über-wie-gend ja	ja
Ich würde...		1	2	3	4	5	6
54	...es für wichtig halten, dass die oberste Führungsebene die Ak-zeptanz für die Umsetzung des darwiportunistisch differenzier-ten Bildungsprozesses psychologischer Arbeitsverträge im Un-ternehmen schafft.	❑	❑	❑	❑	❑	❑
55	...es für wichtig halten, dass die Geschäftsführung als Vorbild das Interesse der Führungskräfte vertieft, „überhaupt handeln zu wollen".	❑	❑	❑	❑	❑	❑
56	...es für entscheidend halten, dass Führungskräfte durch das Unternehmen mit Verhaltensfeedback begleitet werden.	❑	❑	❑	❑	❑	❑
57	..., wenn oben genannte Aspekte 54 bis 56 umgesetzt würden, insgesamt erwarten, dass diese die kommunikative Begleitung vollständig erfassen.	❑	❑	❑	❑	❑	❑

II E 1. Anwendung: Anwendung gestalten zum „handeln wollen" gemäß des dar-wiportunistisch differenzierten Bildungsprozesses psychologischer Ar-beitsverträge

	Ich würde...	1	2	3	4	5	6
58	...die Führungskräfte frühzeitig bei der Implementierung des darwiportunistisch differenzierten Prozesses einbeziehen.	❑	❑	❑	❑	❑	❑
59	...den Führungskräften das Potenzial des Einsatzes des darwi-portunistisch differenzierten Bildungsprozesseses zum proak-tiven Umgang mit Konflikten aufzeigen.	❑	❑	❑	❑	❑	❑
60	...als einzigen Weg favorisieren, dass Führungskräfte über-haupt handeln wollen, wenn die nächsthöhere Führungsebene diesen Prozess in einer Change-Management-Rolle als Chan-ge-Catalyst vorantreibt.	❑	❑	❑	❑	❑	❑
61	..., wenn oben genannte Aspekte 58 bis 60 umgesetzt würden, insgesamt erwarten, dass diese die Gestaltung der Anwen-dung vollständig erfassen.	❑	❑	❑	❑	❑	❑

II E 2. Anwendung: Anwendungsunterstützendes Material zum „handeln wollen" gemäß des darwiportunistisch differenzierter Bildungsprozesses psycholo-gischer Arbeitsverträge

	Ich würde...	1	2	3	4	5	6
62	...ein Zielsystem vereinbaren, das die Führungskräfte motiviert, handeln zu wollen.	❑	❑	❑	❑	❑	❑
63	...veranlassen, dass Scorecard-Daten herangezogen werden, um die Führungskräfte zum Handeln zu motivieren.	❑	❑	❑	❑	❑	❑
64	..., wenn oben genannte Aspekte 62 bis 63 umgesetzt würden, insgesamt erwarten, dass diese die anwendungsunterstützen-den Maßnahmen vollständig erfassen.	❑	❑	❑	❑	❑	❑

Welche weiteren Anmerkungen haben Sie zum Fragenbereich II - des „handeln wollens"
der Führungskräfte nach der Systematik der darwiportunistisch differenzierten Bildung
psychologischer Arbeitsverträge?

Frage III

**Was würden Sie konkret machen, damit eingeführte Maßnahmen zur darwi-
portunistisch differenzierten Bildung psychologischer Arbeitsverträge von
Führungskräften im Unternehmen *dauerhaft angewandt werden*?**

III A. Basiswissen zur „dauerhaften Anwendung" des darwiportunistisch differenzierten Bildungsprozesses psychologischer Arbeitsverträge

	Ich würde...	*nein*	*über-wie-gend nein*	*eher nein*	*eher ja*	*über-wie-gend ja*	*ja*
		1	*2*	*3*	*4*	*5*	*6*
65	...befürworten, dass alle Führungskräfte zur „darwiportunistisch differenzierten Führungskraft" zertifiziert werden.	❑	❑	❑	❑	❑	❑
66	...sicherstellen, dass bereits Führungsnachwuchskräfte im Rahmen ihrer Führungsausbildung ein Verständnis zur darwinistisch differenzierten Bildung psychologischer Arbeitsverträge entwickeln.	❑	❑	❑	❑	❑	❑
67	...evaluieren, ob die durchgeführten Maßnahmen zur Verbesserung der Führungskraft-Mitarbeiter-Beziehung führen.	❑	❑	❑	❑	❑	❑
68	...den Führungskräften die Kosten-Nutzen Bilanz des Unternehmens unter Einsatz des darwiportunistisch differenzierten Bildungsprozesses psychologischer Arbeitsverträge verdeutlichen.	❑	❑	❑	❑	❑	❑
69	...sicherstellen, dass die Führungskräfte ein Verständnis der situativen Nutzung der vier psychologischen Arbeitsverträge besitzen.	❑	❑	❑	❑	❑	❑
70	..., wenn oben genannte Aspekte 65 bis 69 umgesetzt würden, insgesamt erwarten, dass diese das Basiswissen vollständig erfassen.	❑	❑	❑	❑	❑	❑

III B. Rahmenbedingungen zur „dauerhaften Anwendung" des darwiportunistisch differenzierten Bildungsprozesses psychologischer Arbeitsverträge

	Ich würde...	*1*	*2*	*3*	*4*	*5*	*6*
71	...für eine dauerhafte Anwendung den darwiportunistisch differenzierten Bildungsprozess psychologischer Arbeitsverträge in dem Unternehmensleitbild und den Führungsleitlinien verankern.	❑	❑	❑	❑	❑	❑

72 ...das Vertrauen der Partner zueinander im Bildungsprozess psychologischer Arbeitsverträge für wichtig halten.

☐ ☐ ☐ ☐ ☐ ☐

73 ...ein selbstlernendes System im Unternehmen zum Umgang mit dem darwiportunistisch differenzierten Bildungsprozess psychologischer Arbeitsverträge implementieren.

☐ ☐ ☐ ☐ ☐ ☐

	nein	*über-wie-gend nein*	*eher nein*	*eher ja*	*über-wie-gend ja*	*ja*
Ich würde...	*1*	*2*	*3*	*4*	*5*	*6*
74 ...die dauerhafte Anwendung des darwiportunistisch differenzierten Bildungsprozesses im Vergütungssystem der Führungskräfte verankern.	☐	☐	☐	☐	☐	☐
75 ...die dauerhafte Anwendung des darwiportunistisch differenzierten Bildungsprozesses im Würdigungssystem des betreffenden Unternehmens verankern.	☐	☐	☐	☐	☐	☐
76 ..., wenn oben genannte Aspekte 71 bis 75 umgesetzt würden, insgesamt erwarten, dass diese die Rahmenbedingungen vollständig erfassen.	☐	☐	☐	☐	☐	☐

III C. Darwiportunismus-Matrix-Positionierung zur „dauerhaften Anwendung" des darwiportunistisch differenzierten Bildungsprozesses psychologischer Arbeitsverträge

Ich würde...	*1*	*2*	*3*	*4*	*5*	*6*
77 ...für wichtig halten, dass die Führungskräfte Bilanz zwischen schriftlich vereinbarten und vertraglich nicht geregelten Leistungen und Gegenleistungen ziehen.	☐	☐	☐	☐	☐	☐
78 ... ein kollektives Bewusstsein des darwiportunistisch differenzierten Bildungsprozesses schaffen, um sozioökonomische Standards zu reflektieren und so Veränderungsprozesse anzustoßen.	☐	☐	☐	☐	☐	☐
79 ...Längsschnittbegleitstudien mit Rückkopplung an die Entscheidungsebenen durchführen, um die Anwendung dauerhaft sicherzustellen.	☐	☐	☐	☐	☐	☐
80 ..., wenn oben genannte Aspekte 77 bis 79 umgesetzt würden, insgesamt erwarten, dass diese die Darwiportunismus-Matrix-Positionierung vollständig erfassen.	☐	☐	☐	☐	☐	☐

III D. Kommunikative Begleitung zur „dauerhaften Anwendung" des darwiportunistisch differenzierten Bildungsprozesses psychologischer Arbeitsverträge

Ich würde...	*1*	*2*	*3*	*4*	*5*	*6*
81 ...die regelmäßige Thematisierung in den Medien der Unternehmenskommunikation für wichtig halten.	☐	☐	☐	☐	☐	☐
82 ...mich als Führungskraft an die spezifischen Aspekte der eingegangenen psychologischen Arbeitsverträge halten.	☐	☐	☐	☐	☐	☐
83 ...die Evaluation durchgeführter Maßnahmen zur Steigerung des Verständnisses und der Handlungsbereitschaft der Führungskräfte regelmäßig wiederholen.	☐	☐	☐	☐	☐	☐

		nein	über- wie- gend nein	eher nein	eher ja	über- wie- gend ja	ja

84 …, wenn oben genannte Aspekte 81 bis 83 umgesetzt würden, insgesamt erwarten, dass diese die kommunikative Begleitung vollständig erfassen. ❑ ❑ ❑ ❑ ❑ ❑

III E ₁. Anwendung: Anwendung gestalten zur „dauerhaften Anwendung" des darwiportunistisch differenzierten Bildungsprozesses psychologischer Arbeitsverträge

		nein	über- wie- gend nein	eher nein	eher ja	über- wie- gend ja	ja
Ich würde…		*1*	*2*	*3*	*4*	*5*	*6*

85 …Maßnahmen erarbeiten, die geeignet sind, psychologische Arbeitsverträge in die gewünschte Richtung zu entwickeln. ❑ ❑ ❑ ❑ ❑ ❑

86 …es für wichtig halten, dass Führungskräfte bei Einstellungen und Beförderungen den darwiportunistisch differenzierten Bildungsprozess psychologischer Arbeitsverträge anwenden. ❑ ❑ ❑ ❑ ❑ ❑

87 …es für eine dauerhafte Anwendung für wichtig halten, aus den Erfahrungen vorheriger Bildungsprozesse zu lernen. ❑ ❑ ❑ ❑ ❑ ❑

88 …regelmäßig Mitarbeiterbefragungen, darwiportunistische Audits und jour fixe durchführen, um eine dauerhafte Anwendung des darwiportunistisch differenzierten Bildungsprozesses psychologischer Arbeitsverträge bei den Führungskräften zu erreichen. ❑ ❑ ❑ ❑ ❑ ❑

89 …, wenn oben genannte Aspekte 85 bis 88 umgesetzt würden, insgesamt erwarten, dass diese die Gestaltung der Anwendung vollständig erfassen ❑ ❑ ❑ ❑ ❑ ❑

III E ₂. Anwendung: Anwendungsunterstützendes Material zur „dauerhaften Anwendung" des darwiportunistisch differenzierten Bildungsprozesses psychologischer Arbeitsverträge

Ich würde…	*1*	*2*	*3*	*4*	*5*	*6*

90 …Benchmark-Daten anderer Unternehmen einbeziehen, um daraus für den eigenen Umgang mit dem Bildungsprozess psychologischer Arbeitsverträge zu lernen. ❑ ❑ ❑ ❑ ❑ ❑

91 …personalwirtschaftliche Instrumente (Konzepte zu Mitarbeiterjahresgesprächen, Zielvereinbarungen, Aktionspläne, usw.) als dauerhaftes Mittel zur Identifikation von Erwartungen nutzen. ❑ ❑ ❑ ❑ ❑ ❑

92 …durch Umsetzungspläne die dauerhafte Anwendung im alltäglichen Handeln fördern. ❑ ❑ ❑ ❑ ❑ ❑

93 …unterstützende Materialien im Sinne eines Regiehandbuches (bspw. Checklisten, Beurteilungsbögen, Gesprächsleitlinien) bereitstellen, damit eine dauerhafte Anwendung des darwiportunistisch differenzierten Bildungsprozesses von den Führungskräften praktiziert wird. ❑ ❑ ❑ ❑ ❑ ❑

94 ….es für wichtig halten, dass durch ein implementiertes Berichtswesen die dauerhafte Kommunikation von Ergebnissen sichergestellt wird. ❑ ❑ ❑ ❑ ❑ ❑

95 ..., wenn oben genannte Aspekte 90 bis 94 umgesetzt würden, ☐ ☐ ☐ ☐ ☐ ☐
insgesamt erwarten, dass diese die anwendungsunterstützen-
den Maßnahmen vollständig erfassen.

Welche weiteren Anmerkungen haben Sie zum Fragenbereich III - der dauerhaften Anwendung eingeführter Maßnahmen zur darwiportunistisch differenzierten Bildung psychologischer Arbeitsverträge von Führungskräften im Unternehmen?

Bitte kreuzen Sie nachfolgend an, welchen Einsatz folgender didaktisch organi-
sierter Methoden und Medien Sie in den Prozessen des „verstehens", „handeln
wollen" und „dauerhaft anwenden" für besonders wirkungsvoll halten, um den
Führungskräften den darwiportunistisch differenzierten Bildungsprozess bewusst zu machen.

Bitte bewerten Sie dabei Ihre Aussagen anhand der vorgegebenen 6-stufigen
Skala:

nein	überwie- gend nein	eher nein	eher ja	überwie- gend ja	ja
1	2	3	4	5	6
☐	☐	☐	☐	☐	☐

XLII

F. Methodik und Medien

Ich halte folgende Methodik und Medien für wirkungsvoll:	Frage 1: verstehen						Frage 2: handeln wollen						Frage 3: dauerhaft anwenden					
	1	2	3	4	5	6	1	2	3	4	5	6	1	2	3	4	5	6
96 Schulung	☐	☐	☐	☐	☐	☐	☐	☐	☐	☐	☐	☐	☐	☐	☐	☐	☐	☐
97 Workshop	☐	☐	☐	☐	☐	☐	☐	☐	☐	☐	☐	☐	☐	☐	☐	☐	☐	☐
98 Einsatz externer versierter Anbieter	☐	☐	☐	☐	☐	☐	☐	☐	☐	☐	☐	☐	☐	☐	☐	☐	☐	☐
99 South-Park-Comic	☐	☐	☐	☐	☐	☐	☐	☐	☐	☐	☐	☐	☐	☐	☐	☐	☐	☐
100 Unternehmenstheater	☐	☐	☐	☐	☐	☐	☐	☐	☐	☐	☐	☐	☐	☐	☐	☐	☐	☐
101 visuelle Unterstützung	☐	☐	☐	☐	☐	☐	☐	☐	☐	☐	☐	☐	☐	☐	☐	☐	☐	☐
102 plastische Darstellung	☐	☐	☐	☐	☐	☐	☐	☐	☐	☐	☐	☐	☐	☐	☐	☐	☐	☐
103 Selbstreflexion	☐	☐	☐	☐	☐	☐	☐	☐	☐	☐	☐	☐	☐	☐	☐	☐	☐	☐
104 Übungsgespräche	☐	☐	☐	☐	☐	☐	☐	☐	☐	☐	☐	☐	☐	☐	☐	☐	☐	☐
105 Coaching	☐	☐	☐	☐	☐	☐	☐	☐	☐	☐	☐	☐	☐	☐	☐	☐	☐	☐
106 geschlossene Führungsrunden	☐	☐	☐	☐	☐	☐	☐	☐	☐	☐	☐	☐	☐	☐	☐	☐	☐	☐
107 Führungskräfte als Multiplikatoren	☐	☐	☐	☐	☐	☐	☐	☐	☐	☐	☐	☐	☐	☐	☐	☐	☐	☐
108 Supervision	☐	☐	☐	☐	☐	☐	☐	☐	☐	☐	☐	☐	☐	☐	☐	☐	☐	☐
109 Qualitätszirkel	☐	☐	☐	☐	☐	☐	☐	☐	☐	☐	☐	☐	☐	☐	☐	☐	☐	☐
110 selbstlernendes System	☐	☐	☐	☐	☐	☐	☐	☐	☐	☐	☐	☐	☐	☐	☐	☐	☐	☐

Welche weiteren Anmerkungen haben Sie zum Bereich Methodik und Medien in den drei Rationalisierungsbereichen „verstehen", „handeln wollen" und „dauerhaft anwenden"?

Herzlichen Dank für Ihre Mitwirkung!

XLIII

Anhang 3: Darstellung der Häufigkeitsverteilung pro Frage pro Subbereich aufgeteilt nach Rationalisierungsebenen (3. Befragungsrunde)

1. Subbereich „Basiswissen"

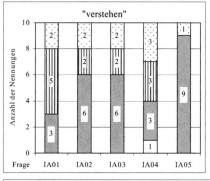

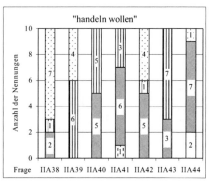

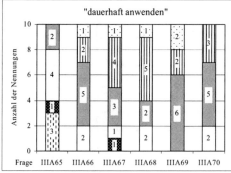

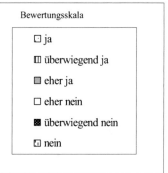

2. Subbereich „Rahmenbedingungen"

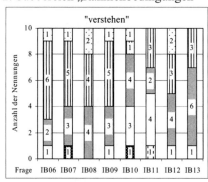

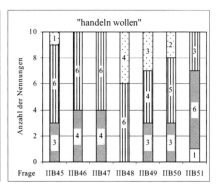

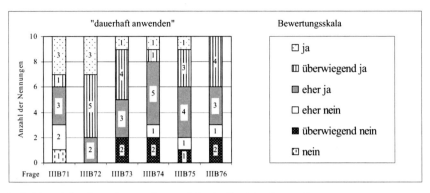

3. Subbereich „Darwiportunismus-Matrix-Positionierung"

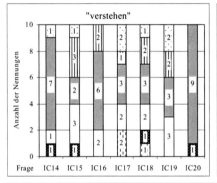

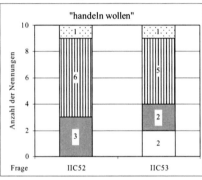

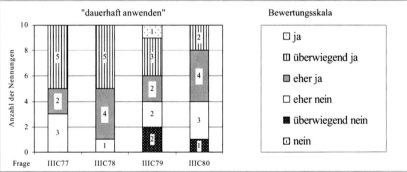

4. Subbereich „kommunikative Begleitung"

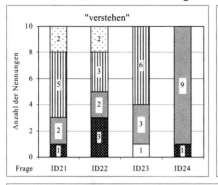

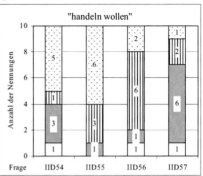

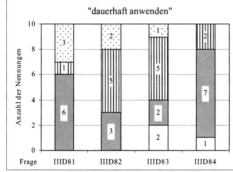

Bewertungsskala

☐ ja

⊞ überwiegend ja

▩ eher ja

☐ eher nein

▨ überwiegend nein

⊡ nein

5. Subbereich „Anwendung gestalten"

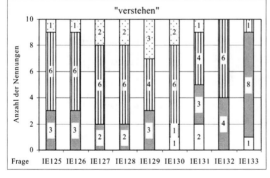

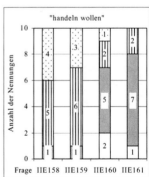

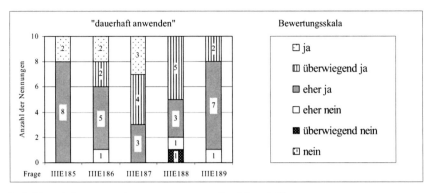

6. Subbereich „anwendungsunterstützendes Material"

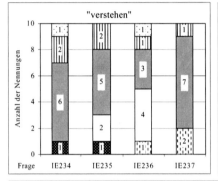

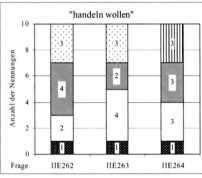

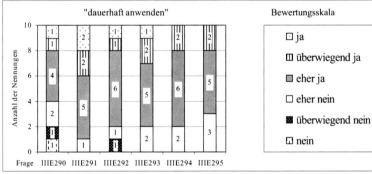

7. Subbereich „Methodik und Medien"

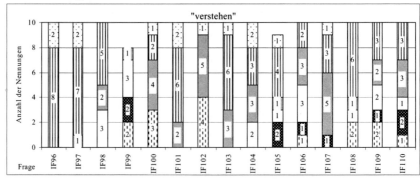

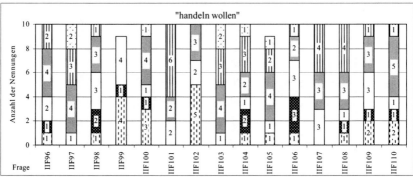

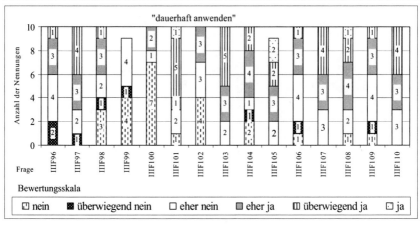

Literaturverzeichnis

Abbott, Andrew D., Time Matters, On Theory and Method, Chicago, Ill. (University of Chicago Press) 2001.

Abel, Theodore F., The Operation Called Verstehen, in: American Journal of Sociology 54 (3/1948), 211-218.

Abela, John R. Z./Seligman, Martin E. P., The Hopelessness Theory of Depression: A Test of the Diathesis-Stress Component in the Interpersonal and Achievement Domains, in: Cognitive Theory and Research 24 (2000), 3-18.

Abicht, Lothar, Offene Zukunft, Menschliche Potenziale für eine neue Welt, Hamburg (Reinhold Krämer) 2010.

Adams, John S., Inequity in Social Exchange, in: *Berkowitz, Leonard* (Hrsg.), Advances in Experimental Social Psychology, New York (Academic Press) 1965, 267-299.

Aggarwal, Upsana/Datta, Sumita/Bhargava, Shivganesh, The Relationship between Human Resource Practices, Psychological Contract and Employee Engagement, Implications for Managing Talent, in: IIMB Management Review 19 (3/2007), 313-325.

Albert, Hans, Plädoyer für kritischen Rationalismus, München (Piper) 4. Aufl. 1975.

Albert, Mathias/Hurrelmann, Klaus/Quenzel, Gudrun, Jugend 2010, Eine pragmatische Generation behauptet sich, Frankfurt am Main (Fischer) 2. Aufl. 2011.

Ammon, Ursula, Delphi-Befragung, in: *Kühl, Stefan/Strodtholz, Petra/ Taffertshofer, Andreas* (Hrsg.), Quantitative Methoden der Organisationsforschung, Wiesbaden (VS) 2005, 115-138.

Anderson, Neil/Schalk, René, The Psychological Contract in Retrospect and Prospect, in: Journal of Organizational Behavior 19 (7/1998), 637-647.

Antos, Gerd/Ventola, Eija/Weber, Tilo, Introduction: Interpersonal Communication – Linguistic Points of View, in: *Knapp, Karlfried* (Hrsg.), Handbook of Interpersonal Communication, Berlin (de Gruyter Mouton) 2010, 1-11.

Appelmann, Björn, Führen mit Emotionaler Kompetenz, Ein betriebspädagogisches Konzept, Bielefeld (Bertelsmann) 2009.

Argyris, Chris, Understanding Organizational Behavior, London (Tavistock) 1960.

Argyris, Chris/Schön, Donald A., Organizational Learning, Theory of Action Perspective, Reading, Mass. (Addison-Wesley) 1978.

Arndt, Frank, Tausch in Verhandlungen, Ein dynamisches Modell von Tausch-prozessen, Wiesbaden (VS Verlag für Sozialwissenschaften) 2008.

Arnold, John, The Psychological Contract: A Concept in Need of Closer Scrutiny?, in: European Journal of Work & Organizational Psychology 5 (4/1996), 511-520.

Arnold, Susan, Vertrauen als Konstrukt, Sozialarbeiter und Klient in Beziehung, Marburg (Tectum) 2009.

Aselage, Justin/Eisenberger, Robert, Perceived Organizational Support and Psychological Contracts: A Theoretical Integration, in: Journal of Organizational Behavior 24 (5/2003), 491-509.

Axelrod, Robert, Conflict of Interest: An Axiomatic Approach, in: Journal of Conflict Resolution 11 (1/1967), 87-99.

Axelrod, Robert, Die Evolution der Kooperation, München (Oldenbourg) 1988.

Bacharach, Samuel B./Lawler, Edward J., Bargaining, Power, Tactics, and Outcomes, San Francisco (Jossey-Bass) 1981.

Baldwin, Austin S./Kiviniemi, Marc T./Snyder, Mark, A Subtle Source of Power: The Effect of Having an Expectation on Anticipated Interpersonal Power, in: the Journal of Social Psychology 149 (1/2009), 82-104.

Barge, Kevin/Schlueter, David W., Memorable Messages and Newcomer Socialization, in: Western Journal of Communication 68 (3/2004), 233-256.

Barnard, Chester I., The Functions of the Executive, Cambridge, Mass. (Harvard University Press) 1938.

Bartos, Otomar J., Process and Outcome of Negotiations, New York (Columbia University Press) 1974.

Bausback, Nadine, Positionierung von Business-to-Business-Marken, Wiesbaden (DUV) 2007.

Bazermann, Max H., Negotiator Judgment, A Critical Look at the Rationality Assumption, in: American Behavioral Scientist 27 (2/1983), 211-228.

Bazermann, Max H./Lewicki, Roy J., Contemporary Research Directions in the Study of Negotiations in Organizations: A Selective Overview, in: Journal of Occupational Behaviour 6 (1/1985), 1-17.

Berg, Justin M./Wrzesniewski, Amy/Dutton, Jane E., Perceiving and Responding to Challenges in Job Crafting at Different Ranks: When Proactivity Requires Adaptivity, in: Journal of Organizational Behavior 31 (2/3/2010), 158-186.

Berger, Joseph/Zelditch, Morris, Status, Power, and Legitimacy, Strategies & Theories, New Brunswick, NJ (Transaction Publ.) 1998.

Bergmann, Gustav/Daub, Jürgen, Systemisches Innovations- und Kompetenzmanagement, Grundlagen – Prozesse – Perspektiven, Wiesbaden (Gabler) 2006.

L

Berninghaus, Siegfried K./Ehrhart, Karl-Martin/Güth, Werner, Strategische Spiele, Eine Einführung in die Spieltheorie, Berlin, Heidelberg (Springer) 3. Aufl. 2010.

Bertels, Thomas, Die Lernende Organisation: Modell für das Management des Wandels im Wissenszeitalter, in: *Kremin-Buch, Beate/Unger, Fritz/Walz, Hartmut* (Hrsg.), Lernende Organisation, Sternenfels (Wissenschaft & Praxis) 2008, 47–99.

Biddle, Bruce J., Role Theory, Expectations, Identities, and Behaviors, New York (Academic Press) 1979.

Black, J. Steward/Ashford, Susan J., Fitting In or Making Jobs Fit: Factors Affecting Mode of Adjustment for New Hires, in: Human Relations 48 (4/1995), 421-437.

Blancero, Donna/Marron, George/Keller, Tom, Managing Psychological Contracts, in: Employment Relations Today 24 (2/1997), 1-10.

Blau, Peter M., Exchange and Power in Social Life, New York (Wiley) 1964.

Blumer, Herbert, Symbolic Interactionism, Perspective and Method, Berkeley (University of California Press) 1998.

Bono, Edward de, Six Thinking Hats, Boston (Little Brown and Company) 1985.

Brande, Inge van den/Sels, Luc/Janssens, Maddy/Overlaet, Bert, Assessing the Nature of Psychological Contracts: Conceptualization and Measurement, in: https://lirias.kuleuven.be/bitstream/123456789/118456/1/ OR_0241.pdf, 2002, abgerufen am 30.10.2011.

Breaugh, James A./Starke, Mary, Research on Employee Recruitment: So Many Studies, So Many Remaining Questions, in: Journal of Management 26 (3/2000), 405-434.

Brinkmann, Gerhard, Analytische Wissenschaftstheorie, Einführung sowie Anwendung auf einige Stücke der Volkswirtschaftslehre, München (Oldenbourg) 3. Aufl. 1997.

Bullis, Connie, Organizational Socialization Research: Enabling, Constraining, and Shifting Perspectives, in: Communicaton Monographs 60 (1/1993), 10-17.

Bunderson, J. Stuart, How Work Ideologies Shape the Psychological Contracts of Professional Employees: Doctors' Responses to Perceived Breach, in: Journal of Organizational Behavior 22 (7/2001), 717-741.

Burgoon, Judee K., Nonverbal Signals, in: *Knapp, Mark L.* (Hrsg.), Handbook of Interpersonal Communication, Thousand Oaks, Calif. (Sage) 1994, 229-285.

Buskens, Vincent/Raub, Werner, Soziale Mechanismen rationalen Vertrauens: Eine theoretische Skizze und Resultate aus empirischen Studien, in:

Diekmann, Andreas/Voss, Thomas (Hrsg.), Rational-Choice-Theorie in den Sozialwissenschaften, München (Oldenbourg) 2004, 183-216.

Cavanaugh, Marcie A./Noe, Raymond A., Antecedents and Consequences of Relational Components of the New Psychological Contract, in: Journal of Organizational Behavior 22 (3/1999), 323-340.

Chalmers, Alan F., Wege der Wissenschaft, Einführung in die Wissenschaftstheorie, Berlin (Springer) 6. Aufl. 2007.

Chamberlain, Neil W./Kuhn, James W., Collective Bargaining, New York (McGraw-Hill) 1965.

Champlin, Frederic C./Bognanno, Mario F., A Model of Arbitration and the Incentive to Bargain, in: *Lipsky, David B./Lewin, David* (Hrsg.), Advances in Industrial and Labor Relations: A Research Annual, 1986, 153-190.

Charon, Joel M., Symbolic Interactionism, An Introduction, an Interpretation, an Integration, Boston (Prentice Hall) 10. Aufl. 2010.

Chatman, Jennifer A., Improving Interactional Organizational Resarch: A Model of Person-Organization Fit, in: Academy of Management Review 14 (3/1989), 333-349.

Chatman, Jennifer A., Matching People and Organizations: Selection and Socialization in Public Accounting Firms, in: Administrative Science Quarterly 36 (3/1991), 459-484.

Chen, Zhen X./Tsui, Anne S./Zhong, Lifeng, Reactions to Psychological Contract Breach: A Dual Perspective, in: Journal of Organizational Behavior 29 (5/2008), 527-548.

Coleman, James S., Handlungen und Handlungssysteme, München (Oldenbourg) 1991.

Conway, Neil/Briner, Rob B., A Daily Diary Study of Affective Responses to Psychological Contract Breach and Exceeded Promises, in: Journal of Organizational Behavior 23 (3/2002), 287-302.

Conway, Neil/Briner, Rob B., Understanding Psychological Contracts at Work, A Critical Evaluation of Theory and Research, Oxford (Oxford University Press) 2005.

Cooley, Charles H., Human Nature and the Social Order, New York (Charles Scribner's Sons) 1902.

Copeland, John T., Motivational Approaches to Expectancy Confirmation, in: Current Directions in Psychology Science 2 (4/1993), 117-121.

Coyle-Shapiro, Jacqueline A.-M., A Psychological Contract Perspective on Organizational Citizenship Behavior, in: Journal of Organizational Behavior 23 (8/2002), 927-946.

Coyle-Shapiro, Jacqueline A.-M./Conway, Neil, The Employment Relationship through the Lens of Social Exchange, in: *Coyle-Shapiro, Jacqueline A.-*

M./Shore, Lynn M./Taylor, Susan M./Tetrick, Lois E. (Hrsg.), The Employment Relationship. Examining Psychological and Contextual Perspectives, Oxford (Oxford University Press) 2005a, 5-28.

Coyle-Shapiro, Jacqueline A.-M./Conway, Neil, Exchange Relationships: Examining Psychological Contracts and Perceived Organizational Support, in: Journal of Applied Psychology 90 (4/2005b), 774-781.

Coyle-Shapiro, Jacqueline A.-M./Kessler, Ian, The Psychological Contract in the UK Public Sector: Employer and Employee Obligations and Contract Fulfillment, in: Academy of Management Proceedings & Membership Directory (1998), A1-A7.

Coyle-Shapiro, Jacqueline A.-M./Kessler, Ian, Consequences of the Psychological Contract for the Employment Relationship: A Large Scale Survey, in: Journal of Management Studies 37 (7/2000), 903-930.

Coyle-Shapiro, Jacqueline A.-M./Kessler, Ian, Exploring Reciprocity through the Lens of the Psychological Contract: Employee and Employer Perspectives, in: European Journal of Work & Organizational Psychology 11 (1/2002), 69-86.

Coyle-Shapiro, Jacqueline A.-M./Kessler, Ian/Purcell, John, Exploring Organizationally Directed Citizenship Behaviour: Reciprocity or 'It's my Job'?, in: Journal of Management Studies 41 (1/2004), 85-106.

Coyle-Shapiro, Jacqueline A.-M./Neuman, Joel H., The Psychological Contract and Individual Differences: The Role of Exchange and Creditor Ideologies, in: Journal of Vocational Behavior 64 (1/2004), 150-164.

Coyle-Shapiro, Jacqueline A.-M./Parzefall, Marjo-Riitta, Psychological Contracts, in: *Cooper, Cary L./Barling, Julian* (Hrsg.), The Sage Handbook of Organizational Behavior, London (Sage) 2008, 17-34.

Cross, John G., A Theory of the Bargaining Process, in: The American Economic Review 55 (1/2/1965), 67-94.

Cross, John G., Negotiation as a Learning Process, in: *Zartman, Ira W.* (Hrsg.), The Negotiation Process, Beverly Hills, London (Sage) 1978, 29-55.

Cullinane, Niall/Dundon, Tony, The Psychological Contract: A Critical Review, in: International Journal of Management Reviews 8 (2/2006), 113-129.

Cuyper, Nele de/Rigotti, Thomas/Witte, Hans de/Mohr, Gisela, Balancing Psychological Contracts: Validation of a Typology, in: International Journal of Human Resource Management 19 (4/2008), 543-561.

Dabos, Guillermo E.*/Rousseau, Denise M.,* Mutuality and Reciprocity in the Psychological Contracts of Employees and Employers, in: Journal of Applied Psychology 89 (1/2004), 52-72.

Dalkey, Norman/Helmer, Olaf, An Experimental Application of the Delphi Method to the Use of Experts, in: Management Science 9 (3/1963), 458-467.

Dandridge, Thomas C./Mitroff, Ian/Joyce, William F., Organizational Symbolism: A Topic to Expand Organizational Analysis, in: Academy of Management Review 5 (1/1980), 77-82.

Darley, John M./Fazio, Russell H., Expectancy Confirmation Processes Arising in the Social Interaction Sequence, in: American Psychologist 35 (10/1980), 867-881.

Darley, John M./Gross, Paget H., A Hypothesis-Confirming Bias in Labeling Effects, in: Journal of Personality & Social Psychology 44 (1/1983), 20-33.

Darwin, Charles, On the Origins of Species, New York (E.P. Dutton) 1972 [1859].

Deutsch, Morton, The Effect of Motivational Orientation upon Trust and Suspicion, in: Human Relations 13 (2/1960), 123-139.

DGQ – Deutsche Gesellschaft für Qualität, Begriffe zum Qualitätsmanagement, Berlin (Beuth) 6. Aufl. 1995.

Dickhäuser, Oliver/Reinhard, Marc-André, The Effects of Affective States on the Formation of Performance Expectancies, in: Cognition and Emotion 22 (8/2008), 1542-1554.

Dollinger, Bernd/Merdian, Franz, Vertrauen als Basiselement sozialer Ordnung, Festschrift zur Emeritierung von Claus Mühlfeld, Augsburg (Maro) 2009.

Douglas, Ann, Industrial Peacemaking, New York (Columbia University Press) 1962.

Dreu, Carsten K. W. de/Beersma, Blanca/Steinel, Wolfgang/Kleef, Gerben A., The Psychology of Negotiation, Principles and Basic Processes, in: *Higgins, Edward T./Kruglanski, Arie W.* (Hrsg.), Social Psychology, New York (Guilford) 1996, 608-629.

Drumm, Hans Jürgen, Personalwirtschaft, Berlin (Springer) 6. Aufl. 2008.

Duden – Die deutsche Rechtschreibung, Augsburg (Weltbild) 22. Aufl. 2002.

Duden, Fremdwörterbuch, Augsburg (Weltbild) 7. Aufl. 2002.

Dulac, Tanguy/Coyle-Shapiro, Jacqueline A.-M./Henderson, David J./Wayne, Sandy J., Not All Responses to Breach Are the Same: The Interconnection Social Exchange and Psychological Contract Processes in Organizations, in: Academy of Management Journal 51 (6/2008), 1079-1098.

Dunahee, Michael H./Wangler, Lawrence A., The Psychological Contract: A Conceptual Structure for Management/Employee Relations, in: Personnel Journal 53 (7/1974), 518-526.

Duncker, Elke, Symbolic Communication in Multidisciplinary Cooperations, in: Science, Technology, & Human Values 26 (3/2001), 349-386.

Eagly, Alice H./Chaiken, Shelly, The Psychology of Attitudes, Fort Wort (Harcourt Brace Jovanovich) 1993.

Ebers, Mark/Gotsch, Wilfried, Institutionenökonomische Thoerien der Organisation, in: *Kieser, Alfred* (Hrsg.), Organisationstheorien, Stuttgart (Kohlhammer) 5. Aufl. 2002, 199-251.

Eden, Dov, Interpersonal Expectations in Organizations, in: *Blanck, Peter* (Hrsg.), Interpersonal Expectations, Cambridge (Cambridge University Press) 1993, 154-178.

Edwards, John C./Rust, Kathleen G./McKinley, William/Moon, Gyewan, Business Ideologies and Perceived Breach of Contract during Downsizing: The Role of the Ideology of Employee Self-Reliance, in: Journal of Organizational Behavior 24 (1/2003), 1-23.

Ehtamo, Harri/Kettunen, Eero/Hämäläinen, Raimo P., Searching for Joint Gains in Multi-Party Negotiations, in: European Journal of Operational Research 130 (1/2001), 54-69.

Eigler, Joachim, Transaktionskosten als Steuerungsinstrument für die Personalwirtschaft, Frankfurt a. M. (Lang) 1996.

Eisenhardt, Kathleen M., Agency Theory: An Assessment and Review, in: The Academy of Management Review 14 (1/1989), 57-74.

Esser, Hartmut, Soziologie, Allgemeine Grundlagen, Frankfurt a. M., New York (Campus) 2. Aufl. 1996.

Esser, Hartmut, Soziales Handeln, Frankfurt a. M. (Campus) 2000.

Fandel, Gunter, On the Applicability of Group Decision-Making Concepts to Bargaining, in: *Haimes, Yacov Y./Chankong, Vira* (Hrsg.), Decision Making With Multiple Objectives, Berlin (Springer) 1985, 532-548.

Feather, Norman T./Saville, Margaret R., Effects of Amount of Prior Success and Failure on Expectations of Success and Subsequent Task Performance, in: Journal of Personality & Social Psychology 5 (2/1967), 226-232.

Feldman, Daniel C., The Multiple Socialization of Organization Members, in: Academy of Management Review 6 (2/1981), 309-318.

Felfe, Jörg/Liepman, Detlev, Organisationsdiagnostik, Göttingen (Hogrefe) 2008.

Filley, Alan C., Interpersonal Conflict Resolution, Glenview (Scott Foresman) 1975.

Filzmoser, Michael/Vetschera, Rudolf, A Classification of Bargaining Steps and their Impact on Negotiation Outcomes, in: Group Decision and Negotiation 17 (5/2008), 421-443.

Fischer, Lorenz/Wiswede, Günter, Grundlagen der Sozialpsychologie, München (Oldenbourg) 2. Aufl. 2002.

Fisher, Roger/Ury, William, Getting to YES, Negotiating Agreement without Giving in, Boston (Houghton Mifflin) 1981.

Fisher, Roger/Ury, William/Patton, Bruce, Getting to YES: Negotiationg Agreement without Giving in, in: *Menkel-Meadow, Carrie J./Schneider, Andrea K./Love, Lela P.* (Hrsg.), Negotiation, New York (Aspen) 2006, 53-54.

Fiske, Susan T., Social Cognition and Social Perception, in: Annual Review of Psychology 44 (1/1993), 155-194

Fiske, Susan T./Berdahl, Jennifer, Social Power, in: *Kruglanski, Arie W./ Higgins, Edward T.* (Hrsg.), Social Psychology, New York (Guilford) 2007, 678-692.

Flick, Uwe/Kardorff, Ernst von/Steinke, Ines, Qualitative Methoden und Forschungspraxis, Einleitung, in: *Flick, Uwe/Kardorff, Ernst von/Steinke, Ines* (Hrsg.), Qualitative Forschung, Reinbek (Rowohlt) 2009, 332-334.

Flynn, Francis J., "How Much is it Worth to You? Subjective Evaluations of Help in Organizations", in: *Staw, Barry M.* (Hrsg.), Research in Organizational Behavior, Amsterdam et al. (Elsevier) 2006, 133-174.

Foa, Uriel G./Foa, Edna B., Resource Theory: Interpersonal Behavior as Exchange, in: *Gergen, Kenneth J.* (Hrsg.), Social Exchange, New York (Plenum) 1980, 77-94.

Forte, James A., Interactionist Practice: A Signs, Symbols, and Social Worlds Approach, in: Humboldt Journal of Social Relations 32 (1/2009), 86-122.

Franke, Guido, Facetten der Kompetenzentwicklung, Bielefeld (Bertelsmann) 2005.

Freese, Charissa, Organizational Change and the Dynamics of Psychological Contracts: A Longitudinal Study, Dissertation Universität Tilburg 2007.

Freese, Charissa/Schalk, René, How to Measure the Psychological Contract? A Critical-Criteria Based Review of Measures, in: South African Journal of Psychology 38 (2/2008), 269-286.

French, John R. P./Raven, Bertram, The Bases of Social Power, in: *Cartwright, Dorwin/Zander, Alvin* (Hrsg.), Group Dynamics, Trowbridge (Redwood) 1960, 259-269.

Fröhlich-Glantschnig, Elisabeth, Berufsbilder in der Beschaffung, Ergebnisse einer Delphi-Studie, Wiesbaden (Deutscher Universitäts-Verlag) 2005.

Fülbier, Rolf U., Wissenschaftstheorie und Betriebswirtschaftslehre, in: Wirtschaftswissenschaftliches Studium 33 (5/2004), 266-271.

Gabler Wirtschafts-Lexikon, Wiesbaden (Gabler) 15. Aufl. 2000.

Gakovic, Anika/Tetrick, Lois E., Perceived Organizational Support and Work Status: A Comparison of the Employment Relationships of Part-Time and Full-Time Employees Attending University Classes, in: Journal of Organizational Behavior 24 (5/2003), 649-666.

Gelléri, Petra/Kanning, Uwe P., Kommunikation und Interaktion, in: *Schuler, Heinz/Sonntag, Karlheinz* (Hrsg.), Handbuch der Arbeits- und Organisationspsychologie, 2007, 331-338.

George, Christeen, The Psychological Contract, Managing and Developing Professional Groups, Maidenhead, Berkshire (McGraw Hill) 2009.

Georgesen, John/Harris, Monica J., Holding onto Power: Effects of Powerholders' Positional Instability and Expectancies on Interactions with Subordinates, in: European Journal of Social Psychology 36 (4/2006), 451-468.

Gläser, Jochen/Laudel, Grit, Experteninterviews und qualitative Inhaltsanalyse, als Instrumente rekonstruierender Untersuchungen, Wiesbaden (VS) 4. Aufl. 2010.

Goldman, Mark S., Expectancy Operation: Cognitive-Neural Models and Architectures, in: *Kirsch, Irving* (Hrsg.), How Expectancies Shape Experience, Washington (American Psychological Association) 1999, 41-63.

Gomez, Luis F., Time to Socialize, Organizational Socialization Structures and Temporality, in: Journal of Business Communication 46 (2/2009), 179-207.

Gordon, Randall A./Druckman, Daniel/Rozelle, Richard M./Baxter, James C., Non-Verbal Behaviour as Communication: Approaches, Issues and Research, in: *Hargie, Owen* (Hrsg.), The Handbook of Communication Skills, London (Routledge) 2006, 73-119.

Gouldner, Alvin W., The Norm of Reciprocity: A Preliminary Statement, in: American Sociological Review 25 (2/1960), 161-178.

Grant, David, HRM, Rhetoric and the Psychological Contract: A Case of 'Easier Said than Done', in: International Journal of Human Resource Management 10 (2/1999), 327-350.

Grau, Andreas, Statistisches Bundesamt, in: http://www.destatis.de/ jetspeed/portal/cms/Sites/destatis/Internet/DE/Content/Publikationen/ STATmagazin/Arbeitsmarkt/2010__032/2010__03Beschaeftigung.psml, 16.03.2010, abgerufen am 30.10.2011.

Greene, Anne-Marie/Ackers, Peter/Black, John, Lost Narratives? From Paternalism to Team-Working in a Lock Manufacturing Firm, in: Economic and Industrial Democracy 22 (2/2001), 211-237.

Gregersen, Jan, hochschule@zukunft 2030, Ergebnisse und Diskussionen des Hochschuldelphis, Wiesbaden (VS/Springer) 2011.

Griffin, Andrea E. C./Colella, Adrienne/Goparaju, Srikanth, Newcomer and organizational Socialization Tactics: An Interactionist Perspective, in: Human Resource Management Review 10 (4/2000), 453-474.

Grimshaw, Allen D., Talk and Social Control, in: *Rosenberg, Morris/Turner, Ralph H.* (Hrsg.), Social Psychology, New Brunswick (Transaction) 1990, 200-231.

Guest, David E., Is the Psychological Contract Worth Taking Seriously?, in: Journal of Organizational Behavior 19 (7/1998a), 649-664.

Guest, David E., On Meaning, Metaphor and the Psychological Contract: A Response to Rousseau (1998), in: Journal of Organizational Behavior 19 (S1/1998b), 673-677.

Guest, David, Flexible Employment Contracts, the Psychological Contract and Employee Outcomes: An Analysis and Review of the Evidence, in: International Journal of Management Reviews 5/6 (1/2004a), 1-19.

Guest, David E., The Psychology of the Employment Relationship: An Analysis Based on the Psychological Contract, in: Applied Psychology: An International Review 53 (4/2004b), 541-555.

Guest, David E./Conway, Neil, Employee Motivation and the Psychological Contract, The Third Annual IPD Survey of the State of the Employment Relationship, in: Issues in People Management, 21 (1997).

Guest, David E./Conway, Neil, Communicating the Psychological Contract: An Employer Perspective, in: Human Resource Management Journal 12 (2/2002), 22-38.

Guest, David E./Isaksson, Kerstin/de Witte, Hans, Introduction, in: *Guest, David E./Isaksson, Kerstin/de Witte, Hans* (Hrsg.), Employment Contracts, Psychological Contracts, and Employee Well-Being, Oxford (Oxford University Press) 2010, 1-24.

Gulliver, Philip H., Disputes and Negotiations, A Cross-Cultural Perspective, New York (Academic Press) 1979.

Guzzo, Richard A./Noonan, Katherine A., Human Resource Practices as Communications and the Psychological Contract, in: Human Resource Management 33 (3/1994), 447-462.

Guzzo, Richard A./Noonan, Katherine A./Elron, E., Expatriate Managers and the Psychological Contract, in: Journal of Applied Psychology 79 (4/1994), 617-626.

Häder, Michael, Delphi-Befragungen, Ein Arbeitsbuch, Wiesbaden (Westdeutscher Verlag) 2002.

Häder, Michael/Häder, Sabine, Delphi und Kognitionspsychologie: Ein Zugang zur theoretischen Fundierung der Delphi-Methode, in: ZUMA-Nachrichten 19 (37/1995), 8-34.

Haist, Fritz/Fromm, Hansjörg, Qualität im Unternehmen, Prinzipien – Methoden – Techniken, München, Wien (Hanser) 2. Aufl.1991.

Hall, Douglas T., Careers and Socialization, in: Journal of Management 13 (2/1987), 301-321.

Hall, Edward T., The Hidden Dimension, New York (Anchor Books) 1990.

Hall, Peter M., Interactionism, Social Organization, and Social Processes: Looking Back and Moving Ahead, in: Symbolic Interaction 26 (1/2003), 33-55.

Hall, Stuart, Encoding and Decoding in the Television Discourse, Birmingham (Centre for Contemporary Cultural Studies) 1973.

Harris, Monica J./Lightner, Robin M./Manolis, Chris, Awareness of Power as a Moderator of Expectancy Confirmation: Who's the Boss Around Here?, in: Basic & Applied Social Psychology 20 (3/1998), 220-229.

Hartung, Joachim/Elpelt, Bärbel/Klösener, Karl-Heinz, Statisitk, Lehr- und Handbuch der angewandten Statisik; mit zahlreichen, vollständig durchgerechneten Beispielen, München (Oldenbourg) 2005.

Heckathorn, Douglas D., Power and Trust in Social Exchange, in: *Lawler, Edward J.* (Hrsg.), Advances in Group Processes, Greenwich (JAI) 1985, 143-167.

Held, Martin/Kubon-Gilke, Gisela/Sturn, Richard, Ökonomik des Vertrauens – Stellenwert von Vertrauen in der Ökonomik, in: *Held, Martin/Kubon-Gilke, Gisela/Sturn, Richard* (Hrsg.), Reputation und Vertrauen, Marburg (Metropolis) 2005, 7-33.

Helle, Horst J., Theorie der symbolischen Interaktion, Ein Beitrag zum verstehenden Ansatz in Soziologie und Sozialpsychologie, Wiesbaden (Westdeutscher Verlag) 3. Aufl. 2001.

Hempel, Carl Gustav, Philosophie der Naturwissenschaften, München (Deutscher Taschenbuchverlag) 1974.

Henderson, David J./Wayne, Sandy J./Bommer, William H./Shore, Lynn M./ Tetrick, Lois E., Leader-Member Exchange, Differentiation, and Psychological Contract Fulfillment: A Multilevel Examination, in: Journal of Applied Psychology 93 (6/2008), 1208-1219.

Herbst, Uta, Präferenzmessung in industriellen Verhandlungen, Wiesbaden (Deutscher Universitäts-Verlag) 2007.

Herriot, Peter, The Career Management Challenge, Balancing Individual and Organizational Needs, London (Sage) 1992.

Herriot, Peter/Manning, W. E. G./Kidd, Jennifer M., The Content of the Psychological Contract, in: British Journal of Management 8 (2/1997), 151.

Herriot, Peter/Pemberton, Carole, Competitive Advantage through Diversity: Organizational Learning from Difference, London (Sage) 1994.

Herriot, Peter/Pemberton, Carole, New Deals, The Revolution in Managerial Careers, Chichester (Wiley) 1995.

Herriot, Peter/Pemberton, Carole, Contracting Careers, in: Human Relations 49 (6/1996), 757-790.

Herriot, Peter/Pemberton, Carole, Facilitating New Deals, in: Human Resource Management Journal 7 (1/1997), 45-56.

Herzberg, Frederick, Work and the nature of man, New York (World Publishing) 1966.

Hess, Jon A., Assimilating Newcomers into an Organization: A Cultural Perspective, in: Journal of Applied Communication Research 21 (2/1993), 189-210.

Hewitt, John P., Symbols, Objects, and Meanings, in: *Reynolds, Larry T./ Herman-Kinney, Nancy J.* (Hrsg.), Handbook of Symbolic Interactionism, Walnut Creek (AltaMira) 2003, 307-325.

Hiltrop, Jean M., Managing the Changing Psychological Contract, in: Employee Relations 18 (1/1996), 36-49.

Hirt, Edward R./Lynn, Steven J./Payne, David G./Krackow, Elisa/McCrea, Sean M., Expectancies and Memory: Inferring the Past from What Must Have Been, in: *Kirsch, Irving* (Hrsg.), How Expectancies Shape Experience, Washington (American Psychological Association) 1999, 93-124.

Ho, Violet T., Social Influence on Evaluations of Psychological Contract Fulfillment, in: Academy of Management Review 30 (1/2005), 113-128.

Hofstede, Geert, Cultures and Organizations: Software of the Mind, Intercultural Cooperation and its Importance for Survival, New York (McGraw-Hill) 2003.

Höland, Armin, Arbeitsvertrag, in: *Gaugler, Eduard/Weber, Wolfgang/Oechsler, Walter* (Hrsg.), Handwörterbuch des Personalwesens, Stuttgart (Schäffer-Poeschel) 3. Aufl. 2004, 414-420.

Holler, Manfred J./Illing, Gerhard, Einführung in die Spieltheorie, Berlin (Springer) 7. Aufl. 2009.

Homans, George C., Social Behavior as Exchange, in: The American Journal of Sociology 63 (6/1958), 597-606.

Homans, George C., Social Behaviour: Its Elementary Forms, New York (Harcourt, Brace & World) 1961.

Homans, George C., Theorie der sozialen Gruppe, Opladen (Westdeutscher Verlag) 7. Aufl. 1978.

Huchler, Norbert/Voß, Gerd G./Weihrich, Margit, Soziale Mechanismen im Betrieb, Theoretische und empirische Analysen zur Entgrenzung und Subjektivierung von Arbeit, München (Hampp) 2007.

Hui, Chun/Lee, Cynthia/Rousseau, Denise M., Psychological Contract and Organizational Citizenship Behavior in China: Investigating Generalizability and Instrumentality, in: Journal of Applied Psychology 89 (2/2004), 311-321.

Huiskamp, Rien/Schalk, René, Psychologische contracten in arbeidsrelaties: De stand van zaken in Nederland, in: Gedrag en organisatie 15 (6/2002), 370-385.

Ikle, Fred C., How Nations Negotiate, New York (Wiley) 1964.

Inhetveen, Katharina, Macht, in: *Baur, Nina* (Hrsg.), Handbuch Soziologie, Wiesbaden (VS) 2008, 253-272.

Irving, Justin A., Educating Global Leaders: Exploring Intercultural Competence in Leadership Education, in: Journal of International Business and Cultural Studies 3 (2010), 1-14.

Jablin, Fredric M., Organizational Entry, Assimilation, and Disengagement/Exit, in: *Jablin, Fredric M./Putnam, Linda L.* (Hrsg.), The New Handbook of Organizational Communication, Thousand Oaks, Calif. (Sage) 2004, 732-818.

Jacobs, Scott, Language and Interpersonal Communication, in: *Knapp, Mark L.* (Hrsg.), Handbook of Interpersonal Communication, Thousand Oaks, Calif. (Sage) 1994, 199-228.

Jäggi, Christian J., Sozio-kultureller Code, Rituale und Management, Neue Perspektiven in interkulturellen Feldern, Wiesbaden (VS) 2009.

Janssens, Maddy/Sels, Luc/van den Brande, Inge, Multiple Types of Psychological Contracts: A Six-cluster Solution, in: Human Relations 56 (11/2003), 1349-1378.

John, Reinhard/Raith, Matthias G., Optimizing Multi-Stage Negotiations, in: Journal of Economic Behavior & Organization 45 (2/2001), 155-173.

Johnson, Eric J./Tversky, Amos, Affect, Generalization, and the Perception of Risk, in: Journal of Personality & Social Psychology 45 (1/1983), 20-31.

Jones, Gareth R., Psychological Orientation and the Process of Organizational Socialization: An Interactionist Perspective, in: Academy of Management Review 8 (3/1983), 464-474.

Jones, Gareth R., Socialization Tactics, Self-Efficacy, and Newcomers' Adjustments to Organizations, in: Academy of Management Journal 29 (2/1986), 262-279.

Jost, Peter-Jürgen, Die Prinzipal-Agenten-Theorie im Unternehmenskontext, in: *Jost, Peter-Jürgen* (Hrsg.), Die Prinzipal-Agenten-Theorie in der Betriebswirtschaftslehre, Stuttgart (Schäffer-Poeschel) 2001, 11-43.

Katz, Daniel/Kahn, Robert L., The Social Psychology of Organizations, New York (Wiley) 2. Aufl. 1978.

Kaufhold, Marisa, Kompetenz und Kompetenzerfassung, Wiesbaden (VS) 2006.

Kelley, Harold H./Beckman, Linda L./Fischer, Claude S., Negotiating the Division of a Reward under Incomplete Information, in: Journal of Experimental Social Psychology 3 (4/1967), 369-398.

Keltner, Dacher/Gruenfeld, Deborah H./Anderson, Cameron, Power, Approach, and Inhibition, in: Psychological Review 110 (2/2003), 265-284.

Kickul, Jill, When Organizations Break Their Promises: Employee Reactions to Unfair Processes and Treatment, in: Journal of Business Ethics 29 (4/2001), 289-307.

Kickul, Jill R./Lester, Scott W., Broken Promises: Equity Sensitivity as a Moderator between Psychological Contract Breach and Employee Attitudes and Behavior, in: Journal of Business & Psychology 16 (2/2001), 191-217.

Kiesler, Charles A., The Psychology of Commitment, New York (Academic Press) 1971.

Kim, Tae-Won, G. Simmel, G. H. Mead und der symbolische Interaktionismus, Geistesgeschichtliche Zusammenhänge, soziologische Systematik, Würzburg (Ergon) 1999.

Kim, Tae-Yeol/Cable, Daniel M./Kim, Sang-Pyo, Socialization Tactics, Employee Proactivity, and Person-Organization Fit, in: Journal of Applied Psychology 90 (2/2005), 232-241.

Kirchgässner, Gebhard, Homo oeconomicus, Das ökonomische Modell individuellen Verhaltens und seine Anwendung in den Wirtschafts- und Sozialwissenschaften, Tübingen (Mohr Siebeck) 3. Aufl. 2008.

Kirsch, Irving, Response Expectancy as a Determinant of Experience and Behavior, in: American Psychologist 40 (1985), 1189-1202.

Kissler, Gary D., The New Employment Contract, in: Human Resource Management 33 (3/1994), 335-352.

Kneer, Georg, Handbuch Soziologische Theorien, Wiesbaden (VS) 2009.

Kobi, Jean-Marcel, Die Balance im Management, Werte, Sinn und Effizienz in ein Gleichgewicht bringen, Wiesbaden (Gabler) 2008.

Köck, Peter, Wörterbuch für Erziehung und Unterricht, Das bewährte Fachlexikon für Studium und Praxis, Augsburg (Brigg Pädagogik-Verlag) 2008.

Kornmeier, Martin, Wissenschaftstheorie und wissenschaftliches Arbeiten, Eine Einführung für Wirtschaftswissenschaftler, Heidelberg (Physica) 2007.

Korte, Russell F., How Newcomers Learn the Social Norms of an Organization: A Case Study of the Socialization of Newly Hired Engineers, in: Human Resource Development Quarterly 20 (3/2009), 285-306.

Korte, Russell F. 'First, Get to Know Them': A Relational View of Organizational Socialization, in: Human Resource Development International 13 (1/2010), 27-43.

Kotter, John P., The Psychological Contract: Managing the Joining-Up Process, in: California Management Review 15 (3/1973), 91-99.

Kramer, Michael W./Miller, Vernon D., A Response to Criticisms of Organizational Socialization Research: In Support of Contemporary Conceptualizations of Organizational Assimilation, in: Communicaton Monographs 66 (4/1999), 358-367.

Kramer, Roderick M., Trust and Distrust in Organizations: Emerging Perspectives, Enduring Questions, in: Annual Review of Psychology 50 (1/1999), 569-598.

Krotz, Friedrich, Handlungstheorien und Symbolischer Interaktionismus als Grundlage kommunikationswissenschaftlicher Forschung, in: *Winter, Carsten/Hepp, Andreas/Krotz, Friedrich* (Hrsg.), Theorien der Kommunikations- und Medienwissenschaft, Wiesbaden (VS) 2008, 29-47.

Küfner-Schmitt, Irmgard, Arbeitsvertragsrecht, Fachbuch, Vertragsmuster, Vertragssoftware, Freiburg im Breisgau, Berlin (Haufe) 2002.

Kuhn, Manford H., Major Trends in Symbolic Interaction Theory in the Past Twenty-Five Years, in: Sociological Quarterly 5 (1/1964), 61-84.

Kunze, Mark G., An Examination of the Linkages between Personality, Leader-Member Exchange, and Experienced Violation of the Psychological Contract, in: Dissertation Abstracts International Section A: Humanities and Social Sciences 66 (11-A/2006).

Lahno, Bernd, Der Begriff des Vertrauens, Paderborn (Mentis) 2002.

Laing, Ronald. D./Phillipson, H./Lee, A. R., Interpersonal Perception, A Theory and a Method of Research, London (Tavistock Publications) 1966.

Lambert, Lisa S./Edwards, Jeffrey R./Cable, Daniel M., Breach and Fulfillment of the Psychological Contract: A Comparison of Traditional and Expanded Views, in: Personnel Psychology 56 (4/2003), 895-934.

Lee, Gregory, Towards a Contingent Model of Key Staff Retention: The New Psychological Contract Reconsidered, in: South African Journal of Business Management 32 (1/2001), 1-9.

Lehneis, Alfred, Langfristige Unternehmensplanung bei unsicheren Erwartungen, Neuwied (Luchterhand) 1971.

Lester, Scott W./Kickul, Jill R., Psychological Contracts in the 21st Century: What Employees Value Most and How Well Organizations Are Responding to these Expectations, in: Human Resource Planning 24 (1/2001), 10-21.

Lester, Scott W./Kickul, Jill R./Bergmann, Thomas J., Managing Employee Perceptions of the Psychological Contract over Time: The Role of Employer Social Accounts and Contract Fulfillment, in: Journal of Organizational Behavior 28 (2/2007), 191-208.

Lester, Scott W./Turnley, William H./Bloodgood, James M./Bolino, Mark C., Not Seeing Eye to Eye: Differences in Supervisor and Subordinate Perceptions of and Attributions for Psychological Contract Breach, in: Journal of Organizational Behavior 23 (1/2002), 39-56.

Levinson, Harry, Psychological Man, Cambridge, Mass. (Levinson) 1976.

Levinson, Harry/Price, Charlton R./Munden, Kenneth J./Mandl, Harold J./ Solley, Charles M., Men, Management, and Mental Health, Cambridge, Massachusetts (Harvard University Press) 1962.

Lewicki, Roy J./Barry, Bruce/Saunders, David M., Negotiation, Readings, Exercises, and Cases, Boston (McGraw-Hill/Irwin) 5. Aufl. 2007.

Lewicki, Roy J./Litterer, Joseph A., Negotiation, Homewood, IL (Irwin Professional Publishing) 1985.

Lewicki, Roy J./McAllister, Daniel J./Bies, Robert J., Trust and Distrust: New Relationships and Realities, in: Academy of Management Review 23 (3/1998), 438-458.

Lewicki, Roy J./Robinson, Robert J., Ethical and Unethical Bargaining Tactics: An Empirical Study, in: Journal of Business Ethics 17 (6/1998), 665-682.

Lewicki, Roy J./Saunders, David M./Barry, Bruce, Negotiation, New York (McGraw-Hill) 2006.

Lewicki, Roy J./Weiss, Stephen E./Lewin, David, Models of Conflict, Negotiation and Third Party Intervention: A Review and Synthesis, in: Journal of Organizational Behavior 13 (3/1992), 209-252.

Lewin, David/Feuille, Peter/Kochan, Thomas A./Delanay, John T., Public Sector Labor Relations, Analysis and Readings, Lexington (Heath) 3. Aufl. 1988.

Lewis-McClear, Kyle/Taylor, M. Susan, Not Seeing Eye-to-Eye: Implications of Discrepant Psychological Contracts and Contract Violation for the Employment Relationship, in: Academy of Management Best Papers Proceedings (1997), 335-339.

Lindemann, Viola/Preis, Ulrich/Rolfs, Christian/Stoffels, Markus/Wagner, Klaus, Der Arbeitsvertrag, Handbuch der Vertragspraxis und -gestaltung, Köln (Schmidt) 3. Aufl. 2009.

Linstone, Harold A./Turoff, Murray, I. Introduction, in: *Linstone, Harold A./ Turoff, Murray* (Hrsg.), The Delphi Method: Techniques and Applications, München et al. (Addison-Wesley) 1975, 3-12.

Linstone, Harold A./Turoff, Murray, IV.A. Introduction, in: *Linstone, Harold A./ Turoff, Murray* (Hrsg.), The Delphi Method: Techniques and Applications, München et al. (Addison-Wesley) 1975, 229-234.

Livingston, J. Sterling, Pygmalion in Management, in: Harvard Business Review 47 (4/1969), 81-89.

Lorenz, Bettina, Beziehungen zwischen Konsumenten und Marken, Eine empirische Untersuchung von Markenbeziehungen, Wiesbaden (Gabler) 2009.

Louis, Meryl R., Surprise and Sense Making: What Newcomers Experience in Entering Unfamiliar Organizational Settings, in: Administrative Science Quarterly 25 (2/1980), 226-251.

Luce, R. Duncan/Raiffa, Howard, Games and Decisions, Introduction and Critical Survey, New York (Dover Publications) 1957.

Lucero, Margaret A./Allen, Robert E., Employee Benefits: A Growing Source of Psychological Contract Violations, in: Human Resource Management 33 (3/1994), 425-446.

Luhmann, Niklas, Vertrauen, Ein Mechanismus der Reduktion sozialer Komplexität, Stuttgart (Lucius & Lucius) 4. Aufl. 2009.

Lyons, Paul, The Crafting of Jobs and Individual Differences, in: Journal of Business & Psychology 23 (1-2/2008), 25-36.

MacNeil, Ian R., Relational Contract: What We Do and Do not Know, in: Wisconsin Law Review (1985), 483-525.

Maddux, James E., Expectancies and the Social-Cognitive Perspective: Basic Principles, Processes, and Variables, in: *Kirsch, Irving* (Hrsg.), How Expectancies Shape Experience, Washington (American Psychological Association) 1999, 17-39.

Makin, Peter J./Cooper, Cary L./Cox, Charles, Organizations and the Psychological Contract, Managing People at Work, Westport (Quorum Books) 1996.

March, James G./Simon, Herbert A., Organizations, New York (Wiley) 1958.

McGregor, Douglas, The Human Side of Enterprise, 25th Anniversary Printing, New York (McGraw-Hill) 1985.

McLean Parks, Judi/Kidder, Deborah L., "Till Death Us Do Part...": Changing Work Relationships in the 1990s, in: *Cooper, Cary L./Rousseau, Denise M.* (Hrsg.), Trends in Organizational Behavior, Chichester (Wiley) 1994.

McLean Parks, Judi/Kidder, Deborah L./Gallagher, Daniel G., Fitting Square Pegs into Round Holes: Mapping the Domain of Contingent Work Arrangements onto the Psychological Contract, in: Journal of Organizational Behavior 19 (7/1998), 697-730.

McLean Parks, Judi/Schmedemann, Deborah A., When Promises Become Contracts: Implied Contracts and Handbook Provisions on Job Security, Human Resource Management, in: Human Resource Management 33 (3/1994), 403-423.

McLean Parks, Judi/Smith, Faye L., Organizational Contracting: A "Rational" Exchange?, in: *Halpern, Jennifer J./Stern, Robert N.* (Hrsg.), Debating Rationality, Ithaca (ILR Press) 1998, 125-154.

McLeod, Jack M./Chaffee, Steven H., Interpersonal Approaches to Commumication Research, in: American Behavioral Scientist 16 (4/1973), 469-499.

Mead, George H., The Philosophy of the Present, La Salle, Illinois (The Open Court Publishing Company) 1959.

Mead, George H., Essays on His Social Philosophy, New York (Teachers College Press) 1968.

Mead, George H., Gesammelte Aufsätze, Frankfurt a. M. (Suhrkamp) 1983.

Meckler, Mark/Drake, Bruce H./Levinson, Harry, Putting Psychology Back into Psychological contracts, in: Journal of Management Inquiry 12 (3/2003), 217-228.

Meier, Harald, Critical Incidents im internationalen Projektmanagement erfordern hybrid skills, in: *Baumann, Wolfgang/Braukmann, Ulrich/Matthes, Winfried* (Hrsg.), Innovation und Internationalisierung, Wiesbaden (Gabler) 2010, 537-568.

Meiners, Eric B., Time Pressure: An Unexamined Issue in Organizational Newcomers' Role Development, in: Communication Research Reports 21 (3/2004), 243-251.

Meiners, Eric B./Miller, Vernon D., The Effect of Formality and Relational Tone on Supervisor/Subordinate Negotiation Episodes, in: Western Journal of Communication 68 (3/2004), 302-321.

Menkel-Meadow, Carrie J.; Schneider, Andrea K.; Love, Lela P., Negotiation. Processes for Problem Solving, New York (Aspen Publishers), 2006.

Menninger, Karl A., Theory of Psychoanalytic Technique, New York, NY (Basic Books) 1958.

Merk, Gerhard, Zum Begriff der Erwartungen in der Wirtschaft, in: Zeitschrift für Nationalökonomie 21 (1961), 438-445.

Merton, Robert K., The Self-Fulfilling Prophecy, in: Antioch Review 8 (1948), 193-210.

Miebach, Bernhard, Prozesstheorie, Analyse, Organisation und System, Wiesbaden (VS) 2009.

Miebach, Bernhard, Soziologische Handlungstheorie, Eine Einführung, Wiesbaden (VS) 3. Aufl. 2010.

Miles, Raymond E./Snow, Charles C., Designing Strategic Human Resources Systems, in: Organizational Dynamics 13 (1/1984), 36-52.

Miller, Axel C., Erwartungsbildung ökonomischer Akteure, Eine Explikation auf Basis des Grundmodells einer dynamischen Theorie ökonomischer Akteure, in: *Weber, Jürgen* (Hrsg.), Schriften des Center für Controlling & Management (CCM), Wiesbaden (Deutscher Universitäts-Verlag) 2003.

Millward, Lynne J./Hopkins, Lee J., Psychological Contracts, Organizational and Job Commitment, in: Journal of Applied Social Psychology 28 (16/1998), 1530-1556.

Mintzberg, Henry, Power in and around Organizations, Englewood Cliffs (Prentice-Hall) 2. Aufl. 1983.

Mnookin, Robert H./Peppet, Scott R./Tulumello, Andrew S., Beyond Winning, Negotiating to Create Value in Deals and Disputes, Cambridge (Belknap Press of Harvard University Press) 2000.

Möhring, Wiebke/Schlütz, Daniela, Die Befragung in der Medien- und Kommunikationswissenschaft, Eine praxisorientierte Einführung, Wiesbaden (VS) 2. Aufl. 2010.

Molm, Linda D., Dependence and Risk: Transforming the Structure of Social Exchange, in: Social Psychology Quarterly 57 (3/1994), 163-176.

Molm, Linda D., Coercive Power in Social Exchange, Cambridge (Cambridge Univiversity Press) 1997.

Molm, Linda D., Power, Trust, and Fairness: Comparisons of Negotiated and Reciprocal Exchange, in: *Thye, Shane R./Skvoretz, John* (Hrsg.), Power and Status, Amsterdam (JAI) 2003a, 31-65.

Molm, Linda D., Theoretical Comparisons of Forms of Exchange, in: Soziological Theory 21 (1/2003b), 1-17.

Molm, Linda D., The Social Exchange Framework, in: *Burke, Peter J.* (Hrsg.), Contemporary Social Psychological Theories, Stanford, Calif (Stanford Social Sciences) 2006, 24-45.

Molm, Linda D., The Structure of Reciprocity, in: Social Psychology Quarterly 73 (2/2010), 119-131.

Molm, Linda D./Peterson, Gretchen/Takahashi, Nobuyuki, Power in Negotiated and Reciprocal Exchange, in: American Sociological Review 64 (6/1999), 876-890.

Molm, Linda D./Takahashi, Nobuyuki/Peterson, Gretchen, Risk and Trust in Social Exchange: An Experimental Test of a Classical Proposition, in: American Journal of Sociology 105 (5/2000), 1396-1427.

Morley, Ian E., Negotiation and Bargaining, in: *Hargie, Owen* (Hrsg.), The Handbook of Communication Skills, London (Routledge) 2006, 403-425.

Morley, Ian E./Stephenson, Geoffrey M., The Social Psychology of Bargaining, London (Allen & Unwin) 1977.

Morrison, Elizabeth W., Longitudinal Study of the Effects of Information Seeking on Newcomer Socialization, in: Journal of Applied Psychology 78 (2/1993a), 173-183.

Morrison, Elizabeth W., Newcomer Information Seeking: Exploring Types, Modes, Sources, and Outcomes, in: Academy of Management Journal 36 (3/1993b), 557-589.

Morrison, Elizabeth W./Robinson, Sandra L., When Employees Feel Betrayed: A Model of How Psychological Contract Violation Develops, in: Academy of Management Review 22 (1/1997), 226-256.

Morschett, Dirk, Retail Branding und integriertes Handelsmarketing, Eine verhaltenswissenschaftliche und wettbewerbsstrategische Analyse. Die Etablierung einer Händlermarke als Ziel eines integrierten Handelsmarketing, Wiesbaden (Deutscher Universitätsverlag) 2002.

Münch, Richard, Handlungstheorie, Frankfurt/Main (Campus), 2007.

Nash, John F., JR., The Bargaining Problem, in: Econometrica 18 (2/1950), 155-162.

Nerdinger, Friedemann W., Gravitation und organisationale Sozialisation, in: *Nerdinger, Friedemann W./Blickle, Gerhard/Schaper, Niclas/Neuman, Joel H.* (Hrsg.), Arbeits- und Organisationspsychologie, Berlin, Heidelberg (Springer) 2011, 69-79.

Nerdinger, Friedemann W./Blickle, Gerhard/Schaper, Niclas, Arbeits- und Organisationspsychologie, Berlin, Heidelberg (Springer Medizin Verlag) 2008.

Newcomb, Theodor M., An Approach to the Study of Communicative Acts, in: Psychological Review 60 (6/1953), 393-404.

Nicholson, Nigel, A Theory of Work Role Transitions, in: Administrative Science Quarterly 29 (2/1984), 172-191.

Oelsnitz, Dietrich von der/Stein, Volker/Hahmann, Martin, Der Talente-Krieg, Personalstrategie und Bildung im globalen Kampf um Hochqualifizierte, Bern (Haupt) 2007.

Olson, James M./Roese, Neal J./Zanna, Mark P., Expectancies, in: *Higgins, Edward T./Kruglanski, Arie W.* (Hrsg.), Social Psychology, New York (Guilford Press) 1996, 211-238.

Oltmanns, Torsten, Der Machtbegriff in der Betriebswirtschaft – ein Tabu und seine Geschichte, in: *Knoblach, Bianka/Oltmanns, Torsten/Fink, Dietmar* (Hrsg.), Macht in Unternehmen, Der vergessene Faktor, Wiesbaden (Gabler) 2012, 55-71.

Ornstein, Suzyn, Organizational Symbols: A Study of Their Meanings and Influences on Perceived Psychological Climate, in: Organizational Behavior & Human Decision Processes 38 (2/1986), 207-229.

Osborn-Jones, Tim, Managing Talent, Exploring the New Psychological Contract, Henley-on-Thames (Henley Management College) 2001.

Oswald, Margit E., Vertrauen in Organisationen, in: *Schweer, Martin K. W.* (Hrsg.), Vertrauensforschung 2010, Frankfurt am Main (Lang) 2010, 63-85.

o.V., adidas-Firmenhomepage, http://www.adidas.de, abgerufen am 29.07.2010.

o.V., Bayer-Firmenhomepage, http://www.bayer.de, abgerufen am 29.07.2010.

o.V., EnBW-Firmenhomepage, http://www.enbw.com, abgerufen am 29.07.2010.

o.V., e.on-Firmenhomepage, https://www.eon.de, abgerufen am 29.07.2010.

o.V., Fehlzeiten-Report 2011, Mit dem Chef als Partner sind Mitarbeiter gesünder, *Badura, Bernhard/Ducki, Antje/Schröder, Helmut/Klose, Joachim/Macco, Katrin* (Hrsg.), in: http://www.wido.de/fzr_2011.html, 2011, abgerufen am 08.04.2012.

o.V., hp-Firmenhomepage, http://www8.hp.com/de/de/home.html, abgerufen am 29.07.2010.

o.V., Projekt „Im Lot" leistet Pionierarbeit im Gesundheitsmanagement, in: http://nachhaltigkeit2009.commerzbank.de/reports/commerzbank/annual/2009/nb/German/4025/projekt-_im-lot_-leistet-pionierarbeit-im-gesund heitsmanagement.html, 30.11.2009, abgerufen am 08.04.2012.

Oxford English Dictionary, in: http://www.oed.com/, abgerufen am 14.04.2010.

Paetz, Nadja-Verena/Ceylan, Firat/Fiehn, Janina/Schworm, Silke/Harteis, Christian, Kompetenz in der Hochschuldidaktik, Ergebnisse einer Delphi-Studie über die Zukunft der Hochschullehre, Wiesbaden (VS) 2011.

Parment, Anders, Die Generation Y – Mitarbeiter der Zukunft, Herausforderung und Erfolgsfaktor für das Personalmanagment, Wiesbaden (Gabler) 2009.

Parsons, Talcott, An Approach to Psychological Theory in Terms of the Theory of Action, in: Formulations of the Person and the Social Context 3 (1/1959), 612-711.

Parsons, Talcott, The Social System, London (Routledge) 1991.

Patrick, Harold A., Psychological Contract and Employment Relationship, in: ICFAI Journal of Organizational Behavior 7 (4/2008), 7-24.

Patterson, Miles L./Churchill, Mary E./Powell, Jack L., Interpersonal Expectancies and Social Anxiety in Anticipating Interaction, in: Journal of Social and Clinical Psychology 10 (4/1991), 414-423.

Pen, Jan, The Wage Rate under Collective Bargaining, Cambridge (Harvard University Press) 1959.

Petersitzke, Maida, Supervisor Psychological Contract Management, Developing an Integrated Perspective on Managing Employee Perceptionss of Obligations, Wiesbaden (Gabler) 2008.

Picot, Arnold/Dietl, Helmut/Franck, Egon, Organisation, Eine ökonomische Perspektive, Stuttgart (Schäffer-Poeschel) 5. Aufl. 2008.

Picot, Arnold/Reichwald, Ralf/Wigand, Rolf T., Die grenzenlose Unternehmung, Information, Organisation und Management ; Lehrbuch zur Unternehmensführung im Informationszeitalter, Wiesbaden (Gabler) 5. Aufl. 2010.

Popper, Karl R., Realismus und das Ziel der Wissenschaft, Tübingen (Mohr Siebeck) 2002.

Porter, Lyman W./Lawler, Edward E./Hackman, J. R., Behavior in Organizations, Tokyo (McGraw-Hill Kogakusha) 1975.

Porter, Lyman W./Pearce, Jone L./Tripoli, Angela M./Lewis, Kristi M., Differential Perceptions of Employers' Inducements: Implications for Psychological Contracts, in: Journal of Organizational Behavior 19 (1/1998), 769-782.

Portwood, James D./Miller, Edwin L., Evaluating the Psychological Contract: Its Implications for Employee Job Satisfaction and Work Behavior, in: Academy of Management Proceedings (1976), 109-113.

Prahalad, Coimbatore K./Hamel, Gary, The Core Competence of the Corporation, in: Harvard Business Review 68 (3/1990), 79-91.

Pressemitteilung zum Gallup Engagement Index 2010, http://eu.gallup.com/ Berlin/146027/Pressemitteilung-zum-Gallup-EEI-2010.aspx, 2011, abgerufen am 30.10.2011.

Pruitt, Dean G., Negotiation Behavior, New York, N.Y. (Academic Press) 1981.

Pruitt, Dean G., Achieving Integrative Agreements, in: *Bazermann, Max H./ Lewicki, Roy J.* (Hrsg.), Negotiating in Organizations, Thousand Oaks (Sage) 1983, 35-50.

Pruitt, Dean G./Rubin, Jeffrey Z., Social Conflict, New York (Random House) 1986.

Purvis, Lynne J. M./Cropley, Mark, Psychological Contracting: Processes of Contract Formation During Interviews between Nannies and their 'Employers', in: Journal of Occupational & Organizational Psychology 76 (2/2003), 213-241.

Putnam, Linda L./Roloff, Michael E., Communication Perspectives on Negotiation, in: *Putnam, Linda L./Roloff, Michael E.* (Hrsg.), Communication and Negotiation, Newbury Park (Sage) 1992, 1-17.

Raeder, Sabine, Der Psychologische Vertrag, in: *Schuler, Heinz/Sonntag, Karlheinz* (Hrsg.), Handbuch der Arbeits- und Organisationspsychologie, Göttingen, Toronto, Zürich (Hogrefe) 2007, 294-299.

Raeder, Sabine/Grote, Gudela, Fairness als Voraussetzung für die Tragfähigkeit psychologischer Verträge, in: *Schreyögg, Georg/Conrad, Peter* (Hrsg.), Gerechtigkeit und Management, Wiesbaden (Gabler) 2004, 139-174.

Raiffa, Howard, The Art and Science of Negotiation, Cambridge, Mass (Harvard University Press) 1982.

Raja, Usman/Johns, Gary/Ntalianis, Filotheos, The Impact of Personality on Psychological Contracts, in: Academy of Management Journal 47 (3/2004), 350-367.

Reichers, Arnon E., An Interactionist Perspective on Newcomer Socialization Rates, in: Academy of Management Review 12 (2/1987), 278-287.

Reinharth, Leon/Wahba, Mahmoud A., Expectancy Theory as a Predictor of Work Motivation, Effort Expenditure, and Job Performance, in: Academy of Management Journal 18 (3/1975), 520-537.

Restubog, Simon L. D./Bordia, Prashant/Tang, Robert L./Krebs, Scott A., Investigating the Moderating Effects of Leader-Member Exchange in the Psychological Contract Breach-Employee Performance Relationship: A Test of Two Competing Perspectives, in: British Journal of Management 21 (2/2010), 422-437.

Restubog, Simon L. D./Hornsey, Matthew J./Bordia, Prashant/Esposo, Sarah R., Effects of Psychological Contract Breach on Organizational Citizenship Behaviour: Insights from the Group Value Model, in: Journal of Management Studies 45 (8/2008), 1377-1400.

Richter, Mark, Dynamik von Kundenerwartungen im Dienstleistungsprozess, Konzeptionalisierung und empirische Befunde, Wiesbaden (Gabler) 2005.

Rigotti, Thomas, Bis dass der Vertrag euch scheidet? Ergebnisse und Erklärungen zum Unterschied zwischen befristet und unbefristet Beschäftigten, in: Psychosozial 30 (3/2007), 29-38.

Robinson, Sandra L., Trust and Breach of the Psychological Contract, in: Administrative Science Quarterly 41 (4/1996), 574-599.

Robinson, Sandra L./Kraatz, Matthew S./Rousseau, Denise M., Changing Obligations and the Psychological Contract: A Longitudinal Study, in: Academy of Management Journal 37 (1/1994), 137-152.

Robinson, Sandra L./Morrison, Elizabeth W., Psychological Contracts and OCB: The Effect of Unfulfilled Obligations on Civic Virtue Behavior, in: Journal of Organizational Behavior 16 (3/1995), 289-298.

Robinson, Sandra L./Morrison, Elizabeth W., The Development of Psychological Contract Breach and Violation: A Longitudinal Study, in: Journal of Organizational Behavior 21 (5/2000), 525-546.

Robinson, Sandra L./Rousseau, Denise M., Violating the Psychological Contract: Not the Exception but the Norm, in: Journal of Organizational Behavior 15 (3/1994), 245-259.

Roehling, Mark V., The Origins and Early Development of the Psychological Contract Construct, in: Academy of Management Best Papers Proceedings (1996), 202-206.

Roehling, Mark V., The Origins and Early Development of the Psychological Contract Construct, in: Journal of Management History 3 (2/1997), 204-217.

Roehling, Mark V./Cavanaugh, Marcie A./Moynihan, Lisa M./Boswell, Wendy R., The Nature of the New Employment Relationship: A Content Analysis of the Practitioner and Academic Literatures, in: Human Resource Management 39 (4/2000), 305-320.

Roese, Neal J./Sherman, Jeffrey W., Expectancy, in: *Kruglanski, Arie W./ Higgins, Edward T.* (Hrsg.), Social Psychology, New York (Guilford) 2007, 91-115.

Rook, Marion/Frey, Dieter/Irle, Martin, Wissenschaftstheoretische Grundlagen sozialpsychologischer Theorien, in: *Frey, Dieter/Irle, Martin* (Hrsg.), Kognitive Theorien, Bern (Huber) 1993, 13-47.

Rosenberg, Morris/Turner, Ralph H., Introduction to the Transaction Edition, in: *Rosenberg, Morris/Turner, Ralph H.* (Hrsg.), Social Psychology, New Brunswick (Transaction) 1990, ix–xxiv.

Rosenstiel, Lutz von/Nerdinger, Friedemann W./Spieß, Erika/Stengel, Martin, Führungsnachwuchs im Unternehmen, Wertkonflikte zwischen Individuum und Organisation, München (Beck) 1989.

Rosenthal, Robert/Jacobson, Lenore, Pygmalion in the Classroom, New York (Holt, Rinehart, and Winston) 1968.

Roth, Alvin E./Sotomayor, Marilda A. O., Two-Sided Matching, A Study in Game-Theoretic Modeling and Analysis, Cambridge (Cambridge Univiversity Press) 1990.

Rousseau, Denise M., Psychological and Implied Contracts in Organizations, in: Employee Responsibilities & Rights Journal 2 (2/1989), 121-139.

Rousseau, Denise M., New Hire Perceptions of their Own and their Employer's Obligations: A Study of Psychological Contracts, in: Journal of Organizational Behavior 11 (5/1990), 389-400.

Rousseau, Denise M., Psychological Contracts in Organizations: Understanding Written and Unwritten Agreements, Thousand Oaks, CA US (Sage) 1995.

Rousseau, Denise M., The 'Problem' of the Psychological Contract Considered, in: Journal of Organizational Behavior 19 (7/1998), 665-671.

Rousseau, Denise M., Psychological Contract Inventory. Technical Report, in: http://www.andrew.cmu.edu/user/rousseau/0_reports/PCI.pdf, 2000, abgerufen am 30.10.2011.

Rousseau, Denise M., Schema, Promise and Mutuality: The Building Blocks of the Psychological Contract, in: Journal of Occupational & Organizational Psychology 74 (4/2001), 511-541.

Rousseau, Denise M., Extending the Psychology of the Psychological Contract: A Reply to "Putting Psychology Back into Psychological Contracts", in: Journal of Management Inquiry 12 (3/2003), 229-238.

Rousseau, Denise M., Psychological Contracts in the Workplace: Understanding the Ties That Motivate, in: Academy of Management Executive 18 (1/2004), 120-127.

Rousseau, Denise M./Greller, Martin M., Human Resource Practices: Administrative Contract Makers, Human Resource Management, in: Human Resource Management 33 (3/1994), 385-401.

Rousseau, Denise M./McLean Parks, Judi, The Contracts of Individuals and Organizations, in: Research in Organizational Behavior 15 (1993), 1-43.

Rousseau, Denise M./Tijoriwala, Snehal A., Assessing Psychological Contracts: Issues, Alternatives and Measures, in: Journal of Organizational Behavior 19 (7/1998), 679-695.

Rousseau, Denise M./Wade-Benzoni, Kimberly A., Linking Strategy and Human Resource Practices: How Employee and Customer Contracts Are Created, in: Human Resource Management 33 (3/1994), 463-489.

Rubin, Jeffrey Z./Brown, Bert R., The Social Psychology of Bargaining and Negotiation, New York (Academic Press) 1975.

Rubin, Jeffrey Z./Kim, Sung H./Peretz, Neil M., Expectancy Effects and Negotiation, in: Journal of Social Issues 46 (2/1990), 125-139.

Rusbult, Caryl E./van Lange, Paul A. M., Interdependence Processes, in: *Higgins, Edward T./Kruglanski, Arie W.* (Hrsg.), Social Psychology, New York (Guilford Press) 1996, 564-596.

Salacuse, Jeswald W., The Global Negotiator, Making, Managing, and Mending Deals around the World in the Twenty-First Century, New York (Palgrave Macmillan) 2003.

Schafer, Robert B., Exchange and Symbolic Interaction, A Further Analysis of Convergence, in: Pacific Sociological Review 17 (4/1974), 417-434.

Schalk, René, Changes in the Employment Relationship Across Time, in: *Coyle-Shapiro, Jacqueline A.-M./Shore, Lynn M./Taylor, Susan M./Tetrick, Lois E.* (Hrsg.), The Employment Relationship. Examining Psychological and Contextual Perspectives, Oxford (Oxford University Press) 2005, 284-311.

Schalk, René/Freese, Charissa, New Facets of Commitment in Response to Organizational Change: Research Trends and the Dutch Experience, in: *Cooper, Cary L./Rousseau, Denise M.* (Hrsg.), Trends in Organizational Behavior, Chichester (Wiley) 1997, 107-123.

Schalk, Rene/Jong, Jeroen de/Rigotti, Thomas/Mohr, Gisela/Peiro, Jose M./ Caballer, Amparo, The Psychological Contracts of Temporary and Permanent Workers, in: *Guest, David E./Isaksson, Kerstin/de Witte, Hans* (Hrsg.), Employment Contracts, Psychological Contracts, and Employee Well-Being, Oxford (Oxford University Press) 2010, 89-119.

Schalk, René/Roe, Robert E., Towards a Dynamic Model of the Psychological Contract, in: Journal for the Theory of Social Behaviour 37 (2/2007), 167-182.

Scheff, Thomas J., Toward a Sociological Model of Consensus, in: American Sociological Review 32 (1/1967), 32-46.

Schein, Edgar H., Organizational Psychology, Englewood Cliffs (Prentice-Hall) 1965.

Schein, Edgar H., Organizational Socialization and the Profession of Management, in: *Kolb, David A./Rubin, Irwin M/McIntyre, James M.* (Hrsg.), Organizational Psychology, Englewood Cliffs (Prentice-Hall) 1971, 1-15.

Schein, Edgar H., Career Dynamics, Matching Individual and Organizational Needs, Reading, Mass. (Addison-Wesley) 1978.

Schein, Edgar H., Organisationspsychologie, Deutsche Übersetzung des Werkes aus dem Jahr 1965, Wiesbaden (Gabler) 1980.

Schein, Edgar H., Organizational Culture and Leadership, San Francisco (Jossey-Bass) 1985.

Schein, Edgar H./Bennis, Warren G., Personal and Organizational Change through Group Methods, The Laboratory Approach, New York (Wiley) 1965.

Schelling, Thomas C., The Strategy of Conflict, Cambridge, Massachusetts (Harvard University Press) 1960.

Schmich, Dieter L., Erfolgreicher Karrierestart, Die besten Initiativstrategien für Hochschulabsolventen im verdeckten Stellenmarkt, Wiesbaden (Gabler) 2011.

Schneider, Benjamin, The People Make the Place, in: Personnel Psychology 40 (3/1987), 437-453.

Scholz, Christian, Das neue Szenario im Berufsleben, in: wisu - das wirtschaftsstudium 28 (10/1999), II82-II84.

Scholz, Christian, Personalmanagement, Informationsorientierte und verhaltenstheoretische Grundlagen, München (Vahlen) 5. Aufl. 2000a.

Scholz, Christian, Strategische Organisation, Multiperspektivität und Virtualität, Landsberg/Lech (Verlag Moderne Industrie) 2. Aufl. 2000b.

Scholz, Christian, Virtuelle Teams mit darwiportunistischer Tendenz: Der Dorothy-Effekt, in: OrganisationsEntwicklung 20 (4/2001), 20-29.

Scholz, Christian, Spieler ohne Stammplatzgarantie, Darwiportunismus in der neuen Arbeitswelt, Weinheim (Wiley-VCH) 2003a.

Scholz, Christian, Personalentwicklung im Darwiportunismus, in: w&r newsletter 07 (2003b), 1-2.

Scholz, Christian, Darwiportunismus: Von Darwin, Williamson und vielen "Spielern ohne Stammplatzgarantie", in: magazin forschung, Univeristät des Saarlandes 1 (2003c), 28-34.

Scholz, Christian, Die Arbeitswelt: Heil oder scheinheilig?, in: PERSONALmagazin 8 (2004), 14.

Scholz, Christian, Darwiportunismus als Megatrend und Führungsherausforderung in Unternehmen, in: Bruch, Heike/Krummaker, Stefan/Vogel, Bernd (Hrsg.), Leadership – Best Practices und Trends, Wiesbaden (Gabler) 2006, 275-284.

Scholz, Christian, Employability bei "fortgeschrittenen" Spielern ohne Stammplatzgarantie, in: Speck, Peter (Hrsg.), Employability – Herausforderungen für die strategische Personalentwicklung, Wiesbaden (Gabler) 2008, 327-336.

Scholz, Christian, Generation Y and Blood Donation: The Impact of Altruistic Help in a Darwiportunistic Scenario, in: Transfusion Medicine and Hemotherapy 37 (4/2010), 195-202.

Scholz, Christian, Time for Change, Personalentwicklung im darwiportunistischen Arbeitsleben, in: www.darwiportunismus.de, o.J., abgerufen am 22.10.2011.

Scholz, Christian, Darwiportunism, Understanding Modern Work without Job Guarantees, in: http://www.darwiportunismus.de/texte/ dp_idea_english. pdf, abgerufen am 23.10.2011.

Scholz, Christian/Stein, Volker, Darwiportunismus und Wissensgesellschaft: eine fatale Kombination, in: *Bleicher, Knut/Berthel, Jürgen* (Hrsg.), Auf dem Weg in die Wissensgesellschaft. Veränderte Strukturen, Kulturen und Strategien, Frankfurt am Main (Frankfurter Allgemeine Buch) 2002, 298-307.

Scholz, Christian/Stein, Volker, Darwiportunismus und Selbstqualifikation, in: *Schleiken, Thomas* (Hrsg.), Wenn der Wind des Wandels weht... Kooperative Selbstqualifikation im organisationalen Kontext, München, Mering (Hampp) 2003, 45-56.

Scholz, Christian/Stein, Volker, Multiperspektivität, in: http://www.org-portal.org/index.php?id=12&tx_ttnews[pointer]=5&tx_ttnews[tt_news]= 51&tx_ttnews[backPid]=40&cHash=e0fa051cc7%20aus%20org-portal. org, 29.08.2003, o.J., abgerufen am 22.10.2011.

Schreyögg, Georg/Sydow, Jörg/Koch, Jochen, Organisatorische Pfade – Von der Pfadabhängigkeit zur Pfadkreation?, in: *Schreyögg, Georg/Sydow, Jörg*

(Hrsg.), Strategische Prozesse und Pfade, Wiesbaden (Gabler) 2003, 257-294.

Schulte-Zurhausen, Manfred, Organisation, München (Vahlen) 4. Aufl. 2005.

Schumann, Jochen/Meyer, Ulrich/Ströbele, Wolfgang, Grundzüge der mikro-ökonomischen Theorie, Berlin (Springer) 8. Aufl. 2007.

Scott, Clifton/Myers, Karen, Toward an Integrative Theoretical Perspective on Organizational Membership Negotiations: Socialization, Assimilation, and the Duality of Structure, in: Communication Theory 20 (1/2010), 79-105.

Seeger, Thomas, Die Delphi-Methode, Expertenbefragung zwischen Prognose und Gruppenmeinungsbildungsprozessen; Überprüft am Beispiel von Delphi-Befragungen im Gegenstandsbereich Information und Dokumentation, Freiburg (Hochschulverlag) 1979.

Seipel, Christian/Rieker, Peter, Integrative Sozialforschung, Konzepte und Methoden der qualitativen und quantitativen empirischen Forschung, Weinheim (Juventa) 2003.

Shell, G. Richard, Bargaining for Advantage, Negotiation Strategies for Reasonable People, London (Penguin Books) 2. Aufl. 2006.

Sheridan, John E./Richards, Max D./Slocum, John W., JR., The Descriptive Power of Vroom's Expectancy Model of Motivation, in: Academy of Management Proceedings (1973), 414-421.

Shore, Lynn M./Barksdale, Kevin, Examining Degree of Balance and Level of Obligation in the Employment Relationship: A Social Exchange Approach, in: Journal of Organizational Behavior 19 (7/1998), 731-744.

Shore, Lynn M./Coyle-Shapiro, Jacqueline A.-M., New Developments in the Employee-Organization Relationship, in: Journal of Organizational Behavior 24 (5/2003), 443-450.

Shore, Lynn M./Tetrick, Lois E., The Psychological Contract as an Explanatory Framework in the Employment Relationship, in: *Cooper, Cary L./ Rousseau, Denise M.* (Hrsg.), Trends in Organizational Behavior 1, Chichester (Wiley) 1994, 91-110.

Siegel, Sidney/Fouraker, Lawrence E., Bargaining and Group Decision Making: Experiments in Bilateral Monopoly, New York (McGraw-Hill) 1960.

Siegrist, Johannes, Das Consensus-Modell, Studien zur Interaktionstheorie und zur kognitiven Sozialisation, Stuttgart (Enke) 1970.

Simpson, Jeffrey A., Foundations of Interpersonal Trust, in: *Kruglanski, Arie W./ Higgins, Edward T.* (Hrsg.), Social Psychology, New York (Guilford Press) 2007, 587-607.

Sims, Ronald R., Human Resource Management's Role in Clarifying the New Psychological Contract, in: Human Resource Management 33 (3/1994), 373-382.

Singer, Gerwulf, Person, Kommunikation, soziales System, Paradigmata soziologischer Theoriebildung, Wien (Böhlau) 1976.

Snyder, Mark/Cantor, Nancy, Testing Hypotheses about other People: The Use of Historical Knowledge, in: Journal of Experimental Social Psychology 15 (1979), 330-342.

Snyder, Mark/Swann, William B., Behavioral Confirmation in Social Interaction: From Social Perception to Social Reality, in: Journal of Experimental Social Psychology 14 (2/1978), 148-162.

Sopher, Barry, Concession Behavior in a Bargaining Game: A Laboratory Test of the Risk Dominance Principle, in: Journal of Conflict Resolution 38 (1/1994), 117-137.

Sparrow, Paul R., Transitions In the Psychological Contract: Some Evidence From the Banking Sector, in: Human Resource Management Journal 6 (4/1996), 75-92.

Sparrow, Paul R., Reappraising Psychological Contracting, in: International Studies of Management & Organization 28 (1/1998), 30-63.

Spector, Bertram I., Negotiation as a Psychological Process, in: Journal of Conflict Resolution 21 (4/1977), 607-618.

Spoelstra, Hermanus I. J./Pienaar, Wynand D., Negotiation: Theories, Strategies and Skills, Lansdowne (Juta & Co.) 2. Aufl. 1999.

Stanford Encyclopida of Philosophy, Herbert Spencer, in: http://plato.stanford.edu/entries/spencer/, 2002, abgerufen am 15.12.2010.

Stangl, Werner, Lexikon für Psychologie und Pädagogik, in: http://lexikon.stangl.eu/2489/symbol/, 15.05.2011, abgerufen am 19.08.2011.

Statista-Lexikon, in: http://de.statista.com/statistik/lexikon/definition/126/ standardabweichung/, abgerufen am 30.10.2011.

Stein, Dan J., Schemas in the Cognitive and Clinical Sciences: An Integrative Construct, in: Journal of Psychotherapy Integration 2 (1/1992), 45-63.

Stein, Volker, Emergentes Organisationswachstum: Eine systemtheoretische "Rationalisierung", München (Hampp) 2000.

Stein, Volker, Das Unternehmen als Vogelschwarm: Eine modelltheoretische Analyse des darwiportunistischen Szenarios, in: *Kossbiel, Hugo* (Hrsg.), Modellgestützte Personalentscheidungen, München, Mering (Hampp) 2001, 41-58.

Steinmann, Horst/Scherer, Andreas G., Wissenschaftstheorie, in: Corsten, Hans (Hrsg.), Lexikon der Betriebswirtschaftslehre, München (Oldenbourg) 2000, 1056-1063.

Steinmüller, Karl-Heinz, Grundlagen und Methoden der Zukunftsforschung, in: http://www.steinmuller.de/media/pdf/WB%2021%20Grundlagen.pdf, 1997, abgerufen am 15.09.2010.

Straub, Jürgen; Weidemann, Arne; Weidemann, Doris, Handbuch interkulturelle Kommunikation und Kompetenz, Grundbegriffe – Theorien – Anwendungsfelder, Stuttgart (Metzler) 2007.

Strauss, Anselm, Negotiations, Varieties, Contexts, Processes, and Social Order, San Francisco (Jossey-Bass) 1978.

Suazo, Mark M./Martínez, Patricia G./Sandoval, Rudy, Creating Psychological and Legal Contracts through Human Resource Practices: A Signaling Theory Perspective, in: Human resource management review 19 (2/2009), 154-166.

Sutton, Gigi/Griffin, Mark A., Integrating Expectations, Experiences and Psychological Contract Violations, A Longitudinal Study of New Professionals, in: Journal of Occupational & Organizational Psychology 77 (4/2004), 493-514.

Tajima, May/Fraser, Niall M., Logrolling Procedure for Multi-Issue Negotiation, in: Group Decision and Negotiation 10 (3/2001), 217-235.

Taylor, Susan M./Tekleab, Amanuel G., Taking Stock of Psychological Contract Research: Assessing Progress, Addressing Troublesome Issues and Setting Research Priorities, in: *Coyle-Shapiro, Jacqueline A.-M./Shore, Lynn M./Taylor, Susan M./Tetrick, Lois E.* (Hrsg.), The Employment Relationship. Examining Psychological and Contextual Perspectives, Oxford (Oxford University Press) 2005, 253-283.

Tekleab, Amanuel G., The Role of Realistic Job Previews and Organizational Socialization on Newcomers' Psychological Contract Development, Dissertation University of Maryland 2003.

Tekleab, Amanuel G./Taylor, Susan M., Aren't there Two Parties in an Employment Relationship? Antecedents and Consequences of Organization-employee Agreement on Contract Obligations and Violations, in: Journal of Organizational Behavior 24 (5/2003), 585-608.

Tekleab, Amanuel G./Takeuchi, Riki/Taylor, Susan M., Extending the Chain of Relationships among Organizational Justice, Social Exchange, and Employee Reactions: The Role of Contract Violations, in: Academy of Management Journal 48 (1/2005), 146-157.

Thibaut, John W./Kelley, Harold H., The Social Psychology of Groups, London (Wiley) 1969.

Thomas, David C./Au, Kevin/Ravlin, Elizabeth C., Cultural Variation and the Psychological Contract, in: Journal of Organizational Behavior 24 (5/2003), 451-471.

Thomas, Helena D. C./Anderson, Neil, Changes in Newcomers' Psychological Contracts During Organizational Socialization: A Study of Recruits Entering the British Army, in: Journal of Organizational Behavior 19 (7/1998), 745-767.

Tsui, Anne S./Pearce, Jone L./Porter, Lyman W./Hite, Jennifer P., Choice of Employee-Organization Relationship: Influence of External and Internal Organizational Factors, in: Research in Personnel and Human Resources Management 13 (1995), 117-151.

Tsui, Anne S./Pearce, Jone L./Porter, Lyman W./Tripoli, Angela M., Alternative Approaches to the Employee-Organization Relationship: Does Investment in Employees Pay off?, in: Academy of Management Journal 40 (5/1997), 1089-1997.

Tsui, Anne S./Wang, Duanxu, Employment Relationships from the Employer's Perspective: Current Research and Future Directions, in: International Review of Industrial and Organizational Psychology 17 (2002).

Tulgan, Bruce/Martin, Carolyn A., Managing Generation Y, Global Citizens Born in the Late Seventies and Early Eighties, Amherst (HRD Press) 2001.

Turner, Jonathan H., A Theory of Social Interaction, Cambridge (Polity Press) 1988.

Turner, Paaige K., What if You Don't?: A Response to Kramer and Miller, in: Communicaton Monographs 66 (4/1999), 382-389.

Turnley, William H./Feldman, Daniel C., Re-examining the Effects of Psychological Contract Violations: Unmet Expectations and Job Dissatisfaction as Mediators, in: Journal of Organizational Behavior 21 (1/2000), 25-42.

Tutzauer, Frank, The Communication of Offers in Dyadic Bargaining, in: *Putnam, Linda L.* (Hrsg.), Communication and Negotiation, Newbury Park (Sage) 1992, 67-82.

Van Maanen, John/Schein Edgar H., Career development, in: *Hackmann, J. Richard/Suttle, J. Lloyd* (Hrsg.), Improving life at work, Santa Monica (Goodyear) 1977, 30-95.

Van Maanen, John/Schein Edgar H., Toward a Theory of Organizational Socialization, in: Research in Organizational Behavior 1 (1979), 209-264.

Vos, Ans de/Buyens, Dirk/Schalk, René, Psychological Contract Development during Organizational Socialization: Adaptation to Reality and the Role of Reciprocity, in: Journal of Organizational Behavior 24 (5/2003), 537-559.

Vos, Ans de/Hauw, Sara de, Do Different Times Call for Different Measures? The Psychological Contract of the Millennial Generation in Times of Economic Recession, in: Vlerick Leuven Gent Working Paper Series 2 (2010), 1-23.

Vroom, Victor H., Work and Motivation, New York (Wiley) 1964.

Walster, Elaine/Berscheid, Ellen/Walster, William, New Direction in Equity Research, in: *Berkowitz, Leonard/Walster, Elaine* (Hrsg.), Equity Theory, New York (Academic Press) 1976, 1-42.

Walton, Richard E./McKersie, Robert B., A Behavioral Theory of Labor Negotiations, New York et al. (McGraw-Hill) 1965.

Wang, Duanxu/Tsui, Anne S./Zhang, Yichi/Ma, Li, Employment Relationships and Firm Performance: Evidence from an Emerging Economy, in: Journal of Organizational Behavior 24 (5/2003), 511-535.

Wanous, John P./Poland, Timothy D./Premack, Stephen L./Davis, K. Shannon, The Effects of Met Expectations on Newcomer Attitudes and Behaviors: A Review and Meta-Analysis, in: Journal of Applied Psychology 77 (3/1992), 288-297.

Watzlawick, Paul/Beavin, Janet H./Jackson, Don D., Menschliche Kommunikation, Formen, Störungen, Paradoxien, Bern (Huber) 12. Aufl. 2011.

Weber, Max, The Theory of Social and Economic Organization, New York (Oxford University Press) 1947.

Wechsler, Wolfgang, Delphi-Methode, Gestaltung und Potential für betriebliche Prognoseprozesse, München (Florentz) 1978.

West, Michael A., Role Innovation in the World of Work, in: British Journal of Social Psychology 26 (4/1987), 305-315.

Weuster, Arnulf, Personalauswahl: Anforderungsprofil, Bewerbersuche, Vorauswahl und Vorstellungsgespräch, Wiesbaden (Gabler) 2. Aufl. 2008.

Wilkens, Uta, Der psychologische Vertrag hochqualifizierter Arbeitskraftunternehmer als Herausforderung für die Personalpolitik wissensintensiver Unternehmen, in: *Nienhüser, Werner* (Hrsg.), Beschäftigungspolitik von Unternehmen, Theoretische Erklärungsansätze und empirische Erkenntnisse, München und Mering (Hampp) 2006, 115-149.

Williamson, Oliver E., Opportunism and its Critics, in: Managerial and Decision Economics 14 (2/1993), 97-107.

Williamson, Oliver E., The Mechanisms of Governance, Ney York (Oxford University Press) 1996.

Wiswede, Günter, Sozialpsychologie-Lexikon, München (Oldenbourg) 2004.

Wiswede, Günter, Einführung in die Wirtschaftspsychologie, München (Reinhardt) 4. Aufl. 2007.

Wit, Arjaan, Interacting in Groups, in: *Hargie, Owen* (Hrsg.), The Handbook of Communication Skills, London (Routledge) 2006, 383-402.

Witte, Hans de/Cuyper, Nele de/Handaja, Yasmin/Sverke, Magnus/Nöswall, Katharina/Hellgren, Johnny, Associations between Quantitative and Qualitative Job Insecurity and Well-Beeing: A Test in Belgian Banks, in: International Studies of Management & Organization 40 (1/2010), 40-56.

Word, Carl O./Zanna, Mark P./Cooper, Joel, The Nonverbal Mediation of Self-Fulfilling Prophecies in Interracial Interaction, in: Journal of Experimental Social Psychology 10 (2/1974), 109-120.

Wrzesniewski, Amy/Dutton, Jane E., Crafting a Job: Revisioning Employees as Active Crafters of Their Work, in: Academy of Management Review 26 (2/2001), 179-201.

Yang, Jen-Te, Effect of Newcomer Socialisation on Organisational Commitment, Job Satisfaction, and Turnover Intention in the Hotel Industry, in: Service Industries Journal 28 (4/2008), 429-443.

Zartman, Ira W., The Analysis of Negotiation, in: *Zartman, Ira W.* (Hrsg.), The Fifty Percent Solution, Garden City (Doubleday) 1976, 1-42.

Zartman, Ira W., The Negotiation Process, Theories and Applications, Beverly Hills, London (Sage), 1978.

Zartman, Ira W./Berman, Maureen R., The Practical Negotiator, New Haven (Yale University Press) 1982.

Zentes, Joachim/Swoboda, Bernhard/Morschett, Dirk, Kooperationen, Allianzen und Netzwerke, Grundlagen – Ansätze – Perspektiven, Wiesbaden (Gabler) 2. Aufl. 2005.

Zeuthen, Frederik, Problems of Monopoly and Economic Warfare, London (Routledge and Kegan) 1930.

PERSONALMANAGEMENT UND ORGANISATION

Herausgegeben von Volker Stein

Band 1 Torsten Klein: Dynamisches Ressourcenkonfigurationsmanagement. Eine funktionalorientierte Werterhaltung strategischer Kompetenzen. 2010.

Band 2 Janina C. Volmer: Psychological Contracting. Rationalisierung des Entstehungsprozesses psychologischer Arbeitsverträge – eine darwiportunistische Analyse. 2013.

www.peterlang.de